재미 한인사회에 힘을 실어준 한인들

Korean Americans Who Have Empowered
the Korean-American Community

재미 한인사회에 힘을 실어준 한인들

Korean Americans Who Have Empowered
the Korean-American Community

2014년 8월 10일 초판 인쇄
2014년 8월 15일 초판 발행

편저자 | 민병갑 · 토마스 정 · 김영옥
역자 | 조동호
교정교열 | 정난진
펴낸이 | 이찬규
펴낸곳 | 북코리아
등록번호 | 제03-01240호
주소 | 462-807 경기도 성남시 중원구 사기막골로 45번길 14
우림라이온스밸리 2차 A동 1007호
전화 | 02-704-7840
팩스 | 02-704-7848
이메일 | sunhaksa@korea.com
홈페이지 | www.북코리아.kr
ISBN | 978-89-6324-373-3(03300)

값 25,000원

재미 한인사회에 힘을 실어준 한인들

Korean Americans Who Have Empowered
the Korean-American Community

민병갑 · 토마스 정 · 김영옥 편저
조동호 역

북코리아

북미한인 도서 시리즈를 시작하며

1965년 새 이민법이 발효된 이래 한국인의 대량 미국 이민이 시작된 지도 벌써 50여 년이 흘렀다. 재미동포의 수는 1970년 약 7만 명에서 2014년 현재 약 200만으로 증가했다. 200만 재미동포의 약 45%는 13세 미만의 어린 나이에 미국에 온 1.5세이거나 미국에서 출생한 2세 또는 그 이후 세대에 해당된다. 상당수의 이들 젊은 세대 한인동포는 미국에서 교육을 마치고 미국 직장에서 일하고 있으며, 이들 중에는 다양한 한인단체의 직원 및 이사로 근무하고 있는 이들도 많다. 또한 가정을 이루어 3세 아이들을 키우고 있는 이들도 적지 않다. 한국인의 캐나다로의 이민은 미국보다 약간 늦은 1970년대 말부터 본격적으로 시작되었으나, 캐나다에 거주하는 한국인의 수도 이제 20만을 육박하고 있다.

처음에 한국 이민자에 대해 연구를 시작한 학자들은 대부분 1세 이민자들이었으나, 최근에는 1.5세 및 미국 출생 한인동포 연구학자들도 늘어나고 있다. 1세 이민자와 젊은 세대로 구성된 학자들은 벌써 25년 가까이 재미동포의 경험에 대해 활발히 연구해왔다. 현재 재미동포와 관련된 연구로는 140여 편의 서적과 몇 백 개의 학술지 논문, 그리고 다른 책에 포함된 글이 출판된 바 있다. 캐나다 거주 한인에 관한 연구는 재미동포 연구보다 10여 년 정도 늦은 1980년대 후반부터 시작되었지만, 지금은 캐나다에서도 연구가 활발히 진행되고 있다. 북미동포에 대한 연구는 앞으로 두 나라의 한인 커뮤니티가 커짐에 따라 더욱 활성화될 것으로 예상된다.

북미에 정착한 동포는 세계 다른 어느 지역에 정착한 동포보다 모국과 밀접한 관계를 유지해왔다. 그뿐만 아니라 다른 지역에 비해 북미동포는 외교적 · 경제적 · 문화적 · 교육적 그리고 한국상품의 수요자로서 모국을 더 잘 도울 수 있는 위치에 있다. 이에 따라 한국의 정부기관이나 해외동포를 연구하는 학자들은 북미한인들의 경험과 한인 커뮤니티에 대해 크나큰 관심을 보여왔다. 그동안 재미동포에 관한 수백 개의 학술논문이 한국의 사회과학 학술지에 발표되었다. 그러나 이렇게 한국 학술지에 발표된 한국어 논문들은 대부분 미국과 유럽의 영어 학술지에 발표된 영어논문보다 학술적 깊이가 다소 낮은 경향이 있다. 더욱이 한국에서는 재미동포의 경험을 심도 있게 다룬 도서도 쉽게 찾기 어려운 반면, 미국에서 영어로 출판된 재미동포에 관한 140여 권의 도서 중에는 상당한 수가 미국학계에서 우수도서로 인정받은 것들이다.

인터넷의 발달로 이제는 한국의 연구자들도 미국과 유럽에서 발행되는 영어 학술지의 논문을 쉽게 읽을 수 있다. 그러나 일반적으로 미국과 유럽에서 출판된 북미동포에 관한 책까지 접하기는 쉽지 않다. 이는 한국의 대학 도서관에 북미동포에 관한 영어도서가 많이 구비되어 있지 않기 때문이다. 가능한 한 많은 사람들에게 사회학적 지식이 유용하게 쓰일 수 있도록 상당한 노력을 해온 열렬한 '대중 사회학자'로서 필자는 북미동포에 관한 정보와 자료가 한국에 충분하게 전달되지 못한 것이 늘 안타까웠다. 이에 북미 거주 학자가 재미동포나 캐나다동포에 관해 쓴 책을 한국에 보급시키는 한 가지 방법은 북미동포의 경험에 관한 책을 전문적으로 출판하는 '북미한인 도서 시리즈'를 한국의 출판사를 통해 만드는 것이라는 결론에 이르렀다. 따라서 해외동포의 경험에 관한 책을 주로 출판해온 북코리아 이찬규 사장님과 이러한 가망성을 타진하였고, 이 사장님은 필자의 제안을 흔쾌히 받아들였음을 이 글을 통해 알린다. 북미동포의 경험에 큰 관심을 보여주고 필자의 북미한인 도서 시리즈에 관한 제안을 주저없이 받아준 데 감사의 마음을 전한다.

북미한인 도서 시리즈의 편집자로서 이 도서 시리즈가 주로 어떠한 종류의 책을 출판할지에 대해 설명하고자 한다. 먼저, 이 시리즈는 북미 거주 한인의 경험을 검토하거나 조명하는 사회과학 분야의 학술서적이나 적어도 반(半)학술적 서적을 출판할 것이다. 이 시리즈 도서는 한국의 대학 도서관에 보급하고, 일반 연구자와 정부의 해외동포 정책집행자 및 일반 지성인들에게 보급하는 것을 주목적으로 한다. 그동안 북미의 많은 한인단체는 자기 단체의 역사와 활동을 알리는 보고서를 출판해왔는데, 이러한 보고서 형식의 도서는 사회과학 분야 도서의 구성 및 저술형식으로 바꾸어야만 이 시리즈를 통해 출판할 수 있다. 그러나 미국과 캐나다 거주 한인들의 경험을 동포 개인의 자전적 서술을 통해 알리기 위해 만들어진 사회과학적 가치가 있는 편저는 이 도서 시리즈에 들어갈 수 있다. 예를 들면, 북미한인 도서 시리즈의 첫 도서가 될 이 책은 정치인 또는 공공분야에서 일해온 18명의 재미동포의 자전적 에세이를 담고 있다. 본 도서는 완전한 학술적 도서는 아니지만, 재미한인사회를 이해하는 데 중요한 사회과학적 가치가 있는 반학술 서적이다. 필자는 본 시리즈가 북미한인들의 자전적 이야기를 담은 편저서를 많이 출판하는 것은 아주 중요하다고 생각하는데, 그 이유는 이러한 편저서가 저자의 목소리가 아닌, 한인사회 주인공의 여러 목소리를 그대로 담고 있기 때문이다.

한국 출판사는 학술서적의 대부분을 한국의 독자에게 보급하기 위해 출판하기 때문에 본 도서 시리즈 또한 대부분 한국어로 출판할 것이다. 그러나 북미에 거주하는 저자 또는 편저자는 본 도서 시리즈로 출판된 책 2~3백 권을 현지 북미한인 커뮤니티와 학자들에게 공급할 수 있을 것이다. 이 시리즈에는 북미에서 영어로 출판된 아주 우수한 도서의 한국어 번역판도 포함될 수 있을 것으며, 내용상 중요한 도서는 영어와 한국어로 모두 출판해 미국의 한인사회와 한국 양쪽에 모두 보급할 수 있도록 할 것이다. 첫 번째 시리즈 도서인 본서 또한 재미 정치인 및 다른 공공분야에 근무하는 개인들의 이야기로 한국에서뿐만 아니라 재미동포사회의 2세를 포함한 한국인 독자와 한국의 독자들에게 모두 큰 관심사가 될 것 같아 한국어와 영어로 출판하기로 결정했다. 미국에서 재미동포의 경험에 관한 영어로 된 박사논문의 일부는 한국어로 번역하지 않은 채 영어 그대로 출판할 수도 있다. 한국어로 번역하기 위해서는 경비가 많이 들기 때문에 영어로 된 책을 출판하는 것이 불가피하다고 생각하기 때문이다.

필자는 본 도서 시리즈를 통해 매년 세 권 정도의 책을 출판할 수 있기를 바란다. 본서와 현재 진행 중인 두 권의 도서는 필자가 소장으로 재직 중인 재외한인사회연구소와 관련된 편저서다. 필자는 본 도서 시리즈의 첫 두 권의 공동편저자가 될 것이며, 세 번째 도서는 필자가 공동편저자인 미국에서 출판된 영어 도서의 번역판이 될 것이다. 앞으로 2~3년 동안 출판되는 대부분의 도서는 재외한인사회연구소의 연구 프로젝트가 될 것으로 예상한다. 하지만 이 북미한인 도서 시리즈는 결코 본 연구소의 연구 프로젝트를 한국에서 책으로 출판하기 위해 만들어진 것이 아님을 분명히 밝힌다. 앞으로 필자는 미국과 캐나다에서 본 도서 시리즈를 널리 선전하고 바람직한 도서원고를 찾아내고자 한다. 또한 한국의 학자들도 북미교포의 경험을 다룬 좋은 도서원고가 있으면, 이 시리즈를 통해 출판할 수 있다. 관심 있는 저자나 편저자는 필자의 이메일 pyonggap.min@qc.cuny.edu 또는 사무실(미국 718-997-2810)로 연락하기 바란다.

북미한인 도서 시리즈
편집자 민병갑

서문

옛날 중국 철학자 공자는 스승이 고전에 관한 충분한 지식을 갖는 것만으로는 충분하지 않다고 말했다. 진짜 스승은 고전을 공부할 뿐만 아니라 과거, 현재, 미래에 관한 새로운 지식을 찾고자 한다.

민병갑, 토마스 정, 김영옥이 편저한《재미 한인사회에 힘을 실어준 한인들》은 18명의 한인 이민자와 젊은 세대 선출직 정치인, 임명된 정치인 및 커뮤니티 조직가의 자전적인 에세이를 담고 있다. 이 편저에 참여한 사람들 모두 진정한 스승이며 개척자다. 새로 이민 온 한인과 젊은 세대 한인들은 첫 네 편의 저자인 노장 이민자의 에세이에서 노력, 결단, 희생의 힘에 관해 많은 것을 배울 것이다. 젊은 세대 한인들의 에세이도 그들이 이민가정에서 어린 시절에 겪었던 경험과 그 후 정치적 및 전문직 생활 발전 경로를 잘 반영하고 있다.

이 편저는 여러 면에서 놀랍고도 풍부한 정보를 제공하고 있다. 1970년대 초와 그 이전에 한국에서 온 이민자, 어린 나이에 미국에 온 1.5세 한국인과 이곳 미국에서 출생한 2세 한국인의 차이를 이해할 수 있는 세대적 축이 있다.

민 교수는 한인 커뮤니티가 장기적으로 발전하기 위해서는 재미동포에 관한 연구를 하고 자료와 정보를 보급시켜주는 것의 중요성을 늘 강조해왔다. 이 책은 재외한인사회연구소가 2009년 세워진 이래 출판하는 세 번째 편저서다. 이 책은 한인 커뮤니티에 힘을 키워준 한인 정치인과 다른 공공기관에서 일하는 한인들의 자전적 이야기를 실었다는 점에서 전에 출판된 두 권의 편저서보다 더 의미가 있다.

본인은 많은 사람들이 이 책을 읽고 에세이 저자들이 어떻게 어려움을 극복하고 그들의 정치적 목적이나 전문직의 꿈을 달성했는가에 관해 배울 수 있기를 바란다.

본인은 에세이 저자들 모두가 놀라운 정치적, 전문직의 업적을 이룬 데 대해 축하를 보낸다. 또한 그들이 이렇게 중요한 책을 위해 자서전적 에세이를 써준 데 대해 감사를 드린다. 본인은 이 책이 한인 커뮤니티에 중요한 참고서가 될 수 있으며, 미국 이민 역사의 문헌에도 크게 기여할 것이라고 확신한다.

2014년 1월
재외한인사회연구재단
회장 정해민

감사의 말

이 책이 출판되기까지 개인 에세이를 모으고, 교정하고, 편집하는 데 수고한 많은 분에게 감사의 말을 전하고 싶다. 무엇보다 2012년 초 우리 연구소가 재미동포의 정치 발전에 관한 연구 프로젝트—현재 명칭은 '책 편집 프로젝트'—를 시작하도록 보조금을 제공한 재외동포재단에 깊은 감사를 드린다. 본 연구소가 연구자금이 필요함을 알고 도움을 주신 재외동포재단의 김경근 전 이사장님과 현 조규형 이사장님께 특별히 감사의 마음을 전하고 싶다. 그러나 에세이를 작성하는 정치인에게 연락하고, 에세이를 모으고, 모아진 에세이를 교정하고 편집하며, 번역하는 일, 그리고 한국 출판사의 편집자와 한국에서 만나 의견을 나누고 여러 번 전화로 상의하는 일 등을 포함하여 본 편집도서를 발간하는 데 드는 모든 비용을 충당하기에 보조금만으로는 충분하지 않았다. 그렇기 때문에 만약 재외한인사회연구재단의 재정적 지원이 없었더라면 이 책을 완성하지 못했을 것이다.

시간적 · 금전적으로 재외한인사회연구소를 아낌없이 지원하고 계신 재외한인사회연구재단의 모든 이사님들께 감사드리며, 본 연구소를 돕기 위해 헌신적으로 일하시는 연구재단의 두 지도자 정해민 회장님과 김영덕 이사장님께 특별한 감사의 말씀을 드리고 싶다. 또한 제2 공동편집자인 토마스 정에게도 감사의 말을 전한다. 토마스 정은 이번 개인 에세이 프로젝트의 집필자들과 의견을 교환하고, 그들의 에세이를 교정 및 편집하는 데 많은 시간을 보내는 등 본서를 완성하는 데 중요한 역할을 했다. 거의 모든 에세이의 번역작업—영어로 쓴 에세이는 한국어로, 한국어로 쓴 것은 영어로 번역—을 빠른 시일 내에 완성해준 조동호 박사에게도 깊이 감사드린다. 본 연구소의 임세정 연구원 또한 한국어로 번역된 에세이 세 편을 교정했고, 각 장의 서문을 번역했으며, 한국 출판사의 편집자와 여러 번 연락하고 원고를 보내는 일을 하는 데 많이 수고하였기에 특별한 감사의 말을 전한다. 본 연구소의 김영옥 연구원은 본서의 공동편집자로, 영어 에세이 일부와 서문을 교정하고 편집했으며 한국어 번역문의 많은 문장과 문단을 수정하는 등 모든 한국어 번역본을 꼼꼼히 편집했다. 본서를 위해 무료로 많은 시간을 투자했으며, 가정에서도 본인에게 아낌없는 지원을 해주는 김영옥 연구원에게 진심으로 감사의 마음을 전한다.

북코리아의 이찬규 대표님은 인내심을 가지고 이 책의 원고를 1년 이상 기다리셨고, 짧은 시간 내에 책이 출판되도록 도와주셨다. 주 편집자인 민병갑은 본서의 출판과 관련하여 보여주신 이찬규 사장님의 친절에 진심으로 감사를 드리며, 앞으로도 본 연구소의 도서를 출판하는 데 계속 협력하기를 기대한다. 우리는 또한 모든 한국어 원고를 교정 및 편집하고 효과적이고 빠르게 이 책이 출판되도록 도와준 북코리아의 선우애림 씨와 곽하늘 씨, 정난진 씨에게도 감사를 드린다. 마지막으로 자전적 에세이를 쓰는 데 시간을 보내고 기꺼이 자신들의 이야기를 나눈 모든 집필자에게 무한한 감사를 드린다. 그분들의 노고가 없었더라면 이 책의 출판은 불가능했을 것이다.

2014년 4월
재외한인사회연구소
소장 민병갑

목차

I

들어가면서
Introduction

Pyong Gap Min 민병갑

들어가면서

민병갑

이민자사회로부터 소수민족사회로

한인들의 미국 이민은 1903~1905년 사이에 약 7,200명의 한인이 하와이에 정착하면서 시작되었다. 2013년에 미주 한인사회는 미국 이민 110주년을 기념했다. 그러나 1970년까지만 해도 미국의 한인인구는 7만 명도 채 안 되어 한인의 존재는 거의 눈에 띄지 않았다. 한인들의 대규모 미국 이민을 촉발한 것은 1965년 이민법이었다. 1965년부터 2011년까지 대략 110만 명의 한인이 미국으로 이주했다(Min, 2011). 지난 50년 동안 한인 이민자가 미국으로 밀려들어온 결과, 미주 한인인구는 2010년 현재 혼혈 한인을 포함하여 170만 명 이상으로 증가되었다(Min and Kim, 2013: 36). 2007~2011 미국지역사회조사(American Community Surveys)에 의하면, 순(단일인종)한국인 가운데 28%가 미국에서 태어났고, 1.5세(15세 때 혹은 15세 이전에 미국으로 온 사람)는 21%다. 이것은 이민 1세 한국인이 미국에서 단일인종 한국인 가운데 약 절반(51%)을 차지한다는 의미다. 미국에서 태어나지 않은 1세 한인 성인(18세 이상) 가운데 다수(56%)가 귀화한 미국시민이다. 영주권이 없는 임시거주자들이 1세 한인 이민자 중 상당한 비율을 차지하고 있다는 사실을 감안하면, 한인 영주권자 대다수가 미국인으로 귀화한 시민권자라고 할 수 있다.

이러한 데이터를 보면, 현재 한인사회의 인구구성은 주로 미국시민권을 가진 미국에 오래 거주한 한인과 젊은 세대(1.5세와 미국 출생자) 한인들임을 알 수 있다. 그러므로 미국의 한인사회는 더 이상 최근 이민자들로 가득한 이민자사회라고 할 수 없다. 지금 미주 한인사회는 미국사회에 뿌리를 깊게 내린 소수민족사회로 진화했다. 1980년대와 1990년대 초, 한인 이민자들은 대부분 소수민족 거주지역에서 소기업을 운영했다. 그러면서 흑인 고객, 백인 도매상, 그리고 상업 활동을 규제하는 정부기관과 심한 갈등을 겪었다(Min, 1996 & 2008). 한인 이민자들의 자영업 비율은 최근 몇 년 동안 감소했다. 그 이유는 최근에 대학교육을 받은 이민자들은 1980년대와 1990년대 초에 미국에 온 이민자들보다 영어를 훨씬 더 잘하기 때문이다(Min, 2013a). 또 한인 상인들이 흑인 고객이나 백인 공급자와 심하게 갈등을 겪는 일도 이제는 없다(Min, 2013a). 1980년대와 1990년대 초에 심각했던 한인 상인들과 지방정부기관과의 갈등도 크게 줄어들었다. 거기다 청년세대 한인은 대다수가 주류경제에 참여하고 있고, 그들 가운데 아주 적은 비율만이 자영업을 하고 있다(Min, 2013b). 다른 아시아계 미국인 젊은 세대와 마찬가지로 한인 청년들도 3분의 2 정도가 전문직과 관리직에 종사하는 등 사회경제적으로 아주 잘나가는 편이다. 그 결과, 한인사회는 20년 전에 비해 사회경제적 활동 측면에서 보면 미국사회에 더 가깝다.

한인사회는 또 각종 한인단체들을 통해 보다 넓은 미국사회와 더 긴밀한 관계를 유지하고 있다. 1980년대와 1990년대에 미국 내 여러 지역의 한인사회 지도자들이 한인사회에서 낸 기부금을 종자돈으로 하여 한인사회 봉사단체 및 권익옹호단체를 많이 설립했다. 이 단체들은 이제 중요한 봉사단체와 권익단체로 성장했다. 수십만 달러부터 2~3백만 달러에 이르는 이들 단체의 연간 수입은 주로 정부기관이나 비영리단체, 그리고 기업 등의 미국 주류사회로부터 나온다. 한인단체에 청년세대의 한인들이 많이 참여하면서 주류사회로부터 보조금을 따내거나 기부금을 받을 수 있게 되었다. 또한 주류경제에서 일하는 다른 한인 청년들은 그들이 일하는 기업의 대표를 한인단체에 연결해주어 한인단체의 모금활동을 도와주기도 한다.

최근 몇 년 동안, 특히 뉴욕 시와 뉴저지 지역에서 거의 모든 주요 한인단체가 주최하는 만찬이나 문화행사에 영향력 있는 비한인계 지역 정치인들이 참석하는 일이 잦아졌다. 이것도 이제 한인사회가 주류사회에 훨씬 더 가까워졌다는 또 하나의 증거다. 주류 정치인들과 고위관료들이 한인사회의 행사에 주목하는 이유는 한인인구가 시의회, 주의회 선거, 심지어 한인들이 많이 사는 지역의 경우에는 연방 상 · 하원선거에서 투표결과에 영향을 끼칠 만큼 충분히 커졌기 때문이기도 하고, 또 뉴욕-뉴저지 지역의 시민참여센터나 민권센터 등과 같은 한인 권익신장 단체들이 그들과 정기적으로 접촉하여 한인들의 투표가 선거를 좌우할 수 있음을 상기시켰기 때문이기도 하다. 주요 한인사회의 한인상부단체와 문화단체들도 한국문화를 알리려는 노력의 일환으로 최근에는 한국 문화축제에 많은 지역 정치인들을 초청하고 있다. 마지막으로, 여러 한인들이 선거를 통해 교육위원회, 시의회, 주의회, 그리고 고위행정직에 진출한 것 또한 한인들이 미국의 주류사회에 동화했음을 보여준다.

한인사회의 장기발전을 위한 한인 및 한인사회에 관한 연구와 데이터의 중요성

유대계 미국인들이 여타 백인집단보다 사회경제적 성취수준이 훨씬 높으면서도 동시에 유대계 고유의 문화와 민족단체를 훨씬 더 성공적으로 보존했다는 것은 잘 알려진 사실이다. 사회경제적 지위 상승과 민족전통의 유지, 이 두 가지는 상호배타적인 것처럼 보인다. 그러나 민족전통의 유지는 해당 민족의 사회경제적 상승에 긍정적 영향을 끼친다. 최근 이민자들의 자녀에 관한 연구를 보면, 한 가지

언어밖에 모르고 민족정체성이 약한 아이들보다 이중언어를 사용하면서 이중문화 속에서 자란 아이들, 그래서 민족정체성이 강한 아이들의 학업성적이 더 우수한 것으로 나타난다(Gibson, 1988; Rumbaut, 1995; Zhou and Bankston III, 1998). 유대계 미국인들이 사회경제적 지위 상승과 정치발전에서 매우 성공적인 이유는 그들이 문화적 전통과 역사를 유지해왔고, 다른 백인 민족 집단들보다 유대민족단체를 훨씬 더 잘 유지해왔기 때문이다. 분명히 다른 이민민족보다 높은 교육수준과 도시적 직업배경을 특징으로 하는 유대계 이민자의 더 높은 계급수준은 19세기 말과 20세기 초 그들이 이민사회에서 첫 직업을 선택할 때 다른 백인 이민자집단에 비해 유리하게 작용했다(Steinberg, 1981). 그렇지만 이민 초기 유대인들이 높은 계급 출신이라는 이점이 그들의 월등한 사회경제적 지위 상승을 설명하는 유일하게 중요한 요인이었다면, 어떻게 그들이 여타 백인집단들보다 사회경제적 우월성을 3~4세대에 걸쳐 계속 유지할 수 있었을까? 유대인의 높은 문화적 · 사회적 · 심리적 민족응집력으로 특징지어지는 유대인 특유의 중요한 요인들이 있었음에 틀림없다(Gold and Phillip, 1996).

유대계 미국인들이 민족문화와 사회단체조직을 더 성공적으로 유지한 것이 그들의 높은 사회경제적 발전의 중추적 요소였다는 사실을 고려하면 우리 한인들도 유대인사회로부터 배워야 하며, 그러기 위해 그들이 민족전통을 성공적으로 유지해온 것에 대해 더 검토하고 설명해야 할 필요가 있다.

유대인들이 강한 민족응집력을 가지게 된 또 다른 많은 중요한 요소들로는 유대교라는 민족종교, 미국 이민 전에 거주국에서 당한 차별과 적대감 및 미국에서 그들이 몇몇 대도시에 집중 거주한 것 등이 있다(Gold and Phillip, 1996). 그러나 필자는 유대인이 민족전통을 성공적으로 보존한 가장 중요한 요인으로, 유대인 연구소와 유대인 연구 프로그램을 만들어 유대인의 역사, 문화, 그리고 유대인사회 연구에 많은 노력을 기울였기 때문이라고 믿는다. 대도시의 주요 대학교에는 유대인 역사, 문화, 사회단체에 관한 과목을 제공하고 유대계 미국인에 대해 연구하는 유대인 연구소와 연구 프로그램이 설치되어 있다. 연방센서스데이터는 유대계 미국인에 관한 정보나 자료를 제공하지 않기 때문에 유대인 커뮤니티는 정기적으로 북미주 유대인 실태조사를 실시하여 유대계 미국인들의 인구학적 및 사회경제적 특징과 정착 양상, 타 민족과의 결혼율, 종교생활, 그 밖의 다른 측면에서 유대인들의 경험에 관한 데이터와 정보를 제공하고 있다. 유대인 연구소들은 또한 서로 다른 지역의 유대인공동체에서 진행한 유대계 미국인에 관한 연구 성과를 정기적으로 검토한다. 그리고 전국적인 실태조사와 개별 연구자의 연구결과는 유대인 학자와 유대인단체에 널리 배포된다. 이런 연구결과는 유대인 사회봉사단체, 권익신장단체 그리고 각 대도시지역의 상부 유대인기관인 유대인연맹이 장기적인 계획을 세우는 데 큰 도움이 되었다.

마찬가지로 한인사회도 미주 한인들에 관한 자료와 정보를 제공할 수 있는 연구소가 필요하다. 필자는 한인사회에 자료와 정보를 제공하기 위해 그러한 한인연구소를 설립한다면 퀸즈칼리지가 아주 독보적인 위치에 있다고 생각했다. 그 이유는 퀸즈칼리지가 뉴욕-뉴저지 지역에서 가장 큰 한인 밀집지역인 플러싱에 자리 잡고 있기 때문이다. 그렇지만 그런 연구소를 설립하고 운영하려면 상당한 자금이 필요하므로 퀸즈칼리지에 연구소를 세운다는 생각은 실현될 수 없으리라고 생각했다. 그러나 연구소 설립자금을 기부하겠다는 한인 기업인을 만나면서 이 막연한 아이디어는 구체화되었다. 이 독지가의 도움으로 필자는 2009년 퀸즈칼리지에 재외한인사회연구소(이하 '연구소'로 약칭)를 설립하게 되었다. 연구소의 두 가지 주요 목적은 ① 한인사회에 유용한 연구를 하는 것, 그리고 ② 미주 한인인구에 관한 데이터와 정보를 한인단체, 개인, 그리고 미국과 한국의 고등 교육기관 및 정부기관에 제공하는 것이다.

연구소는 첫 번째 단행본 프로젝트로 2013년에 《북미주의 한인들: 그들의

21세기 경험(*Koreans in North America: Their Twenty-First Century Experiences*)》을 출판했다. 이 책은 미국에 거주하는 한인 이민자들의 이민, 정착, 사업 형태 및 캐나다 한인 이민자들의 모국과의 초국가적 유대에 관한 기본적 통계자료와 미주 한인 2세의 민족 정체성에 대한 질적 데이터를 제공하고 있다. 이 책은 또한 미주 한인에 관한 종합적인 주석이 달린 문헌 목록을 함께 싣고 있다. 예상했던 대로 많은 한인 사회지도자들은 이 책이 한인사회에 매우 유용하다고 생각한다. 이 책은 한인사회와 한국 정부기관에 널리 보급되었다. 연구소의 또 다른 단행본 프로젝트는《젊은 세대 미주 한인들의 경험: 민족 및 인종 정체성에 관한 자전적 이야기(*Younger-Generation Korean-American Experiences: Personal Narratives on Ethnic and Racial Identities*)》로 2014년 봄에 간행될 예정인데, 이것 또한 한인사회에 중요한 책이 될 것이다. 현재 진행 중인 필자의 두 가지 저술 프로젝트는 ① 한국문화를 자녀들에게 전수하고 뉴요커에게 홍보하기 위한 뉴욕 한인 이민자들의 활동(New York Korean Immigrants' Efforts to Transmit Korean Culture to Children and to Promote it to New Yorkers)과 ② 뉴욕-뉴저지 지역 한인사회의 역사: 수십 년 동안의 변화(The History of the Korean Community in the NY-NJ Area: Changes over the Decades)다. 이 두 책이 모두 출판되기까지는 2~3년이 더 걸릴지 모른다.

미국에 적응하는 힘겨운 과정을 서술한 한인 이민자와 2세의 개인적 이야기를 모아 편집 출판하는 것은 한인사회 발전의 현 단계에서 각별히 중요하다. 왜냐하면 한인사회 발전에 중요한 역할을 했던 많은 고참 이민자들이 노령으로 세상을 떠나고 있기 때문이다. 이런 점을 고려하여 필자는 두 권의 단행본 편집에 착수했다. 그 첫 번째가 지금 독자들이 읽고 있는《재미 한인사회에 힘을 실어준 한인들(*Korean Americans Who Have Empowered the Korean-American Community*)》이다. 또 하나의 편집 프로젝트의 잠정적인 제목은《뉴욕-뉴저지 지역에서 한국어를 널리 보급한 한인들의 이야기(*Stories of Koreans Who Have Promoted the Korean Language in the New York-New Jersey Area*)》다. 필자는 이 두 개의 프로젝트를 위해 세 공동편집자와 함께 작업하고 있다. 첫 프로젝트는 토마스 정 및 김영옥과 필자가 2012년에 착수했고, 두 번째 프로젝트는 임세정과 필자가 2013년 가을부터 시작했다.

재미 한인사회에 힘을 실어준 한인들

본서를 편집하게 된 경위를 간략히 서술하고자 한다. 본래의 계획은 여러 지역의 한인사회에서 배출한 선출직 한인 정치인들과 각 지역 한인사회의 한인 시민단체에서 활동하는 직원들을 직접 인터뷰하여 선거를 통한 미주 한인의 정치 발전을 연구하려는 것이었다. 마침 재외동포재단도 이러한 연구를 격려하던 참이어서 재외동포재단에 연구계획서를 제출하고 연구비 지원을 요청했다. 그러나 우리가 받은 연구비 지원금액은 예상보다 훨씬 적었다. 그래서 우리 연구소는 이 소액의 연구비를 사용하여 선출직 한인 정치인들, 고위관료들, 그리고 주요 임명직 법조인들(판사, 검사 등)에 관한 정보를 모아보기로 했다. 2012년 6월에 한인 정치인, 관료, 판사들의 목록을 작성하고 그 자료를 연구소의 웹 사이트인 〈Korean American Data Bank〉에 올렸다. 연구소는 2012년과 2013년 선거결과를 참조하여 2013년 11월에 목록을 최근 내용으로 갱신했다.

남은 연구비를 가지고 연구소는 선출직 정치인, 지명직인 중간 또는 고위관료나 공무원들의 자전적 이야기를 엮은 단행본 프로젝트를 시작했다. 백악관에서 일하는 공무원들을 포함하여 선출직 또는 임명직의 한인 정치인, 행정관료 및 연방 정부직원 등 약 50여 명의 인물을 찾아냈다. 2012년 9월에 연구소는 그들에게 '어떻게 인종차별을 비롯한 여러 난관을 극복하고 정계 진출에 성공했는지' 혹은 '고위공직에 올라갈 수 있었는지'에 관한 개인적 이야기를 써달라고 부탁하는 편지를 보냈다. 각 필자에게 연구소는 부모세대 혹은 본인 자신의 이민 이야기, 초창기 미국생활의 어려움, 교육배경, 정치적 이념, 한국문화와 한인 정체성 유지, 그리고 정치활동에서 한인이라는 배경의 중요성 등의 내용을 넣어 7~15쪽 정도의 자전적 에세이를 쓰도록 요청했다.

우리가 원고를 부탁한 분들 가운데 약 30명이 개인 에세이를 쓰는 데 동의했다. 연구소 측이 제시한 집필 시한은 2012년 말이었다. 그러나 그 시한까지 완성된 원고는 10편도 채 되지 않았다. 2013년 내내 수차례 원고 독촉을 했지만, 2013년 9월까지 확보된 원고는 겨우 15편이었다. 책 한 권을 엮을 만한 분량의 원고를 확보하기 위해 우리는 정치인도 아니고 또 연방정부의 입법 · 사법 · 행정 어느 부문과도 직접 관련이 없는 한인 세 분에게 추가로 집필 요청을 했다. 이 세 분(스티븐 최, 김영덕, 김동석)은 모두 한인사회의 단체조직가들로 한인사회의 정치력 신장을 위해 활동해왔기 때문에 그분들의 에세이도 이 책의 주요 목적과 관련된다. 연구소는 모든 원고를 검토했고, 대다수 집필자들에게 분량을 줄이거나 중요한 내용을 추가하도록 요청했다. 몇몇 원고는 두세 차례 수정을 거쳤다. 연구소는 최종본의 원고도 교정했다.

연구소는 집필 참여자에게 영어와 한국어 중 어느 하나의 언어로 에세이를 쓰도록 요청했다. 그 결과 열여섯 명은 영어로 썼고, 나머지 두 명(김동석과 구수현)은 한국어로 썼다. 한국어와 영어 이중언어로 된 책을 출판하려면 영어 원고를 한국어로, 한국어 원고를 영어로 번역하는 작업이 필요했는데, 모든 번역을 조동호가 담당했다. 정치 및 공공행정과 관련된 이들 에세이에는 전문용어가 많이 포함되어 있으므로 번역이 매우 까다롭고 시간이 많이 소모되는 일이었다. 김영옥, 임세정 그리고 필자 세 사람이 조동호가 번역한 원고를 검토하여 교정하고 편집했다.

열여덟 명의 집필자 중 아홉 명은 에세이를 집필할 당시에 전 · 현직의 선출직 정치인이었다. 이들 선출직 정치인 가운데 네 명은 시의원이었고, 나머지 네 명은 주의회의 하원의원 또는 상원의원이었다. 그리고 한 명(김창준 전 미국 연방하원의원)은 미국 연방하원의원으로 당선된 유일한 한국계 미국인이었다. 나머지 아홉 명은 중간직 또는 고위직의 임명된 공무원(5명)이거나 한인사회 조직가(4명)였다. 세대별로 보면 여덟 명은 이민 1세이고, 나머지 열 명은 1.5세(15세 이전에 미국으로 이민 온 사람)이거나 미국에서 태어난 2세 한인이다. 이민 1세 중에서는 오직 두 명만 여성인 반면, 젊은 세대에서는 열 명의 집필자 중 일곱 명이 여성이었다. 한인 남성들이 선출직 정치인이나 정부 공무원으로 더 많이 일하고 있겠지만, 여성들이 더 많이 에세이를 쓰는 데 시간을 냈다. 집필자의 거주지별로 보면 다섯 명이 뉴욕-뉴저지에 거주하고 있고, 나머지는 캘리포니아, 워싱턴, 조지아, 펜실베이니아, 버지니아 그리고 하와이 등 여러 다른 주에 거주하고 있다. 또한, 집필자들의 다양한 정치적 이념—진보, 보수, 중도, 무당파 등—도 에세이를 통해 알 수 있다.

여기에 실린 열여덟 편의 개인 이야기는 한인사회와 한국의 정부기관에 두 가지 면에서 유용한 정보를 제공하므로 매우 중요하다. 첫째로, 집필자들은 자신의 이야기를 통해 한인 이민자이자 소수민족으로서 불리한 여건을 어떻게 극복하고 목표를 성취할 수 있었는지를 들려준다. 이런 이야기들은 젊은 한인들에게, 특히 장차 정계와 공직 진출을 꿈꾸는 젊은이들에게 영감과 용기를 주고 조언을 제공할 것이다. 지금 한인사회 지도자들은 유망한 한인 정치인 후보를 찾아내어 시장, 시의원, 주의회 의원, 연방 상 · 하원의원 등으로 진출하도록 돕는 일이 얼마나 중요한지 잘 알고 있다. 그렇지만 정계와 공직에 진출하려는 신인들을 위한 정보가 한인사회에는 거의 없다. 선거를 통한 정치력 신장을 위해 한인사회는 한국계 및 여타 아시아계 미국인들의 시민권 취득, 유권자 등록, 투표 행태에 관한 통계자료가 필요하다. 그와 동시에 인종적 편견에서 오는 난관을 힘들게 극복하고 정계에 진출한 한인들의 개인적 여정에 관한 질적 자료(qualitative data)도 필요하다. 비록 본서가 원래의 계획보다 적은 편의 에세이를 싣고 있지만, 그럼에도 불구하고 정치와 공직을 지망하는 한인들에게 중요한 질적 정보(qualitative information)가 되기를 바란다.

이 책이 유용한 두 번째 이유는 한인사회와 한국 정부기관에 사료로도 중요하기 때문이다. 우리가 이 책의 집필자들에게 에세이를 쓸 때 가능한 한 개인적 이야기를 많이 해달라고 요청한 것도 사료로서의 용도를 염두에 둔 것이었다. 집필자 중 대략 다섯 분이 1965년 이후 첫 번째 이민 물결을 타신 분들로, 현재 연령이 70대에 접어들었다. 새 이민자들과 한인 2세들이 선배 이민자들의 경험으로부터 배울 수 있도록 그들이 고생한 이야기를 기록으로 남기는 일은 중요하다. 그러나 젊은 세대 한인들의 이야기를 기록하는 것 또한 중요하다. 따라서 본서에 실린 에세이 집필자 대다수가 1.5세 혹은 미국 태생의 2세 한인들이다. 그들이 한국계 미국인으로 성장한 이야기 그리고 정치인, 다른 형태의 공직자 또는 지역사회 활동가로 활약한 이야기들은 30~40년 후 한인 2세, 3세 그리고 그 후의 세대들에게도 값진 사료가 될 것이다. 스스로 쓴 개인적 이야기를 사용하는 것은 녹음된 개인 인터뷰를 사용하는 것보다 더 나은 구술방법이다. 왜냐하면 연구자들이 개인 인터뷰를 통해 알아낼 수 있는 것보다 저자들이 자신들의 과거 경험에 대해 더 정확하게 서술하고 반영할 수 있기 때문이다.

이 책은 여섯 장으로 나누어진다. 독자들이 에세이를 더 쉽게 이해할 수 있도록 필자는 열여덟 편의 에세이를 다섯 장(II~VI)으로 나누었다. 각 장에는 어느 정도 공통성이 있는 것끼리 모아 세 편, 네 편 또는 다섯 편의 에세이가 들어가 있다. 에세이들을 서로 다른 범주로 나눌 때, 필자는 집필자의 세대는 물론이고 한인 정체성의 강도를 고려했고, 또한 그들이 한인사회, 아시아계와 다른 소수민족 또는 자기 선거구역 중 어느 곳에 더 중점을 두고 일하는가도 고려했다. 또한 필자는 그들을 같은 범주로 넣을 때 그들이 선출된 정치인인지 임명된 공무원인지 또는 지역사회 조직가인지를 중요한 기준으로 고려했다. 그럼에도 불구하고 독자들은 각 장에 들어 있는 에세이가 특히 세대나 정치이념에 있어서 상당히 차이가 있다는 것을 알게 될 것이다.

II

자수성가한 초기 남성 이민자
Self-Made Old-Timer Immigrant Men

Paull Shin 폴 신

Jay Changjoon Kim 제이 김

Joseph Cho 조셉 조

Sunny Park 서니 박

II장에 포함된 네 편의 에세이 저자들은 모두 다음과 같은 공통점을 가지고 있다. 이들은 모두 초창기에 미국에 이민 와 어려운 환경에서 아주 열심히 일했으며, 강한 결단력과 끊임없는 노력으로 대단하고 기적적인 업적을 이룩한 남성들이다. 이들은 한국전쟁 이후, 남한이 아주 가난하던 시절인 1953년부터 1974년 사이에 미국에 왔다. 고아였던 폴 신(신호범)은 열여덟 살이 되던 1953년, 서울의 미군부대에서 하우스보이로 일하며 만난 미군 장교에 의해 미국으로 입양되었다. 어린 시절, 거리에서 깡패생활을 하기도 했던 그는 미국에 온 뒤 늦은 나이에도 불구하고 공부를 시작해 박사학위까지 받았으며, 30여 년 넘게 여러 대학의 강단에 섰다. 이후 그는 정치에 도전하여 워싱턴 주 하원의원을 비롯해 주 상원의원에도 당선되었다. 이 에세이를 작성한 2011년 말에 그는 워싱턴 주 상원의원으로 활동하고 있었으나, 안타깝게도 건강상의 문제로 2014년 1월에 정계은퇴를 발표했다.

다른 세 명의 저자들은 유학을 위해 1960년대부터 1970년대 초에 미국에 온 이들이다. 한국에서 가난에 시달리던 이들은 미국에서 학비를 벌고 살아가기 위해 갖은 어려움을 견뎌내야 했다. 그러나 이들 모두 석사학위를 마쳤을 뿐만 아니라 경제적으로도 크게 성공했다. 아주 열심히 일하고 자수성가한 이들에게 사업은 경제적 성공을 이루는 지름길이었다. 자기 사업을 여러 해 동안 성공적으로 운영해온 이들은 새롭게 정치활동을 시작했다. 제이 김(김창준)은 1990년대 초에 LA에서 중산층 백인이 압도적으로 많이 사는 시에서 시의원과 시장으로 당선되었다. 정치에 입문한 지 겨우 2년 만에 그는 미 하원에도 당선되었다. 그는 지금까지 연방정부 하원으로 당선된 유일한 한국계 미국인이다. 조셉 조(조재길)도 한국의 군사독재시절에 약 12년간 민주화운동과 통일운동에 참여했고, 그의 나이 60대 초에 미국 정치에 도전하였다. 그 후, 60대 후반과 70대 초에 LA의 '세리토스'라는 한인 집중 거주지역에서 시의원으로 세 번의 임기를 보내는 동안 박사학위를 받았으며, 현재는 한국통일운동에 다시 전념하고 있다. 서니 박(박선근)은 정식으로 미국 정계에 출마하지는 않았지만, 그 누구보다 더 역동적인 삶을 살아온 사람일 것이다. 그는 현재 애틀랜타에서 대규모의 건물청소업체를 비롯해 다른 여러 업체들을 운영하며 '좋은이웃되기운동(Good Neighboring Campaign)'을 시작해 한국인이 미국 커뮤니티의 일에 적극적으로 참여하도록 독려하는 활동을 해오고 있다. 그는 여러 미국 기관으로부터 많은 공로패와 감사패를 받았다.

이들 올드 타이머들은 언어 장벽과 재정적 어려움뿐만 아니라 혹독한 인종차별도 견뎌내야 했다. 폴 신(신호범)은 1950년대 미군에서 근무할 당시, 텍사스의 한 마을에서 '백인만 입장 가능(For Whites Only)'이란 간판이 걸린 식당에 들어가려다 저지당하기도 했다. 특히 선거운동을 하는 과정에서 심한 인종차별을 당하곤 했는데, 1990년대 초까지도 워싱턴 주에서 백인들로부터 인종적 차별과 거부를 당했다. 한 번은 선거운동 중 이웃집의 초인종을 누르자, 백인 남성이 "너희 동양인들은 왜 너희 나라로 돌아가지 않느냐!"라고 소리를 지르기도 했다.

이 네 명의 올드 타이머들은 모두 자신의 생존과 성취를 위해 끝없이 투쟁해 왔다는 공통점이 있지만, 서로 다른 정치이념을 가지고 있다. 경제이슈에 보수적인 제이 김(김창준)과 서니 박(박선근)은 공화당에 속해 있다. 이에 반해, 조셉 조(조재길)는 민주당에서도 아주 진보적인 입장과 통일문제에도 비교적 급진적인 입장을 취하고 있다. 폴 신(신호범)은 정치생활을 하며 줄곧 민주당에서도 중도적인 입장을 지켜왔다. 이들은 미국에서 자수성가하고 기대 이상으로 큰 성공을 이뤄냈다는 공통점을 지녔다. 그러나 '미국에서 열심히 일하면 성공할 수 있다'는 보수적인 신념을 모두 가지고 있음에도 서로 상당히 다른 정치적 견해를 가지고 있는 점은 매우 흥미롭다고 하겠다.

1 입양은 축복이다

폴 신(신호범) Paull Shin*
워싱턴 주 상원의원(제21 선거구)

내가 입양된 것은 큰 축복이라고 생각한다. 나는 한국에서 태어났다. 내가 네 살 때 어머니가 돌아가시고 아버지는 나를 버리셨다. 그 후 나는 열다섯 살 때까지 거리의 부랑아로 살았다. 진짜 내 인생을 나에게 주신 분을 만나게 된 것은 나에겐 커다란 행운이었다. 레이 폴 박사(Dr. Ray Paull)가 그분이다. 폴 박사는 나를 입양하여 미국으로 데려왔고 교육을 받게 해주셨다. 그분은 목표를 성취하기 위해 아무 걱정 말고 열심히 공부에 정진하라고 격려해주셨다. 입양이라는 축복을 받은 나는 그 후 나에게 닥쳐온 숱한 난관을 극복하기 위해 열심히 노력했다.

입양되기 전에 어린 나는 부랑아의 삶을 살았다. 갈 곳이 없으므로 내 생활은 서울의 길거리에서 배회하며 그저 살아남기 위해 음식을 구걸하는 일이 전부였다. 나에게는 친구도 없었다. 그러나 딱 한 가지 포부는 가지고 있었다. 교육을 받아 더 나은 사람이 되는 것을 무엇보다 간절히 원했다. 배우고 성취하는 삶을 살고 싶었다.

1950년 한국전쟁이 터지자 나는 공산주의자들을 피해 한반도 남쪽의 예산 부근으로 피난했다. 미군이 인천에 상륙했다는 소식을 듣고 나는 걸어서 전선까지 올라가 상륙하는 미군을 환영하기로 결심했다. 전선 가까이 왔을 때 수백 대의

* 신호범 의원은 건강상의 이유로 2014년 1월 정계 은퇴를 발표했음.

수송 차량이 북으로 진격하기 위해 줄지어 다리를 건너는 모습을 보았다. 수백 명의 다른 아이들과 함께 나는 고무보트로 만든 다리 옆에 서서 병사들에게 손을 흔들었다. 우리는 "할로~ 추잉검, 할로~ 초콜릿"을 외쳤다. 미군들이 우리에게 사탕 따위를 던져주기를 기대하면서.

어느 날 어떤 군인이 나에게 손을 불쑥 내밀었다. 이유는 나도 몰랐다. 내가 그 손을 붙들자 그는 나를 번쩍 들어서 트럭에 태웠다. 바로 이 간단한 동작으로 인해 나의 새로운 인생이 시작되었다.

새로운 시작

내 손을 잡은 미군은 나에게 관심을 가졌다. 강을 건너 서울로 들어가자, 그는 나를 7명이 한 조인 육군장교 숙소의 하우스보이로 배치했다. 거기서 나는 첫 직업인 하우스보이 생활을 시작했다. 나는 장교들의 구두도 닦고, 빨래도 하고, 다림질도 했으며, 장교들이 외국 근무의 고달픔을 달래기 위해 위안거리를 찾을 때 도와주기도 했다. 하우스보이로서 나의 생활은 그런대로 괜찮았지만, 나는 여전히 가족이 없는 고아였다. 그 때문에 나는 깊은 슬픔을 느꼈고, 때로는 일하다가 슬그머니 빠져나와 울기도 했다.

어느 날 저녁, 나는 막사를 빠져나와 가까운 산등성이에 올라갔다. 거기 앉아서 얼굴을 팔에 묻고 울기 시작했다. 얼마가 지난 후, 고개를 든 나는 언짢은 표정으로 나를 내려다보고 있는 폴 박사를 보았다. 나는 그에게 가라고 했지만 그는 가지 않았다. 그는 나에게 왜 울고 있느냐고 물었다. 나는 대답하지 않았다. 그가 나에게 말했다.

"나는 미국에 아이들이 셋 있어. 그 애들이 울면 내 마음도 아프거든. 네가 우는 걸 보니 내 마음도 아프구나."

그는 허리를 굽혀 나를 안아주었다. 이 포옹이 내 새로운 삶의 시작이었다. 아버지, 어머니, 형제들의 사랑으로 가득한 삶. 나는 내가 아버지로 모시는 그분께 감사한다. 그분은 아무 조건 없이 순수한 사랑을 나에게 보여주신 첫 번째 분이셨다.

이처럼 우리 사이가 친밀한 관계였기 때문에 폴 박사는 나를 입양하기로 했다. 그때 나는 열여섯 살이었다. 거의 2년이 걸려 필요한 서류절차가 끝난 뒤에야 나는 미국으로 올 수 있었다. 열여덟 살 때였다. 미국에 와서 양어머니와 세 명의 형제를 만났다. 모두 금발의 백인들이었다. 두말할 나위 없이 나는 몹시 어색했다. 그들은 스스로 나의 어머니, 나의 형제라고 말했다. 분에 넘치는 온정과 환대였다. 폴 가문에 입양된 후 내 생애 처음으로 나를 위한 보금자리가 있다는 생각에 마음이 풀어졌다. 나에게는 내 방, 내 침대, 군복이 아닌 새 옷이 생겼다. 그들은 나에게 사랑이 넘치는 가정과 교육받을 기회를 주었다.

미국식 교육

미국에서의 첫날 밤 저녁식사 후에 아버지가 나에게 무엇을 하고 싶으냐고 물으셨다. 나는 정식 교육을 받을 기회를 놓쳤기 때문에 "아버지, 학교에 다니고 싶어요"라고 즉시 대답했다. 아버지는 "내일 당장 고등학교에 가보자"고 하셨다. 그 말에 나는 "그런데 아버지, 저는 한국에서 학교에 다녀본 적이 없어요"라고 대답했다. 아버지는 황당한 표정으로 나를 보면서 "초등학교도 다니지 않았단 말이냐?" 하고 물으셨다. 나는 부끄러움에 얼굴이 빨개졌다. "예, 아버지." 그런 나를 보시고 아버지는 "좋다. 그럼 내일 초등학교로 가자"고 하셨다.

이튿날 초등학교로 갔으나 교장선생님은 내 나이가 너무 많다는 이유로 입학을 거절했다. 나는 완전히 할 말을 잃고 마음이 몹시 상했다. 그러나 아버지는 굽히지 않았다. "그렇다면 중학교로 가자"고 하셨다. 아버지는 나를 중학교로 데리고 가셨다. 그러나 거기서도 교장선생님이 웃음 띤 얼굴로 나를 보면서 내 나이가 너무 많다고 변명했다. 마지막으로 아버지와 나는 고등학교에 갔다. 교장선생님이 나를 바라보며 말했다.

"초등학교도 안 다니고 중학교도 안 다녔는데 어떻게 너를 받아줄 수 있겠느냐? 미안하구나."

세 번째이자 마지막 거절을 듣고 나는 너무도 실망하고 속이 상해 울음을 터뜨리고 말았다. 교장선생님은 왜 우느냐고 물었다. 나는 "선생님, 내가 미국에 온 것은 교육을 받으려는 것이었는데, 그것이 불가능한 꿈이 되어버렸습니다"라고 대답했다. 그러자 교장선생님은 "그렇게 공부가 하고 싶은가?" 하고 물었다. "예, 선생님." 내가 대답했다.

교장선생님은 나와 같은 청년들을 위해 GED라는 특별 프로그램이 있다는 것을 알려주었다. 독학으로 고등학교 과정을 공부하고 검정시험을 통과하면 고등학교 졸업장을 받고 대학교에 진학할 자격을 얻게 된다는 것이었다. "해보겠니?" 교장선생님이 물었다. 도대체 GED가 무엇인지 알 도리가 없었지만, 그저 학교에 갈 수 있다는 게 좋아서 나는 주저함 없이 "예, 선생님" 하고 대답했다. 교장선생님은 나에게 특별 지도교사를 붙여주시는 친절을 베푸셨다. 그분은 에반스 선생님(Mrs. Evans)인데, 나에게 영어와 사회, 역사를 가르쳐주셨다. 밤에는 아버지께서 수학, 화학, 물리학 등을 가르쳐주셨다. 양어머니는 등하교 때 운전을 하시면서 열심히 나에게 영어를 가르쳐주셨고, 나의 학교생활도 불편함이 없도록 애쓰셨다. 이러한 협력과 팀워크 덕분에 나는 1년 반 만에 GED 검정고시에 합격했다.

나는 대학교에 진학했다. 그리고 대학 졸업 후에는 대학원에 진학하여 워싱턴 대학교에서 석사와 박사학위를 취득했다. 아버지와 어머니께서 졸업식에 오셨다.

내가 졸업장을 들고 걸어내려 오자, 이번에는 아버지가 감격에 겨워 눈물이 글썽한 채 나에게 말씀하셨다.

"얘야, 네가 이 나라에 와서 이런 장한 일을 해내서 정말 고맙구나."

내가 대답했다.

"아버지가 왜 제게 고맙다고 말씀하세요? 고마워할 사람은 바로 저지요. 아버지께서 잘 알지도 못하는 저를 이곳에 데려와 집과 가족과 음식을 주시고 보살펴주시고 학교까지 보내주시지 않았습니까? 아니 그런 것보다 사랑을 주셨지요. 그러니 제가 아버지께 감사하지요."

차별 및 기타 어려움

나에게 입양은 축복이었다. 그러나 그렇다고 모든 난관이 사라진 것은 아니었다. 미국에서 소수인종으로 살아가고 일하면서 내 삶에 아무 문제가 없거나 어려움이 없었던 것은 아니다. 미국에 살면서 겪었던 많은 경험 중에서 자주 나에게 닥쳐온 문제나 도전은 "나는 누구인가?"라는 간단한 질문이었다. 사람들이 일본 사람이냐고 물으면 나는 아니라고 대답했다. 중국 사람이냐고 물어도 나는 아니라고 했다. "그럼 뭐야?"라고 다시 물으면 나는 "미국인이야"라고 대답했다. 그러면 그들은 항상 "그게 아니고, 네 조상이 누구냐고?"라고 되물었다. 나에게는 이 질문이 몹시 불편했다.

내가 미국인이 되려고 아무리 노력해도 나는 항상 소수인종으로 분류될 뿐이었다. 이것은 미국에서 입양인들과 대부분의 소수민족이 겪는 가장 큰 문제다. 우리는 미국에서 태어났든, 미국 가정에 입양되었든, 또는 미국에 이민을 왔든 각자 자기 정체성을 찾아야 한다. 너무도 비참한 상황에서 한국을 떠날 때, 나는 미국 사람이 되리라고 맹세했다. 그러나 미국 생활에 동화되려고 갖은 애를 썼지만, 어떤 상황들이 이 목표를 달성하지 못하게 막았다. 예를 들어, 교회에 가면 그 교회 교인 중에 나는 유일한 아시아 사람이었다. 물론 교인들은 나에게 친절하고 예의 바르게 대했지만, 내가 온전히 그들과 똑같은 부류로 받아들여지지 않고 있다는 느낌은 어쩔 수 없었다. 고백하건대, 나는 내가 정말 미국 사람이 될 수 있을까를 놓고 여러 해 동안 고민했다.

다행스럽게도 내가 정체성과 귀속감을 찾는 데 도움이 된 몇 가지 경험이 있다. 1958년에 나는 미 육군에 입대했다. 텍사스 주 포트후드(Fort Hood)에서 기초 훈련을 받고 독일로 파견되었다. 기초 훈련을 받는 동안 우리는 기지를 떠나지 못하고 'GI Grub(군대 음식)'라고 부르는 음식을 먹어야 했다. 주중 내내 제공되는 군대 음식에 물린 동료들과 나는 주말에 좀 더 그럴싸한 민간 음식이 먹고 싶어서 기지 바깥으로 나가곤 했다.

어느 날 네 명의 동료와 나는 괜찮은 식당을 찾아보려고 버스를 타고 텍사스 주 템플(Temple)로 갔다. 우리는 근사한 식당을 찾아냈다. 밖에서 보아도 천장에 매달린 멋들어진 샹들리에와 하얀 테이블보며, 유니폼을 입고 있는 종업원들이 있어 괜찮은 식당임이 분명했다. 나와 동료들은 비싸고 아주 우아해 보이는 이 식당에서 잘 먹어보기로 했다. 식당 안으로 들어가려는데, '백인 전용 식당(For Whites Only)'이라는 팻말이 큼지막하게 보였다. 나는 어찌해야 좋을지 몰라서 망설였다. 그러자 동료들이 "들어와 폴, 너는 육군이야. 우리와 똑같아"라고 말하며 나를 식당 안으로 잡아끌었다. 그런데 우리가 자리에 앉자마자 티셔츠에 흰 모자를 쓴 주인이 나를 보고 달려와 "너 거기서 뭐 하는 거냐?"고 묻는 것이었다. 그는 대답을 기다리지도 않고 두 손으로 나를 그러잡고 식당 저편까지 끌고 갔다. 단단히 화가 난 그는 출입문을 발로 차서 열고 나를 바깥으로 내동댕이쳤다. 엉덩이가 콘크리트 바닥에 부딪혀서 몹시 아팠다. 그러나 그보다 훨씬 더 아팠던 것은 마음의 상처였다. 차별받고 거부되는 것은 견딜 수 없을 만큼 힘들었다.

그날 밤 나는 베개가 다 젖도록 밤새 울었다. "내가 속한 곳은 어디인가? 나는 무엇을 해야 하는가? 나의 정체성은 무엇인가?" 이런 질문이 나를 괴롭혔다. 다음날 아침, 나는 나 자신에게 은밀히 기도를 했다. "언젠가는 너를 섬길 거야." 이러한 슬픈 경험을 통해 내가 배운 가장 중요한 교훈은 부정적인 것을 긍정적인 것으로 바꾸는 것이었다. 우리 모두는 부정적인 힘을 경험하기 마련이다. 그러나 그것에 부정적으로 대응하느냐 긍정적으로 대응하느냐는 우리의 선택이다.

내가 배운 교훈은 난관 속에서도 문제를 해결하고 지금의 처지를 개선하면서 인생을 긍정적으로 보자는 것이다. 아침마다 우리는 성조기에 대한 경례의식에 참석했고, 하루 종일 여러 가지 능력으로 국가에 이바지했다. 군대에 가기 전까지만 해도 나는 마치 외국인인 것처럼 느꼈다. 물론 우리 가족은 언제나 내 편이 되어주고, 나를 사랑해주고, 나를 돌보아주었지만, 인종적 차이 때문에 미국사회에서 내 자리를 찾기가 어려웠다. 군대에 와서 나는 귀속감을 느꼈고 자유, 민주주의, 평등 같은 미국의 기본 신조를 위해 내가 복무하고 있음을 알게 되었다. 마침내 내가 내 환경과 동료들을 편하게 느낄 수 있게 된 것이 기뻤다.

한국을 떠날 때, 내가 겪은 차별과 고통 때문에 다시는 한국에 돌아오지 않겠다고 맹세했다. 미국에 올 때 나는 아메리칸 드림이라는 꿈을 이루려는 새로운 마음가짐과 목적을 갖고 있었다. 나에게 아낌없는 사랑과 관심을 보여준 양부모님 가족의 일원이 되려고 있는 힘을 다했다. 그러나 내 주변의 사회는 우리 가족만큼 너그럽지 못했다. 미국사회는 내가 미국인이 될 수 있는지 계속해서 의문을 제기했다. 내가 정체성과 진정한 자아를 찾아 헤매는 동안 깨달은 사실은 진정한 자아를 찾기 위해서는 자신의 유산을 알아야 한다는 것이었다. 한국의 언어와 역사와 문화를 공부하면서 나는 나의 유다른 배경을 이해하게 되었고, 그것을 나의 현재 상황에 관련지을 수 있게 되었다. 또 그렇게 함으로써 나는 마침내 나 자신과 화해

할 수 있었고, 미국이라는 하이브리드 사회에서 내 역할을 이해할 수 있었다. 누군가 입양되어 보살펴주는 가족에게 사랑을 듬뿍 받는다고 해도 그 사람의 피부 색깔이 바뀌는 것은 아니다. 나는 언제까지나 한국계 미국인일 터이다. 그러나 나는 미국의 주류문화에 들어가는 것을 배웠고, 이 사회에 공헌할 수 있는 긍정적인 방법을 알게 되었다. 미국의 주류 미국인들이 나에게 다가오기를 멋쩍어하거나 어려워할 때가 있다. 그럴 때 내가 솔선해서 우정의 손을 내미는 것이 내 정체성을 찾는 효과적인 방법이라는 것을 알았다. 그런 식으로 하니 나의 미국살이는 한결 편안해졌다. 결국 자기연민은 파괴적인 힘이고, 자신을 믿는 것이야말로 다른 어느 것보다 중요한 것임을 알게 된 것이다.

적극성, 믿음 그리고 교직

여기까지 읽은 사람들은 알겠지만, 나는 아주 복이 많은 사람이다. 나는 미국이 허락한 기회의 살아 있는 증거라고 생각한다. 학교에 다니는 동안 나는 벤저민 프랭클린의 이런 말을 읽은 적이 있다.

"감사할 줄 아는 사람은 축복받은 것을 깨달았으면 봉사로 보답하는 사람이다."

이 나라에서 너무나 많은 축복을 받은 나는 이 나라에 봉사하겠다는 결심을 했다. 나는 교직에 들어가서 31년 동안 메릴랜드대학교를 시작으로 브리그햄영대학교, 쇼라인커뮤니티칼리지 등에서 미국 학생들에게 아시아 역사와 국제관계학을 가르쳤다. 학생들을 가르치는 것은 아주 보람 있는 일이다. 특히 교수의 말과 행동이 학생들에게 본이 되고 인생의 지침이 되는 것을 볼 때 그렇다.

나의 삶이 유별난 것이라고 할 수는 없다. 사실 미국에는 성공적이고 보람 있는 삶을 살며, 여러모로 사회에 이바지하고 있는 한국계 입양인들이 많다. 다른 나라의 사정에 대해서는 잘 모르지만, 단편적인 보도를 보면 한국계 입양인들이 다른 나라에서도 잘 적응하고 성공하고 있는 듯하다.

교직에 있다 보니 자기정체성과 차별에 관련된 여러 문제에 깊은 이해를 갖게 되었다. 나는 각계각층의 온갖 인종배경을 지닌 학생들을 가르칠 기회가 있었다. 어느 대목에 이르면 우리는 항상 정체성의 문제에 접근했다. '그래, 나는 미국 가정에 입양된 입양인이며, 한국계 미국인이다.' 그러나 사회는 종종 그 사실을 인정하기를 거부했다. 그러나 나는 학생들과 함께 어울리면서 그 학생들에게 우리는 모두 신의 자녀이고, 서로 형제요 자매라는 개념을 가르쳤다. 나의 기독교 신앙은 이 생각을 보강해주었고, 나도 다른 사람 못지않게 미국인이 될 수 있다는 신념을 굳혀주었다.

공직 진출

인류에 대한 이런 믿음을 통해 나는 나에게 닥친 난관을 극복해나가고자 했다. 나의 정체성을 확립하는 일은 오랜 세월의 노력과 성찰을 요구했고, 그래도 결코 끝나지 않을 것 같은 문제였다. 정체성을 찾은 후, 내가 이 나라에서 받은 풍성한 축복을 갚는 최선의 길은 공직 진출을 통해서라고 판단했다. 나는 정계에 나가 봉사하는 것이 주류사회에 융화되고 지역사회에 보답하는 가장 빠른 길이라고 생각했다. 비록 공직에 출마해본 경험은 없지만, 1992년 나는 워싱턴 주 하원의원직에 도전해보기로 했다. 경쟁후보는 그 후보와 거의 같은 인종으로 구성된 선거구를 대표하고 있는 4선의 현직 의원으로 지명도가 높은 사람이었다.

안 될 것이라고 하는 사람들이 많았지만, 공직에서 봉사하겠다는 나의 뜻은 굳건했다. 일단 출마하기로 결정한 나는 선거구의 가가호호를 방문했고, 유권자들에게 이 나라는 내가 입양된 조국이라고 말했다. 나는 그들에게 기회의 나라인 미국에서 너무나 많은 축복을 받았으며, 이제는 내가 받은 것을 갚아야 할 때라고 말했다. 내가 만난 사람들은 친절하고 정중했으며, 더러는 나를 찍어주겠다고도 했다. 그러나 나는 그들을 믿지는 않았다. 그런데 너무나 놀랍게도 선거 결과 내가 무려 11%나 많은 득표율로 이긴 것이 아닌가. 나는 이 선거 유세를 통해 놀라운 사실을 발견했다. 사실 나는 피부색 때문에 공직 출마를 두려워했다. 내 마음속 깊은 곳에서 나는 미국 사람들이 나를 완전히 받아들일 것이라고는 믿지 않았다. 그러나 1992년의 내 승리는 내가 틀렸다는 것을 보여주었다. 내가 가졌던 두려움은 프랭클린 루스벨트의 말처럼 "두려움 그 자체"였을 뿐이다.

예를 들어 내가 우리 집 부근의 이웃집들을 하나하나 방문할 때, 내가 방문한 것을 아주 대놓고 싫어하는 노인을 만난 적이 있다. 그는 나의 인종을 언급하며 모욕적인 말을 했다. 그러고는 "어이, 오리엔탈! 너희 나라로 꺼져"라고 말했다. 나는 아주 속상하고 화났지만 감정을 누르고 미소를 지었다. 그리고 나에게는 아내와 아이들이 있고, 이 지역에서 30년 넘게 학생들을 가르쳤다는 등등 나의 이야기를 들려줌으로써 나도 이 나라에 살 이유가 있는 사람임을 설명했다. 나는 그에게 미국은 이민자의 나라라고 설명하고, 그의 선조들이 나보다 먼저 미국에 왔으니 그가 먼저 미국을 떠나면 나도 뒤를 따르겠다고 말했다. 그의 분노가 서서히 가라앉았다. 그리고 부정적인 말로 시작되었던 대화가 긍정적인 경험으로 변했다. 그는 나에게 표를 주겠다고 했을 뿐만 아니라 우리 둘은 친구가 되었다. 그는 심지어 자기 집 마당에다 선거 캠페인 사인을 세우라고까지 했다. 그가 나의 가장 열성적인 지지자가 된 것은 물론이다.

1998년, 나는 워싱턴 주 상원의원에 도전했다. 경쟁자는 26년 경력의 정치인이었다. 이번에도 내가 안 될 것이라고들 했다. 그러나 출마를 결정하고 나서 나는 하루에 9시간씩 매일 9마일을 걸어 선거구의 모든 사람을 만났다. 그러느라 나는 구두를 네 켤레나 갈아 신어야 했다. 나는 2만 8,000가구 이상을 방문했다. 그러고는 내가 간절하게 봉사하고 싶은 주민에게 표를 부탁했다. 이번에도 나 자신에 대한 믿음 그리고 피나는 노력으로 난관을 이겨내고 워싱턴 주 상원의원에 당선되었다.

나는 민주당 상원의원으로 고등교육 및 노동력개발위원회 부위원장, 농업농촌경제개발위원회 부위원장, 경제개발, 무역 및 개혁위원회, 그리고 교통위원회 위원으로 활동했다. 나는 또 부주지사의 국제관계위원회에서도 일했다. 그 밖에도 부지사 겸 주의회 상원의장 대행의 궐석 시 의장 권한을 갖는 주의회 임시 부의장직을 수행하기도 했다. 이런 위원회 활동을 함에 있어서 나는 무역 및 경제개발을 둘러싼 문제들에 치중했다. 나는 워싱턴 주를 전 세계에 널리 알리기 위해 무역대표단인 동료 의원들과 자주 해외 순방을 했다. 나는 또한 개인적으로 교육제도를 강화하는 일에 전념하고 있다. 교육이 미국에서 내가 성공하는 데 중요한 역할을 했던 만큼 나는 모든 학생이 양질의 교육을 받을 기회를 누려야 한다고 믿는다.

회상

“당신 이야기의 결론은 무엇인가?”라고 독자는 물을지 모른다. 나의 이야기는 입양아든 아니든 정체성 문제에 대한 답을 탐구하는 과정에서 정신을 똑바로 차리고 굳건한 의지를 지니면 극복하지 못할 난관은 없다는 것을 말하고 있다. 나는 긍정적 사고의 힘과 마음에 둔 목표는 무엇이든지 성취할 수 있다는 신념의 힘을 믿어 의심하지 않는다. 나는 이 귀중한 교훈을 하찮은 존재인 것 같던 내가 강한 수용감과 성취감을 느끼는 과정에서 배웠다.

이 또한 입양이 축복이라는 나의 믿음을 확고하게 해준다. “피는 물보다 진하다"고들 한다. 그것은 맞는 말이지만, 내가 들려주고 싶은 말은 "사랑은 피보다 진하다"는 것이다. 입양가족이 베푼 사랑을 경험함으로써 입양아는 그들과 한 가족이 되어 서로 사랑을 주고받는다. 모든 것을 극복하게 하는 것이 사랑이다. 그러나 그것은 저절로 되는 쉬운 일이 아니다. 긍정적 결과를 성취하려면 노력을 해야 한다. 먼저 자기 자신을 사랑하면 남을 사랑할 수 있게 되고, 동료 인간들에게 봉사하고 싶은 욕구가 생긴다. 나는 미국에서 자존감이 박약하고, 열등의식에 시달리며, 자기 정체성이 없는 입양인들과 아시아인들을 여럿 만났다. 그들에게 조언을 해주고 싶다. 그저 자기 자신을 사랑하고 나도 남 못지않은 능력과 소질을 갖고 있음을 믿도록 노력하라고. 긍정적 자긍심을 가지게 되면 내가 누구인지를 확인할 수 있게 된다.

나와 비슷한 체험을 한 입양인들도 더러 있겠고, 나보다 더 나쁜 체험을 한 사람들도 있을 터이다. 그렇다고 해도 우리는 공통점을 갖고 있다. 세계 전역에 20만 명이 넘는 한국계 입양인들이 있다. 대다수는 미국에 있지만, 그들 한 사람 한 사람이 뚜렷한 인종적 배경으로부터 시작하여 사회적 수용과 미국 주류사회에 통합되기까지의 과정을 거쳐야 한다. 그것은 자동적으로 이루어지는 일이 아니다. 노력이 필요하고 끈기가 있어야 하며, 기도하는 마음과 함께 무엇보다 행동이 있어야 한다.

Paull Shin 폴 신

폴 신(신호범)은 무킬테오, 린우드, 에드먼즈 일부, 그리고 마운트레이크 테라스를 포함한 스노호미 시 서쪽 카운티를 대표한 워싱턴 주 민주당 상원의원이었다(2014년 1월 은퇴).

1935년에 태어난 신 의원은 한국전쟁 당시 미군에 의해 입양되어 입양가족이 있는 미국으로 건너와 공부를 시작했다. 검정고시를 통해 꾸준히 학업을 이어간 그는 워싱턴대학에서 역사학으로 박사학위를 받았다. 그는 31년간 대학강단에 선 후 은퇴했는데, 시애틀에 위치한 쇼라인커뮤니티칼리지에서는 26년 동안 교편을 잡았다.

신 의원은 농업농촌경제개발위원회와 경제개발, 무역 및 개혁위원회 소속 의원으로 활동하며 워싱턴 주의 국제무역을 증진시키기 위해 꾸준히 힘쓰고 있을 뿐만 아니라, 주 정부의 교육제도와 일자리 창출에도 큰 관심을 가지고 있다. 그는 현재 아내 도나와 에드먼즈에서 30년 넘게 살고 있으며, 슬하에 두 자녀와 다섯 손자를 두고 있다.

2 한국에서부터 미국 국회의사당에 입성하기까지: 아메리칸 드림의 실행

제이 김(김창준) Jay Changjoon Kim
전 연방하원의원, 캘리포니아 주 41 선거구

내 이름은 김창준(제이 김)이고, 연방하원의원을 역임했다. 나는 1939년 3월 27일 서울에서 태어났다. 나는 일제강점기에 태어난 세대여서 어린 시절 동안 전쟁의 끔찍스러움에서 벗어나본 적이 없었다. 한국전쟁 통에 우리 집은 파괴되었고, 이로 인해 나는 다시는 겪고 싶지 않은 궁핍에 직면해야 했다. 내 조국에서 계속되는 전쟁을 겪으며 나는 내가 한국인이라는 사실이 얼마나 중요하고 소중한 것인가를 뼈저리게 느꼈다. 나는 외세의 예속에서 벗어나 독립한 대한민국에서 살 수 있었던 행운의 세대에 속할 뿐만 아니라, 전쟁 이후의 다양한 성장 기회를 누릴 수 있었다.

나이가 들면서 나는 가난에서 벗어나는 유일한 길은 무슨 일을 하든 최선을 다해 열심히 일하는 것뿐임을 알게 되었다. 그리고 얼마 지나지 않아 나는 내 이름 석 자를 빛내는 최선의 길은 미국 이민이라는 결론을 내렸다. 1960년에 군대를 제대한 후, 나는 미국 대학 입학을 위해 학생 비자를 신청했다.

토목업자의 길로

미국에 올 때 스물세 살이었던 나는 수중에 겨우 200달러밖에 없었지만, 성공하겠다는 결의와 집념에 차 있었다. 나는 생활비를 벌기 위해 밤에는 건물 관리인, 버스보이(식당에서 식탁 치우는 일을 하는 사람), 신문배달원 등을 하며, 서던캘리포니아대학교에서 토목공학 학사학위(1967년)와 환경공학 석사학위(1969년)를 취득했다. 그 후 나는 토목공학 분야의 전문지식을 넓히기 위해 캘리포니아대학교 공공행정대학원에 진학했는데, 이때 나는 미국의 정치과정과 정무를 본다는 것이 무엇을 의미하는지를 조금 알게 되었다.

1976년에 나는 '제이킴엔지니어링'이라는 회사를 설립했다. 고속도로와 폐수재활용 프로젝트를 설계하는 회사였다. 그로부터 10년 동안 나는 이 회사를 서부지역 세 곳에 사무실을 두고 130명의 종업원을 거느린, 캘리포니아 주 500대 디자인기업 중의 하나로 키웠다. 나는 캘리포니아 주 샌디마스 시의 도시계획위원에 위촉되었으며, 토목 관련 업적을 인정받아 토목계와 기업계로부터 무수히 많은 상을 받았다. 나는 또한 오레곤 주, 워싱턴 주, 아이다호 주, 네바다 주, 그리고 애리조나 주에서도 정식 등록 토목업자가 됨에 따라 활동 범위를 넓히고, 미국의 서부에 대해 더 많은 것을 배우게 되었다.

캘리포니아 주 다이아몬드바 시 그리고 시장직

1990년에 나는 로스앤젤레스에 새로 병합된 교외지역인 다이아몬드바(Diamond Bar)로 이사했다. 이곳에서 나는 지역 정치에 한번 도전해보리라고 결심했다. 토목업자로서 여러 주의 시정부들과 접촉해본 경험을 통해 나는 이미 지방정부가 어떻게 운영되는지 꽤 많이 알고 있었고, 샌디마스(San Dimas) 시의 도시계획위원으로 일한 덕에 소도시의 행정 경험도 쌓은 터였다. 나는 다이아몬드바 시의 시의원직에 출마했고, 당선되는 쾌거를 이뤘다. 주민 대다수가 백인인 로스앤젤레스 교외지역에서 한인으로서는 괄목할만한 성취였다. 1년 만에 다이아몬드바 시에서 나는 상당한 인기를 얻게 되어 시장직에 도전했고 또다시 당선되었다.

다이아몬드바 시의 시장과 토목회사의 사장이라는 두 가지 임무를 모두 충실히 수행하기 위해 나는 열심히 노력했다. 시의회가 소집되는 날이면 나는 수백 명의 주민이 참석한 가운데 오전 2시까지 회의를 강행하곤 했다. 생긴 지 얼마 안 되어 자체 경찰서조차 없이 로스앤젤레스 카운티 경찰서와 하청계약에 의존해야 했던 신생 도시의 숱한 요구를 충족시키기 위해 나는 쉬지 않고 열심히 일했다. 그리고 이 경험은 내게 참으로 많은 것을 가르쳐주었다. 사실 나는 아직도 시장의 임기가 좀 더 길었으면 좋았겠다고 생각한다. 1년 뒤 일어난 일에 대해 후회하는 것은 아니지만, 시장직 경험이 더 길었더라면 장래에 큰 도움이 되었을 것이다.

더 높은 목표를 향해

그렇게 짧은 기간에 시의원도 되고 시장도 된 것은 내게 커다란 명예였지만, 나는 여전히 내 앞길에 더 많은 기회가 놓여 있다고 느꼈다. 1992년에 캘리포니아 주에는 새로운 연방의원 선거구가 창설되었다. 제41 선거구였는데, 다이아몬드바 시와 로스앤젤레스 동남부 및 오렌지 카운티 북동부를 포함한 선거구였다. 나는 이곳에서 공화당 대표로 출마하면 충분히 승산이 있으리라 판단했다. 새 선거구는 공화당의 지지가 튼튼한 곳이어서 공화당 당내 경선에서 이기기만 하면 민주당 후보를 물리치고 하원의원이 될 수 있을 거라고 생각했다. 더구나 새로 창설한 선거구라 공화당 현역의원도 없으니 한결 손쉬운 승부일 터였다.

그렇지만 공화당 당내 경선에서 승리한다는 것은 아주 힘든 일이었다. 공직 경험도 짧고 베테랑 정치인인 주상원의원이나 연방상무부 변호사 등 쟁쟁한 경쟁자들에 비해 지명도도 약했기 때문이다. 그러나 나는 한국계 미국인이 한 번도 경선을 이기고 공직에 당선된 적이 없던 곳에서 새로운 역사를 기록하는 싸움에 뛰어들었다. 처음부터 경선 승리의 확률은 낮았다.

나는 이 선거에서 이길 수 있는 유일한 길은 밥 구티(Bob Gouty) 같은 전문 캠페인 매니저를 고용하고, 치밀한 선거 전략을 세우는 것뿐임을 깨달았다. 내 캠페인 매니저였던 구티가 없었다면 본 선거는 고사하고 당내 경선도 장담할 수 없었을 것이다. 당내 경선을 앞두고 실시한 1차 여론조사에서 나는 겨우 7%밖에 표를 얻지 못했다. 다이아몬드바 시 바깥에서는 내 이름이 알려지지 않은 것이 주원인이었다. 1차 여론조사 결과가 발표된 후 구티는 내게 정말로 선거운동을 계속할 작정이냐고 물었다. 나는 계속하겠다고 대답했다. 나중에 안 것이지만, 구티는 처음부터 내가 승리할 확률이 높다고 믿고 있었으나 어려운 싸움을 앞두고 나의 결의를 시험해본 것이었다. 다행스럽게도 나는 과거에도 어려움을 극복한 경험이 많았기에 이번 도전 또한 감당할 수 있었다. 지명도만 높이면 이길 수 있다는 확신이 들었다.

“가난을 딛고 마침내 성공한 이민자”, “연방의회를 민간기업처럼 운영하려는 소기업가”라는 메시지를 내건 나의 지지율은 상승하기 시작했다. 나는 전문 정치인도 아니고 정부에 고용된 변호사도 아닌 민생 현장의 기업인이자 기술자란 점을 내세우는 한편, 무일푼으로 미국에 이민 와서 자수성가한 한국인으로서 아메리칸 드림을 성취한 본보기라는 점도 내세웠다. 제41 선거구의 유권자들은 내 삶에 대한 이야기와 내가 당선된다면 정부를 간소화하겠다는 약속에 지지를 보냈다. 그렇게 되자 나와 경쟁하던 후보자들은 자기들끼리 하던 비방전을 중단하고 나를 공격하기 시작했다. 그러나 그들은 나의 경선 승리를 막아내지 못했다. 당내 경선이 마무리된 후 나는 본 선거를 앞두고 공화당 전당대회에서 프라임타임 연설을 하게 되었다. 그곳에서 나는 전국의 청중에게 내 이야기를 자랑스럽게 들려주고, 아메리칸 드림의 가치에 대해 이야기했다. 마침내 나는 본 선거에서 민주당 후보를 물리치고 한국계 미국인으로서는 최초로 연방하원의원에 당선되었다.

내가 공화당원으로 연방의회에 출마한 것은 단지 그렇게 하는 것이 승리에 도움이 된다고 믿어서만이 아니라, 당시로서는 공화당의 일부 이념에 동의했기 때문이다. 나는 정치적으로 보수주의자라고 자부한다. 특히 경제정책에서는 더욱 그러하다. 거의 빈털터리로 미국에 와서 이만큼의 부와 안락을 이루어낸 나는 근면의 가치와 어떻게 하면 아내와 세 자녀를 부양할 수 있을까를 걱정하던 시절의 고통을 잘 안다. 나는 내가 번 돈의 큰 몫을 높은 소득세를 부과해 부를 재분배하고자 하는 정당(민주당)을 지지할 수 없다. 나는 빈곤 문제를 해결하기 위해 부자들의 몫을 가난한 이들에게 주기보다는 경제 성장과 일자리 창출만이 진정으로 가난한 이들이 자립할 수 있게 돕는 거라 생각한다. 따라서 내가 근면함과 성실함을 통한 일자리 창출을 주장하는 공화당원이 된 것은 어쩌면 당연한 일일지도 모른다.

1992년, 미국 하원에서 제이 김이 톰 폴리(Tom Foley) 하원의장 앞에서 선서하고 있다.

연방하원의원 시절에 나는 의정활동을 통해 정부의 낭비와 통제되지 않는 지출 항목을 줄여 재정을 책임 있게 운영토록 하는 데 큰 힘을 쏟았다. 그렇다고 정부지출에 무조건 반대했던 것은 아니다. 공공도로, 상수도 안전, 오염물질 처리시설 등 내 지역구 주민의 삶에 직접 영향을 끼치는 사업의 재정 확보를 위해서는 매우 열심히 일했다. 나는 아직까지도 연방하원의원으로서 내가 이룩한 가장 중요한 업적은 온타리오국제공항을 개장한 것이라고 생각한다. 이 일을 성사시키기 위해 나는 연방항공국, 로스앤젤레스 시(물론 자체 국제공항이 있다), 캘리포니아 주와 교섭했고, 결국 그들의 반대를 무릅쓰고 향후 수십 년 동안 지역의 재정 안전성을 지켜줄 경제적 수단을 만들어냈다. 그러나 나는 정부 재정이 마구 사용되지 않고, 꼭 쓰여야 할 곳에 쓰이도록 만전을 기함으로써 최소한의 재정지출로 재정 건전성을 유지한다는 공화당의 원칙에서 벗어나지 않았다.

한국인과 한국계 미국인을 위한 싸움은 계속된다

비록 나는 이제 연방하원의원은 아니지만, 지금까지 한국인과 한국계 미국인을 위한 싸움을 결코 멈춘 적이 없다. 나는 스스로 긍지에 넘치는 한인임을 자부하며, 내 뿌리와 오늘의 나를 있게 만들어준 나라를 한 번도 잊은 적이 없다. 나는 또나 스스로 선택한 또 다른 조국인 미국에서 나 자신과 한국계 미국인들이 살기 좋은 나라로 만드는 일에 삶을 바쳐왔기에 한국계 미국인임을 자랑스럽게 여긴다. 현역 의원 시절에도 나는 아시아태평양 도서지역 및 서반구 국제관계 소위원회 소속 의원으로서 모든 아시아계 미국인의 권리를 위해 싸웠다. 지금도 나는 내가 세운 '김창준 한미재단'과 한국에 있는 '김창준 정치 및 경제 아카데미'의 의장직을 맡고 있으며, 〈김창준 KORUS TODAY〉라는 월간신문을 발행하고 있다. 또한 워싱턴 한미포럼 의장으로서 기업 부문과 정부 부문에서 한국과 미국의 관계개선을 위해 쉬지 않고 일하고 있다. 최근에는 박근혜 대통령으로부터 국민경제자문회의 위원으로 임명되었다. 국민경제자문회의는 1999년 11월 20일 대한민국 헌법 제93조에 의해 설립된 대통령자문기구다.

나는 한국의 여러 도시와 기업의 고문이고, 한국계 미국인을 위한 여러 간행물에 나의 글을 기고해왔다. 특히 미주 〈한국일보〉에 나의 인생과 하원의원 시절을 회고하는 이야기를 연재하기도 했다. 요컨대 나는 말과 행동으로 한미 관계 개선을 위한 외교관의 역할을 지속하고 있는 셈이다.

나는 이 전기를 읽는 독자들이 내가 선택한 길이 결코 녹록한 길이 아니었음을 알아주길 바란다. 나는 한국의 장구하고 영광에 찬 역사에서 하필이면 가장 험난했던 시기에 태어나 힘들고 가난했던 시절에 학업을 마치고 맨땅에서 사업을 일으켰을 뿐 아니라, 미국 정계 진출 과정에서도 계속해서 여러 장애물에 부딪혔다. 백인이 지배하는 정치판에서 아시아계 미국인으로서 성공한다는 것은 쉬운 일이 아니었다. 그렇다고 해서 차세대 한국계 정치인들에게 정계 진출을 시도하지 말라는 뜻은 아니다. 오히려 내 사례를 아시아계 미국인이 어떻게 미국 정치에서 성공할 수 있는지를 보여주는 길잡이로 삼고, 거의 50년 전 내가 이민 왔던 때에 비해 한국계 미국인이 미국사회에서 성공할 기회가 훨씬 넓어진 조건을 잘 활용하길 바란다. 이 전기를 읽은 어느 젊은 한국인이 언젠가 내가 이룩한 성취를 뛰어넘어 상원의원뿐만 아니라 심지어 대통령이 되는 것도 가능하다고 믿는다. 내 뒤를 이을 모든 한인을 위해 그들이 성공에 이르는 길이 내가 가야 했던 길만큼 험난하지 않도록 안내판을 세워놓았다는 데 나는 더할 나위 없는 긍지를 느낀다. 또 하나 내가 배운 것은 오직 미국에서만 이러한 성공 이야기가 가능하다는 것이다.

Jay Changjoon Kim 제이 김

제이 김(김창준)은 정치, 경제 문제를 다양하게 연구하여 한국의 정치 선진화에 기여하고자 서울에 세운 (사)김창준정경아카데미의 설립자이자 이사장이다. 그는 다양한 현안에 대해 여러 권의 책과 많은 칼럼을 썼으며, 한국과 미국에서 폭넓게 강연 활동을 하고 있다.

1992년, 그는 한국계 미국인으로서 최초로 연방하원의원에 당선되어 세 차례나 역임했다. 연방하원의원으로 활동하기 이전에는 캘리포니아 주 다이아몬드바 시의 시의원 및 시장직을 역임하였으며, 토목회사를 설립하여 성공했다.

서울에서 태어난 제이 김은 한국전쟁 후 미국으로 유학 와 남가주대학에서 토목공학 학사와 석사학위를 취득했다. 이후 그는 한양대학교에서 정치학 박사학위를 받았다.

3 나의 소명

조셉 조(조재길) Joseph Cho
캘리포니아 주 세리토스 시의원

어떤 사람의 삶이든 고비가 있기 마련이다. 나의 삶도 마찬가지다. 게다가 우리 세대의 삶을 관통하는 시대는 격동 그 자체였다. 일제강점기 말에 태어나 8 · 15해방(1945), 한국전쟁(1950), 4 · 19혁명(1960), 5 · 16군사쿠데타(1961), 5 · 18광주항쟁(1980), 6월 민주항쟁(1987) 등 거센 파도에 맞서야 하는 삶이었다. 나는 여기에 이민이라는 새로운 도전을 덤으로 안고 살아야 했다.

아련하기만 한 지난날을 용케 헤쳐나와 오늘에 이르렀다는 생각이 든다. 나는 참으로 많은 축복을 받았다. 전쟁과 빈곤으로 어려웠던 시기에 태어나 어린 시절을 보냈지만 고난에 대한 기억보다는 아름다운 추억을 더 많이 간직하고 있다. "그저 당신은 감사해야 할 일만 남았다"는 아내의 말처럼 나는 주님의 특별한 은총과 많은 분들의 도움으로 오늘 여기까지 올 수 있었다.

청소부로 시작해 '세계 속의 한국인'이 되다

나는 1943년 일본 규슈(九州)에서 조선인 노무자의 아들로 태어났다. 미국이 일본 본토를 본격적으로 공습하던 1944년에 부모님이 누나와 나를 데리고 한국으로 돌아오셔서 일본에서의 기억은 전혀 없다. 가난한 농촌에서 성장했지만 초등학교 교사를 양성하는 안동사범학교를 거쳐 서울대학교를 졸업할 수 있었다. 1968년 공군장교로 임관하기 전과 1972년 유신체제가 선포되기 직전 보성고등학교에 취직한 후 도합 3년간 고등학교 교사로 일했다.

나는 1972년 1월 25일, 아내 권숙혜(Lucy)와 결혼했다. 그리고 이듬해 2월 아내는 김천 처가에서 첫아들 광석(Andy)을 낳았다. 양가의 첫 손자였던 광석은 가족 모두의 사랑을 듬뿍 받았다. 그러나 내가 위스콘신대학 대학원의 입학허가를 받는 바람에 우리는 갓 첫돌이 지난 광석을 장모님께 맡기는 어려운 결정을 해야 했다. 그리고 나와 아내는 1974년 7월 5일 로스앤젤레스행 비행기에 올라 유신체제하의 한국을 도망치듯 김포공항을 떠났다.

처음에는 위스콘신대학 대학원에서 경제학을 전공할 생각이었다. 그러나 나는 위스콘신에는 가보지도 못한 채 로스앤젤레스에 정착했다. 경제학을 공부하고 귀국하면 결국 유신체제에 협조해야 하는 똑같은 상황이 계속될 것이 뻔했기 때문이다. 그래서 나는 로스앤젤레스에서 컴퓨터 계통의 직장을 알아보기로 방향을 바꾸었다. 직장을 찾는 동안 나는 청소부와 주유소 종업원으로 미국생활을 시작했다. 나의 한국에서의 학력이나 경력은 전혀 인정받지 못했다. 6개월 동안 로스앤젤레스와 오렌지 카운티 전역을 다니며 60회 이상 인터뷰를 한 끝에 마침내 로스앤젤레스 카운티 전산국에 컴퓨터 오퍼레이터(기사)로 취직했다.

카운티 전산국에서 일을 시작한 지 얼마 되지 않았을 무렵, 컴퓨터 시스템이 유니박(UNIVAC)으로 바뀌었다. 새로운 시스템 교육을 받겠다고 자원하는 선임자가 없어 나는 신참 오퍼레이터 세 명과 함께 로스앤젤레스 다운타운에 있는 유니박 컴퓨터 훈련센터로 파견되었다. 3개월간 교육을 마치고 카운티 전산국으로 돌아갈 때가 되자 자문회사 책임자는 내가 훈련센터에 남도록 카운티 전산국에 요청했다. 그래서 나는 훈련센터에 남아 1년 반 동안 자문회사의 카운티 직원 교육을 도와주었다.

자문회사 직원들이 철수하고 다시 카운티 전산국으로 돌아왔을 때, 나는 유니박 전산실에서 없어서는 안 될 존재였다. 시스템 전반에 관해 철저하게 업무를 파악한 사람은 카운티 전산국에서 나 하나밖에 없었기 때문이다. 전산국에서는 유니박 전산실에 보조 매니저 직급의 작업조정관 자리를 만들어 나를 프로그래머로 재임용했다. 나는 3년 만에 일반적으로 10년 이상 걸리는 컴퓨터 오퍼레이터에서 보조 매니저 직급까지 승진했다. 직원들은 초고속으로 승진한 내가 한인 최초로 매니저가 될 거라고 예상했다. 그렇지만 매니저 자리는 내가 오를 수 없는 보이지 않는 '유리천장'이란 생각이 들어 1978년 8월 말 로스앤젤레스 카운티 전산국을 미련 없이 사직했다.

1975년 4월, 둘째아들 준석(Tony)이 태어난 후 아내는 그동안 키펀치 오퍼레이터로 일하던 미국 은행을 그만두었다. 그리고 우리는 한국에 두고 왔던 두 살 된 큰아들 광석을 캘리포니아로 데려왔다. 1976년 4월, 벨플라워(Bellflower)로 이사하고 9월에 막내딸 지아(Jia)가 태어났다. 그때 나는 낮에는 로스앤젤레스 카운티에서 일하고 밤에는 캘리포니아주립대학교 노스리지 캠퍼스 대학원에 다니고 있었다. 다섯 명으로 늘어난 가족을 부양하기 위해 나는 학업을 중단하고 밤에는 오디오마그네틱사에서 컴퓨터 오퍼레이터로 일하기 시작했다. 두 직장을 다닌 지 몇 달 만에 돈을 모아 1976년 10월 처음으로 집을 장만했다. 세리토스 시에 있는 작은 단층집이었지만, 미국에 이민 온 지 2년밖에 되지 않은 우리에게는 궁궐이나 마찬가지였다.

당시 세리토스에는 한인이 그리 많지 않았다. 당연히 한인 부동산중개인도 몇 명 되지 않았다. 일주일 내내 밤늦게까지 힘들게 두 직장을 뛰어다니는 것보다 주말에 부동산 중개 일을 하는 것이 낫겠다는 생각이 들었다. 한 달에 집 한 채만 팔아도 직장에 다니는 것보다 수입이 나았다. 나는 부동산업에 전념하기 위해 카운티 전산국을 사직했다. 그리고 컴퓨터를 전공해 한국으로 돌아가겠다는 꿈을 접고 열심히 돈을 벌기 시작했다. 3년 동안 열심히 일한 결과 세리토스에 집을 여러 채 사서 세를 놓고, 로스앤젤레스에 20가구에 달하는 제법 큰 임대용 아파트를 구입해 외형자산이 백만 달러에 이르게 되었다. 지금은 윌셔 가가 한인타운의 일부가 되었지만, 당시에는 주류사회 상권의 중심부였다. 한인으로서는 내가 처음으로 윌셔 가 한복판에 30여 명의 직원을 거느린 회사를 차렸다. 이처럼 경제적으로 어느 정도 성공하자 한국방송공사(KBS-TV)에서 나를 '세계 속의 한국인'의 한 명으로 선정했다. 1980년 4월 KBS 취재팀이 로스앤젤레스로 와서 2주 동안 나와 우리 회사를 취재했다. 그러나 뉴욕에서 세계 속의 한국인 2호 인물을 취재하는 사이에 5 · 18광주사태가 발생해 특집프로그램 제작은 중단되었다.

80년 광주가 바꾼 우리의 운명

나는 정치와 거리를 두기 위해 애써 한국의 상황을 외면했지만 1980년 5월, 전두환의 신군부가 민주화를 요구하는 2,000명의 시민을 학살한 광주사태는 나의 삶을 송두리째 바꾸어버렸다. 마음 한구석에 남아 있던 귀국에 대한 미련을 버리고 나는 1980년 8월 1일 성조기 앞에 미국 시민이 될 것을 엄숙히 선서하고 미국 시민권을 받았다. 그리고 얼마 안 있어 우리 가족은 어머니 회갑을 맞아 모국 방문길에 올랐다.

6년 만에 다시 찾은 서울은 내가 김포공항을 떠나던 유신체제 시절보다 더 무겁게 짓눌린 듯했다. 고향도 무척이나 낯설었다. 그래도 부모님이 계시는 고향은 어머니의 치마폭처럼 포근했다. 어머니는 연신 부엌을 드나들며 아이들 입맛을 맞추느라 애쓰셨고, 아버지는 영어로 떠들며 저희끼리 놀고 있는 손자 손녀의 얼굴을 안쓰럽게 쳐다보고 계셨다. 그러면서도 무척 흐뭇해하셨다. 우리가 떠나기 전날 밤 어머니께서는 "네가 미국에 간 건 잘한 일 같다. 어디 살든 아이들 잘 키우며 너만 잘살면 나는 괜찮다"고 말씀하셨다. 어머니는 어느새 세 아이의 아버지가 된 불효자를 용서하셨다. 그러나 장남인 나를 두 번 다시 만나지 못하리라고는 짐작조차 못하셨을 것이다. 몇 년 후 어느 날 어머님은 돌아오지 못하는 아들을 늘 기다리시던 동네 초입의 다리에서 떨어져 끝내 나를 다시 보지 못하고 돌아가셨다.

한국에 처음 다녀온 후 곧바로 신문사를 시작한 나는 반독재 민주화운동의 소용돌이 속으로 빠져들었다. 1981년 2월 2일 창간호를 발행한 광고전문지 〈주간광고〉는 〈코리안스트릿저널〉이란 이름으로 그 후 10년간 한국 민주화운동의 대변지 역할을 했다. 종합주간신문 〈코리안스트릿저널〉은 한인언론이 비판의 성역으로 여겼던 한국의 정치상황, 반전평화운동, 한반도 핵문제 등 민감한 사안들도 성역 없이 다루었다. 그러다 보니 〈코리안스트릿저널〉의 기사에 대한 독자들의 반응은 거의 폭발적이었다. 반면에 한국정부는 나를 빨갱이라고 모략하기 시작했다. 로스앤젤레스 총영사관은 한인 사업가들에게 〈코리안스트릿저널〉에 광고를 게재하지 못하도록 경제적인 압력을 가해 미주 한인사회로부터 도태시키기 위해 안간힘을 썼다.

1984년 6월 11일, 나는 〈코리안스트릿저널〉의 자매지 〈라성일보〉를 창간했다. 로스앤젤레스 지역 최초로 미주 한인이 발행하는 일간지 〈라성일보〉는 신뢰할 수 있는 기사, 충실한 내용, 많은 읽을거리를 제공한다는 평을 받아 독자들로부터 큰 호응을 얻었다. 일간지 발행을 위해서는 한국 정부와 타협해야 한다고 여러 채널을 통해 대화 제의를 받았다. 그러나 나는 이를 거부했다. 이 때문에 총영사관과 안기부의 계속되는 압력으로 광고 받기가 더 힘들어졌다. 나는 총영사관 측의 대화 제의를 여러 차례 거부하고 1984년 12월 21일 제137호를 끝으로 〈라성일보〉를 휴간했다. 당시로서는 거금이었던 약 50만 달러를 투자한데다 밀린 부채를 청산하려면 전 재산을 다 정리해도 부족한 실정이었다. 변호사와 파산선고를 하는 방안을 놓고 상의했지만, 신문사라는 특성상 수수료가 엄청났다. 결국 돈이 없어 파산신청도 하지 못했다. 나와 아내가 4년간 〈주간광고〉, 〈코리안스트릿저널〉, 〈라성일보〉로 인해 잃은 것은 부동산으로 이루었던 전 재산과 아이들을 포함한 가족의 희생이었으며, 그 대가로 얻은 것은 언론인으로서 거스를 수 없는 시대적 소명이었다.

왼쪽부터 루시 조(조셉 조의 아내이자 신문 공동편집인), 故 김대중 전 대통령(2000년 노벨 평화상 수상자), 조셉 조, 1984년

로스앤젤레스에서의 반독재투쟁으로 나는 한국을 방문할 수 없게 됐다. 한국 정부는 1987년까지 중병으로 누워 계신 어머님을 방문하는 것조차 허락하지 않았다. 1987년 11월 28일, 어머니가 돌아가셔서 신청한 방문 비자마저 거부됐다. 하는 수 없이 나는 비자를 받지 못한 채 어머님 장례식에 참석하기 위해 한국으로

출발했다. 김포공항에 도착하니 기다리고 있던 안기부 요원이 별실로 데리고 가 한국에 체류하는 동안 정치활동을 하지 않겠다는 각서를 요구했다. 각서를 쓰고 공항을 나온 후 한국을 떠날 때까지 안기부 요원과 경찰이 나를 계속 미행하며 감시했다.

한국 민주화운동의 한가운데에 서다

나는 80년 광주를 딛고 일어서는 미주 민주화운동의 한가운데에 서 있었다. 나는 시대적 소명을 거부하지 않고 운명으로 받아들였고, 〈코리안스트릿저널〉과 〈라성일보〉는 미주 동포들의 가슴에 민족운동의 불을 지피고 대중화시키는 촉매제가 되었다. 1985년 6월, 한국청년연합과 〈코리안스트릿저널〉은 5 · 18민주화운동 기념사업 및 위령탑 건립을 위한 모금을 시작해 10주 만에 2만 5,000달러를 모금하는 놀라운 성과를 거두었다. 장기 양심수에게 담요를 보내기 위한 모금운동도 계속했다. 1985년 12월, 나는 직선제개헌청원 천만 명 서명운동에 동참해 1986년 5월 범교포 궐기대회를 갖고 한국의 신민당 대표단에 1만 5,000명의 서명을 전달했다.

〈코리안스트릿저널〉은 민주화운동의 대변지 역할에서 한 걸음 더 나아가 많은 한인 단체장들의 민주화운동 참여를 유도해 미주 한인사회로 확산시키는 데 기여했다. 1986년, 나는 남가주언론동우회장 자격으로 약 보름간 한인사회 각 단체장들을 개별적으로 찾아다니며 로스앤젤레스 총영사관이 눈치를 채지 못하게 은밀히 물밑작업을 했다. 그리고 1986년 4월 19일 저녁 7시에 남가주 지역 30여 개의 단체 대표 50여 명이 참가한 '100만 미주 동포 양심선언대회'를 개최했다. 〈로스앤젤레스타임스〉는 나의 발언을 인용해 "표면적으로는 개헌을 지지하는 것이지만 사실은 독재의 중지를 요청하는 것"이라고 보도했다. 1987년 6월 21일, 나는 직선제개헌을 촉구하는 평화대행진을 조직했다. 당시 캘리포니아 부지사 레오 메카티가 행사에 참석해 연설할 기회를 달라는 요청을 했다. 부지사가 동참한다는 사실이 언론에 알려져 평화대행진의 홍보에 크게 도움이 되었다. 로스앤젤레스 한인타운 내 서울국제공원에는 대략 7,000여 명의 동포가 태극기, 현수막, 구호판을 들고 참가했다. 미국 주류사회 취재 기자들이 많이 참여해 5시간 동안 계속된 행사장에는 TV방송국 카메라만 12대였으며, 행사 후 1주일 내내 이날의 뜨거운 열기가 주류사회 TV에 보도되었다.

〈코리안스트릿저널〉은 더 이상 미주 한인만의 신문이 아니었다. 한국 내 민주화운동권의 유인물들이 여러 경로를 통해 〈코리안스트릿저널〉로 전해지고 기사화된 후 다시 한국으로 밀반입되어 많은 사람들에게 전해졌으며, 국회에서 대정부 질문에 인용되기도 했다. 〈코리안스트릿저널〉이 반정부 투쟁의 선봉에 나서면서 한국 정부의 탄압은 더욱 심해졌고, 미국 언론의 집중적인 관심을 받게 되었다. 〈샌프란시스코 크로니클〉 지는 1986년 6월 23일부터 25일까지 한국문제 특집기사를 게재했다. "한국 정부와 총영사관이 한인사회 활동에 간섭하고 영향력을 행사해 한인사회에서 가장 영향력이 큰 〈코리안스트릿저널〉이 어려움을 겪고 있다. 〈코리안스트릿저널〉은 한인신문으로는 최대의 발행부수인 약 2만 부를 발행하고 있다. 그러나 지난 한국 중앙정보부(KCIA)의 의회 청문회에서 나타난 바와 같이 한국 정부가 광고를 게재하지 못하도록 압력을 넣고 있기 때문에 대기업의 광고를 받지 못하고 있다"고 보도했다. 이 밖에도 〈로스앤젤레스타임스〉, 〈새크라멘토비〉, 〈내셔널가디언〉 등도 〈코리안스트릿저널〉에 대한 한국 정부의 탄압을 보도했다. 1986년 8월에는 본사 사옥에 총탄이 날아들어 유리창이 파손되는 사건이 발생했다. 미 연방하원의원 보좌관이 사건 조사를 위해 신문사를 방문하고 하원 청문회 개최를 추진했으나, 한국에서 6 · 29선언과 11월 대통령 직접선거 실시로 중단되었다.

이런 성과에도 불구하고 〈코리안스트릿저널〉은 창간 초기부터 재정적으로 어려움이 많았으며, 특히 1987년 1월부터 코리아타운번영회와 수년간 법정공방을 벌여 여러모로 타격이 컸다. 타운번영회는 사람들을 동원해 신문사 앞과 한인타운 내 서울국제공원에서 "빨갱이 조재길과 〈코리안스트릿저널〉은 물러가라!"는 글이 적힌 현수막을 들고 시위했다. 그리고 나와 〈코리안스트릿저널〉을 용공으로 매도하는 내용의 〈코리아타운〉이라는 8페이지짜리 신문을 남가주 전역에 수차례 배포했다. 나는 명예훼손으로 이들을 고소해 2년간의 법정공방으로 상당한 비용을 지출했다. 1989년 6월, 로스앤젤레스 지방법원의 보니 마틴(Bonnie L. Martine) 판사는 타운번영회에게 로스앤젤레스에서 발행되는 3개 일간신문에 "번영회 측의 주장은 근거가 없으며 단순한 추측이었을 뿐이다"라는 사과문을 게재하도록 판결했다. 이 판결은 나와 〈코리안스트릿저널〉의 명예회복 차원을 넘어 언론의 자유에 대해 일깨워준 의의 깊은 판결이었다.

민주화운동의 대변지: 시대적 소명을 다하다

1988년 7월 7일, 노태우 대통령이 "미주 동포들은 북한을 방문할 수 있다"고 발표했다. 7 · 7선언으로 북한 방문에 대한 심리적 부담감이 사라지자 미주에서는 수년 사이에 수천 명의 미주동포가 이산가족을 찾기 위해 북한을 방문했다. 나도 1990년 4월 북한인민대의원 총선거에 맞춰 방북을 신청했더니 베를린에 있는 북한 대사관에서 비자를 받으라는 연락이 왔다. 나는 브란덴부르크 광장에서 무너진 베를린 장벽을 둘러보며 통일된 독일이 한없이 부러웠고, 이렇듯 어렵게 북으로 가는 우리의 현실이 서글펐다. 조국평화통일위원회 박광명 부위원장이 나를 극진히 맞아주었다. 나는 북미대화 적극 추진 등을 건의했다. 장충성당을 방문해 북한 신자들의 공소 예절에 참석하고, 조선천주교 중앙위원회 장재철 위원장 등 성당 간부들을 만나 많은 이야기를 나누었다. 그들은 북한의 신자들이 사제 없이 신앙을 지켜나가기 어려운 상황과 가톨릭 예식을 제대로 알지 못한다는 것을 설명했다.

한 차례 방문으로 아쉬움이 많아 나는 8월 제1회 범민족대회의 취재를 위해 두 번째로 평양을 방문했다. 범민족대회 기간 중 나는 기자로서 북한의 실상을 취재하기 위해 열심히 노력했다. 안내원과 동행하지 않고 혼자 평양 지하철을 타고 곳곳을 다니며 북한 주민과 이야기를 나누었다. 판문점에서 내가 북쪽 판문각을 배경으로 대표단을 촬영하기 위해 카메라를 들고 대열에서 벗어나 군사분계선에 올라섰을 때였다. 갑자기 양측 경비병들 사이에 극도로 긴장된 분위기가 조성되었다. 내 등 뒤에서 미군 소속 남측 경비병이 "넘어오세요. 괜찮습니다"라고 말하자 일순간 북측 경비병들의 눈빛이 매서워졌고 당장에라도 무슨 사태가 벌어질 것 같았다. 군사분계선은 폭이 고작 30센티미터 정도의 콘크리트였다. 그 위에 올라선 나는 벅찬 감회에 휩싸여 한동안 망연히 서 있었다. '이대로 군사분계선을 넘어 서울로 갈까' 하고 잠시 망설였으나 아무런 사전준비 없이 행동하는 것은 바람직하지 않다고 판단해 판문각으로 돌아오자 북한 경비 책임자는 한동안 내 팔을 잡고 말문을 열지 못했다.

많은 것을 보고 느끼고 미국으로 돌아와 북한 취재기를 정리해 〈코리안스트릿저널〉과 한국의 〈새누리신문〉에 '북한은 변하고 있는가'라는 제목으로 연재했다. 독자들의 반응은 뜨거웠다. 북한을 비교적 정확하게 평가한 것 같다고 긍정적으로 받아들이는 의견이 대부분이었으나 "너무 조심하는 것 같다"는 지적도 있었다. 1990년 11월 〈한겨레신문〉 송건호 사장의 주선으로 삼민사에서 《북한은 변하고 있는가》를 단행본으로 출판했는데 반응이 좋았다. 여러 대학의 정치학과 교수들이 새 학기가 시작될 때마다 이 책을 추천도서로 권장했다.

노태우 정부 출범 이후 한국의 언론은 완전하지는 않지만 전두환 군사독재 아래서는 생각할 수 없었던 엄청난 자유를 누리게 되었다. 〈한겨레신문〉을 비롯해 수없이 많은 새로운 신문사가 생겼다. 수백 명의 기자들이 '전경환 새마을 사건', '청와대 비사', '제5공화국 비화' 등 갖가지 흥미진진한 기사들을 마구 쏟아내자, 어느 누구도 태평양 건너 로스앤젤레스 한 구석에서 달랑 3명의 편집국 기자가 만드는 신문 기사에 열광하지 않게 되었다. 비화언론에 빼앗긴 독자들의 시선을 되돌릴 수 없었다. 용공시비 법정소송에서 승소한 후 나와 아내는 〈코리안스트릿저널〉의 장래에 대해 심각하게 고민하기 시작했다. 나는 신문을 계속 발행하기 위해 백방으로 노력했지만, 결국 〈코리안스트릿저널〉은 2월 28일 제517호를 끝으로 문을 내렸다. 나는 눈물을 흘리는 아내에게 "〈코리안스트릿저널〉은 시대적 소명을 다했다"고 다독이며 마음을 추슬렀다. 이제 한인신문으로는 유일하게 남가주대학(USC) 도서관이 〈코리안스트릿저널〉 창간호부터 517호까지 보관해 연구자들에게 자료로 제공하고 있다. 2013년 10월 28일, 나는 그동안 보관했던 〈코리안스트릿저널〉 517호 전량과 마이크로피시를 5.18기념재단에 기증해 앞으로 유네스코 세계기록유산으로 추가 등재될 예정이다.

민주화와 통일운동의 현장을 떠나다

나와 핵문제와의 인연은 호주 출신 피터 헤이즈 교수가 1983년에 발표한 한반도 핵문제에 관한 논문을 〈코리안스트릿저널〉에 전재한 데서 비롯되었다. 한반도에 주한미군이 1,000기 이상의 전술 핵무기를 비치하고 있다는 사실은 내게 큰 충격이었다. 다시 전쟁이 발생한다면 한반도는 초토화되고 우리 민족은 회복하기 어려운 참담한 피해를 입게 된다는 사실을 알고 나는 전쟁 재발을 막기 위해 한반도 비핵화와 반전평화운동에 적극 참여했다. 〈동아일보〉 편집국장을 역임하고 1988년에 〈한겨레신문〉 사장이 된 원로 언론인 송건호 선생께서 1983년 9월 지인의 안내로 〈코리안스트릿저널〉을 방문했다. 한두 시간 정도 신문철을 뒤적이던 송 선생께서 나를 불러 앉히더니 "조 사장에게 사과하고 진심으로 감사를 드리고 싶습니다. 주간지에 대한 선입견으로 이렇게 훌륭한 신문인 줄 미처 모르고 잠시나마 무례를 범한 점에 대해 사과합니다. 한국에서 우리가 하지 못하는 일을 해외에서 열심히 해주어 정말로 감사합니다"라고 했다. 그리고 송 선생은 내 손을 꼭 잡으며 한반도 핵문제를 기사화한 한국 신문은 〈코리안스트릿저널〉이 처음이라고 하셨다.

1993년, 북한 핵문제가 한반도를 전쟁 일보 직전으로 몰아가자 나는 반핵평화운동에 앞장섰다. 열세 차례 세미나와 강연회에서 주제발표를 하고, 여러 언론에 핵문제와 관련한 글을 썼다. 1994년 6월, 나는 제임스 라슨 목사, 데이비드 할리 목사 등 미 주류사회 민권운동가들과 함께 '한반도위기의 평화적 해결을 위한 긴급위원회'를 결성해 14일 로스앤젤레스와 워싱턴의 프레스클럽 두 곳에서 동시에 미 주류언론을 상대로 기자회견을 가졌다. 이처럼 한국전쟁 이후 한반도에 가장 짙게 드리워졌던 핵전쟁의 위협은 1994년 6월 15일 카터 대통령이 북한 김일성 주석과 회담한 것을 계기로 북미 간에 협상이 재개되고, 10월 21일 북미제네바핵합의가 타결되면서 위기를 넘겼다. 나는 그동안 발표한 원고를 정리해 1994년 6월 한국 삼민사에서 《한반도 핵문제와 통일》이라는 단행본을 발행했다. 이 책은 한국의 권위 있는 계간지 〈창작과 비평〉 1994년 겨울호에 서평이 실린 것을 비롯해 한반도 핵문제를 가장 체계적이고 종합적으로 정리한 것으로 평가받았다.

1994년 10월 28~29일, 뉴욕에서 미주동포전국협회(NAKA)가 결성되고 미국교회협의회장과 미국장로교총회장을 지낸 이승만 목사가 회장으로, 나는 부회장으로 선출되었다. 1996년 10월, 로스앤젤레스 총회에서 전국협회의 차기 회장을 맡기로 했던 나는 미주동포전국연합의 결성과 관련해 전국협회 부회장을 사임했다. 나는 1994년 12월 통일마당을 결성해 부회장을 맡았다. 그러나 재정적인 뒷받침이 여의치 않아 월간 〈통일마당〉은 이듬해 11호를 끝으로 마감했다. 그 무렵 나는 라디오코리아에서 민족의 장래와 통일문제에 관해 시사칼럼을 방송했다. 3년 반 동안 방송된 원고를 1998년 6월 서울의 도서출판 오름에서 《통일로 가는 길이 달라진다》라는 단행본으로 출간했다.

나는 고심한 끝에 1997년 12월 말로 모든 사회활동을 중단하고 한인사회를 떠나기로 결심하고 파란만장했던 17년간의 민주화 · 통일운동의 현장에서 물러났다. 나는 아내에게 앞으로 3년간 신문사를 닫고 새로 시작한 인쇄사업에만 전념하겠다고 약속했다. 나와 아내는 정말 열심히 일했다. 3년간 거의 쉬는 날이 없을 정도로 일했다. KS인쇄회사는 3년 사이에 연매상이 4배가 넘는 급성장을 했다. 나는 2002년 3월 예상보다 훨씬 높은 가격으로 회사를 정리했다.

미 주류사회 정치를 향한 새로운 도전

1980~1990년대 한국의 민주화와 통일운동에 헌신했던 내가 2003년 3월에 실시된 세리토스(Cerritos) 시의원 선거에 출마하자 모두 의아한 눈초리로 바라보았다. 그럴 수밖에 없었던 것이 우리 가족을 포함해서 아무도 내가 미 주류사회 정치에 도전하리라고 예상하지 못했기 때문이다. 심지어 나 자신도 영어를 제대로 하지 못하는 내가 시의원 선거에 도전하리라고 생각해보지 않았다.

하루는 케이블TV에서 방영하는 시의회 회의를 시청하다가 "한인사회가 세리토스에서 가장 큰 소수계 커뮤니티다"라는 한 시의원의 발언을 듣고 깜짝 놀랐다. 세리토스에 한인이 많이 산다는 것은 알고 있었으나 가장 많다는 것은 전혀 생각하지 못했던 일이다. 그 이후 시의원은 물론 시에서 하는 행사에 참여하는 한인이 거의 없다는 사실이 부끄러웠다. 나는 미국에서 살아가는 우리 한인들의 자세가 바뀌어야 한다고 생각했다. 세리토스 시가 2002년 1월 1일 로즈퍼레이드에 처음 참가하게 되자, 나는 3개월간 자원봉사자로 세리토스 시 꽃차를 장식하는 일을 했다. 정기적으로 참여한 내가 누구보다 일에 대해 잘 아는 꽃차 장식 전문가가 되었다. 나는 세리토스 주민과 함께 어울려 일하는 것이 무척 즐거웠다. 어린 중학생에서부터 노인에 이르기까지 다양한 인종의 남녀와 함께 일하면서 처음으로 다인종사회인 세리토스 시의 참모습을 보았다. 하루는 한 백인 시의원이 자원봉사자로 참여했는데, 그 시의원은 우리와 잘 어울리지 못하고 하루 종일 백인 몇 사람과 한쪽 구석에서 따로 일했다. 그날 나는 서로 엉터리 영어를 하면서도 다양한 인종

2002년, 기금모금행사에서 조셉 조와 린다 산체스(Linda Sanchez) 의원

이 함께 어울려 일하는 우리보다 영어를 유창하게 하는 백인 시의원이 오히려 언어 장벽을 갖고 있는 미묘한 모습을 보았다. 내가 백인 시의원보다 일을 잘할 수 있겠다는 생각을 처음 했다.

여기에 2000년대 초반 〈로스앤젤레스타임스〉가 보도한 라틴계와 아시안계 인구 증가에 따른 미국의 인종분포 변화와 이에 따라 라틴계와 아시안계의 정계 진출 기회가 확대되고 있다는 두 개의 기사가 나에게 새로운 방향을 제시했다. 나는 우리 한인사회가 힘을 모아 한인후보를 지원하면 세리토스를 비롯해서 한인이 집중적으로 모여 살고 있는 라팔마(La Palma), 부에나파크(Buena Park), 플러턴(Fullerton)에서 시의원이 당선될 수 있다는 확신을 갖고 미 주류사회 정치를 향한 새로운 도전을 시작했다. 중국과 베트남 커뮤니티로부터 우리가 배워야 할 점은 선거에서는 돈, 표, 후보자의 3박자가 맞아야 하고, 커뮤니티의 조직적이고 지속적인 노력이 필요하다는 점이었다.

나는 한인 친지들과 2003년 시의원 선거에 누구를 한인후보로 추천할 것인지 상의하기 시작했다. 모두 한인 후보가 필요하다는 데 공감을 표하면서도 나서는 사람이 없었다. 나라도 나서야겠다는 생각이 들어 가족들의 의사를 물어보았다. 가족들은 모두 한 목소리로 반대했다. 아이들은 “아빠, 그런 영어로 어떻게 시의원을 하겠다고 그래?”, “시청에 한 번도 가보지 않았는데 어떻게 그런 생각을 하게 되었어”라며 어이없다는 표정을 지었다. 그래서 시의원 출마를 생각하지 않고 연방하원의원 후보인 린다 산체스의 선거운동을 도와주기로 했다. 9월부터 나는 주말마다 산체스 후보의 선거운동에 자원봉사자로 참여했는데 재미있었다. 11월 4일, 연방하원의원에 당선된 린다 산체스는 선거사무소의 모든 가구들을 물려주며 나를 적극 지원하겠다고 약속했다. 이렇게 해서 나의 험난한 세리토스 시의원 선거에의 도전이 시작되었다.

나는 2003년 3월 4일 선거에 출마했지만 한인들에게 유권자 등록 신청서를 발송하는 것 말고는 어떻게 선거운동을 해야 할지 몰랐다. 당시 ABC교육위원이던 밥 볼드윈의 집에서 약 20명과 한 차례 간단한 다과모임을 가진 것이 다른 커뮤니티를 상대로 한 선거운동의 전부였다. 그 대신 나는 린다 산체스의 선거 때 자원봉사를 했던 경험을 살려 열심히 유권자 가정을 집집마다 찾아다녔다. 나의 선거운동이 부진하자 주류사회에서는 나에 대해 전혀 관심을 갖지 않았다. 반면에 우려했던 용공논쟁으로 한인사회는 시끄러워졌다. 나를 반대하는 몇 사람이《북한은 변하고 있는가》의 일부 구절을 거두절미하고 인용해 "김일성은 나의 심장"이라고 말했다, "집에는 김일성의 사진이 걸려 있다", "북한을 40여 회나 다녀왔다"는 등 터무니없는 소문을 퍼뜨렸다. 나는 선거운동을 계속할 힘을 잃었지만 포기하지 않았다. 그러나 막상 낙선하니 허망하기 그지없었다.

2005년 3월 두 번째 선거에 다른 한인후보가 출마해 한인사회가 갈라져 다시 출마하는 것이 별로 내키지 않았다. 그런데 막상 내가 출마를 선언하자 예상외로 여러 커뮤니티 단체들이 적극적인 반응을 보였다. 인도, 필리핀, 중국 등 다른 커뮤니티의 주요 지도자들과 지역 민주당 조직인 휴버트 험프리 민주당위원회를 비롯해 많은 정치인들이 지지하고 나섰다. 선거운동은 초반부터 활기차게 진행되었다. 내가 선두주자로 부상하면서 빨갱이라는 흑색선전을 비롯해 모든 공격의 화살이 나에게 집중되었다. 대부분이 이런 허위선전에 넘어가지 않았으나, 두 명의 한인후보로 한인 표가 분산돼 결국 나는 200여 표 차이로 다시 고배를 마셨다.

60대에 성취한 아메리칸 드림

1991년, 나는 연변대학 역사학과 김구춘 교수로부터 북한 취재기《북한은 변하고 있는가》를 읽고 크게 감명 받았다는 편지를 받았다. 그 이후 우리는 1년에 한

두 차례씩 우리 민족의 역사와 분단된 조국의 현실에 관해 의견을 교환하는 서신을 주고받았다. 그러다가 2002년 중국을 방문해 연변에서 김 교수를 만났다. 우리는 나이를 초월해 많은 토론을 하며 1주일간 즐거운 시간을 보냈다.

2003년 선거에서 낙선한 후 나는 연변대학 역사학과의 김성호 교수로부터 김구춘 교수가 갑자기 암으로 돌아가시면서 연변대학교 박문일 전 교장에게 "조재길을 박사과정에 입학시켜 공부하게 해달라"는 유언을 남기셨다는 연락을 받았다. 연변대학 교수님들이 내가 서울에서 발행한 세 권의 저서를 중국어로 요약해 첨부한 서류를 지린성 교육국에 제출해 석사학위 소지자와 동등한 학력보유자로 인정을 받아 나는 2003년 9월 학기에 연변대학 박사과정에 입학했다. 이후 매년 9월과 3월 두 차례 한 달간 연변에 머물며 지도교수님들로부터 매일 오전, 오후 두 차례 집중적으로 강의를 듣고, 과제를 받아 미국으로 돌아와 리포트를 제출해 학점을 취득했다.

나는 2년 동안 박사과정의 필수과목을 모두 이수해 학위논문 준비만 남아 있었다. 나는 2005년 선거에서 낙선한 후 재도전하기 위해 휴학 의사를 밝혔으나 김성호 교수가 박사과정은 한 번 휴학하면 다시 시작하기 힘들다고 만류했다. 그러면서 내가 1994년에 발행한 《한반도 핵문제와 통일》의 내용이 좋으니 최근의 상황을 보완해서 논문으로 완성하라고 권유했다. 당시 한반도 정세는 북한의 핵보유 선언과 6자회담 개최를 놓고 급박하게 돌아가고 있었다. 이런 상황에서 한반도 핵문제에 대해 올바른 시각을 제시하는 것이 내가 해야 할 일이라 생각했다. 나는 1년간 집중적으로 한반도 핵문제를 연구해 〈조선반도 핵문제 연구〉로 박사학위 논문심사를 통과했다. 학위논문을 일반 독자들이 이해하기 쉽도록 고쳐 2006년 5월에 도서출판 한울에서 《북핵위기와 한반도 평화의 길》이라는 단행본을 출간했다. 그리고 6월에 연변대학 박사학위 수여식에 아내와 함께 다녀왔다.

내가 두 번째 시의원 선거에서 낙선하리라고는 아무도 예상하지 못했다. 개표가 거의 끝나는 시간까지 앞서다가 막판에 역전을 당하고 나니 도저히 믿어지지 않았다. 선거 다음 날 아침 일찍 아무도 없는 선거사무소에 혼자 앉아 있으려니 내 마음은 어수선한 사무실 분위기 못지않게 황량하기 그지없었다. 무엇보다 아내가 마음을 추슬러 일어날 수 있을지 걱정이었다. 1시간 정도 넋을 놓고 앉아 있는데 뜻밖에도 아내가 사무실에 들어와 깜짝 놀랐다. 아내는 다음 선거에 써야 한다며 선거 입간판을 뽑겠다고 나갔다. 1주일간 아내는 세리토스 시내 골목을 샅샅이 다니며 선거 입간판을 모두 모아왔다. 이렇게 우리는 두 번째 선거에 떨어진 다음 날부터 세 번째 선거 준비를 시작했다. 2007년 선거에 다른 한인후보가 출마하지 않아 선거 초반에 이미 대세는 결정되다시피 했다. 한인사회는 물론 주류사회에서도 내가 당선되는 것을 기정사실로 받아들였다. 지난 두 차례 선거와는 달리 조용하고 신중한 선거운동으로 2007년 3월 나는 세리토스 시의원에 당선되었다. 이로써 나의 6년여에 걸친 선거운동도 마감되었다. 나는 예순이 넘은 나이에 사업에 성공하고, 박사학위를 받고, 시의원에 당선되어 그야말로 아메리칸 드림을 성취했다.

세리토스 시의원 선거는 내게 새로운 삶의 시작이었다. 1974년 도미해 미국에서 30년 넘게 살았지만, 로스앤젤레스 카운티 전산국에서 공무원으로 근무한 3년 8개월을 제외하고 나는 거의 영어를 사용하지 않고 한국말만 하며 살았다. 그때까지 나는 영어로 연설을 해본 적이 없었다. 사실 선거운동을 하면서 영어 공부를 본격적으로 시작한 셈이다. 미국인 선거 매니저는 이런 나에게 "선거운동하면서 영어 공부하는 후보자는 아마 당신이 처음일 것이다. 세상에 당신 같이 미친 사람은 처음 본다"고 했다. 시의 각종 행사에 가능하면 모두 참가했다. 한인 커뮤니티는 물론 중국, 인도, 필리핀 등 다른 커뮤니티의 행사에도 열심히 다니다 보니 나는 완전히 전업 시의원이 되었다. 주말도 없이 열심히 일하자 아내가 "남편이 아닌 시의원하고 산다"고 불평했다. 이처럼 열심히 노력한 결과, 점차 주민으로부터 가장 열심히 일하는 시의원으로 인정받기 시작했다. 2008년 3월에는 아시안마약

남용기구로부터 감사패를 받고, 6월에는 한인사회의 대표적인 정치력 신장 운동 단체인 한미연합회 오렌지 카운티 지부로부터 성취상(Achievement Award)을 받았다.

새로운 지평을 연 오바마 대통령 당선

주민으로부터 인정받고 어느 정도 마음의 여유가 생기자 60대 후반에 접어든 내가 과연 2011년 재선에 출마해야 할지 고민하기 시작했다. 2012년 하원의원 선거에 나설 다른 젊은 한인후보를 찾는 것이 현실적으로 가능하지 않다는 사실도 분명해졌다. 내가 직접 하원의원에 출마해야 하는지 나의 정치적 진로를 놓고 고민하기 시작했다. 이런 나에게 2008년 11월 오바마 대통령의 당선은 미국 정치에서 새로운 희망을 보는 계기가 되었다. 인종, 성별, 빈부의 차이를 떠나 누구에게나 기회가 주어지는 새로운 시대의 개막을 알리는 역사의 현장에 우리 가족 모두가 동참해야 한다고 생각했다. 변호사, 검사로 바쁜 아이들도 모두 적극 동의해 우리 가족 모두 오바마 대통령의 취임식에 참석했다. 200만 명이 운집한 국회의사당 광장에서 나는 미국 민주주의의 실체와 세계를 이끄는 힘을 보았다. 그리고 미국 시민으로서 감동적인 역사의 현장에 동참한다는 사실이 자랑스러웠다. 한반도 평화를 위한 중대한 전기에 정치를 계속하다 보면 한인사회와 세리토스는 물론, 두 개의 조국인 한국과 미국을 위해 기여할 수 있다는 새로운 희망과 용기가 저절로 솟구쳤다.

2007년, 나의 세리토스 시의원 당선은 침체되었던 한인사회의 정치력 신장에 새로운 전기가 되었다. 그 이후 남가주에서 나를 포함해 5명의 시장, 6명의 시의원, 3명의 교육위원, 2명의 대학평의원 등 여러 명의 한인이 선출직 정치인으로 당선되었다. 2010년 3월 10일, 100여 명의 한인을 비롯해 많은 하객이 참석한 가운데 나는 세리토스 시의회에서 한인으로서는 처음으로 세리토스 시장으로 선출되었다. 다른 소수민족에 비해 한인의 정치력이 크게 뒤떨어진 상황에서 내가 시장으로 선출되자 미주 한인사회는 물론 한국 언론에도 크게 보도되고, 많은 사람들이 진심으로 축하해주었다.

2차 대전 이후 최악의 불경기를 맞아 재정적으로 심각한 위기 상황에 시장으로 취임한 나에게 경비를 최대한 줄여 재정 적자를 줄이는 것이 최우선 과제였다. 2008년부터 시작된 세계적인 불경기는 세리토스 시에 심각한 영향을 끼쳤다. 세리토스 시가 재정적자를 기록하리라는 것은 불과 수년 전만 해도 아무도 예상하지 못한 사태였다. 게다가 만성적인 적자에 허덕이는 캘리포니아 주정부가 예산의 부족분을 메우기 위해 시정부의 재개발기금을 전용하자 세리토스 시는 재정손실을 예비재원으로 보충할 수밖에 없게 되었다. 나는 시장 재임 중 세리토스 시의 재정건전화를 위해 주정부가 지방정부의 재원을 전용하는 것을 막으려고 최선을 다했다. 캘리포니아 시정부연합이 주도한 프로포지션22 발의를 위한 서명운동에 적극 동참하고, 2010년 11월 선거에서 발의안 통과를 위한 캠페인에 앞장섰다. 한편 전국적인 불경기에도 불구하고 내가 시장으로 재임하는 동안 세리토스 시는 다른 도시에 비해 경기활성화가 빠르게 진행되었다. 그 결과 나는 베벌리힐스 힐튼호텔에서 개최된 로스앤젤레스 경제개발협회에서 수여하는 가장 권위 있는 에디상 시상식에서 세리토스 시를 대표해서 '가장 사업하기 좋은 도시상'을 수상하는 영예스러운 자리에 설 수 있었다.

평화를 꿈꾸며 오늘도 나는 달린다

2011년 3월, 나는 그때까지 세리토스 시의원 선거사상 최다득표를 넘는

4,682표를 받으며 무난히 재선에 성공했다. 세리토스 시의 재정적 어려움은 전적으로 주정부의 만성적 적자에서 비롯됐기 때문에 시 재정을 보호하기 위해 애쓴 나의 노력을 주민이 정당하게 평가해준 덕분이었다. 재선에 성공한 나는 6월부터 잘못된 주정부의 정책을 바로잡기 위해서라도 주 하원의원에 출마해야겠다고 생각했다. 그러나 남가주선거구조정위원회가 2011년 8월에 최종적으로 확정한 선거구 개편안은 캘리포니아의 정치지형을 완전히 뒤엎어 많은 정치인들의 정치생명을 바꾸었다. 개편안은 그동안 내가 닦아온 정치적 기반을 여러 선거구로 분산시켜 나도 정치적 진로를 재검토할 수밖에 없게 되었다. 하는 수 없이 2012년 하원의원 출마의 뜻을 접었다.

내가 일흔을 바라보는 나이에도 이처럼 정치를 계속하겠다고 생각할 수 있었던 것은 93세까지 건강하게 사시다가 2008년 12월에 돌아가신 아버님의 영향이 컸다. 아버님의 장례를 치르고 미국으로 돌아오면서 나도 90세까지 살 수 있을 것이라는 막연한 희망을 갖게 되었다. 나는 60대 노인이라는 생각을 떨쳐버리기 위해 운동을 열심히 하기로 마음먹었다. 2009년 4월 이지러너스 마라톤 동호회에 가입해 6주간 달리기 강좌를 듣고 달리기 시작했다. 꾸준히 연습한 결과 2010년 3월 21일, 나는 로스앤젤레스마라톤대회에서 첫 마라톤을 완주했다. 나는 점차 다른 마라토너와 같이 가장 권위 있는 보스턴마라톤대회에 도전하고 싶다는 욕망을 갖게 되었다. 2012년 하원 출마의 꿈을 접은 나는 오로지 달리기에 전념하며 1년에 9회 마라톤대회에 출전했다. 2012년 12월 2일, 드디어 나는 새크라멘토(Sacramento)에서 개최된 제30회 캘리포니아국제마라톤대회에서 보스턴마라톤대회 출전 자격을 얻었다. 폴섬(Folsom)에서 새크라멘토까지 26.2마일 구간을 달리는 동안 몹시 춥고 폭풍우가 쏟아지는 최악의 여건에도 불구하고 나는 최선을 다해 4시간 24분 53초에 완주해 7초 차이로 출전자격을 얻었다.

미주 한인으로서 나는 60년 전 내가 태어난 한국을 지키기 위해 젊음을 바친 한국전 참전용사들의 헌신과 생명을 바친 고귀한 희생에 감사하는 마음을 항상 간직하고 있다. 그리고 지난 60년 동안 한국을 지켜주고 경제발전을 위해 협력해온 미국과 미국시민의 도움에 진심으로 감사한다. 그러나 한국전쟁이 정전협정으로 전투행위만 중지되었을 뿐이며 아직도 내가 충성을 맹세한 미국과 분단된 내 조국의 반쪽인 북한이 전쟁상태에 있는 것을 가슴 아프게 생각하고 있다. 한국의 비약적인 경제발전에도 불구하고 한반도는 언제 전면전이 재발할지 알 수 없는 위기가 계속되고 있다. 북한은 일관되게 핵무기를 포기하는 조건으로 미국과의 관계정상화를 요구하고 있으며, 한국은 물론 중국, 일본, 러시아 등 모든 주변국들도 한반도 핵문제를 평화적으로 해결하기를 원하고 있다. 따라서 지금 미국이 지난 60년간 계속되어온 한반도의 정전체제를 끝내고 평화를 정착시키는 데 주도적인 역할을 할 수 있게 되었다.

2013년 1월 1일, 나는 오바마 대통령에게 제2기 재임기간 중에 북한과 평화협정을 체결해 한반도와 동북아시아에 평화가 정착할 수 있도록 노력해줄 것을 청원하는 편지를 보냈다. 평화협정 체결로 북한은 전시상태에서 벗어나 인민들의 생활향상을 위해 일하는 정상적인 국가활동을 할 수 있게 되고 한국과 마찬가지로 미국의 우방이 될 수 있다고 나는 믿는다. 이러한 변화는 미국의 국익에 부합하고, 나아가 동북아시아의 경제발전과 안보협력체제에 도움이 되고, 미국과 세계 경제의 활성화를 불러올 21세기 골드러시라고 확신한다. 이런 한반도 핵문제 해결과 평화정착 방안에 관한 나 나름대로의 시각과 이론을 정리해 2013년 10월 《평화가 먼저다: 정전협정 60주년, 끝나지 않은 한국전쟁》을 한울출판사에서 펴냈다.

2013년 2월 25일, 나는 역시 한국의 박근혜 대통령과 북한의 김정은 국방위원회 제1위원장에게도 한반도 평화를 위해 노력해줄 것을 부탁하는 편지를 보내며 개인적으로 북한의 백두산에서 한국의 한라산까지 1,000킬로미터를 하루 20

킬로미터씩 50일간 달려 한반도 종주를 하도록 협조해줄 것을 청원했다. 그리고 나는 3월 17일 서울에서 개최된 동아마라톤대회에 참가했으며, 가까운 장래에 평양마라톤대회에도 참가하고 싶다. 나는 한반도를 뒤덮고 있는 검은 핵구름을 걷어내고 8,000만 한민족과 미국시민이 함께 어울려 어깨동무하고 춤추는 그날을 꿈꾸며 평화를 위해 오늘도 달린다.

Joseph Cho 조셉 조

조셉 조(조재길)는 1943년 일본 규슈에서 조선인 노무자의 아들로 태어나 한국 단양에서 자랐다. 서울대학교 졸업 후 공군장교를 지낸 그는 1974년 미국에 오기 전 오산고등학교와 보성고등학교에서 교사로 재직했다. 그는 1975년 노스리지 소재 캘리포니아 주립대의 대학원에 다녔으며, 2006년에 연변대학교에서 역사학으로 박사학위를 받았다. 사업가가 되기 전, 그는 로스앤젤레스 카운티 전산국에서 컴퓨터 오퍼레이터 및 생산관리자로 일했다. 그 후 그는 부동산 중개업, 신문발간 사업, 인쇄업 등을 거치며 사업가로 활동해왔다. 조셉 조는 2007년에 캘리포니아 세리토스 시의원에 당선된 데 이어 2011년에 재선되었으며, 2010년에는 선출직 정치인인 세리토스의 시장이 되었다.

조셉 조는 남가주언론동우회장, 미주동포전국협회(NAKA) 부회장, 한국통일포럼 부회장, 휴버트 험프리 민주당위원회 부회장, 미드시티 한미상공회의소 이사 등을 역임하며 사회적 이슈에도 관심을 갖고 활발히 활동해오고 있다. 또한 2006년, 자신들이 커뮤니티로부터 받은 도움을 커뮤니티에 되갚고자 아내 루시와 함께 루시 앤 조셉 조 재단을 설립, 49명의 장래가 유망한 고등학생 및 대학생들에게 3만 5,000달러가 넘는 장학금을 전달해오고 있다. 저서로는《북한은 변하고 있는가》,《평화가 먼저다: 정전협정 60주년 끝나지 않은 한국전쟁》 등 6권이 있다.

4 청소를 잘하는 사람의 이야기

서니 박(박선근) Sunny Park
좋은이웃되기재단 설립자, 전 백악관 아시아태평양계 위원회 교육위원회 위원장

'청소를 잘하는 사람' 박선근은 1942년 서울 왕십리에서 박평님 여사와 박송학 선생 사이에 외아들로 태어났고, 어릴 때 이름은 박일천이었다. 그가 여덟 살 때 발발한 한국전쟁은 그에게 심대한 영향을 끼쳤다. 그는 같은 언어와 같은 문화를 공유한 순박한 시민이 민주주의 대 공산주의라는 이념 때문에 분단되고, 소수 지도자들의 이기적 정책에 현혹되어 정황을 파악하지도 못한 채 서로 싸우고 죽이는 것을 보게 되었다. 전쟁의 잔인함을 목도하게 된 것이다. 눈앞에서 사람들이 총에 맞아 죽고 그렇게 죽은 사람들의 시체가 거리에 널려 있었다. 그와 그의 어머니는 서울을 떠나야 했다. 그들은 걸어서 수원과 성남에 있는 피난민수용소로 갔고 거기서 3년 동안 살았다.

미군들이 한국인의 자유와 생명을 구하기 위해 한국에 왔을 때, 그는 세상에는 한국인과 다르게 생긴 인종들이 있다는 것을 알게 되었다. 금발의 백인도 있었고, 곱슬머리의 흑인도 있었다. 가난한 피난생활 중에 만난 미군들의 도움을 받으며 미국인에 대한 감사와 존경심을 갖게 되었다. 학교가 문을 닫은 전쟁 중이었으므로 다른 어린이들처럼 그는 대부분의 시간을 진흙길에서 놀거나 미군들 뒤를 따라다니면서 보냈다. 군인들은 항상 미군 캠프 주변을 서성거리는 가난한 한국 어린이들에게 고기통조림, 초콜릿, 껌 등을 줬다. 어린 일천이 처음으로 배운 영어

는 "기브 미(Give me)"였다. 미국인들은 굶주림과 영양실조에 시달리는 한국인들에게 음식과 추운 겨울에 몸을 따뜻하게 하라고 코트와 학용품을 주었다. 일천은 이를 계기로 미국인들은 '매우 부자이고 관대한' 사람들이라고 생각하며 존경하게 되었다.

전쟁 중에 그의 가족은 가난했지만, 소년 일천은 어머니 박평님 여사로부터 받은 사랑과 격려로 인해 마음은 항상 '부자'였다. 그의 어머니는 자신은 끼니를 거르면서도 아들에게는 하루 세 끼의 밥을 꼭 먹였다. 아들을 '왕자'처럼 키운 것이다. 그녀는 유일한 자녀인 일천에 대해 많은 꿈을 갖고 있었고 "너는 이렇게 될 것이다"가 아닌 "너는 이러 이렇게 된다"라고 말하며 그에게 될 수 있는 최고가 되라고 열심히 독려했다. 그녀의 눈에 자신의 아들이 성공하리라는 것은 의심의 여지가 없었다. 어머니는 그가 나중에 (어머니의 눈에는) 당시 가장 권력이 있고 존경받는 정부의 고급 관료로 출세하기를 바라셨다.

어머니의 영원한 사랑과 헌신 때문에 소년 박일천은 자신감이 넘쳐 사람들이 교만하다고 말할 정도였다. 마을 사람들은 일천을 보고 싹수가 노랗다며 '버릇없는 녀석'이라고 했다. 한편 일천은 이 말을 가슴에 새기고 그들이 틀렸다는 것을 증명하겠다고 다짐했다.

1956년 7월 7일, 14세의 박선근*은 무일푼으로 가출하고 말았다. 어머니에게 짧은 편지 한 장 남기고 온갖 종류의 물건을 파는 수천 개의 도매상이 밀집한 서울의 동대문시장으로 갔다. 그곳에 도착한 직후, 배가 고팠던 선근은 가난한 감자 도매상을 만났다. 선근은 급여를 받지 않고 일하겠으니 하루 세 끼와 잠잘 수 있는 공간, 가을에 학교가 시작하면 야간학교를 다닐 등록금만 달라고 애걸했다.

박선근은 그 후 몇 년 동안 매일 새벽 5시부터 오후 4시까지 감자도매상에서

* 저자는 열 살 때 이름을 '일천'에서 '선근'으로 개명함. 그 이유는 뒤에 나옴.

일하고, 주 6일 오후 5시부터 밤 10시 30분까지는 야간학교에 다니는 생활을 했다. 그는 찬바람이 불어드는 판자로 지은 창고의 화물 위에 깔아놓은 판자침대와 침낭에서 온수통을 안고서 잠을 잤는데, 영하 20도의 밖에서 자는 것과 마찬가지였다. 동상에 걸려 두 발을 절단해야 한다는 의사의 말을 듣는 순간에도 그는 한 가지 목표를 갖고 이 모든 것을 참았다. 그것은 바로 미국에 가서 자기가 가진 것을 최대한 활용하여 정착하고, 전쟁터에서 만난 미국인들처럼 베풀며 살고 싶었다.

그곳에서 2년 동안 일한 후 그는 규모가 조금 더 큰 건어물도매상으로 옮겨 일하게 되었다. 그는 밤에는 계속 학교에 다녔고 학원에서 집중적으로 영어를 배웠다. 그는 자신의 보다 밝은 미래를 준비하기 위해 한 달에 하루 쉬는 날이면 서구 문화와 서구의 고급사회 매너를 배우기 위해 외국 영화를 보러가거나 서양 음식을 파는 음식점에 가서 먹어보곤 했다.

국방의 의무가 있는 한국의 법 규정에 따라 청년 박선근은 1963년 육군포병학교의 통신과정을 수료하고 최전방 전선에서 한국군 1사단을 거쳐 미군 제1기갑사단 포병 사령관의 통역병으로 근무했다. 1965년 만기 제대 후, 서울 중부시장에서 소규모의 건어물도매업을 시작했지만 자본이 여의치 않아 고전하다가 월드북 영문 백과사전 외판원으로 전직했다. 그는 기록적인 실적의 판매고를 올리면서 스스로 세일즈에 적성이 있다는 것을 알았다. 그 후 그는 '동양스프링클러'라는 농업 관개시설 사업을 시작했지만 미국에 가서 성공하겠다는 목표가 있었기 때문에 그 사업을 접었다.

미국에 가고자 했던 박선근의 희망은 1974년이 되어서야 이루어졌다. 그는 인디애나 주의 인디애나폴리스에 정착했다. 낮에는 수업을 들어야 했던 그의 첫 직업은 밤에 식당 부엌을 청소하는 생소한 일이었다. 그 이후로 그는 웨이터, 생명보험 외판원, 자동차 판매원으로 일자리를 바꿨고, 매번 새로운 기회를 하나하나 잡아갔다. 그는 어머니가 예견하신 것처럼 성공하기로 결심하고, 언젠가 '연 소득세로 100만 달러를 납세하는 사람'이 되어 전 세계에 3,500여 개의 도서관을 세운 자신의 우상인 앤드루 카네기(Andrew Carnegie)와 같이 돈을 쓰겠다고 다짐했다.

서니 박의 한국에서의 젊은 시절 모습

교육

박선근은 낮에는 시장에서 감자와 건어물을 팔고 밤에는 일하던 가게 창고에서 자면서 야간 상업고등학교에 다녔다. 그는 어려운 환경 때문에 고등학교를 중퇴했지만 검정고시를 통과하면서 학업을 이어갔다. 미국에 도착한 그는 경제학 전공으로 인디애나폴리스의 인디애나대학-퍼듀대학에 등록했다. 그는 학위를 받기 전에 대학을 떠났지만, 노스웨스턴대학교 켈로그 경영대에서 비학위 과정을 이수했고 펜실베이니아 주 칼라일에 있는 미 육군대학에서 국가안보 과정을 마쳤다.

중요한 멘토와 롤 모델

박선근이 사업가로 성공하기까지의 여정은 혼자서 이룬 것이 아니다. 셀 수 없이 많은 사람들이 그를 돕고 영향을 미쳤다. 장로교인인 그는 성경의 하나님 말씀을 통해 대답과 해결책을 찾아왔다. 성경은 그에게 중요한 문제 앞에서 안내자 역할을 했고 그가 지쳤을 때 힘을 주었다. 이집트 출신 마이클 유세프 목사와 '한국의 빌리 그레이엄'이란 애칭을 가진 김장환 목사, 존슨페리 침례교회의 브라이언 라이트 목사는 그가 섬기는 목사들이다.

선근에게 최고의 스승은 어머니 박평님 여사(1924~1988)로, 그에게 사랑, 근면, 황금률을 가르쳐주셨다. 그녀는 옳은 일을 위해 싸웠던 용감하고 두려움이 없는 분이었다. 그녀는 한 사람의 잠재력을 개발하는 것의 중요성뿐 아니라 "자신의 역량을 최대로 활용하라"는 교훈을 그에게 가르쳤다. 불가능이란 없다는 신념으로 고단한 인생을 사시며 외아들인 박선근을 키운 어머니에게 효도를 하지 못한 것이 후회가 되지만, 그런 어머니가 그에게는 가장 훌륭한 스승이었다.

역사상 가장 성공한 사업가이자 현명한 박애주의자 중 한 명인 앤드루 카네기도 그의 우상이다. 그는 방적공장 노동자에서 철강산업의 왕이 된 카네기의 놀라운 성공을 좋아한다. 또한 스스로를 도울 수 있는 사람들이 되도록 돕는 도서관을 짓는 데 자신이 번 돈을 투자한 카네기의 방식도 존경한다.

박선근은 칙필에이(Chick-fil-A) 식당 창업자인 트루엣 캐시(Truett Cathy)가 자신의 사업을 성장시킨 것에도 감명을 받았다. 박선근이 캐시를 만난 것은 한 상공회의소 미팅에서였고, 그 후 그의 첫 번째 책《실패하기보다 쉬운 성공(*It's Easier to Succeed Than to Fail*)》을 읽었다. 이 책은 박선근에게 '그가 할 수 있다면 나도 할 수 있다'는 자신감을 갖게 했다. 그는 또 목표를 세우고 그 목표를 이루기 위해 자신의 사업을 활용하는 것이 중요하다는 것을 배웠다. 캐시의 조언에 따라 그는 자신의 목표를 작은 단위로 나누어 성취하기 쉽게 만들었다. 박선근과 캐시는 1980년대 초 이후 지금까지 좋은 친구 사이다.

박선근이 1998년부터 이사로 활동하는 조지아 주 롬에 위치한 베리대학교(Berry College)의 교수이자 설립자인 마사 베리(Martha Berry)는 그에게 하나님의 의도와 함께하는 삶을 살도록 영감을 주었다. 그녀를 만난 적은 없지만(마사 베리는 1942년 사망했다), 그녀가 남긴 업적은 박선근에게 큰 도전이 되었다. 박선근은 그녀가 '사람이 많은 다른 기준들을 만들 수 있지만 하나님의 기준이 간직해야 할 최상'이라고 믿었던 것을 존경한다. 그녀는 전국을 돌아다니며 많은 사람들에게 자신의 학교를 더 좋은 학교로 만들 것이며 학생들을 기회의 문으로 인도할 것이라고 말했다. 박선근은 조지아 주 롬 출신의 그 여성이 가졌던 자신감을 존경하고 그녀의 용기를 따라가려고 노력하고 있다. 1900년대 초, 베리 여사는 시어도어 루스벨트 미국 대통령, 헨리 포드 등 많은 전국적인 인사들에게 연락하여 친구가 되었다. 그녀는 교육을 위해 자신의 일을 하는 데 두려움이 없었다. 그 모든 것이 학생들을 위한 것으로, 그들에게는 머리와 가슴과 손을 최대한 사용하라고 가르쳤다.

박선근에게 영향을 준 또 다른 멘토는 한국전 참전용사로, 의회가 수여하는 영예의 메달 수상자이자 워싱턴 DC 한국전 기념관 건립 책임자인 레이몬드 데이비스 장군(General Raymond Davis)이다. 그는 데이비스 장군의 겸손과 효과적인 리더십을 보고 섬김을 배웠다. 두 사람은 매우 가까운 친구가 되었고, 박선근은 데이비스 장군을 아버지처럼 생각했다.

정부와 정치에 대한 관심, 정치적 의제와 소속 정당

박선근의 정치에 대한 관심은 열 살 때 한국에서 공산주의를 반대하는 연설을 하면서부터 시작되었다. 반공 단체들은 이 또릿또릿한 소년을 무대 위에 세우고는 주 연사의 연설 전에 준비된 말을 읽도록 했다. 그는 자신이 무슨 말을 하는지 다 이해하지 못했지만 꽤 잘했고 사람들로부터 박수갈채를 받았다. 그가 유명해지자 공산주의자들의 보복을 우려한 어머니는 아들의 이름을 박선근으로 바꿨다(그는 미국 시민으로 귀화한 후 자신의 이름을 다시 'Sunny'로 바꾸었다).

2001년, 조지 W. 부시 대통령은 박선근을 대통령 직속 아시아태평양계 정책위원회 자문으로 위촉했다. 그는 조지 H. W. 부시 대통령, 빌 클린턴 대통령 등 양당의 대통령으로부터 초대받아 백악관 국빈 만찬에 참석한 바 있다. 그가 미국에 처음 왔을 때는 민주당, 공화당이 서로 어떻게 다른지 정확히 이해하지 못했다. 하지만 1970년대 말, 민주당 정권 당시 미국이 약한 나라인 '2류 국가'로 여겨진 것에 실망했다. 1979년, 그는 공화당 선거운동에 자원봉사로 참여해 로널드 레이건이 1980년 대통령으로 당선되는 데 일조했다. 그때부터 그는 공화당 당원이 되었고, 1980년 대선에서 당선한 로널드 레이건을 포함하여 조지 H. W. 부시, 밥 돌, 당선에 성공한 조지 W. 부시, 미트 롬니 등의 대통령 선거운동에 참여했다. 그는 2004년과 2008년 조지아 대통령 선거인단으로 활동했고 2000년, 2004년, 2008년, 2012년 공화당전국대회 조지아 대의원으로 활약했다. 그는 자신을 보수주의자로 생각하며, 미국의 가치를 보존하고 작은 정부를 유지하는 것을 지지하고 있다. 이를 위해 그는 시민 한 명 한 명이 자신의 의무를 다하는 것이 필요하다고 믿는다.

그는 '시민 의무'란 사람들이 가족, 회사, 이웃, 국가 등 자신이 속한 그룹이 바르게 기능하도록 행동하는 것이라고 믿는다. 시민 의무는 사람들이 뭔가를 자진해서 하는 것을 말한다. 모든 사람은 자신의 그룹에서 저마다 다른 역할을 갖고 있다. 모든 사람이 제각각 다른 견해와 관점, 경험을 갖고 있기 때문이다. 어떤 사람은 덜 하고 어떤 사람은 더 많이 한다. 하지만 준비하고 준수하고 다른 사람보다 더 활동적인 사람들은 두각을 나타내고 리더가 된다. 시민 의무를 다하는 시민은 자신의 커뮤니티, 사회, 국가가 본연의 역할을 하도록 만든다. 진정한 시민 의무는 책임 있는 행동에서 비롯된다. 진심으로 시민 의무를 다하는 사람들은 자신의 행동을 인정받는 것에 관심이 없다. 가장 중요한 것은 누가 했느냐가 아니라 자신의 이웃과 나라의 가치를 나의 것처럼 지키고 발전시키는 것이다.

그는 베리대학교, 오번대학교, 케네소주립대학교 등 여러 대학에서 졸업식 연설과 강연을 했다. 그의 연설 주제는 항상 자신의 좌우명인 '서니(Sunny)가 할 수 있으면 누구라도 할 수 있다'는 것이다. 그는 미국 젊은이들에게 자신의 아메리칸 드림 이야기를 말해주며 도전을 준다. 영어도 못하고 돈도 없이 미국에 온 가난한 한국인이 성공적인 사업을 하고 1년에 100만 달러의 소득세를 내는 사람이 되었는데, (그가 갖지 못했던 많은 것들과 유리한 점을 가진) 미국의 젊은이들이 왜 못하겠느냐는 것이다.

박선근은 이민자들이 만들어가고 있는 주류사회에서의 평판에 각별한 관심을 가지고 있다. 이민자의 후세들은 이전 세대가 만들어놓은 평판을 가지고 사회에 진출하게 되기에 긍정적인 평판은 후세들에게 매우 중요하다고 믿고 있다. 이민자들이 미국을 세웠고 다른 나라에서 미국으로 온 사람들이 지금 미국사회에 가치 있는 기여를 하고 있다. 하지만 많은 미국인들은 다른 나라에서 온 이민자들의 유입으로 미국의 국가적 · 문화적 · 종교적 정체성이 왜곡될 것이라고 두려워하며 이민에 대해 부정적인 견해를 나타내기도 하므로 모습이 다른 아시아계 이민자들은 긍정적 평판을 받기 위해 몇 배의 노력이 필요하다.

또 다른 한편, 그는 이민자들도 자신의 입지를 세우려고 노력을 다하고 있다고는 생각하지 않는다. 미국사회를 수용하고 영어와 문화를 배우는 대신 많은 이민자들은 자신들의 출신국 생활방식을 고집하면서 자신만의 커뮤니티 안에 고립되어 있다. 양측 모두가 결실을 맺을 실현 가능한 계획을 마련하여 노력한다면 이민자들에 대한 분별 있는 접근은 이 나라에 매우 유익할 것이다. 그는 모든 이민자들이 자신의 출신국을 포함해 그 어떤 나라보다 먼저 미국을 영예롭게 생각해야 한다고 믿는다.

박선근은 다양한 자원봉사와 재정적 지원을 통해 미군과 그 군속들을 지지하는 많은 단체들에서 활동했다. 그는 전국애국박물관, 주방위군청소년재단에서 이사로 활동하고 있으며 미국 애국여성회로부터 '아메리카니즘 메달', 패트릭 헨리 트로피, 주방위군으로부터 평생업적상을 수상하는 등 여러 단체로부터 인정을 받았다. 그는 카투사(KATUSA, 미 육군 배속 한국인) 명예의 전당에도 이름이 올라가 있다.

사업 활동

박선근은 전국적 건물관리서비스업체인 General Building Maintenance Inc., 상업용 부동산개발회사인 Global Sun Investments Inc., 군납업체인 Ellis Services and Solutions Enterprises, LLC에서 최고경영자로 활동하고 있고 브랜드은행(Brand Bank) 이사로 있다. 또한 애틀랜타 기업인 명예의 전당에 헌액되었다. 그는 조지아에서 셰보레(Chevrolet) 자동차를 팔았고, 뉴욕생명보험회사의 생명보험을 판매할 때는 '뉴욕생명 올해의 세일즈맨'으로 선정되었으며, 1976년 뉴욕생명보험 커리어 콘퍼런스에서 회장으로 선출되었다.

그가 화장실을 청소하는 사업을 하게 되리라고는 상상도 못했지만, 1983년 4월 1일 General Building Maintenance(GBM)를 설립했다. 이 회사의 설립은 한인 이민자들의 직업을 창출하기 위한 것이었다. 그는 9만 스퀘어피트의 Presidential Office Park 건물을 첫 번째 용역으로 계약을 체결했고, 사업은 꾸준히 발전하여 미국 전역을 아우르는 중간 규모의 용역업체로 성장했다. 또한 자신의 첫 번째 고객이었던 Presidential Office Park를 회사 창설 6년 만에 구매한 기록을 세웠다. 그는 회사 창설 당시 필요했던 운영자금 12만 달러를 빌려준 익명의 동업자에게 회사 총지분의 절반을 떼어주었다가 후에 그 지분을 300만 달러에 다시 인수했다.

한국계 미국인의 정체성

그가 1983년에 설립한 General Building Maintenance는 한국에서 온 이민자들을 도와주고 싶은 마음에 시작한 사업이었다. 그는 여전히 자신의 출생국인 한국과 관련해 활동하고 있다. 한국정부는 그런 그의 기여를 인정하여 그에게 대통령 훈장 동백장을 수여했다.

한인사회에서 자원봉사 할 방법을 찾던 그는 1981년 애틀랜타 한인회의 회장에 선출되었다. 이 자리를 통해 그는 자신을 "우연히 사회사업가가 된 사람"이라고 말했다. 많은 한국인들이 도움을 필요로 했다. 차를 사는 것에서부터 자동차 운전면허 받기, 일자리 찾기 등 다양하게 그들을 도왔다. 그는 번역, 직업 알선, 중고차 구매, 법원 통역 등 초기 이민자들이 미국에서 정착하는 데 필요한 길을 안내해줬다.

그는 한인 이민자들이 이웃과 자신이 살고 있는 지역에서 기여하는 사람들이라는 이미지를 만드는 것이 필요하다고 믿고, 한인사회를 변화시키는 데 앞장서기로 결심했다. 그러고는 2000년 한인 이민자들이 활동적인 미국인이자 좋은 이웃이 되도록 돕는 비영리단체인 '좋은이웃되기운동(Good Neighboring Campaign)'을 설립했다. 그는 영어를 모르는 한인들도 미국에 충성할 수 있도록 미국 국가와 미국 국기에 대한 맹세가 영어와 한글로 표기된 수십만 장의 애국 포켓카드를 미 전역에 배포했다. 그는 미국의 현 이슈와 미국 역사, 올바른 미국 에티켓 등을 다룬 〈케이 아메리칸 포스트(K American Post)〉라는 뉴스레터도 시작했다. 현재 이 뉴스레터는 온라인으로 이틀에 한 번 한인 커뮤니티 내 2만 개 이상의 지역사회 및 교회 지도자들에게 전달되고 있다.

그는 한인 이민자들이 서구 문화와 전통을 잘 익혀 쉽게 적응하도록 도우려고 매너스쿨(Manners School)도 시작했다. 좋은이웃되기운동은 지역사회 리더들과 회원들이 패널리스트로 참여해 대화하는 한인 리더십 포럼을 주최했다. 학생 에세이경연대회를 통해 리더십 포럼은 한인 중 · 고등학생들이 한인사회가 어떻게 하면 미국사회에 잘 통합될 수 있는지에 대해 생각해보도록 했다. 또한 좋은이웃되기운동은 8개월에 걸쳐 실시되는 청소년시민리더십 프로그램도 운영하고 있다. 고등학생들이 미래의 효과적인 리더가 되도록 배우고 준비하는 것을 돕는 프로그램이다. 사람들이 주어진 목표를 달성하려면 자신에게 없는 것을 다른 이로부터 받아보려는 헛된 시도보다 작은 것이라도 자기에게 이미 주어진 것을 최대한 활용하는 노력과 지혜가 있어야 한다고 그는 믿고 있다.

그는 미주 한인회 총연합회 회장으로 선출되었고, 전 세계 각국에 살고 있는 한민족 대표들이 참석한 1991년 베를린의 전 세계 한인연합 콘퍼런스에서 의장으로 활약했다. 또한, 2006년 그의 제안과 노력으로 그가 살고 있는 조지아 주 캅카운티(Cobb County)와 그가 태어난 한국의 서울 성동구가 자매결연했으며, 그 관계가 확대 발전되고 있다. 그는 더 많은 미국과 한국의 도시 간에 자매결연하여 미국인과 한국인의 관계가 더 견고해지도록 돕고 싶어 한다.

그는 자신의 인생에 지대한 영향을 미친 어머니를 기리고 그런 어머니의 유산을 영원히 기념하기 위해 매사추세츠 주 보스턴에서 제작한 유명한 세스 토마스(Seth Thomas) 시계탑을 'Lover's Clock'이라고 명명해서 어머니의 고향인 서울 왕십리역 플라자에 어머니의 이름으로 세웠다. 이 시계탑은 젊은 한국인들이 자주 들르는 서울시의 명소가 되었다.

포상과 자원봉사 활동

그는 미국의 고등학교 중퇴자들이 다시 학교로 돌아갈 수 있도록 2000년 '서니가 할 수 있으면 나도 할 수 있다'는 프로그램을 마련했다. 그는 고등학교 중퇴생들을 위한 일종의 훈련캠프인 주방위군 'Youth Challenge Program'에 참여해 중퇴생들의 멘토 역할을 하고 있다. 주방위군협회는 그가 10여 년 동안 6개 주에서 고등학교 중퇴생을 대상으로 벌인 자원봉사 활동을 높이 평가해 2006년 패트릭 헨리 트로피(Patrick Henry Trophy)를, 그리고 2007년 평생업적상(Lifetime Achievement Award)을 수여했다.

유서 깊은 미국 애국여성회(Daughters of the American Revolution)도 그의 자원봉사 활동을 인정해 2006년 아메리카니즘 메달(Americanism Medal)을 수여했다. 한국 대통령은 그에게 국민훈장(1998)을, 애틀랜타 상공회의소는 중소기업인상(1992)을 수여했다. 그는 2004년 조지아 Junior Achievement에서 하는 애틀랜타 기업인 명예의 전당에 헌액되었고, 조지아 경제교육위원회로부터 밴랜딩엄 교육상(Van Landingham Commitment to Education Award)을 수상했다. 또한 조지 W. 부시 대통령이 그의 고교 중퇴자 구제를 위한 자원봉사 노력을 치하하며 내린 대통령 봉사특별상도 수상했다.

Sunny Park 서니 박

서니 박(박선근)은 미군위문협회(USO) 패트리어트 어워드를 수상했으며, 〈제임스 매거진〉과 〈애틀랜타 비즈니스 크로니클〉이 정한 가장 영향력 있는 애틀랜타인 중 한 명으로 선정되기도 했다. 그는 건물관리서비스업체(General Building Maintenance), 상업용 부동산 개발회사(Global Sun Investments)의 최고경영자로 활동했으며, 원 조지아은행(One Georgia Bank)을 설립했다.

1974년 서니 박은 무일푼의 몸으로 미국에 도착했다. 그러나 뛰어난 사업 감각을 바탕으로 연간소득세로 100만 달러를 납부하는 사업가로 크게 성공했다. 그는 조지아 항구협회 부회장, 조지아 대통령선거인단 및 아시아태평양계 정책위원회 자문위원으로도 활동한 바 있으며, 1991년 베를린에서 개최된 전 세계 한인연합 콘퍼런스의 의장으로도 활약했다. 1996년에 그는 한미 양국 간의 이해를 돕기 위해 '아메리카 코리아 프렌드십 소사이어티(America Korea Friendship Society)'를 설립했다. 2000년에 서니 박은 이민자들이 다양한 커뮤니티 문제에 적극적으로 참여할 수 있도록 좋은이웃되기재단을 설립했으며, 미국의 고등학교 중퇴자들이 다시 학교로 돌아갈 수 있도록 일종의 훈련캠프인 주방위군 '유스 챌린지 프로그램(Youth Challenge Program)'에 참여해 "서니가 할 수 있으면 나도 할 수 있다"는 말로 중퇴생들에게 용기를 주고 멘토 역할을 하고 있다.

III

한인사회와 한국을 위한 투쟁
Fighting for the Korean Community and Korea

Yung Duk Kim 김영덕

Dongsuk Kim 김동석

Ron Kim 론 김

이번 장에 포함된 세 명의 저자는 모두 성이 김이라는 공통점을 가지고 있다. 김 씨는 한국에서 가장 흔한 성이기에 같은 김 씨라는 것 자체는 큰 의미가 없으나, 여기에 소개하는 세대와 나이가 모두 다른 세 명의 김 씨는 또 다른 공통점을 가지고 있다. 김영덕은 나이가 70대의 이민 1세인 반면, 론 김은 일곱 살에 뉴욕으로 이민 온 1.5세로 현재 30대 중반이다. 김동석은 세대와 나이에 있어 앞의 두 사람의 중간에 속한다. 그는 21세에 미국에 와 뉴욕헌터칼리지에서 대학을 마쳤으며, 현재 50대 후반이다. 따라서 그는 1세와 1.5세 한인 이민자의 성격을 모두 공유하고 있다. 하지만 이러한 세대적 차이에도 불구하고 이 세 명은 뉴욕-뉴저지 지역에서 오랫동안 살아오며 이 지역의 한인사회 활동가로 큰 역할을 해왔다.

김영덕은 1997년 현대종합상사 북미주 지사장직을 은퇴한 뒤, 한인사회 조직가로서 쉴 새 없이 열심히 일해 왔다. 그는 12개의 큰 한인단체에서 이사직(대부분은 이사장직)을 맡아 활동해왔다. 그의 커뮤니티 활동은 한인 커뮤니티의 정치력 신장과 한미 관계를 강화하는 데 초점을 맞춰왔다. 그는 뉴욕-뉴저지 지역의 한인 커뮤니티를 조직함에 있어 다른 어떤 이민자보다 더욱 중요한 역할을 해왔음이 분명하다. 김동석도 1996년에 현재 사무총장으로 재직 중인 김동찬과 한인유권자센터를 함께 설립해 16년간 이 단체를 이끌어옴으로써 한인 커뮤니티의 정치력 신장에 큰 역할을 해왔다. 한인 유권자센터의 명칭은 현재 시민참여센터(KACE)로 바뀌었으며, 이 단체는 뉴욕-뉴저지 지역에서 한인 정치력 신장을 위해 노력하는 가장 중요한 단체다. 김동석 또한 김영덕과 마찬가지로 미국 국회의원들에게 로비를 함으로써 남한의 이익을 보호하기 위해 열심히 노력해왔다. 이 둘은 2007년에 한국의 이익을 보호할 수 있는 제안인 하원 121 결의안(한국 및 타 아시아 여성위안부 동원에 대한 일본 정부의 인정과 사과를 요구하는 결의안)을 하원에서 통과시키기 위해 몇 해 동안 함께 일했다.

론 김은 한인사회 조직가가 아닌 퀸즈에서 한인들이 많이 거주하는 40 선거구(플러싱-베이사이드)를 대표하는 뉴욕 주 하원의원이다. 그는 앞의 두 한인사회 조직가와는 달리 영어가 한국어보다 익숙한 1.5세다. 그러나 세대와 직업적 차이에도 불구하고 론 김은 뉴욕 시 한인 이민자들의 이익을 보호하는 데 큰 역할을 했다는 점에서 위의 두 사람과 공통점을 가진다. 그가 뉴욕 주 하원의원으로 당선된 데는 한인 커뮤니티의 도움이 컸다. 많은 한인들이 선거운동에 참여하고 선거기금을 모았으며, 투표에도 적극적으로 참여했다. 론 김이 주 하원의원에 당선되기 전 약 10년 동안 뉴욕 시의 한인들은 플러싱-베이사이드 지역의 시의원 및 주의원 선거에서 한인후보가 연속적으로 중국 후보에게 패배하면서 절망감에 빠져 있었다. 그러다가 마침내 론 김이 2012년 뉴욕 주 하원의원에 당선되었을 때 한인들의 기쁨은 이루 말할 수 없었다. 한인 커뮤니티와 뉴욕 한국 영사관은 론 김을 한인 정치력 신장의 하나의 상징으로 여기고 있으며, 앞으로 그가 한인 커뮤니티의 이익을 위해 많은 일을 해줄 것을 기대하고 있다. 론 김에 대한 한인 이민자들의 지지와 기대감은 한국인으로서의 그의 정체성을 더욱 강화시켜주는 계기도 되었다. 이러한 의미에서 그는 이 책에 나온 다른 2세 한인 정치인보다 오히려 김영덕과 김동찬과 같은 한인사회 조직가와 유사한 역할을 했다. 이 책의 4장에서 자세히 다루게 되겠지만, 시의원이나 주의원으로 당선된 다른 젊은 세대의 한인들은 한인 이민자보다는 주로 자신이 속한 지역구의 주민, 특히 백인 주민의 이익을 보호하는 데 중점을 두고 있다.

5 한국계 미국인이 되다

김영덕 Yung Duk Kim
미주 한인사회 자원봉사자, 전 현대종합상사 미주 본부장

은퇴 이전의 한인사회 활동

어느 날 나는 NBC 〈투데이쇼〉를 보고 있었다. 그런데 갑자기 흑인들이 "네 나라로 돌아가. 너희 나라로 돌아가라고!"라고 소리 지르는 화면이 나왔다. 그 흑인들은 어느 가게 안에 서 있는 중년의 아시아계 사내에게 그렇게 소리를 질렀다. 뉴스 진행자 러키 시버슨(Lucky Severson)은 흑인들이 한인이 운영하는 청과상 '패밀리레드애플' 그로서리마켓을 상대로 불매운동을 벌이고 있다고 전했다. 1990년 1월의 일이니 23년 전이다. 불매운동은 브루클린에 있는 다른 한인 청과상들로 번졌고, 결국 점주가 가게를 다른 한인에게 매각한 1991년 7월까지 계속되었다.

그로부터 2년 후, 훨씬 충격적인 장면이 1주일 내내 텔레비전 화면을 채웠다. 바로 1992년 4월의 로스앤젤레스 폭동이다. 약탈꾼들을 어떻게든 쫓아내려고 가게 지붕 위로 올라가 장총을 들고 서 있는 한인 청년 두 명의 모습이 나의 뇌리에 각인되었다. 폭동으로 한인 소유 점포 2,300채가 파괴되었다. 한인 상인들이 입은 피해는 폭동피해 총액의 40%였다. 한인 상인들은 언어 장벽과 정치력 부재 때문에 경찰의 보호도 받지 못하고 정부의 보상도 제대로 받지 못했다.

이 기간에 한인 미디어와 주류 미디어는 불매운동과 폭동 소식을 집중 보도했다. 그것은 미주 한인 모두에게 충격이었다. 이 사건들로 해서 나는 힘없는 인

종을 희생양으로 삼고 차별하는 미국사회의 추한 현실에 나의 가족과 한인사회가 노출되어 있다는 사실을 처음으로 깨닫게 되었다. 이런 일을 겪으면서 이 나라에서 한인사회가 생존하고 나아가 번영하려면 정치력 신장이 절실하다는 생각이 나의 마음속 깊숙이 자리 잡게 되었다.

한인 청과상 불매운동과 로스앤젤레스 폭동이 발생했을 때 나는 뉴욕에 본부를 둔 현대종합상사 북미주 본부장으로 봉직하고 있었다. 나는 그 직책을 1987년부터 5년 동안 맡았다. 지난 25년 동안 나는 뉴욕과 로스앤젤레스의 한인사회에서 다양한 단체협상기구와 권익옹호단체들이 형성되는 것을 지켜봤다. 사업하는 사람으로서 처음에 나는 한국계 기업들의 단체협상력을 키우는 일에 관심을 쏟았다. 나는 한국계 기업이 로비활동을 원활히 할 수 있도록 1993년 미한국상공회의소(KOCHAM, 코참) 설립을 도왔다. 그러나 나의 관심이 한국계 기업이 번창하도록 돕는 데만 머문 것은 아니었다. 코참(미한국상공회의소)의 초대회장으로 일한 4년 동안 나는 한인단체들과 여러 가지 협력사업을 추진했다. 한 예로, 코참은 뉴욕한인회에 재정적 지원을 하여 뉴욕 지역 코리언 퍼레이드를 조직하는 데 적극적인 역할을 했다.

내가 활발하게 관여한 또 다른 단체는 코리아 소사이어티(Korea Society)다. 코리아 소사이어티의 주요 사명은 한미 관계를 증진시키는 것이다. 나는 1987년에 처음으로 코리아 소사이어티의 이사가 되어 지금까지 가장 오래 이사직을 맡고 있다. 나는 이 단체의 프로그램위원회 위원으로서 한인사회와 여러 가지 협력 프로그램을 만들었다.

현대종합상사 북미주 본부장이 되기 전에 나는 한국과 중동에서 현대그룹을 위해 오랫동안 일했다. 그럼에도 나는 아내와 가족이 미국에 있었기 때문에 자신을 한국계 미국인으로 여기고 있었다. 그리고 1997년 오래 기다리던 은퇴를 하면서 드디어 진짜 한국계 미국인이 되었다.

은퇴 이후의 한인사회 활동

미주 현대종합상사에서 일하는 동안에도 나는 이미 인권, 선거인 등록, 교육 분야에서 일하는 많은 한인 지도자들을 만났고 한인사회에 무엇이 필요한지에 대해 꽤 많은 생각을 갖고 있었다. 은퇴 후 내가 가진 가장 값진 자산(미국과 한국의 실업계와 정계에서 구축한 방대한 인적 네트워크)을 활용하여 한인사회의 힘을 키우는 노력을 지원할 수 있는 최선의 방법이 무엇일까를 생각하기 시작했다. 나는 성공적인 한인사회를 만드는 데 결정적인 구성요소라 생각했던 다음 세 분야에 우선순위를 두고 일하고 있다. ① 조국과 긴밀한 관계 유지, ② 2세에 대한 리더십 훈련과 개발, ③ 선거인 등록과 다른 소수민족집단과 제휴를 통한 정치력 신장이 그것이다.

고국과 긴밀한 관계 유지

민족의 분단 때문에 한국 내부 쟁점에 대하여 한인사회는 문자 그대로 분열되어 있다. 그러나 재미 한인 이민자의 95% 이상이 남한 출신이다. 남한은 아시아 태평양지역에서 미국의 가장 중요한 동맹국 중 하나다. 따라서 한인사회 역시 대한민국과 긴밀한 관계를 유지해야 한다고 나는 믿는다.

코리아 소사이어티는 1957년 밴플리트 장군(General Van Fleet)이 한미 관계를 증진하고 미국인들에게 한국문화를 소개하기 위해 설립한 단체였다. 코리아 소사이어티는 지금까지 계속 그 목적을 가지고 일하는 가장 중요한 민간비영리단체 중의 하나다. 내가 이 단체에 그토록 오랫동안 관여한 것은 돈독한 한미 관계야말로 한국의 생존과 번영의 필수요건이라는 나의 신념 때문이다. 이사회 실행위원 겸 프로그램 위원장으로서 나는 한미 관계를 증진시키기 위한 여러 가지 주요 행사를 지원했다. 최근에 나는 한인 2세의 이사회 영입 확대를 주창했는데, 그것은 성공적이었다. 한인 청년 전문인 프로그램도 여러 해 동안 활발하게 진행되었다. 또 나는 한인 학생들과 여타 학생들을 대상으로 한국문화 관련 비디오를 포함한 한국어 온라인 프로그램에도 깊숙이 관여했다. 코리아 소사이어티에 대한 나의 비전은 한인사회가 공공정책에서부터 문화에 이르기까지 어느 분야에서나 한미 관계 증진의 핵심 역할을 하도록 다리를 놓는 일이다.

시민 참여

시민 참여는 민주적 사회의 가장 중요한 요소다. 소수민족집단은 그들 대부분이 단지 자신들의 아메리칸 드림을 좇는 데 바빠서 이 중요한 과정에 참여하는 일에 뒤처지기 십상이다. 그러나 활발한 시민 참여 없이 정치력 신장은 불가능하며, 미주 한인사회 역시 예외가 아니다. 2000년에 나는 에드카치 뉴욕 시장 시절 소수민족 문제 감독관을 지낸 유명한 공익옹호관 그레이스 류 볼크하우젠(한국 이름 유은희), 그리고 뉴저지 주 에디슨 시 시장을 지낸 준 최(Jun Choi) 등과 함께 코리안 아메리칸 시민활동연대(Korean American League for Civic Action, KALCA)를 창립했다. KALCA(칼카)의 목적은 한인과 아시아태평양계 미국인들의 시민 참여를 촉진하자는 것인데, 나는 창립 때부터 줄곧 이사로 활동하고 있다. 이 단체는 리더십 개발, 교육, 그리고 권익옹호 활동을 통해 목표를 성취하고자 한다. 한인사회의 가장 소중한 자원에 투자하는 것, 즉 공직에서 일할 재능과 열정을 지닌 남녀 인재들에게 투자하는 것이 KALCA의 목표다. 한인과 아시아계 2세들이 자기 재능을 활용하여 공직에 진출하도록 지도력을 개발하고 조언해주자는 것이다. 2001년부터 엄격한 선별 과정을 거친 60명 이상의 인턴이 KALCA가 최우선으로 주력하고 있는 대학생 인턴십 프로그램을 수료했다. 이들 대다수가 공공서비스 관련 분야에서 공부하거나 일하고 있다는 데 나는 자부심을 느낀다.

2003년에 나는 한국계 미국인들의 선거인 등록을 중점사업으로 하고 있는 시민참여센터(Korean American Community Empowerment; formerly NY-NJ Voters Council, 전 뉴욕-뉴저지 유권자센터)의 이사가 되어 기금모금활동과 선거인등록캠페인 등에 참여했다. 그러던 중 2006년에 유권자센터의 김동석 소장과 정해민 이사장이 제2차 세계대전 때 일본정부가 '위안부(정신대)' 수용소를 운영하면서 저지른 인권침해를 비난하는 연방하원 결의안 추진 노력에 동참해달라고 나에게 제안했다.

겨우 열두 살인 아이를 포함해서 약 20만 명의 젊은 여성들이 아시아태평양전쟁(1931~1945) 동안에 강제로 징발되거나 납치되어 일본군의 성노예가 되었다. 그들 대다수는 한인이었지만, 일본제국의 도처에서도 징발되었다. 제2차 세계대전이 끝난 후에도 많은 여성이 수치심과 죄의식 때문에 고국에 돌아오지 못했다. 이 일은 근대사 최악의 인권침해 중 하나에 속한다. 일본정부는 한국정부와 여러 민간단체가 주장하는 혐의를 줄곧 부인했다. 우리 누나는 정신대에 납치되는 것을 피하려고 만주의 용정에서 고등학교를 다녀야 했다. 귀국했을 때 누나는 폐결핵을 앓고 있었고 전쟁이 끝나기도 전에 죽었다.

한인 시민참여센터는 마이크 혼다 의원을 설득하여 하원 결의안 121호를 발의케 하고 결의안 작성을 도왔다. 이 센터는 주 하원의원들이 사는 여러 지역구에서 청원서명운동을 전개하고, 의원들의 지역구 사무실이나 워싱턴(Washington, DC)으로 가서 의원들 한 사람 한 사람을 방문하는 풀뿌리운동단체였다. 우리는 버스를 타고 교회로 몰려가 서명을 받기도 하고, 의원들을 찾아가서 결의안 121호에 대한 지지를 호소하기도 했다. 우리는 다른 여러 단체들과 힘을 합치기도 했다. 롱아일랜드 중국계 암 예방단체와 버스를 함께 탄 적이 있는데, 여행 내내 그들이 우리에게 베푼 환대는 지금 생각해도 흐뭇한 기억이다. 결국 우리는 결의안 통과에 충분한 서명과 지지를 얻어낼 수 있었다. 2007년 1월 31일 발의되고 7월 30일에 통과된 그 결의안은 일본정부에게 위안부 문제를 공식 인정하고 적절한 배상조처를 취할 것과 미래세대에게 이러한 내용의 역사를 교육할 것을 요구했다.

그 결의안이 통과되던 날, 나는 의사당 홀에서 하루 종일 하원 결의안 121호에 관한 공화당과 민주당 의원들의 연설을 듣고 있었다. 마침내 낸시펠로시 하원의장(하원 다수당인 민주당 대표)이 결의안 통과를 선포했다. 그날 홀에는 수백 명의 방청객이 있었는데, 우리 모두 기뻐서 일어나 박수를 쳤다. 내 곁에는 의회에 증언하러 한국에서 온 이씨 할머니가 앉아 계셨다. 그분은 생존한 몇십 명의 정신대 할머니 중 한 분이시다. 할머니는 조용히 흐느껴 울고 계셨다. 미국에서 결의안이 통과된 후 캐나다와 호주가 뒤를 이었고, 다른 나라에서도 유사한 결의안을 추진하고 있다.

나는 '위안부 기림비 설치 프로젝트'재단의 공동이사장을 맡아 뉴저지 주 팰리세이드파크에 첫 번째 기림비를 세우는 것을 도왔다. 뉴욕-뉴저지 지역의 다른 타운이나 카운티에서도 위안부 기림비를 세운다고 하니 반갑다. 이 운동을 하는 나의 1차적 목적은 단지 일본정부를 비난하는 것이 아니라 인권에 대한 교육을 더 폭넓게 하고, 이런 역사적인 참혹한 행위에 대한 기억을 더 많이 하도록 독려하는 것이다. 나의 궁극적 목표는 유엔을 설득하여 여성의 권리에 대한 기본원칙을 제네바협정에 포함시키는 것이다. 쉬운 일은 아닐 터다. 인권 관련 단체들, 특히 여성인권단체는 물론이고 각국 정부대표들과 힘을 모아야 할 일이기 때문이다.

다른 소수민족단체들과의 제휴

2010년 인구조사에 따르면, 아시아태평양계 미국인의 수는 1,730만 명으로 미국 전체 인구의 5.6%다. 그중 한인은 170만 명이 조금 넘어 미국 전체 인구의 0.5%에 불과하다. 2011년 인구추정에 따르면, 가장 큰 소수민족집단인 히스패닉

아시안아메리칸연맹 갈라에서 이사 및 참석자들과 함께 포즈를 취한 김영덕(가운데), 2010년

계는 5,200만 명에 이르러 미국 전체 인구의 16.7%를 차지한다. 아시아계 미국인들은 한 묶음이 되어 마치 단일민족집단인 양 취급되는 일이 많다. 아시아계라도 이 집단과 저 집단이 다르고 개개인이 사뭇 다름에도 불구하고 아시아인은 생김새가 똑같고 행동거지도 비슷하다는 식이다. 그럼에도 불구하고 아시아계 미국인들이 단결하여 인종차별에 대항해 싸우고 정치력 신장을 위해 노력해야 한다는 것이 나의 굳은 신념이다. 5.6%는 0.5%보다 훨씬 더 강력하다. 이런 생각을 가지고 있었으므로 나는 2002년 아시안아메리칸연맹(Asian American Federation)에 동참하였고, 4년 동안 이사장을 맡아 일했다. 아시안아메리칸연맹은 대뉴욕지구에 소재한 아시아계 미국인사회의 45개 봉사단체들의 상부단체다. 이 연맹의 주요 목적은 기금을 조성하여 회원단체에 기금을 분배하고, 신규단체의 운영관리를 도와주

는 것이다. 아시안아메리칸연맹은 미국인구조사국의 지역데이터센터이기도 해서 인구통계자료의 배포에도 적극 참여한다. 연맹은 또한 인종차별, 특히 아시아계 미국인들에 대한 차별에 저항하기 위해 반비방연맹(Anti-Defamation League) 등의 인권 단체들과 긴밀히 협력하고 있다. 이 단체에서 내가 한 일로는 여러 명의 한인 이사들을 영입하고, 더 많은 한인 봉사단체들을 연맹에 포함시켰다. 2010년에 이사직에서 사임했지만, 아시안아메리칸연맹에서 나는 다양한 아시아계 미국인사회가 공통의 목적과 상호 권익신장을 위해 힘을 합치는 것의 중요성과 필요성을 뒷받침하는 일을 했다.

한인 2세의 정체성 문제

지도력 개발 및 정치 참여, 인권 그리고 아시아계 미국인사회의 정치력 증대와 관련된 일을 해오면서도 나는 이민자사회뿐만이 아니라 미국에서 태어났지만 여전히 소수민족인 2세와 3세에게 꼭 필요한 것이 무엇일까에 관해 항상 의문을 가졌다. 소수민족인 그들은 정체성 문제로 씨름하는 일이 흔하다. 특히 세계화 시대에는 자신의 문화유산에 긍지를 가지며 이민 1세대의 조국과 관계를 유지할 기회가 많다. 민족정체성을 갖게 하고 문화적 연결을 맺는 데 중요한 것은 모국어를 유지하는 것이다. 언어능력이 없으면 문화를 깊이 이해하고 흡수하는 것이 불가능하다. 한인 2세와 3세 아이들이 한국문화를 유지하고 한국문화와의 관계를 심화하는 데 언어습득이 어떤 역할을 하는지에 나는 관심이 끌렸다.

내가 직접 조사해본 결과에 따르면, 미 전역에 주말 한국학교가 1,000개 정도 되고 대다수는 교회에서 운영한다. 고등학생은 대개 한국학교에 다니지 않는다. 이중언어를 한다고 하는 한인 학생들의 80%는 사실 겨우 초등학생 수준이나 될까 말까 한 한국어 실력을 갖고 있다. 이런 조사결과를 볼 때 미국 고등학교에서 한국어를 공식적으로 가르침으로써 한인 및 다른 학생들이 높은 수준의 한국어와 한국문화를 배울 기회를 만들 필요가 있었다.

그때 다행히도 나는 재외동포재단 전 이사장 이광규 박사, 부부가 모두 한국어학자로 뉴욕한국어문화원에서 한국어를 가르치는 일에 헌신하고 있는 이선근 박사와 그 부인을 만났다. 우리는 함께 한국어정규과목추진위원회(the Korean Language Association, KLA)를 설립하였다. 미국의 고등학교에 한국어를 정식 외국어 과목으로 포함하도록 하는 것이 이 단체의 목적이다.

최근에 미국정부는 러시아어, 아랍어, 스페인어, 중국어, 일본어와 함께 한국어도 미국 학생들이 배워야 할 6개의 주요 언어 중 하나로 추천했다. 우리가 자체 조사해보니 2010년 현재 미 전역에서 중국어를 가르치는 고등학교가 1,000개, 일본어를 가르치는 학교가 750개 정도 된다. 한국어 과목이 있는 고등학교는 겨우 60개 정도인데, 그나마도 대부분 캘리포니아 주에 몰려 있었다. 또 공립 고등학교에서 한국어 과목을 개설하고 싶어도 자격을 갖춘 한국어 교사가 드물다는 사실도 알게 되었다. 한국어정규과목추진위원회 회장이었던 나는 럿거스대학교 교육대학원에 한국어교사 자격증 프로그램을 신설하는 일을 추진했다. 2008년에 한국어정규과목추진위원회는 5명의 한국어교사 지망생을 뽑아 그들을 전액 장학금으로 럿거스대학교에 보냈다. 다섯 명 전원이 성공적으로 교육과정을 마쳤으며, 그중 세 명이 뉴욕-뉴저지 소재 고등학교에서 한국어를 가르치고 있다. 2014년에는 스토니브룩 뉴욕주립대학교에서도 비슷한 프로그램을 시작할 예정이다. 그렇게 되면 자격을 갖춘 한국어교사들이 더욱 많이 배출되어 초등학교와 중학교의 한국어교사 수요를 충족할 수 있게 될 것이다. 여러 미국 학교가 한국어를 채택하면 세계화시대에 서로 다른 문화 간의 이해를 넓힐 뿐만 아니라 한인 자녀들에게 민족적 긍지와 문화적 지식을 키우는 데도 기여할 것이다.

한인사회에 관한 데이터와 정보의 필요성

2010년 2월, 민병갑 교수가 퀸즈칼리지 재외한인사회연구소의 창립기념식에 나를 초청했다(연구소는 2009년 가을부터 이미 활동을 시작했다). 이 연구소의 두 가지 주요 목표는 재미 한인에 관한 조사연구를 실시하여 한인단체, 정부기구, 그리고 미국 및 한국의 연구자들에게 데이터와 정보를 제공하는 것이다. 창립식에서 민병갑 교수는 한인사회의 장기적 발전을 위해 재미 한인에 대한 조사연구와 정보 공유가 중요하다는 점을 역설했다. 나도 재미 한인에 대한 연구와 데이터가 중요하다는 민 교수의 말에 전적으로 공감했고, 그래서 이 연구소를 후원하기로 작정했다. 나는 한인사회 지도자 몇 분과 함께 이 연구소를 재정적으로 지원하기 위해 2010년 10월 재외한인사회연구재단(Research Foundation for Korean Community)이라는 비영리단체를 결성했다.

재단 설립 때부터 이사장직을 맡고 있는 나는 재외한인사회연구소가 한인사회에 없어서는 안 될 주요 연구기관으로 성장하도록 돕고 있다. 이 연구소는 몇 권의 중요한 한인사회 관련 서적 출판에 착수했고, 아울러 거의 두 달 간격으로 정기 강연을 하고, 매년 학술회의도 개최한다. 또한 이 연구소는 재미 한인과 재미 한인사회에 관해 논문을 쓰는 박사논문 후보생들을 위한 박사학위논문 연구비 지원 프로그램도 만들었다. 민 교수는 최근 정기 강연 시리즈와 학술회의에서 발표된 논문을 모은 편저 《북미주의 한인들(*Koreans in North America*)》이라는 책을 출간했다. 이 책에는 한인의 이민, 인구, 정착, 사업 형태 등에 관한 아주 유용한 통계가 담겨 있어 한인사회에 널리 보급되었다. 연구소가 한인사회에 영향을 끼치기 시작한 것을 보니 더할 나위 없이 기쁘다.

맺는말

나는 일제강점기에 이북에서 태어났다. 북에 공산정권이 들어서자 우리 가족은 1947년 남한으로 내려왔다. 우리 가족과 나는 한국전쟁을 겪고 살아남았다. 나는 서울대학교 토목공학과를 졸업했다. 해군공병대에서 5년 동안 복무한 후 나는 캐나다의 웨스턴온타리오대학교 토목공학과 박사과정을 밟기 위해 1963년 한국을 떠났다. 1974년에 우리 가족은 미국으로 와서 뉴욕 시에 정착했다. 나는 1976년 현대그룹에 입사하여 11년 동안 세계 여러 나라를 옮겨 다니며 근무하다가 1987년에야 뉴욕에 돌아와 가족과 합쳤다. 다행히도 나는 1970년대와 80년대에 현대에서 일하면서 한국의 산업과 경제발전에 중요한 역할을 했다.

그러나 뉴욕으로 돌아오고 나서, 특히 1997년 은퇴 후 나는 한인 이민자에게 지대한 관심을 가졌고, 한인사회의 지도력과 정치력 신장의 중요성을 일깨워준 뉴욕과 로스앤젤레스에서 일어난 사건들을 보면서 한국계 및 아시아계 이민사회 그리고 그들의 차세대에게 필요한 일을 하는 것이 나의 소명임을 깨닫게 되었다. 한인사회의 걸출한 지도자들과 공익을 위해 헌신하는 일꾼들을 만나 그들에게 감동을 받고 무슨 일을 어떻게 할지를 배우지 못했다면 이 모든 일이 불가능했을 것이다. 한국계 미국인이 된다는 것은 자기발견과 공동체 형성의 여정이었다. 은퇴한 지 벌써 열여섯 해가 지났다. 그런데도 할 일은 너무 많다.

Yung Duk Kim 김영덕

김영덕은 1958년 서울대학교 토목공학과를 졸업한 후, 1963년까지 5년간 대한민국 해군공병대에서 복무했다. 그는 1970년 캐나다 웨스턴온타리오대학교에서 토목공학 박사학위를 취득했으며, 1976년 현대그룹에 입사하여 현대종합기술개발, 현대중공업, 미주 현대종합상사를 거쳐 1997년에 은퇴했다. 그는 2000년부터 2011년까지 우리아메리카은행 이사를 역임했으며, 1997년 은퇴 이후 뉴욕-뉴저지 지역에 있는 다양한 단체의 이사 및 이사장직을 수행해오고 있다. 대표적인 단체로는 코리아 소사이어티, 미한국상공회의소, 아시안아메리칸연맹, 한미연합회 등이 있다. 김영덕은 현재 아내 김재진 여사와 함께 코네티컷 웨스트포트에 살고 있으며, 슬하에 아들 로렌스, 딸 엘리나가 있다.

6 강원도 산골 소년이 워싱턴 DC의 중심에 서기까지

김동석 Dongsuk Kim
시민참여센터

나는 한국전쟁 후 극심한 빈곤상황이었던 1958년 봄에 강원도에서 태어났다. 부모님께서 교직에 계셨던 관계로 강원도 도처를 이사 다니면서 유년시절을 보냈으며, 초 · 중등학교(강원도 화천의 광덕초등학교, 사내중학교 졸업) 시절은 강원도 화천군에서 보냈다. 나의 유년기에는 빈부차이를 느낄 수 없을 만큼 모두가 빈곤한 절대 빈곤 상황이었다. 그러므로 나는 불행하다는 생각 없이 자연을 벗 삼아 어린 시절을 지냈다. 하지만 10대 후반 춘천고등학교(1977년 졸업)로 진학하게 되면서 도시와 농촌 간의 극심한 생활수준 차이를 실감하게 되고, 빈부격차로 인한 사회문제와 갈등에 대한 관심이 생겼으며, 이에 대한 문제의식을 갖고 고민하기 시작했다. 여기에는 어린 시절부터 강요받았던 냉전적인 군사문화, 일방적인 이념교육인 반공교육(1968년 울진 삼척지구 무장공비 사건: "나는 공산당이 싫어요"라고 외친 이승복 어린이 사건) 등 냉전 이데올로기도 내 인식에 큰 영향을 미쳤다.

이러한 유년기와 청소년기를 보내고 고등학교를 졸업하면서 사회과학을 전공하기로 마음먹고 성균관대학교에 진학했다. 진학 후 그간 해오던 고민의 해답을 찾아 대학 내 이념서클에 가입하게 되었고, 자연스럽게 운동권 학생이 되었다. 나는 더욱 깊이, 그리고 본격적으로 사회문제에 빠져들게 되었다. 당시 유신 말기, 박정희 군사독재 정권 말기에 대학가에서는 긴급조치(유신헌법에 규정되어 있던, 대통령의 권한으로 취할 수 있었던 특별조치)에 의해 사회문제에 관심을 가지던 학생들은 극심한 탄압을 받았다. 나 자신도 그 탄압 아래 억압되어 지낼 수밖에 없었다. 따라서 유신 말기, 군사권력 말기에 나는 시위 수배자로 강제 징집되어 10.26사태와 광주항쟁 시기엔 군복무 중에 있었다. 군복무 후 대학에 복학했으나, 당시 한국사회에 대한 불만과 한국사회가 가지고 있던 폐쇄성에 염증을 느끼고, 인생에 있어서 새로운 도전을 경험하기 위해 1985년 미국 유학길에 올랐다.

나는 미국 뉴욕 시의 시립대학교인 헌터칼리지에서 정치학을 전공으로 학부를 졸업했고, 졸업과 동시에 결혼을 하게 되었다. 생업문제로 맨해튼 그리니치빌리지(Manhattan Greenwich village)에서 조그마한 사업을 시작했는데, 이때 결성한 소상인들의 모임이 한인 정치력 신장을 위한 토대가 되었다. 그 기간에 미국 한인사회에서 발생한 일련의 사건(LA의 4.29폭동)이 나로 하여금 시민참여센터(구 유권자센터)를 시작하도록 했다. 미국 내 한인들의 권리와 이익을 옹호하기 위해 한인들의 집단적인 정치력을 결집하고 신장시키는 30년의 계획을 세워 곧장 실천에 옮기기 시작했다.

1990년 뉴욕 시 브루클린 플랫버쉬 애비뉴의 한인 청과상에서 흑인 고객의 억지에 한인 업주가 참다못해 대응한 사건이 있었다. 물건을 훔치는 흑인 여성고객을 저지하는 과정에서 한인 업주의 신체적인 접촉이 있었고, 이를 빌미로 그 고객은 업주가 자신의 몸을 더듬었다고 거짓 주장을 하며 경찰에 신고하면서 사건이 커졌다. 이 사건을 계기로 뉴욕 시의 흑인단체들이 한인 업소 앞에서 불매, 규탄 시위를 한 달 이상 감행하면서 한인 업주는 물론 한인사회 전체를 싸잡아 매도하는 것을 직접 목격했다. 사건의 발단이나 전개 과정, 상점에서 억지를 부린 흑인 고객의 행태나 한인 업주의 피해에 관해서는 아무도 관심을 갖거나 주목하지 않은 채 한인 자영업계의 부정적인 측면만을 드러내고 있었다.

뉴욕 시의 흑인 데모꾼들은 마치 기다렸다는 듯이 이 사건에 몰려들었고, 흑인 청소년들이 몰려다니면서 한인 업소에서 행패를 부렸다. 브롱스, 자메이카의 한인 상점들이 공격을 당하기도 했고, 백주 대낮에 길을 가던 한인들이 흑인들로부터 폭행을 당하기도 했다. 한인사회 지도자들이 모여서 대책을 궁리했지만, 그들 또한 업주 측의 입장이라서 울화통만 터지고 감정만 격화되는 상황이었다. 결국 상황을 참다못한 한인들이 급기야 실력행사에 돌입했고, 뉴욕시청 앞에 8,000여 명 이상의 한인들이 집결하여 목소리를 냈다. 폭동 발생 직전의 상황에서 마침내 데이비드 딘킨슨 흑인 뉴욕시장의 적극적인 중재로 가까스로 진정 국면이 되었다. 나는 학생 신분이었지만, 이 사건(브루클린 레드애플 한인 청과상 흑인불매운동 시위사건)을 해결하기 위해 흑인사회 대표자들과 지도자들을 만나는 한인대표단의 실무 팀에 끼어 있었다. 당시 나는 학교에서 미국 역사, 그것도 소수인종의 민권투쟁사를 공부하는 중이었는데, 흑인들과 강경한 대결을 주장하는 강경파 한인 대표들에게 화해와 협상을 주장하다가 한인들로부터 공격을 당하는 곤경에 처하기도 했다.

뉴욕에서 이 사건이 진정되고 해결되는가 싶었는데, 1년도 안 되어 LA에서 더 큰 사건이 발생했다. 이 사건이 결국 나의 인생을 한인사회의 문제에 집중토록 했고, 한인으로서의 정체성과 권리 이익을 대변하는 일을 하게 만들었다. 1992년 4월 29일, LA의 한인타운을 겨냥한 흑인과 남미계들의 공격으로 2,300여 명의 한인 상인이 가게를 잃는 폭동이 일어났다. 나는 폭동으로 인해 폐허가 된 LA의 한인타운을 멀리서 바라보면서 그야말로 충격에 빠졌다. 이민의 나라에서 이민자의 처지가 이렇게 애처롭고 처량하다는 것을 뼈저리게 실감하고 깨달았다. 미국의 정치와 대외정책, 그리고 한미 관계에 관심을 집중해왔던 나는 모든 것을 내려놓게 되었다. 더 이상 미국에 대한 어떠한 환상도 없었다. 역설적이게도 미국의 미개함과 비인간성이 확대되어 눈에 들어오게 되었고, 이제 막 결혼을 하고 아들을 하나 낳아서 자신 있게 사회생활을 시작하려던 찰나에 LA폭동은 나를 사회정치적으로 아주 냉정하게 철들게 했다. 당시 나는 이념적으로는 어렴풋하게나마 스스로를 기독교적 사회 민족주의자로 규정하는 듯했지만, 분단국가 출신이라는 모순이 내 사고의 전부였다. 미국에 살고 있지만 시대정신은 모국인 한국의 민주화와 통일에 집중되었다. 미국이 한국의 민주화와 통일을 막아서는 안 된다는 입장이 너무나 명확했다. 그래서 모든 관심은 한미 관계에 쏠려 있었다. 미국으로 건너온 지 7년이 되어서야, LA폭동을 당하고서야 나는 내가 한국인이 아니라 한국계 미국인임을 알게 되었다. 모국을 떠난 이민자의 처지는 그야말로 특별하다는 것을 알게 되었다

LA폭동이 발생한 1992년에 나는 뉴욕시립대인 헌터칼리지의 마지막 학기를 채우는 중이었다. 뉴욕에서도 아주 아슬아슬하게 폭동 직전까지의 경험을 했지만 1992년의 LA폭동은 미국 내 한인사회의 정치적 · 사회적인 허약함을 아주 적나라하게 알게 했다. 미국에서 아무리 백인사회에 깊숙이 들어가 있어도 결국엔 한국계라는 것에서 자유로울 수 없다는 것도 알게 되었다. 법치국가라 하지만 소수계 이민자는 스스로 보호막을 만들어야 법의 보호도 받을 수 있음을 깨닫게 되었다. 여느 유학생들과 마찬가지로 공부를 마치고 한국으로 들어가려던 계획은 LA폭동으로 인하여 '나의 길'이 아니라고 생각하게 되었고, 미국에 남기로 결심했다.

수십 년간 일구어온 재산과 삶의 터전이 폭도들로 인해 잿더미로 변했고, 하루아침에 길거리로 내몰렸음에도 가해자에 대한 처벌이 없고, 어떠한 배상이나 보상도 없는 이해하지 못할 사건이 1992년 LA폭동이다. LA폭동은 한인들이 살아남으려면 더 이상 백인 흉내 내지 말고 소수계 이민자임을 명확히 해야 하고 스스로 정치력을 결집해서 정치적 · 사회적인 보호막을 만들어야 한다는 것을 입증해주었다. LA, 뉴욕을 비롯한 대도시 내 한인사회에서는 정치력을 신장시키자는 목소리가 높아졌고, 유권자 등록운동이 시작되었다.

이 시기에 나는 뉴욕 대도시에 있는 한인사회가 미국 주류사회로부터 너무 격리되거나 분리되어 있다고 생각하게 되었다. 나는 한인사회가 미국의 시스템으

로부터 보호받고 권리를 주장하려면 전문 인력이 필요하다는 것을 깨닫고 비영리단체에 대한 관심을 가지고 네트워크를 형성하는 데 주력했다. 미국시민으로서 한인들의 권리와 이익, 이민 문제, 타 인종과의 갈등을 해결할 수 있는 것은 코리안 커뮤니티의 적극적인 시민참여라 생각했고, 한인들의 정치력을 결집하고 신장시키기 위해 가장 기초적인 실천으로 1993년부터 유권자 등록운동을 펼쳐나가기 시작했다. 이것이 1996년에 연방정부로부터 비영리 인가를 받고 시작한 현재의 시민참여센터(구 유권자센터)다.

워싱턴 DC 미 국회의사당 앞에 선 김동석

그 후 1990년대 중반, AFL-CIO가 이민 노동자들의 프로젝트로, 뉴욕 시 한인 청과업계에 남미 종업원들의 노동조합 결성의 바람이 불어 닥쳤는데, 이것은 영세 이민 자영업주와 서류 미비 이민 노동자 간의 갈등이 원인이었다. 갈등을 해소하고 서로 화해 · 협력하는 법적인 논리를 만들기 위해 전문적인 역량이 필요하다고 생각했고, 이것을 계기로 나는 NYU 와그너 스쿨에서 비영리 경영과 노동분

쟁해소에 대한 공부를 하기도 했다.

이렇게 뉴욕에서 한인들의 정치력 신장 및 권리를 옹호하기 위한 활동을 활발하게 하던 가운데, 1996년 뉴저지 연방 상원의원 밥 토리첼리 캠페인에 가담하면서 캠페인 매니저인 데이비드 플라프와 만나게 되었다. 데이비드 플라프를 통해 시카고에서 흑인들의 정치 참여운동에 적극적으로 활동하고 있는 버락 오바마에 대하여 듣게 되었고, 이것은 2004년 민주당 전당대회에서 데이비드 플라프를 통해 버락 오바마를 소개받는 인연으로 발전했다(그 당시 오바마는 일리노이 주 연방상원직에 도전하고 있었다). 그와의 만남은 소수계의 정치 참여 운동이 쉽지 않다는 것을 깨닫게 함과 동시에 내가 하고 있는 일에 대한 확신과 신념을 갖게 하기도 했다.

한인들의 정치력 신장이라는 목표를 갖고 일해오면서 나는 유태계들의 에이팩(AIPAC: The American Israel Public Affairs Committee)을 알게 되었다. 그들의 철학과 목표에는 동의하지 않지만, 정교한 전략을 통해 미국 내에서 소수계인 유태인들의 권리와 그들의 모국인 이스라엘의 이익을 대변하고 있는 에이팩은 나의 활동 모델이 되었다. 미국은 크게 백인과 비백인으로 분류되고 비백인은 다시 남미, 흑인, 아시안으로 분류되는데, 아시안 중에서도 소수인 한인들은 그 나름의 정체성 없이 아시안이라는 이름 하나로 섞여버리기 십상이었다. 이것을 바로잡고 한인으로서 정체성을 확립하고 삶의 자리를 만들어가기 위해 다른 소수계가 어떻게 살아가는지 공부하고 연구하던 끝에 눈에 들어온 것이 에이팩이었다. 나는 유태인이 아니면서도 지금까지 10년 넘게 에이팩의 멤버로 활동하고 있는데, 그것은 그만큼 그들의 정교하고 세련된 정책을 배우고 싶었기 때문이다.

미국 내 한인의 정치력 결집 신장운동을 하면서 미국에 있는 한인들(2세, 3세 포함)은 모국인 한국과 주재국인 미국과의 관계에서 절대로 자유로울 수 없으며, 한국의 분단 체제가 미국과의 관계에 가장 큰 걸림돌이 된다는 것을 알았다. 한국의 반쪽인 북한이 미국의 적국으로 규정되어 있는 현실에서 한미 관계가 안정되지 않으면 한인들이 미국에서 안정적으로 살아갈 수 없음을 알게 되었다. 2001년 효순이 미순이 사건으로 한국에서 반미 바람이 불었을 때 미국에 있는 한인 상인들이 겪었던 어려움이나, 북한이 미사일이나 핵실험을 할 때마다 미국에서 자라는 우리 아이들이 학교에서 받는 따가운 시선들이 재미 한인들에게 모국인 한국과 미국의 관계가 얼마나 중요한지에 관해 알게 해주었다. 한인들의 권리와 이익 문제의 기본 핵심은 모국인 한국과 주재국인 미국과의 관계를 잘 만들어가는 것이라는 점은 아무리 강조해도 지나친 말이 아니다. 이 같은 목표에 근거해서 모국인 이스라엘과 미국에 살고 있는 유태인들 사이의 이익을 조정하고 그 관계를 증진시키는 데 탁월한 리더십을 보여주고 있는 것이 에이팩이었기에 지금도 그들의 활동을 본보기로 삼아 한국과 미국의 우호관계를 증진시키는 일에 집중하고 있다.

나는 스스로를 1.3세 한인이라 지칭한다. 한인들의 정치력 신장을 위해 30년 사업의 목표를 가지고 달려온 지 벌써 20년이 흘렀다. 한인들의 에이팩을 만들어 가는 과정 속에서 크고 작은 성과가 있었다. 주로 1세대들 사이에서 캠페인의 원동력을 만들고, 한국인의 미국 방문 비자 면제 프로그램, 위안부 결의안, 독도 이슈, 한인 공로 인정 결의안, 연방의회 내에 코리아 코커스 조직, 2세들의 풀뿌리 활동, 2세 교육 등의 성과를 거두었다. 이러한 과정을 거치면서 한 가지 아쉬웠던 것은 주류사회에 진출한 한인 2세들로부터 어떤 도움도 받지 못했다는 것이다. 성공한 한인 2세들은 모국인 한국과 미국의 관계가 자신들의 생존 문제임을 잘 깨닫지 못하고 있는 실정이다. 이것은 한국계 미국인으로서 정체성 결여의 문제라고 볼 수 있다. 오늘날 민족적 결집력이 가장 강하다고 소문난 유태인들도 전 세계 유태인들의 정체성이 흔들리는 위기감을 느끼고 있다. 따라서 유태인들도 가장 중요한 문제가 후세들의 민족 정체성 교육이라고 할 정도다. 이같이 2세들에게 가장 중요한 것은 한국계 미국인으로서의 정체성을 확립하도록 교육시키는 것이다. 어디서 무엇을 하건 'Korean American'이라는 라벨은 사라지지 않고 그들을 따라다닐 것이기 때문이다. 따라서 다음 세대들에게 한국계 미국인으로서의 정체성을 확립하도록 도와주는 것이 중요하다고 생각하며, 정치력 신장을 위한 활동들과 함께 2세들의 정체성 교육에 무게를 두고 활동하고 있다.

Dong Suk Kim 김동석

김동석은 시민참여센터(구 유권자센터)의 설립자이며, 현재 상임이사를 맡고 있다. 그동안 그는 시민참여센터의 상임이사로서 매우 다양한 활동을 해왔다. 시민참여센터는 1996년 5% 아래에 머물던 한인 유권자 비율을 2008년 65% 이상으로 크게 끌어올리고, 2만 6,000명 이상의 한국인 유권자의 등록을 도왔으며, 뉴욕-뉴저지 지역 한국인들이 한국어로 투표할 수 있도록 도움말을 마련하였을 뿐만 아니라, 위안부 결의안(2007년) 채택 및 미국방문 비자 면제 프로그램(2008년) 도입에도 큰 역할을 했다.

김동석은 많은 전국적인 운동을 성공적으로 주도함으로써 2007년 의회에서 미국 내 이스라엘, 쿠바, 대만 커뮤니티의 지도자들과 비교되기도 했다. 현재 그는 가장 영향력 있는 풀뿌리 운동조직 지도자 중 한 명으로 미국과 한국 미디어에 널리 알려져 있다.

7 플러싱의 아들

론 김 Ron Kim

뉴욕 주 퀸즈 카운티 제40 선거구 하원의원

론 김은 뉴욕에 기반을 둔 정치인으로, 2012년에 뉴욕 주 하원의원에 당선되었다. 한국계 미국인으로서는 뉴욕 주에서 처음으로 공직에 당선된 그는 자신이 이민자라는 것, 그리고 퀸즈의 플러싱에서 성장했다는 것을 자랑스럽게 여긴다.

론은 일곱 살 때인 1987년에 부모님과 함께 한국에서 플러싱으로 이민 왔다. 외동아들인 론은 빠르게 새 친구들을 사귀었고, 부모님으로부터 근면의 가치를 배웠다. 자라면서 론은 주말이면 부모님이 하시는 작은 채소가게에서 일을 돕곤 했다. 부모님이 '아메리칸 드림(American Dream)'을 좇아 얼마나 열심히 사시는지 그는 직접 볼 수 있었다.

어린 나이인데도 이미 론은 미국에서는 열심히 일하고 난관을 이겨내면 마침내 성공할 수 있다는 것을 믿었다. 미국에서는 노력과 끈기가 반드시 보상받는다는 사고방식이 공정하다고 느꼈다.

교육과 운동

론 김의 가치관은 부모님의 영향과 플러싱에서 성장하며 겪은 어린 시절의 경험에 의해 형성되었다. 특히 아버지는 론이 어렸을 때부터 "세상에 천재는 없다"

고 하시며, 세상에는 단지 열심히 노력하는 사람과 열심히 노력하지 않는 사람이 있을 뿐이라고 가르치셨다.

어려서부터 이런 태도를 배운 론은 학생 시절에 미식축구, 레슬링, 트랙 등 운동 분야에서 두각을 나타냈다. 그 결과 해밀턴대학교에서 전액 장학금을 받고 미식축구팀의 선수가 되었다. 그곳에서 그는 해밀턴대학교 미식축구 대표팀에 들어간 첫 아시아계 미국인 선수 중의 한 명이 되었다.

리버데일 카운티 고교 미식축구팀 주장을 맡았던 론 김(포지션: 라인베커, 러닝백), 1996~1997년

정치적 연대관계를 만들어내고 팀으로 일하는 론의 능력은 10년 넘게 팀 스포츠에서 경쟁하며 얻은 것이다. 그는 동료들 사이에서 종종 말이 아니라 행동으로 솔선함으로써 신망을 얻는 비결을 배웠다. 예를 들면, 그는 고교 때 아시아계

미국인으로는 처음으로 그 학교 미식축구팀과 육상경기팀의 주장이 되었다. 주장이 된 비결은 그가 그저 다른 학생들보다 더 열심히 했기 때문이다.

대학에서 론 김은 정치학과 철학을 공부했고, 정부학으로 학사학위를 받았다. 론은 로버트 마틴 교수의 '민주주의 이론' 수업을 듣고 영감을 받아 현대정치철학의 주요 저작들을 탐독했다. 론이 공직자가 되는 것에 대해 처음 생각해본 것도 이 무렵이었다.

결정적 기회들

론이 정치를 해보겠다는 각오도 있었고 노력도 열심히 했지만, 중요한 두 분의 도움이 없었다면 정치인으로 결코 성공할 수 없었을 것이다. 첫째, 대학을 마치고 플러싱에 돌아왔을 때, 론은 당시 아시아계 미국인으로서는 처음으로 뉴욕 시의원에 당선되어 임기 첫해를 보내고 있던 존 리우(John Liu) 의원을 만났다. 론은 주민으로서 요구사항을 적어들고 존 리우 의원을 찾아갔다. 그런데 그 방을 나올 때는 존 리우의 인턴이 되어 걸어 나왔다. 인턴으로서 맺은 인연은 평생의 조언을 해주는 관계로 발전하여 존 리우는 지역정치와 지역사회 발전에 관해 론에게 계속 조언해주고 있다.

두 번째, 론이 당시 뉴욕 주 하원의원 마크 웨프린(Mark Weprin)의 '지역사회 연락담당자'로 처음 취직했던 것도 중요한 전기였다. 론이 모든 정치는 '지역'정치라는 말의 뜻을 참으로 깨달은 것은 이 시기였다. 마크 웨프린을 보좌하면서 론 김은 지역 주민에게 성과를 보여주는 것이 얼마나 중요한지를 배웠다. 움푹 파인 도로를 보수하는 자잘한 일상의 문제에서부터 건축 및 지구설정 분쟁 같은 복잡한 문제를 해결하는 등의 일을 하면서 론은 지역적인 관심사에 주의를 기울이는 것이 중요하다는 것을 배웠다.

한국인의 뿌리

한국계 미국인 이민가정의 외동아들인 론 김은 이민 1세들이 겪는 난관과 도전을 이해했다. 그는 '아메리칸 드림'을 추구하는 이민자들의 인내심과 투지를 직접 보고 자랐다. 플러싱에서 성장하는 동안 론은 부모님이 외아들에게 더 나은 기회를 제공하기 위해 휴가 한 번 없이 1년 365일, 주 7일 쉬지 않고 일하시는 것을 보았다.

한인들 그리고 한국계 미국인들이 가진 열심히 일하는 문화를 론 김이 제대로 이해하기까지는 오랜 시간이 걸렸다. 한국인의 인내와 끈기, 그리고 투지는 오랜 세월 동안 대를 이어가며 뿌리내린 가치관의 산물이다. 실제 그의 조부 세대는 궁핍과 인내의 면에서 극한에까지 갔다는 것을 론은 나중에야 알게 되었다. 그 세대는 수십 년 동안 극심한 가난과 억압을 견뎌내면서도 정체성과 가족을 지켜냈다.

정치적 입장

론 김이 정치인으로서 각별히 열정을 쏟는 분야는 학생들의 학업성취 격차를 해소하는 일, 중산층으로의 진입을 보장하는 일, 그리고 소상인들을 보호하는 일이다. 론의 정치적 견해와 정책의제에는 투지와 끈기를 갖는 것이 인생에서 성공의 열쇠라는 그의 개인적 신념이 반영되어 있다. 뉴욕 주 하원의원으로 일한 첫해에 론 김은 몇 개의 법안을 추진했다. 하나는 이민자사회와 노동계층 가족의 생활에 도움이 되도록 메트로폴리탄교통공사(MTA)의 고객 서비스를 개선하는 법안이고, 또 다른 것은 음력 설날 학교를 하루 휴교할지 여부를 지역 교육위원회가 결정할 수 있게 한 법안이다.

론은 또 이민자들이 주정부 서비스의 혜택을 쉽게 이용할 수 있게 하는 법안, 저소득층에게 맞는 가격의 주택건설 장려책을 확대하는 법안, 장애아동을 위한 복지예산 9,000만 달러를 원상 복구하는 법안 등 20건 이상의 법안을 단독 혹은 공동으로 발의했다. 론은 항상 선거구민에게 관심을 기울였고, 주민의 필요에 부응하는 데 주력했다. 주 하원의원직을 처음 시작할 때 그는 모든 정치는 지역정치라는 옛 교훈을 다시 되새겼다. 론은 지역구의 많은 유권자들이 영어가 모국어가 아니라서 영어에 서툰데도 언어 통로가 거의 없다는 사실을 알게 되었다. 그는 시와 주정부의 공문서 양식과 서류가 주민의 언어로 번역되어 있지 않다는 점에 주목했다. 그는 일부 시민이 세금을 내면서도 각종 공공서비스에 자유롭게 접근할 수 없다는 것은 잘못된 일이라고 생각했다. 론은 주민에게 최선의 서비스를 하고, 가능한 한 번역된 문서를 제공하기 위해 그의 직원은 다중언어 구사자들로 고용했다. 현재 론은 정부의 모든 수준에서 언어 접근성을 확보하고 모든 공문서 양식과 웹 사이트도 가능하면 여러 언어로 번역하여 제공하도록 강력히 주창하고 있다.

퀸즈 플러싱에는 한국계와 중국계 주민이 많다. 주민의 문화와 언어에 눈높이를 맞춘 서비스를 제공한 덕분에 론의 지역구 사무실을 찾아오는 주민이 늘어났다. 뉴욕 시에서 아시아계 미국인은 시 인구의 16%를 차지한다. 론 김은 뉴욕 주의회에서 유일한 아시아계 의원이므로 그의 사무실은 다른 선거구 소속임에도 자기네 선거구에서 제공하지 않는 도움을 받기 위해 뉴욕 주 전역으로부터 찾아오는 주민의 방문이 끊이질 않는다. 론의 지역구 사무실은 다양한 민족 집단이 있는 뉴욕 주에서 모든 민족 집단을 위해 여러 가지 일을 처리해주는 사무실, 그리고 사람들이 어떤 문제이건 들고 와 상담하기에 안전한 장소라고 널리 입소문이 퍼졌다. 사무실을 찾는 사람들이 늘어나기 때문에 론은 최신 테크놀로지를 활용하여 여러 면에서 효율성을 높이는 데 중점을 두고 있다. 이를 위해 그가 주민의 요구사항을 파악하는 데 도움이 되는 데이터베이스와 주민에게는 그들의 요구가 해결되는지 확인할 수 있는 데이터베이스를 각각 만들었다.

뉴욕 주 의회장에 앉아 있는 론 김 의원, 2013년

론은 지역사회의 문제에 관심을 집중하기 위해 그의 사무실에 들어오는 모든 주요 사안들을 종합한 지역동향보고서도 만들기 시작했다. 주의원 사무실로는 처음으로 그들이 제공한 서비스에 대해 아주 투명하게 한 것이었다. 보고서 발행이 높은 인기를 얻자 다른 의원 사무실에서도 모방하게 되었다. 제40 선거구에서 항상 최우선 순위가 되는 사안 중 하나는 주택 문제다. 뉴욕 시 전역에서 심각한 주택 대란이 있었다. 플러싱의 주택 문제는 특히 더 심하다.

론의 지역구 사무실은 저비용 임대주택, 공영주택, 저소득층 주택, 그리고 노인 주택 등 각기 다른 형태의 주택들과 자격요건을 일목요연하게 정리하여 데이터베이스에 담아 주민의 요구와 조건에 따라 손쉽게 알맞은 주택을 찾을 수 있게 했다. 이렇게 하여 소요시간도 상당히 줄였고, 주민의 신청서 성공률이 더 높아지게 도왔다.

지속적인 영향력

뉴욕 주 의회에서 유일한 아시아계 의원인 론 김은 지역사회의 젊은 사람들에게 영감을 주어 지역정치 참여와 관심을 높이려고 열심히 일하고 있다. 론은 젊은이들도 정부의 활동에 동참하여 변화를 가져올 수 있다는 확신을 가질 수 있도록 젊은이들을 위해 길을 열어주고 싶어 한다. 론은 자기 지역구에서 끈기와 투지를 지닌 젊은이 몇 명을 키워보고 싶다고 늘 얘기한다. 론은 뉴욕 주 의회에서 유일한 아시아계 미국인이라거나 지역구 의석을 차지한 유일한 아시아계 미국인이라는 소리를 듣지 않아도 되는 날이 속히 오기를 기대하고 있다.

Ron Kim 론 김

론 김은 현재 뉴욕 주 퀸즈 카운티 제40 선거구 하원의원으로, 뉴욕 주 의회에서 처음으로 공직에 당선된 한국계 미국인이다. 과거 뉴욕 시의원이었던 존 리우 의원의 사무실에서 공공서비스 분야의 일을 시작했고, 2006년에는 크리스틴 퀸 시의회 의장의 정책분석가로서 교통, 사회기반시설 및 경제발전에 관한 입법 시안에 중점을 두고 활동했다. 2007년부터 2010년까지 그는 뉴욕 주지사 엘리엇 스피처와 데이비드 패터슨의 재임 시절, 정부 및 커뮤니티 업무에 관한 지역 디렉터로 활동하며 다양한 국가기관, 선출 임원들 및 지역단체들과 함께 일했다.

2012년 9월 13일, 민주당 경선에서 승리한 론 김은 이후 68%의 지지율로 본 선거에서 공화당원인 중국계 필립 김(32%)을 누르고 당당히 하원의원으로 선출되었다. 론 김은 뉴욕 주 의회의 유일한 아시아계 하원의원으로서 이민자사회와 노동계층 가족의 생활에 도움이 되는 다양한 법안 제정을 돕고 있다. 플러싱에서 자란 론 김은 해밀턴칼리지를 졸업 후, 뉴욕시립대학교 버룩칼리지에서 공공행정학으로 석사학위를 받았다.

IV

선출직 젊은 세대 한인 여성 정치인
Younger-Generation Korean-American Women Politicians

Sharon E. Har 샤론 하

Cindy Ryu 신디 류

Patty Kim 패티 김

Susan Shin Angulo 수잔 신 앙굴로

Grace Han Wolf 그레이스 한 울프

이번 장에는 나이가 40~50대인 1.5세 및 미국 출생 한국계 여성 선출직 정치인 다섯 명의 글이 담겨 있다. 이 다섯 편의 에세이를 한 장에 모은 데는 다음과 같은 이유가 있다. 먼저, 저자들이 모두 이민자가 아닌 1.5세 및 미국 출생 한인이라는 점, 그리고 이들 모두 시의원 및 주의원으로 당선되었다는 점이다. 또한 이들 모두 여성이라는 점이 흥미롭다. 다만, 이것은 우연히 이 책 집필에 여성 정치인들이 많이 참여했을 뿐, 반드시 전국적으로 젊은 세대의 한국계 여성 선출직 정치인이 남성보다 절대적으로 많다는 것을 의미하지는 않는다. 하지만 주로 남편의 공직생활을 내조하던 한인 이민 1세 여성에 비해 많은 수의 젊은 세대 한인 여성들이 미디어 및 정치계에서 활발히 활동하게 된 것은 주목할 필요가 있겠다. 이러한 그녀들의 정치 및 다른 공적 활동은 부분적으로 젊은 세대 남편들이 부모세대보다 자녀양육과 집안일을 위해 집에서 시간을 더 많이 보낼 수 있게 됨에 따라 가능해졌다.

다섯 명의 저자 중 세 명의 부모는 1950년대와 1960년대에 미국으로 유학와 석사 또는 박사학위를 받은 이들이다. 그리고 저자들은 모두 자신의 부모가 교육을 강조하여 본인을 비롯해 형제가 모두 아주 좋은 학교에 들어갈 수 있었다고 했다. 그녀들의 교육배경은 모두 뛰어나다. 한 명은 법대를 나왔고, 두 명은 MBA를 받았으며, 다른 한 명은 석사학위를 마쳤다. 그리고 한 명은 학사학위를 받았다. 언어 장벽과 재정상의 문제로 매우 힘들게 대학원 과정을 마친 1장에 나온 올드 타이머들에 비해 이들 젊은 세대 한인들은 부모가 대부분 학비를 마련해주고 영어에도 문제가 없어 비교적 수월하게 학업을 마칠 수 있었다. 5장과 6장에 나오는 비선출직에 속한 젊은 세대의 정치인들 역시 부모의 지원 아래 큰 어려움 없이 높은 수준의 교육을 받았음을 알 수 있다.

이번 장에 나오는 다섯 명의 젊은 세대 정치인들의 주요 공통점은 한국계 미국인이나 한인 이민자보다는 주로 백인 지역 및 자신이 속한 지역의 이익을 보호하기 위해 정치를 시작했다는 것이다. 그들은 자기 지역의 재산세, 학군 및 기타 이슈를 해결하기 위해 선출직 정치에 참여할 필요성을 느끼게 되었다. 다시 말하면, 그들의 선출직 정치참여는 시민참여의 연장선이었다. 그러므로 한국 이민자의 문제점은 그들의 정치적 아젠다에 특별히 포함되지 않았다. 더욱이 그들의 정치적 멘토나 정치운동 지지자들은 주로 백인이며, 정치운동을 조직할 때도 한인 커뮤니티로부터는 도움을 전혀 받지 않았거나 별로 받지 않았다. 또한 그들의 에세이를 살펴보면, 백인이 지배적으로 거주하는 지역에서 정치활동을 함에도 큰 인종차별을 받지 않았음을 알 수 있다. 이는 그들이 영어뿐만 아니라 미국의 관습과 매너에 능숙하기에 가능했으며, 또 한편으로는 최근 아시아계 인종에 대한 차별이 줄어들었기에 가능했을 것으로 보인다. 젊은 세대 한인 여성들이 선거직 정치에 참여하기 시작한 2000년대 이후에는 한국 및 다른 아시아계 미국인이 이전 시기에 비해 훨씬 더 백인사회에 잘 받아들여지고 있다. 최근 미국 센서스자료에 의하면 1965년 이후 미국에서 출생한 아시아계 미국인들 중 55%가 타 민족과 결혼했는데, 이들 중 3분의 2 이상이 백인 배우자와 결혼한 것으로 나타난다. 이 자료는 백인과 아시아계 미국인들 간의 사회적 거리감이 크게 줄어들었음을 반영한다. 또한 전체적으로 젊은 세대 한인들의 정치활동은 한인과 한인사회를 위한 정치를 거의 포함하고 있지 않다.

그럼에도 불구하고 이 다섯 명의 저자는 모두 한국계 미국인이라는 강한 민족적 정체성을 나타내고 있다. 그들이 한국문화를 유지하고 있다는 사실은 그들의 가정생활 및 정치활동에도 반영된다. 하와이 하원의원으로 재직 중인 샤론 하는 교육을 중요시하고 어른을 존중하는 한국적 가치가 정치 이슈에 영향을 끼쳤다고 적고 있다. 워싱턴 주 하원의원인 신디 류는 본인과 남편이 한인 커뮤니티에 깊은 뿌리를 가지고 있다고 말했는데, 그들이 한인교회에 참석하고 있다는 사실이 이를 잘 보여준다. 펜실베이니아 하원의원인 패티 김은 자신의 부모가 교육과 신앙을 가장 우선시했으며, 이러한 가치관이 그녀가 “미디어와 정치세계에서 살아남고 경쟁하는 데 자신을 도와준 중요한 도구”가 되었다고 회상했다.

8 한국계 미국인 정치인으로서의 나의 삶

샤론 하 Sharon E. Har
하와이 주 제42 선거구 하원의원

머리말

내가 기억하는 한 나는 항상 남을 돕고 싶어 했다. 어렸을 때에도 학교에서 괴롭힘을 당하는 아이들을 보면 불쌍한 마음이 들었다. 다행히 '인기 좋은' 아이들이 나의 친구였기 때문에 괴롭힘을 당하는 아이들의 편에 서서 못된 아이들이 나쁜 행동을 못하도록 영향을 끼칠 수 있었다(그것도 나 자신의 사회적 지위에 손해를 보지 않고서). 아마도 그 당시에는 미처 몰랐을 터이지만 훗날 나의 정계 진출은 변화를 통해 더 나은 것을 만들고자 하는 이런 타고난 성격 때문이 아니었나 싶다.

어린 시절

나는 '링컨의 고장(the Land of Lincoln)'*이라고 하는 일리노이 주의 스프링필드에서 하치덕(체스터)과 하견희(캐서린)의 딸로 태어났다. 아버지는 서울대학교를 졸업하셨고, 어머니는 이화여자대학교를 졸업하셨다. 졸업 후에 두 분은 '아메리칸 드림'을 좇아 미국의 대학원에 진학하기로 결심하셨다. 아버지는 대학원 진학 전에

* 일리노이 주의 속칭.

잠시 일리노이 주에서 일하셨는데, 그때 오빠와 내가 태어났다.

부모님은 모두 오하이오주립대학교 대학원에 진학하셨다. 아버지는 경영학과 경제학 박사과정, 어머니는 미생물학 석사과정에 다니셨다. 두말할 것 없이 우리 집에서 교육은 가장 중요한 것이었다. 부모님은 2세 한국인인 나와 오빠에게 교육이 성공의 지름길이라는 것을 이해시키고자 했고, 부모님이 모두 대학원까지 진학하셨기 때문에 우리도 당연히 고등교육을 받을 것으로 기대했다.

부모님이 학위를 받으신 후, 우리는 뉴욕 주 로체스터로 이사했다. 아버지가 브록포트 뉴욕주립대학교에서 가르치게 되셨기 때문이다. 내 생김새와 문화, 가치가 주변 사람들과 다르다는 점에서 내가 '한국인이구나'라고 처음 인식한 것은 초등학교 시절이었다. 우리 가족은 한인교회에 다녔는데, 그것도 사실은 내가 '미국 사람'이 아니라는 점을 재확인시켜주었다. 나 스스로 미국 사람이라고 여전히 믿고 있었는데도 말이다.

6학년에 올라갈 무렵에 우리 가족은 뉴욕 주에서 버지니아 주 알렉산드리아로 이사했다. 아버지께서 나사(NASA)의 경영컨설턴트로 일하게 되셨기 때문이다. 워싱턴과 인근지역에는 한국 사람들이 많이 살고 있었다. 따라서 내가 한국인이라는 의식도 강해졌다. 난생 처음으로 메이슨 딕슨 선(Mason-Dixon Line)* 근처에 살았던 탓에 나는 남부 사투리를 사용하는 미국인들과 접촉하게 되었다. 그들은 'y'all'**같은 남부 사투리를 썼는데, 사실 나는 자신의 민족성 따위보다 그런 것이 더 흥미로웠다. 이 즈음 나는 변호사가 되겠다고 결심했다. 그 이유는 첫째, 도움이 필요한 사람들을 돕고 싶고, 둘째, 논쟁을 좋아하고, 셋째, 돈을 벌고 싶고, 넷째, 변호사는 고급직업이고 내가 사람들 돕기를 좋아한다는 것을 아시는 부모님

* 메릴랜드 주와 펜실베이니아 주의 경계선으로 미국 남부와 북부의 경계. 과거 노예제도 찬성 주와 반대 주의 경계선이기도 함. 현재는 방언구분선의 하나.

** you-all.

도 원하셨기 때문이다.

버지니아 주에서 1년간 임시직을 끝내신 아버지는 다시 이삿짐을 꾸려 서부로 출발했다. 우리는 캘리포니아 주 노스리지(Northridge)로 이사했다. 아버지께서 노스리지 캘리포니아주립대학교에서 교편을 잡게 되셨기 때문이다. 나는 샌페르난도밸리(San Fernando Valley)에서 중학교와 고등학교를 다니며 성장했다. 우리 가족은 계속해서 로스앤젤레스 다운타운에 있는 한인교회에 다녔지만, 내 친구들은 모두 '미국 아이'들이었다. 그러니 남과 다르다는 것, 특히 민감한 자아형성기에 남과 다르다는 것은 내가 원하는 것이 아니었다. 나는 '미국 사람'이 되고 싶었다. 그래서 머리를 옅은 갈색으로 물들이고 해수욕장에 가서 피부를 햇볕에 태웠다. 나도 미국인 친구들처럼 되고 싶었던 것이다. 아버지는 우리의 유산과 문화에 긍지를 갖는 것이 중요하다고 나에게 단단히 일러주시곤 하셨지만, 솔직히 고등학교 시절에 내가 원했던 것은 오직 친구들에게 인기와 사랑을 얻는 일뿐이었다. 부모님의 요구대로 나는 계속 좋은 학점을 유지했고, 바이올린과 피아노 레슨을 받았다. 내가 아는 한국 아이들은 모두 다 이 두 악기를 다뤘다.

나는 캘리포니아에서는 침체된 느낌이 들어서 동부에 있는 대학에 지원하기로 마음을 먹었다. 다행스럽게도 여러 학교에서 입학허가 통지를 받았지만, 결국은 어머니처럼 여자대학에 가기로 했다. 그러나 대학교 생활을 시작하기 전에 부모님이 나를 위해 마련해두신 것이 있었다. 그것이 나의 인생을 송두리째 바꾸었다.

한국에서 보낸 여름

고등학교를 졸업한 후 나는 친구들과 유럽 전역을 여행할 계획이었다. 그러나 부모님이 준비하신 계획은 다른 것이었다. 아버지는 내가 한국의 어느 대학교에

이란 그저 계약위반과 수백만 달러의 돈에 관한 것뿐이어서 남을 돕고 싶어 하는 나의 본성을 만족시켜주지 못했다.

2005년에 여러 의원들이 권유한 대로 드디어 나는 정계 진출에 도전했다. 내가 하와이 주 하원의원 입후보자 등록을 마치고 나서 바로 이틀 뒤에 우리 가족은 충격적인 소식을 들었다. 아버지께서 췌장암 4기이고 기껏해야 3개월 내지 6개월밖에 못 사실 것이라는 진단을 받으셨다. 그 소식을 듣고 나는 출마를 포기하겠다고 아버지께 말씀드렸다. 그러나 아버지는 반대하셨다. 의원 출마는 내가 원하던 것이니 도와주시겠다고 말씀하셨다. 선거자금도, 지명도도, 선거운동본부도 없던 나는 법률회사를 휴직하고 매일 가가호호 걸어서 방문하여 나를 소개하고, '제2의 도시'라고도 알려진 우리의 지역구 카폴레이(Kapolei)에 관한 내 생각을 들려주는 것으로 선거운동을 했다. 10개월 동안 걸어서 모든 유권자 집을 방문하고, 수개월간 선거캠페인 사인을 들고 흔들기(이런 것은 날씨가 좋은 하와이에서나 가능한 일이다)를 한 후에 나는 10년 경력의 현역 의원을 369표 차로 이겼다. 당선 축하파티가 열렸던 밤, 아버지는 나를 끌어안고 "나는 영원히 살 거야"라고 속삭이셨다. 아버지는 암 진단을 받고 2년을 더 사셨다. 나는 그런 아버지가 자랑스러웠다. 아버지는 2006년 1월과 2007년 1월 주 의사당에서 내 곁에 앉아 계셨고, 내 선서식에도 참석하셨다. 아버지는 2007년 2월 28일에 돌아가셨다.

하와이를 위한 나의 비전 및 한국인 정체성의 영향

하와이는 세계에서 가장 아름다운 곳 중의 하나다. 이런 곳에 살면서 지역구 주민을 대표하고 있으니 나는 축복받은 사람이다. 다양성이 넘치고 온갖 다른 문화, 연령층, 다양한 민족, 그리고 서로 다른 견해로 구성된 지역사회를 대표하는 의원으로서 나는 자부심을 느낀다. 최근 준공된 카폴레이 법원, 크로크 커뮤니티 센터, 하와이대학교 웨스트오아후 캠퍼스 등과 더불어 주정부는 제2의 도시에 대한 지원을 계속하고 있다. 주택 소유를 포함하여 카폴레이가 주민에게 제공하는 기회가 풍성하기 때문이다. 거기다 카마카나알리, 사회보장국 건물, 철도, 그리고 새 소방서가 완공되면 우리의 신도시는 거주자들에게나 관광객들에게나 접근성도 좋을 뿐 아니라, 훌륭한 도시라면 마땅히 갖춰야 할 핵심 서비스를 빠짐없이 제공할 수 있게 된다. 이 멋진 주의 주민으로서 하와이를 지금보다 더욱 멋진 곳으로 만드는 것이 우리의 의무라고 믿는다. 그것은 차세대에게 더 나은 취업의 기회를 주고, 모든 주민에게 저렴하면서도 질 좋은 주택을 공급하며, 관민합작을 통하여 세금에 의존하지 않고 기반설비를 구축하는 것, 그리고 우리의 삶의 질을 좌우하는 수입 오일과 해외시장 변동에 대한 의존도를 줄여서 지속 가능한 하와이를 만드는 것 등을 의미한다. 우리는 재생에너지, 농업의 다변화, 그리고 생태관광 등의 영역에서 선도적 역할을 함으로써 경제를 다변화해야 하는데, 카폴레이는 이러한 노력에서 중요한 거점이 될 것이다. 카폴레이를 차세대 꿈의 도시로 만들기 위해 나는 이 사업에 직 · 간접으로 이해관계를 갖는 모든 사람들 그리고 지역주민과 협력해나갈 것이다.

나는 하와이 주의 주민을 위한 여러 가지 입법활동에 대해 자부심을 느낀다. 왜냐하면 전체 주민이 혜택을 받기 때문이다. 내가 주도한 법률 중에서 가장 유명한 것은 2011년에 발효된 '시동 연동장치(ignition interlock)'법이다. 나는 2007년에 나의 지역구에서 음주운전자가 모는 차에 받힌 적이 있다. 다행히도 심하게 다치지는 않았으나, 내 차는 완전히 망가졌다. 보험회사의 내사 결과, 내 차를 들이받은 사람은 이전에 음주운전으로 체포되어 운전면허증이 취소된 사람이었다. 이 사람은 운전이 금지되어 있는데도 여전히 운전을 하고 있었다. 그것이 나를 몹시 화나게 했다. 나는 '음주운전에 반대하는 어머니들(Mothers Against Drunk Driving,

MADD)'이라는 단체와 손잡고 '시동 연동장치' 법안을 제출했다. 이 법안이 통과되어 법률로 제정된 결과, 음주운전으로 체포된 사람은 반드시 차에 이 연동장치를 부착해야 했다. 시동을 걸 때마다 운전자는 이 장치에 입김을 불어넣어야 한다. 만약 알코올이 측정되면 차는 시동이 걸리지 않는다. 게다가 운전자가 이 장치에 대고 숨을 불어넣을 때마다 그 정보가 저장된다. 그러므로 당국은 운전자의 음주운전 시도 여부를 추적할 수 있다. 추적된 정보에 따라 주정부는 운전자에게 알코올 남용 상담을 받도록 명령할 수 있다. 나는 이 법을 만든 것이 자랑스럽다. 지금까지의 기록에 따르면 우리는 이 법으로 음주운전자가 운전하려던 약 4,000대 이상 차의 시동을 막았다.

한국계 미국인인 나는 "한국 민족성과 문화가 입법활동 시 나의 견해와 철학에 영향을 끼치는가?" 하는 질문을 가끔 받는다. 한국계 미국인이라는 사실이 나의 입법활동에 접근하는 방식에 큰 영향을 끼친다고 나는 믿는다. 왜냐하면 내가 가진 한국문화라는 배경 때문에 나는 다른 동료들과는 다른 가치체계를 갖고 활동하기 때문이다. 예를 들면 나는 노인들, 하와이말로 '쿠푸나(kupuna)'를 지원하는 법률 제정에 열심이다. 나는 모든 노인들이 우리 사회에 공헌했기 때문에 존경받아야 하고, 황혼기에 있는 노인들을 보호하고 보살피는 것은 사회의 책임이라고 굳게 믿고 있다. 나는 또 교육활동 지원에도 열심인데, 교육이야말로 사람들을 참으로 동등하게 하는 훌륭한 장치이며, 보다 나은 개인을 길러내기 때문이다. 끝으로, 나는 장기 치료 지원도 계속 지지하고 있다. 여러 가지 이유로 혼자서는 정상활동이 불가능하게 되어 지속적으로 도우미를 필요로 하는 사람들이 증가하고 있기 때문이다. 내 생각에 이런 사안에 대한 나의 입장은 내가 한국인으로 성장한 데서 직접 나온 것이 아닌가 한다. 한국문화는 노인과 교육, 건강관리를 중시하니까. 나는 한국문화를 내 일상에 적용하고, 내가 지지하는 입법활동에 한국적 가치를 도입하여 사람들의 삶을 향상시킬 수 있음을 자랑스럽게 여긴다.

Sharon E. Har 샤론 하

샤론 하는 하와이에 위치한 카폴레이와 마카킬로의 서쪽 오아후 커뮤니티를 포함하는 제42 선거구 하원의원이다. 카폴레이는 하와이에서 가장 빠르게 성장하고 있는 지역으로, 2025년에는 700만 스퀘어 피트의 상업지구가 들어서 6만 5,000개의 일자리가 생겨날 것으로 전망되는 곳이다. 그녀는 2006년 하와이 주의회에 처음 당선되었으며, 현재 다수당 원내총무 및 법사위원회의 부위원장을 맡고 있는 한편 소비자보호 및 상거래위원회에도 속해 있다.

샤론 하는 음주운전자들이 운전을 하지 못하도록 하는 '시동 연동 장치(Ignition Interlock)' 법의 통과를 주도한 것으로 잘 알려져 있다. 그녀는 주의회 의원으로서의 역할 외에도 호놀룰루 소재 베이스렁로즈 앤 홀마 법률회사의 변호사로서 부동산, 토지사용 및 건설관련 소송을 전문으로 맡고 있다.

샤론 하는 마운트홀리요크대학교에서 정치학과 사회학으로 학사학위를 받았으며, 존마샬법학대학원에서 법학박사학위를 취득하였다. 그녀는 현재 카폴레이에서 남편 빈스 토드, 귀여운 강아지 켄지와 함께 살고 있다.

9 한국의 뿌리에서 열린 재미 한인 디아스포라의 열매

신디 류 Cindy Ryu
워싱턴 주 제32 선거구 하원의원

나는 1957년 11월 14일, 서울의 아주 전통적인 가정에서 김신희(金信姬)로 태어났다. 한국전쟁 정전 선언 직후 우리 가족도 다른 한국 사람들과 다름없이 극심한 경제적 곤경을 겪었다. 부모님의 꿈은 세 아들과 외동딸을 대학에 보내는 아주 소박한 것이었다. 이 꿈이 나의 삶을 어디로 인도하게 될지는 아무도 짐작할 수 없었다. 나는 종전 직후의 한국으로부터 브루나이 왕국과 마닐라를 거쳐 마침내 미국으로 와서 한인 여성으로서는 처음으로 미국 한 도시의 시장이 되었다. 현재는 워싱턴 주 98명의 하원의원 중 한 명으로서 300억 달러에 이르는 2년간 예산을 700만 워싱턴 주 주민을 위해 어떻게 사용할지에 대한 정책 방향을 논의하고 결정한다.

우리 부모님은 지금은 북한이 된 지역 출신이시다. 아버지 김재일은 5대에 걸쳐 외아들만 있던 집안에서 맏아들로 태어나셨다. 할머니께서 아들 여럿을 낳으셨던 터라 어머니 김성숙이 시집왔을 때 자녀에 대한 기대가 그렇게 높을 수 없었단다. 두 분이 만난 것은 한국전쟁이 막바지에 이르렀을 때였고, 두 분 모두 한반도의 남단까지 밀려가 계셨다. 아버지는 사범학교 출신이어서 국군 장교가 되셨다. 어머니는 할머니와 고모님들이 다니시던 교회의 성가대원이셨다. 아버지의 출생지는 황해도 황주군 영풍면인데, 판문점 이북이라 나는 한 번도 가본 적이 없지만 나는 그곳을 '고향'이라 여긴다.

어린 시절

나는 서울특별시 마포구 용강동의 신석초등학교를 4학년까지 다녔다. 어린 시절의 기억은 연이어 살던 전셋집, 학교 가는 길, 합창대, 그리고 소풍 같은 것들이다. 피아노 레슨을 받게 해달라고 엄마를 조르고, 피아노 레슨을 받고 악보를 갖고 다닌다는 특권의식으로 친구를 사귀던 추억, 나보다 나이가 많고 잘사는 사촌들, 그리고 동네 만화방도 생각난다. 여동생이 없어서 몹시 섭섭해하기도 했다.

1967년에 우리 가족은 아버지를 따라 동남아시아의 브루나이로 이주했다. 그곳에서 아버지는 돈을 벌기 위해 이주노동자로 일하셨다. 다들 가난했던 그 시절에 숱한 한국의 남성들은 이주노동자로 혹은 이민자로 해외에서 일했다. 오빠, 남동생들과 나는 브루나이에서 성공회가 운영하는 사립학교에 다녔고 그 덕에 영어를 배울 수 있었다. 우리는 말레이 사람 그리고 중국 사람들 틈에서 살았다. 나는 이곳 열대지방에서 무슬림왕국의 생활스타일을 완벽하게 즐겼다. 말레이어, 중국어, 영어로 수를 세는 것도 배우면서 줄넘기도 하고, 부모님과 한국말로 이야기하는가 하면 친한 사촌언니가 우송해준 한국어 어린이신문도 계속해서 읽었다. 우리 4총사는 가장 싼 극장표를 구해서 중국 무술영화, 인도 발리우드 영화, 그리고 제임스 본드 영화를 자주 감상했다. 동시에 그곳에서 태어난 중국 아이들이 말레이인과 동등한 혜택을 누리지 못하는 것을 보고 이상하다고 여기기도 했다.

아버지의 벌이로는 힘에 겨운 사립학교 등록금이라도 벌 요량으로 어머니는 그 시절에 누구나 그랬듯이 삯바느질도 하시고 닭도 키우셨다. 브루나이 체류 기간이 2년으로 마감되었기 때문에 우리 가족은 필리핀의 마닐라로 옮겨 미국행 비자를 신청해놓고 입국날짜를 기다렸다. 부모님에겐 노동허가증이 없었으므로 미국 입국비자를 받기 전에 생활비가 동날 것을 걱정하셨다. 두 달 만에 우리 가족은 기다리고 기다리던 미국행 비자를 받아 1969년 성탄 전야에 시애틀 타코마국제공항에 도착했다.

우리 가족은 워싱턴 주의 게이트라는 곳에 정착했다. 게이트는 자그마한 농촌 마을이었는데, 루이스 카운티에서 가장 큰 인구 1만 명의 도시 센트랄리아로부터 30분 거리였다. 전통적인 시골집에서 자녀 네 명을 키우고 있는, 몰몬교인 파예트 존슨과 다렌 존슨 부부가 몇 명의 입양아들과 더불어 우리 가족을 맞아주었다. 남자아이들은 벽이 없는 포치에서 잠을 잤고, 여자아이들은 온방장치가 없는 다락에서 전기담요를 덮고 잤다. 누구나 농사일을 거들거나 조각보 만드는 일을 했다. 북한지역 출신 대다수가 그렇듯 부모님은 장로교인이셨다. 이곳 우리가 선택한 새 나라에서는 젖소를 기르는 농부 에드 해밀턴과 프랜시스 해밀턴 부부가 우리 4총사 아이들을 태우고 나자렌교회의 주일학교로 데리고 갔다. 그들은 일상의 사소한 행동을 통해 우리 가족에게 그리스도교 신앙의 본을 보여주었다. 센트랄리아에 갔다가 집으로 오는 길에 먹곤 했던 아이스크림콘은 그 시절의 정겨운 추억이다.

교육

우리 가족이 미국에 올 때 부모님께서 말씀하셨다. "엄마 아빠는 일하러 미국에 왔고 너희는 공부하러 왔다." 오빠, 동생들과 나는 다 대학을 마쳤고, 셋은 대학원도 마쳤다. 나는 인근의 로체스터에 있는 학교와 그랜드마운드중학교를 다녔다. 여름방학 때면 게이트마을 아이들은 너나없이 블루베리농장에서 일했고, 그렇게 번 돈으로 새 학기에 입고 갈 새 옷을 샀다. 어린아이들일수록 입속으로 들어가는 블루베리가 많았다. 어느 해 여름 나는 '1톤 클럽'이라고 새겨진 셔츠를 받고야 말겠다는 집념으로 한 시즌에 무려 2,000파운드나 되는 블루베리를 수확했다. 그 때문에 나는 또한 난생 처음으로 선거에서 승리했다. 10파운드들이 광주리를 채울 때마다 왕과 여왕을 뽑는 선거에서 한 표씩 보태졌기 때문이다. 두 남동생의 도움으로 가장 많이 득표한 내가 드류 블루베리농장의 여왕으로 선출되었다.

부모님은 온 가족이 저금한 돈으로 북한을 떠나온 뒤 처음으로 센트랄리아에 집을 사셨다. 새집에 자리 잡은 후 나는 1976년에 센트랄리아고등학교를 최우수 졸업생 10명 중 하나로 졸업했다. 나는 부끄럼을 몹시 타는 성격이었는데, 가장 전도유망한 여학생(the Girl Most Likely to Succeed)에 선출되었다.

나는 킹 카운티에 있는 워싱턴대학교에서 1980년에 우수한 성적으로 미생물학 학사를 따고, 1983년에 영업 매니지먼트 분야에서 경영학 석사를 받았다. 거의 백인뿐인 조그만 농촌마을 출신인 나에게 시애틀의 기숙사생활은 문화충격이었다. 그곳에서는 인파, 불빛, 소음이 그치지 않았다. 처음으로 히스패닉 친구를 만난 것도 시애틀에서 대학교를 다니던 때였다. 하와이에서 온 학생들이 가장 편했다. 아마도 나는 그들의 특이한 억양을 배웠을 것이다. 나는 워싱턴대학교 우등생 프로그램(UW Honors Program)에 지원했고 받아들여졌다.

1952년에 '생명을 향한 외경'이라는 철학으로 노벨평화상을 받은 알베르트 슈바이처 박사에게 감동을 받아 의료선교사가 되는 것이 나의 꿈이었다. 그러나 의과대학 면접에서 그만 더듬거리고 말았다. 나는 실용적으로 경영학 석사를 하고 돈을 벌어 나 대신 다른 사람을 의료선교사로 보내리라고 작정했다. 그로부터 30년 후 나의 남편은 신학교과정을 밟고 있다. 그는 선교사가 될는지도 모른다.

한인의 유산과 정치

나는 열 살 터울로 세 아이를 가졌기 때문에 학교에서는 학부모회에 들어가 간식 제공을 도왔고, 교회에서는 유치부와 유년부 교사, 회계, 예배 인도자로 17

년 동안 봉사했다. 유난히 수줍음을 타던 내가 이제는 마이크를 잡고 60~80명이나 되는 아이들이 10~15분 동안 내 말에 주목하게 만드는 사람으로 변신했다. 예산을 편성하고 증액을 요구하며, 아이들과 교육부의 입장에서 발언했다. 말하자면, 나는 교회에서 정치를 배운 셈이다.

신디 류와 그녀의 가족, 1996년 워싱턴 주

나에게 소중한 한인의 유산은 천 년 넘게 어머니와 아버지 쪽 선대 할머니들의 이름을 기록한 족보다. 양반 가문이었던 외가 쪽 족보는 920년부터 시작한다. 친가 쪽의 조상은 960년에 당시의 왕으로부터 공식적으로 성과 지위를 하사받았다고 전한다. 아마 재산도 한몫 받았을 것이다. 친가 쪽 원조 되시는 분은 신 씨 성을 쓰는 또 다른 분과 함께 왕의 목숨을 구했다고 한다.

또한 한인 전통은 동기간의 우애를 중시한다. 시어머니들의 이야기와 경험은 대가족 안에서 발생하는 금전 문제, 우선순위 문제, 관계 문제 등의 균형을 잡아가면서 가족의 일을 잘 풀어가는 데 도움이 되었다. 친할아버지는 뒤늦게 육군사관학교에 들어가셨고 육사 8기시다. 그분에게는 정치적 야망이 있었지만, 나머지 식구들은 학교 가고 먹고사는 게 급했기 때문에 정치에는 별 관심이 없었다.

나는 오빠와 두 남동생 틈에 낀 존재여서 서로 존경과 사랑을 유지함과 동시에 나의 뜻을 주장하고 나의 자리를 확보하려면 어떻게 해야 하는지를 일찍부터 배웠다. 내가 스물다섯 살이 되고 두세 달 지났을 때, 아주 전통적이신 어머니는 그러다 노처녀가 될 거라고 걱정하셨다. 어머니의 중매로 남편을 만났고 4개월 뒤, 내가 대학원을 졸업한 지 얼마 안 되어 우리는 결혼했다. 얼마 전에 결혼 30주년을 기념했으니 중매는 성공한 셈이다.

내 나이 마흔다섯 살이 될 때까지 나의 삶은 다른 생각할 여지 없이 바빴다. 남편과 함께 보험 에이전시를 성공적으로 운영하고, 1주일에 닷새는 교회에 가고, 아이들 키우고, 대가족과 즐거운 시간을 보내고, 자주 여행을 다녔다.

내가 시 정치에 관심을 갖고 관여하기 시작한 것은 쇼라인 시에서 우리 사무실 건물 앞에 주정부 관할 고속도로를 만드는, 수십 년은 족히 걸릴 오로라 애브뉴 재개발계획에 착수했을 때였다. 이 무렵 나는 지방상공회의소(Chamber of Commerce)의 임원이기도 했다. 그 지역 정치인들이 지역사업 소유주들의 의견을 들으려 하지 않는다는 것을 알고 나는 정치판에 뛰어들기로 작정했다. 호랑이를 잡으려면 호랑이굴로 들어가야 하는 법이니까.

나는 2003년에 시의원에 처음 출마했는데, 800표 차로 낙선했다. 2004년에 나는 지역 민주당 조직에서 열심히 활동했고 선거운동도 했다. 선거 팀이 1만 가구를 일일이 방문했고, 무슨 문제든지 질문이 있으면 연락하라고 유권자들이 있는 집 문턱에 나의 이름과 전화번호를 담은 전단을 배포했다. 2005년에 나는 시의원에 다시 도전했고, 거의 2,000표 차로 당선되었다. 2008년 1월, 나는 시의원 7명 중 5명이라는 압도적 다수표로 쇼라인 시장이 되었다. 한인 여성으로서는 처음으로 미국에서 시장이 된 것이다.

시의원직이나 시장직이 모두 파트타임 유급 선출직인데, 시의원 때는 주당 30시간, 시장 때는 주당 60시간 넘게 일했다. 그런데도 나는 2009년 11월 재선에 도전해서 183표 차로 낙선했다. 시장직에서 물러난 뒤 4개월 후 주 하원의원 보궐선거 자리가 생겼다. 나는 출마했고, 이번에는 전략을 세워 선거운동을 했다. 긍정적인 메시지, 네트워크 구축, 각 단체의 공식 지지선언과 표심 확보, 그리고 중요한 모금활동에 집중하면서 몇 달 동안 선거운동에 몰두했다. 나는 61%를 득표하여 선거에서 이겼고, 2012 재선에서는 72%를 얻었다. 풀뿌리활동에서 출발하여 지방정치에 흠뻑 몸을 적시고 공직후보로서 다섯 차례의 선거운동을 치른 사람으로서 민주주의를 탄탄히 유지하려면 우리와 같은 보통 시민의 정치참여가 필수라는 확신을 갖게 되었다. 보통 시민이 발언에 나서야만 선출직 정치인들이 시민의 요구에 응답하고 책임지게 할 수 있다.

한인 정체성

어렸을 때 나는 '내가 진짜 미국 사람이 맞나?' 하는 의문을 가졌다. 그러나 한인교회에 다니고, 한인과 결혼하고, 시애틀 지역의 한인사회에 참여하면서부터는 '내가 진짜 한인인가?' 하는 것이 의문이었다. 나의 한국말 실력은 일취월장하여 전차가 주요 교통수단이었던 1960년대에 내가 한국을 떠났다는 사실을 사람들이 못 알아차릴 정도가 되었다. 이제 나는 진짜 한인임과 동시에 진짜 미국인이라고 느낀다.

한국계 미국인이라는 것은 미국 사람이라는 것과 같은 뜻이다. 아메리카 원주민이나 에스키모를 제외하고 거의 모든 미국인은 한 세대 전이든 열두 세대 전이든 다른 나라에서 이주한 사람들이기 때문이다. 우연하게도 나는 떠나온 나라에 관해 생생한 기억을 가진 세대일 뿐이다. 다행스럽게도 한국문화와 음식은 거의 어디서나 환영받고 있다. 21세기에, 특히 워싱턴 주에서 한국계 미국인으로 산다는 것은 좋은 일이다. 나는 한인의 유산을 긍정하고 한국문화를 공유함과 동시에 수지맞던 보험 에이전트 일을 포기하고 공직에 나설 만큼 진짜 미국인이다.

사회적으로도 정치적으로도 아주 보수적이었던 1970년대 초 워싱턴 주의 어느 시골 마을에서 나는 호기심의 대상이었다. 나에게는 내가 누구인지를 증명할 기회가 주어졌다. 지금 나는 킹 카운티에 산다. 킹 카운티는 미국에서 네 번째로 큰 카운티이고, 아주 진보적인 곳으로 알려져 있다. 그런데도 나는 노골적인 차별을 느낀다. 백인 일색의 지역사회 유지들로 이루어진 '구지배층'으로부터 나는 아직도 소외되어 있다. 이런 것은 미국 전역에 퍼지고 있는 외지인 혐오, 국경 안전에 대한 공포감, 그리고 소수인종이 다수를 차지하는 미래가 불가피하다는 사실에 대해 소수화되고 있는 다수인종이 느끼는 불안의 징후다. 이러한 소외감에도 불구하고 물러서지 않고 꾸준히 지역 유권자들을 만나고, 그들의 요구에 귀를 기울임과 동시에 의미 있는 정책을 펼치고, 동료 의원들에게 존경받을 때 유권자들도 내가 하는 일을 존경한다는 것을 알고 있다.

스승들

나에게는 스승이 많지만 내 생애 전반에 걸쳐 가장 큰 영향을 끼치고 영감을 준 사람은 부모님이다. 과수원과 부농 주인의 자제로 비교적 유복하게 자란 두 분은 한국전쟁 통에 모든 것을 상실하고 남한에서 그리고 해외에서 인생을 처음부터 다시 시작하셨다. 두 분은 딸인 나를 포함해서 네 아이를 대학과 대학원까지 교육시키겠다는 목표와 비전을 공유하셨다. 그 목표를 성취하기 위해 아버지는 한국전쟁 때 중장기, 용접기술을 배운 숙련공이셨지만 동남아시아의 목재업체를 전전하는 이주노동자가 되셨다. 어머니는 자녀교육을 위해 어린 것들을 끌고 브루나이로, 그리고 필리핀을 거쳐 미국까지 아버지와 함께하셨다.

평생 중요한 것을 가르쳐준 선생님들도 여럿 만났다. 한국에서 초등학교 4학년 때 음악선생님은 재미로 무서운 이야기를 들려주시곤 했다. 그 경험에서 나는 공포감과 위험을 다스리는 예민한 촉각을 얻게 되었는데, 이는 나중에 보험 에이전트로 성공하는 데 도움이 되었다. 브루나이에 살 때 피아노 선생님도 잊을 수 없다. 열두 살 때 미국으로 건너온 후에도 훌륭한 선생님들을 만났다. 9학년 때 영어를 가르친 킴벌 선생님은 하루도 안 빠지고 서론, 본론, 결론을 다 갖춘 온전한 글쓰기 연습을 시키셨다. 주일학교 선생님, 그리고 주일마다 우리를 차에 태워 교회로 오가던 낙농업농부들은 동료 인간에 대한 사랑과 돌봄이 무엇인지를 우리 영혼 속에 심어놓았다.

10학년 때 영어를 가르친 히긴스 선생님은 나에게 생각할 때 영어로 하는지 한국말로 하는지 물어보셨다. 그때 나는 바로 대답하지 못했다. 몇 해가 지난 뒤에야 나의 생각과 기억이 그림으로 이루어져 있다는 것을 깨달았다. 머릿속에서 사물을 정리하고 기억할 때 나는 그림, 순서, 얼개 같은 것을 사용하는 경향이 있다. 요즈음 나는 남편과 일을 의논할 때에는 영어로 하지만, 감정을 표현할 때는 한국말로 한다.

센트랄리아고등학교의 배구팀 코치와 로체스터고등학교 농구팀 코치 두 분은 모두 내가 노력은 열심히 하지만 쓸 만한 운동선수가 되기엔 어림도 없다는 것을 알고 계셨다. 그런데도 그분들은 시즌의 마지막 경기, 이미 지고 있던 경기에서 5분 동안 나를 뛰게 해주셨는데, 그분들의 인내심 때문에 나는 패한 편에게도 언제나 격려를 잊지 않는 것을 배웠다.

정치적 입장

나는 민주당원이고, 2010년 제32 선거구민을 대표하는 워싱턴 주 하원의원으로 선출되었다. 제32 선거구는 쇼라인, 이드먼즈, 우드웨이, 마운트레이크 테라스, 그리고 린우드를 포함하며 거주 인구는 13만 7,000명이다. 민주주의를 지키고 미국인들의 삶을 향상시키는 최선의 길은 강한 가족관계, 안정된 중산층, 그리고 차세대를 위해 더 나은 미래를 건설하는 것이라고 나는 믿는다.

내가 쇼라인 시의원이었던 2008년에 나는 동료 의원들의 투표로 미국 최초의 한인 여성 시장으로 선임되었다. 나는 쇼라인 상공회의소 의장을 역임하면서 쇼라인 그린비즈니스 프로그램을 창설했다. 시장과 미국의 경제를 활성화하려면 왕성한 기업가정신과 공공투자가 병행되어야 한다고 생각한다. 나는 소기업가, 공공교통망, 환경보호, 그리고 공공안전을 강력하게 지지한다.

나는 제32 선거구 주민을 대변하는 임무와 더불어 워싱턴 주 하원 안의 여러 위원회에서 일하고 있다. 나는 하원 기업금융서비스위원회 부의장이고, 교통위원회, 규칙위원회, 지역사회개발 주택 원주민 관련 위원회 위원이다. 나는 또 위원회간 협력위원회, 합동교통위원회, 그리고 일하는 가정 코커스의 위원도 맡고 있다.

초임 시절에 나는 소비자보호, 거리안전, 경제활성화, 보험개혁, 공중구조와 대피, 소기업 파트너십 등과 관련된 법률 13건을 주도했다. 그러나 2013년 재임 첫해에는 내가 제안한 10건의 법안 중 2건만 통과되었다. 2013년은 다수표의 교란 때문에 힘겨웠다. 단 1표 차이로 10년 만에 처음으로 공화당이 워싱턴 주 상원의 다수당이 되고, 보수성향의 민주당 의원 두 명이 공화당 편에 서서 표를 던지는 바람에 경상예산을 통과시키는 데 거의 6개월을 소모했다.

남편 류창명(미국 이름 코디 류)과 나는 우리 지역사회에 깊이 뿌리를 내리고 있다. 1976년부터 북부 킹 카운티와 남부 스노호미쉬 카운티에 거주하면서 교회에 다니고, 열심히 일하면서 세 아이를 공립학교에 보냈다. 의식주의 기본문제를 해결하면서 우리는 정책결정에 관련된 정치판에 뛰어들어야 했다. 힘겨운 투쟁의 성과물로 민권이 확립된 지 얼마 되지 않은 때였기에 그것을 정말로 중요하게 생각하는 사람들로서 그 권리를 지키는 일은 너무도 중대한 문제였다.

아이 기르고 밥하고 살림하는 게 여자, 특히 한국 여자의 본분이라는 생각은 유서 깊은 장벽이다. 가족, 특히 남편의 도움 없이는 여자가 돈 벌고 살림하면서 정계에 진출한다는 것은 매우 어려운 일이다. 막내는 남편이 키우다시피 했고, 온갖 집안일도 남편 차지였다.

결론

지난 44년 동안 나는 미국사회와 하나가 되기 위해 노력해왔다. 나는 수십 년 전에 쟁취한 민권과 여성의 출산 선택권이 중요하다고 믿는 동시에 우리 아이들의 장래를 걱정하는 베이비부머 세대의 전형이 아닌가 한다. 가까이에 한국문화가 있고, 비행기만 타면 닿는 곳에 한국이 있다는 사실은 이민자인 나에게는 덤으로 얻은 보너스다. 연로하신 부모님 두 분 모두 비교적 건강하시고 조국강산에서 멀리 떨어진 곳에서도 생기차고 독립된 생활을 누리면서 새로운 나라에서 새로운 삶을 건설하고 계시니 나는 복도 많다. 자녀들이 다 결혼해서 이혼도 하지 않고 집을 사고 손주들을 대학교에 보냈으니 우리 부모님의 인생은 성공인 셈이다. 손주들 중 둘은 대학 졸업 후 치과대학, 둘은 의과대학에 다니고 있다.

천 년을 이어온 전통 그대로 나에게도 내 아이들을 위한 뚜렷한 목표가 있다. 그 아이들이 행복하게 사는 것이다. 그 아이들이 비록 한국말을 미국 사람처럼 서툴게 하기는 하지만, 나에게는 그 아이들도 진짜 한인이다. 나는 우리의 손주들도 자신들의 사촌이 누구인지 알면서 자라나기를 바란다. 또한 부모님이 살아 계시는 동안이 아니라면, 내가 살아 있는 동안에라도 비무장지대 38선 너머 북녘에 있는 조상의 땅에 가보는 게 나의 소원이다. 그러는 동안 나는 늘 생산적으로 인생을 산다는 미국의 전통을 이어받아 민주주의를 지키고, 좋은 정책을 만들고, 차기 선거의 재선 전략을 세우는 일을 계속할 터이다.

Cindy Ryu 신디 류

신디 류는 기업금융서비스위원회, 교통위원회, 규칙위원회, 지역사회개발 주택 원주민 관련 위원회 등 워싱턴 주 하원 내 다양한 위원회에서 일하고 있다. 그녀는 소기업가, 공공교통망, 환경 및 소비자보호, 공공안전을 강력히 지지하고 있다.

2010년과 2012년 시애틀 일부분과 쇼라인, 이드먼즈, 우드웨이, 마운트레이크 테라스, 린우드를 포함하는 제32 선거구를 대표하는 워싱턴 주 하원의원으로 선출됨으로써 한국계 여성으로서는 처음으로 워싱턴 주 하원의원이 되었다. 그녀는 또한 쇼라인 시의원이었던 2008년에 미국에서 한국계 여성으로서는 처음으로 시장에 선출되기도 했다. 그녀는 쇼라인 상공회의소의 의장을 역임했다. 신디 류는 워싱턴대학교에서 1980년에 미생물학으로 학사학위를, 1983년에는 경영학 석사학위를 취득했다.

10 가족, 신앙 그리고 교육

패티 김 Patty Kim
펜실베이니아 주 하원의원, 도핀 카운티 103 지역구

어린 시절

나는 1973년 캘리포니아 주 에스콘디도에서 태어났다. 에스콘디도는 샌디에이고 북동쪽에 있는 가난한 도시였다. 부모님은 나를 갖기까지 6년을 기다리셨다고 한다. 그래서 내가 태어나자 몹시 흥분하셨다. 그러나 어머니는 같은 병실의 산모가 아들을 낳았다고 남편과 함께 좋아하는 소리를 듣고 우셨으며, 예정보다 하루 일찍 나를 집으로 데려왔다. 우리 집에는 딸만 셋이고, 나는 그중 하나다. 아버지는 한국에서 전자공학을 공부하셨고 어머니는 종교학을 전공했으나, 미국에 와서는 소기업을 운영하는 사업가로 변신하셨다.

어린 시절에 캘리포니아의 따뜻한 날씨, 뒷마당의 수영장에서 수영하던 일, 그리고 해변으로 소풍 가던 일 등이 기억난다. 부모님은 우리가 한국계 미국인으로서 한국의 전통을 간직하도록 힘쓰셨다. 설날에 우리는 할아버지 할머니, 아버지 어머니께 세배를 드리고 세뱃돈을 받았다. 우리는 매일 저녁 한국 음식을 먹었다. 그리고 나는 할머니한테 한국음식 조리법을 더러 배우기도 했다. 교회에서 한국어 읽기와 쓰기도 배우고 한국 전통무용도 배웠다.

한국의 전통을 지키는 것이 부모님께는 중요한 일이었지만, 우리에게 집에서 한국말을 쓰도록 강요하지는 않으셨다. 부모님은 자식들이 한국말도 영어도 대충

하는 것보다는 영어를 악센트 없이 술술 잘하는 것이 오히려 낫다고 믿으셨다.

교육

부모님은 캘리포니아에 살 때도 그랬고, 1985년에 이사 간 버지니아에서도 우리를 최고의 학군에 있는 학교에 다니도록 하셨다. 나는 랭글리고등학교(Langley High School)를 보통 성적으로 졸업했다. 그러나 나는 필드하키나 라크로스 같은 운동에서는 뛰어난 실력을 보였다. 나는 간호사가 되고 싶어서 간호학과가 좋은 보스턴칼리지에 지원했다. 그러나 3년 동안 간호학을 공부한 후, 교수님들과 나는 간호학이 나의 적성에 맞지 않는다는 것을 인정하게 되었다. 나는 전공을 커뮤니케이션으로 바꾸고 텔레비전 뉴스 리포터가 되기로 작정했다. 대학교 4학년 여름에 나는 보스턴과 메릴랜드에 있는 텔레비전 뉴스방송국에서 인턴으로 일했다. 졸업 후 나는 버지니아 주의 유명한 뉴스방송국에서 뉴스 작성, 제작 등 무대 뒤에서 일하는 직원으로 채용되었다. 2년 뒤 나는 메릴랜드 주 해거스타운(Hagerstown)에 있는 NBC 제휴사의 뉴스 앵커 겸 리포터로 채용되었다. 내가 진행하는 아침 뉴스쇼는 이 방송국 역사상 최고의 시청률을 기록했다. 이 직장은 내가 리포터 겸 앵커로서 경험을 쌓고 실력을 연마하기에 아주 좋은 곳이었다. 메릴랜드에서 2년 동안 일한 후 나는 펜실베이니아 주 해리스버그(Harrisburg)에 있는 CBS 제휴사에 리포터로 채용되었다. 그곳으로 직장을 옮기고 나서 나는 해리스버그가 멋진 도시라는 것을 알게 되었다. 그러나 그곳에서 내가 남편을 만나고 아이들을 키우고 공직에 진출하게 되리라고는 상상도 하지 못했다.

정치에 대한 관심

뉴스 리포터로 일하는 동안 나는 해리스버그 시 정부의 뉴스를 숱하게 다루었다. 나는 시장, 시의원, 기타 지역사회 지도자들과 안면을 쌓았다. 그러나 나는 그저 관찰자로 만족했다. 내가 정치에 관심을 갖게 된 것은 남편을 만나면서부터다. 우리가 데이트를 시작한 것은 그가 해리스버그 시의원 후보였을 때였다. 나는 공직에 나가 좋은 정부를 만드는 데 한몫하겠다는 그의 용기와 열정에 감탄했다. 그는 선거에서 패배했다. 그러나 그 경험은 정치도 해봄직한 일이라는 것을 나에게 가르쳐주었다.

나는 한때 유명한 텔레비전 뉴스 앵커가 되어 풍족한 삶을 사는 것이 희망이라고 생각했던 적이 있다. 나는 뉴스업계에서 성공하려고 아주 열심히 일했다. 그러나 '유명해지고 싶다'는 동기만으로는 그 일을 지속할 수 없었다. 공직에 나가 다른 사람들을 위해 일하고 그들을 돕게 되면 내 삶이 더 만족스러울 것이라고 생각했다. 나는 돕기를 원하는 좋은 사람들로 이루어진 네트워크를 만드는 일에 힘썼다. 네트워크의 구성원은 경찰관, 목회자, 사회사업가 그리고 공무원들이었다. 어떤 분야에서 내 도움을 필요로 하는 주민이 있을 경우, 나는 그 분야의 일을 잘 아는 사람에게 그들을 연결해주어 필요한 도움을 받게 할 수 있었다. 선출직 공직자로서의 내 권한으로 일을 더 효과적으로 처리할 수 있다. 그리고 정말 도움이 필요한 사람들에게 헌신하는 것은 깊은 충족감을 준다.

스승들

어머니는 변함없이 나의 가장 위대한 스승이다. 어머니는 2003년에 췌장암으로 돌아가셨지만 여전히 나를 일깨워주신다. 어머니는 '믿음으로 사는 것'과 인

내가 무엇인지를 몸소 보여주셨다. 어려운 일을 당할 때마다 나는 어머니가 어린 시절에 한국전쟁에서 어떻게 살아남았으며, 미국에서 이민자의 삶을 어떻게 사셨는지, 그리고 가게를 운영하며 어머니가 견디어낸 온갖 어려움에 대해 생각한다.

내가 스무 살을 갓 넘겼을 때, 나는 우리 가족을 잘살게 하려고 너무나 많이 희생하신 어머니를 깊이 존경하게 되었다. 어머니는 메릴랜드에서 꽃가게로 성공하셨다. 어머니에게 가장 바쁜 날은 발렌타인데이였는데, 그날이 되면 온 가족이 긴장했다. 아버지와 동생들, 그리고 나는 '값싼 노동력'으로 동원되어 무엇이든 어머니의 지시에 따라 일했다. 우리는 주문도 받고, 배달도 하고, 가게 바닥도 청소하면서 고객을 상대했다.

나는 어느 발렌타인데이 전날 밤의 일을 기억한다. 그날 우리 가족은 모두 지칠 대로 지쳐서 대부분 이미 집으로 돌아갔다. 그러나 어머니는 새벽 1시까지 남아 이튿날을 위해 꽃다발을 만드셨다. 파김치가 된 나는 빨리 집에 가서 자고 싶은 생각뿐이었는데, 나보다 나이가 서른 살이나 더 많은 어머니는 계속 일을 하고 계신 게 아닌가. 어머니는 꽃가게 이층에 있는 쪽방에서 주무시고는 아침 7시에 내려와 수백 개의 발렌타인데이 꽃다발이 배달될 준비가 되어 있는지 확인하시곤 했다. 열심히 일한다는 것이 무엇인지를 이처럼 가까이에서 볼 수 있었다는 사실에 대해 나는 감사한다. 내가 어머니의 인내력의 절반만 가지고 있어도 나는 인생에서 아주 크게 성공할 수 있을 것이다.

정치적 배경: 민주당원

성경의 누가복음에 "받은 것이 많으면 그만큼 갚을 것도 많다"는 구절이 있다. 나는 받은 만큼 갚아야 한다는 책임감을 강하게 느끼고 있다. 나는 복이 많아 사랑하는 가족이 있고, 질 높은 공립학교 교육도 받았다. 또한 나는 항상 밝은 미래에 대한 희망을 갖고 있었다.

평등 및 차별 반대에 관한 법안 지지를 위해 하원 기자회견에서 연설 중인 패티 김, 2013년 3월 워싱턴 DC

하지만 내 선거구 주민의 다수는 그런 축복을 받지 못했다. 우리 지역의 공립학교의 성적은 바닥에서 맴돌고 있다. 학생의 90%가 빈곤층 이하다. 교육은 빈곤의 악순환에서 탈출하는 유일한 길이다. 나는 공립학교 교육제도를 열렬히 지지한다. 공립학교가 학생들에게 질 높은 교육을 제공할 수 있도록 필요한 재원을 확보하게 만들고 싶다. 경제불황 때문에 펜실베이니아 주는 교육비 지출을 대폭 삭감했고, 그 때문에 학생들이 성공할 기회가 줄어들었다. 교사를 해고하여 학급의 학생 수가 늘어나면 학습 환경은 나빠진다. 나는 정부가 빈곤계층이 자립할 수 있도록 돕는 지원 및 보조 프로그램을 유지해야 한다고 믿는다. 사회는 우리보다 불우한 사람들을 돌봐주어야 한다. 2012년 민주당 전당대회에서 미셸 오바마는 "여러분이 열심히 일해서 성공하고, 그래서 기회의 문을 통과했다면 여러분 뒤에서 그

문을 꽝 닫아버려서는 안 됩니다. 뒤에 오는 사람들에게도 여러분이 성공하는 데 도움이 된 똑같은 기회를 주어야 한다고 그(오바마)는 믿고 있습니다"라고 말했다.

나는 이 말에 전적으로 동의하며, 다른 사람들도 통과할 수 있도록 그 기회의 문을 열어두어야 한다고 본다.

퍼레이드에 참석한 두 아이들과 포즈를 취한 패티 김, 2013년 12월 펜실베이니아 주 해리스버그

한인 정체성

나는 한국계 미국인인 것을 아주 자랑스럽게 여긴다. 나는 한국의 역사와 한인들의 회복력을 높게 평가한다. 나는 나와 다른 2세 한국계 미국인들을 위해 든든한 기반을 마련해준 1세 한국계 미국인들에게 감사한다. 미국에 이민 온 한인들

은 근면하고, 교육을 많이 받았고, 신앙심이 깊은 사람들로 알려져 있다. 이런 정형화된 이미지 덕분에 나는 아시아계 미국인이 거의 없는 분야에서도 비교적 쉽게 받아들여졌다. 나는 메릴랜드 주의 시골 지역에서 최초의 아시아계 미국인 뉴스 앵커였다. 시청자들은 내가 여느 미국인과 다르다고 느꼈을 터이지만, 결국 나를 그들 사회의 일원으로 받아들였다. 가장 중요한 것은 많은 1세대 한국계 미국인들과 마찬가지로 우리 부모님도 교육과 신앙을 최우선순위에 두셨다는 사실이다. 교육과 신앙, 이 두 가지가 미디어계와 정계에서 내가 생존하고 경쟁하는 데 도움을 준 가장 강력한 무기라고 할 수 있다.

Patty Kim 패티 김

패티 김은 과거에 뉴스 앵커와 리포터, 해리스버그 시의원으로 활동했으며, 2012년 11월에 펜실베이니아 주 하원의원에 당선되었다. "정부는 투명하고, 즉각 반응하며, 검소해야 한다"고 주장한 패티 김은 그녀가 대표하는 해리스버그, 스틸튼, 하이스파이어, 스와타라 일부 지역 주민으로부터 큰 지지를 받았다. 주의회에서 그녀는 주 전체의 이슈들에 대한 해결을 제시하고, 동료 의원들과 공동으로 협력하여 그녀가 대표하는 지역 시민의 더 나은 삶을 위한 계획안을 지지하는 데 우선순위를 두고 일하고 있다.

패티 김은 1995년 보스턴칼리지를 졸업했으며, 남편 존 사이더 사이에 두 자녀 브리엘과 라이언을 두고 있다.

11 새로운 여정

수잔 신 앙굴로(신소영) Susan Shin Angulo
뉴저지 체리힐 시의원

미국으로 이민

내 이름은 수잔 신 앙굴로다. 2010년에 나는 영광스럽게도 뉴저지 주, 아니 아마도 동북부 3개 주(뉴저지 주, 뉴욕 주, 펜실베이니아 주)에서 한인 여성으로서는 처음으로 선거를 통해 공직에 진출했다.

나의 한국 이름은 신소영이다. 1970년 7월, 부산에서 아버지 신동수와 어머니 박옥조의 딸로 태어났다. 나에게는 여동생 제인이 있다. 1974년, 내가 겨우 네 살 때 우리 가족은 더 나은 삶을 찾아서 미국으로 이민 왔다. 아버지께서 근무하시던 직장의 도움을 받아 우리 가족은 영주권을 얻었고, 1986년에 귀화하여 미국 시민이 되었다.

미국에 와서 처음 자리 잡은 곳은 펜실베이니아 주 필라델피아였다. 여느 이민자들처럼 우리 부모님도 큰 재산이 있는 것이 아니어서 동생과 나를 키우기 위해 아주 열심히 일하셨다. 처음에 우리 가족은 3층짜리 적갈색 돌로 지어진 빌딩 2층의 침실 하나짜리 아파트에서 살았다. 1층에는 이란인 가족, 3층에는 한인 노인 부부가 살았다. 우리는 다양한 인종의 이웃과 함께 살았던 것이다.

교육

나는 공립학교에서 유치원을 마치고, 1학년 때부터는 천주교 학교에 다녔다. 내가 6학년에 올라갈 무렵 우리 가족은 펜실베이니아 주 엘킨스파크(Elkins Park)로 이사하게 되어 나도 그곳의 중학교로 전학했다. 1984년에 우리 가족은 다시 펜실베이니아 주 노리스타운(Norristown)으로 이사했다. 나는 노리스타운고등학교를 2년 동안 다니다가 펜실베이니아 주 포트워싱턴(Port Washington)에 소재한 유명한 사립학교 저먼타운아카데미(Germantown Academy)로 전학했다. 부모님은 우리의 학업 성적에만 온통 관심을 집중하셨지만, 나는 저먼타운아카데미에서 축구팀과 라크로스팀에서 활동하기도 했다. 고등학교 졸업 후, 그 당시엔 장차 검안사가 되고 싶었기 때문에 안경점에서 일했다. 그 때문에 나는 펜실베이니아 주 윌크스배리(Wilkes-Barre)에 소재한 윌크스대학교에 관심을 갖게 되었다. 이 대학은 펜실베이니아 검안대학교와 공동으로 특별 프로그램을 제공하고 있었다. 1993년, 나는 윌크스대학교에서 생물학 학사를 받았다. 그러나 그 무렵 직업에 대한 내 장래 희망이 바뀌었다. 그 이듬해에 나는 펜실베이니아 주 필라델피아에 소재한 토머스제퍼슨대학교에서 세포유전학 학사 후 과정을 시작했고, 1995년 여름에 졸업했다.

직장 경력

토머스제퍼슨대학교를 졸업한 후 나는 펜실베이니아대학교 인간유전자치료연구소에서 일하게 되었다. 그리고 1996년 나는 모교인 토머스제퍼슨대학교의 킴멜 암연구소에서 일해보지 않겠느냐는 제안을 받아들였다. 이 연구소에서 일하는 동안 나는 여러 생명공학회사의 마케팅 담당자들과 늘 접촉했다. 이들은 최신 첨단기술과 새 제품을 빈번히 소개했다. 그들의 마케팅 프레젠테이션은 나를 매

혹시켰다. 이 전문가들은 기초과학에 정통했고, 고객 또는 잠재적 고객의 관심을 끌고 동기를 부여하는 대화 기술이 능란했다.

기회가 왔을 때 나는 DNA와 RNA 정화 장비와 제품을 전문으로 하는 생명공학회사에 들어갔다. 그렇게 해서 나는 그 회사의 생명공학 분야에서 근무하면서 뉴욕 시 지역을 담당하는 직책을 맡게 되었다. 지금까지 인생의 대부분을 필라델피아 부근에서만 살던 내가 뉴욕 시로 옮기는 일은 일종의 도전이었다. 그러나 나는 그 과정을 통해 평생의 자산이 될 매우 값진 학습경험을 얻었다. 뉴욕 시에서 나의 고객은 의학연구소들로 코넬 메디컬센터, 뉴욕대학교 메디컬센터, 슬로언-케터링 암센터, 그리고 록펠러대학교 등이었다.

뉴욕에서 성공을 거둔 후 나는 다른 마케팅회사의 고객관리부장 직책을 맡아 필라델피아로 돌아왔다. 내가 관리할 영역은 필라델피아 지역의 강력한 제약업계였다.

그리고 나는 1998년에 E. 마이클 앙굴로와 결혼했다. 그는 네 명의 다른 주지사를 직접 보좌한 변호사로, 뉴저지 주정부 안에서 직급이 가장 높은 아시아계 미국인 중 한 명이었다.

정계 진출

나는 결혼 후에도 2004년 첫딸이 태어날 때까지 몇 년 더 제약업계에서 일했다. 그 후 파트타임으로 일하다가 2006년 둘째딸이 태어났을 때, 남편과 나는 두 딸을 위한 최선의 선택은 내가 전업주부가 되는 것이라고 생각했다. 내가 우리 동네 뉴저지 주 체리힐의 일에 적극적으로 관심을 갖게 된 것은 2006년 여름부터였다.

아는 것도 경험도 없었지만, 나는 체리힐 시의원직에 출마하기 위해 지역 민주당 위원들과 인터뷰를 했다. 그해에는 나보다 경험 많은 사람이 후보로 선정되었지만, 나는 체리힐 지구설정조정위원회 위원에 지명되었다. 그것은 내가 우리의 시, 정부, 공공재정, 개발, 그리고 지구설정이 어떻게 이뤄지는지에 관해 너무나 많이 배운 아주 좋은 기회였다. 가령 부동산개발업자가 체리힐의 주거지구에 상용건물을 지으려고 하면 지구설정위원회에 출석하여 그가 신청한 개발이 체리힐 시에 어떤 이익이 될 것인지를 설명해야 한다. 또 제안된 신축 건물 때문에 영향을 받게 될 주민 그리고 다른 관련자들도 청문회에 참석하여 그들의 의견을 말할 수 있다. 지구설정위원회에서 3년 동안 일한 덕분에 나는 시를 효율적으로 운영하는 과정이 얼마나 복잡한지를 잘 이해하게 되었다. 또한 나는 지역의 지도자들, 기업인들, 정치인들, 전문가들, 그리고 민간단체들과도 중요한 관계를 수립할 수 있었다. 선출직에 출마하려는 사람에게는 강력하고 다양한 인적 네트워크가 무엇보다 중요하다.

첫 선거운동

2년 뒤인 2009년에 시의원 4석을 선출하는 선거가 있었다. 이제 경험과 지식이 더 쌓이고 강한 네트워크를 가진 나는 공석인 시의원에 출마하라는 권유를 받았다. 호별방문 선거운동, 기금모금, 봉사활동 등 6개월 동안의 고된 선거운동 끝에 나는 시의원에 당선되었다. 당선된 것도 기뻤지만, 나에게 중요한 것은 한인사회 그리고 더 넓게는 아시아계 미국인 집단을 대변할 수 있다는 점이었다. 내가 체리힐 시의원에 당선된 최초의 아시아계 미국인이자 뉴저지 주의 시 단위, 카운티 단위, 주 등을 망라해서 한국계 미국 여성으로서는 공직에 선출된 첫 번째 사람이라는 사실에 대해 참으로 영광스러우면서도 조심스러웠다. 체리힐 인구 약 7만 2,000명 중 거의 10%가 아시아계 미국인이고, 그중 한국계 미국인 인구는 빠른 속도로 증가하고 있다. 2010년 인구조사 결과에 따르면, 뉴저지 주에 사는 아시아계 인구는 72만 5,000여 명(그중 한국인은 9만 3,700여 명)으로, 뉴저지는 전국에서 인종 구성이 가장 다양한 주 중의 하나가 되었다.

선거운동을 하는 동안 나는 여러 집단으로부터 광범위한 지지를 받았다. 체리힐 민주당위원회는 나의 선거운동을 전폭적으로 지원했다. 또 나는 체리힐 한인단체의 지지뿐만 아니라 더 넓게는 3개 주의 한인단체로부터도 지원을 받았다. 거기다 체리힐의 남아시아계, 필리핀계, 중국계, 베트남계, 그리고 무슬림계 단체들로부터도 지원을 받았다. 엄청난 시간을 할애해야 하는 일이라 가족의 전적인 지원 또한 중요했다. 선거는 정말로 팀이 함께 노력하는 것이었다.

정치에 필요한 것들

어떤 능력들은 정치계에서 매우 도움이 된다. 준비와 반복을 통해 나는 대중연설의 기술을 연마했다. 어떤 상황이 닥치더라도 진실하며, 온정적이고, 남을 배려하는 것이 중요하다. 또 나는 건설적인 연설을 하려고 최선을 다한다. 그렇다고 단지 연설을 위한 연설은 결코 하지 않는다. 청중을 이해하는 것도 사안을 이해하는 것만큼 중요하다.

별의별 성격의 사람들을 능숙하게 다루는 능력도 도움이 된다. 같은 정당 출신인데도 개인적이건 정치적이건 어떤 이유에서든지 권력을 가진 사람이 우호적이지 않으면 실망스러울 수 있다. 나는 이런 상황에 전략적으로 접근하는 것을 배워야 했다. 그러면서 결코 그 문제를 사사로운 것으로 받아들이지 않는 것도 배웠다. 나는 낙담하지 않도록 자신을 다독였다. 나는 정치란 장기 두기와 같은 것이라고 생각한다. 항상 상대의 수를 예상하고 잘 읽어야 한다. 섣불리 싸움을 걸면 힘이 빨리 빠지고 불안감만 드러낸다. 그렇게 하는 대신 외교 수완을 발휘하면서 자신감을 갖는 것이 더 나은 방법임을 배웠다. 더욱이 공직이란 마라톤이지 단거리 경주가 아니다.

나의 핵심적 정치관

나의 정치적 원칙과 가치관은 민주당의 입장과 일치하며, 나는 민주당원인 것이 자랑스럽다. 우리 당은 모든 미국인의 민권과 기회 확대를 위해 오랫동안 투쟁해왔다. 우리 당은 배척하기보다는 포용적이며, 혼자가 아니라 함께할 때 우리의 지역사회와 국가가 더욱 좋아진다고 믿는다. 민주당의 정책은 교육, 이민, 건강보험, 환경, 민권 등 보통 사람들에게 절실한 문제에 집중하고 있다. 최근 오바마 대통령은 학자금융자개혁법에 서명했다. 이 법으로 대형은행에 대한 정부보조금을 중단하고, 수백만 명의 미국인에게 혜택을 주어 더 많은 사람이 대학에 다닐 수 있게 했다. 대통령은 또 더 나은 삶을 찾아 미국에 온 서류 미비자들에게 합법 체류신분을 부여하는 이민개혁법안을 추진하고 있다. 그는 또한 직장에서 여성도 남성과 동등한 임금을 받도록 하는 2009년 릴리 레드베터 남녀임금평등법(Lilly Ledbetter Fair Pay Act of 2009)을 제정했다.

민주당은 모든 미국인이 의료보험의 혜택을 누릴 수 있게 하는 일에 앞장서 왔다. 환자보호 및 저렴한 건강보험법(Patient Protection and Affordable Care Act)은 이미 병을 앓고 있는 어린아이들에게는 의료보험을 거부하지 못하도록 보장했다. 이 법은 또 종업원에게 의료보험 혜택을 주는 소기업에게 부담한 비용을 상쇄해주기 위해 세금을 줄였고, 가족의 보험료에 대해서도 세제 혜택을 주었다.

민주당원은 생태계 복원과 청정에너지 해법을 찾기 위한 투자 등 환경문제에 대처하기 위한 일에 함께 전념하고 있다. 체리힐의 경우, 시 전체의 노력으로 830에이커에 이르는 공공용지를 자연 상태 그대로 보존했다. 체리힐에는 또 총 면적 500에이커에 이르는 약 90개의 부분 개발된 공지가 있는데, 현재 그곳에는 자연 탐사길, 놀이터, 운동경기장, 사적지 등이 있다.

민주당은 다양성을 존중한다. 아시아계 미국인 여성으로서, 그리고 정치인으로서 내가 관심을 기울이는 것은 여성의 이익을 대변하는 일, 특히 유색인 여성의 이익을 대변하는 일이다. 유감스럽게도 아시아계 미국인 그리고 여성 정치인의 비율은 너무나 낮아서 우리의 관심은 늘 뒷전이다. 우리는 유색인 여성의 요구사항을 효과적으로 대변할 목소리가 필요하다. 남녀의 임금 차별 문제가 좋은 사례다. 최근에 제정된 릴리 레드베터 남녀임금평등법에도 불구하고 대졸 여성의 임금은 비슷한 직책을 맡고 있는 대졸 남성의 임금 1달러 대비 82센트밖에 안 된다.

2009 서머페스트에서 수잔 신 앙굴로(오른쪽에서 두 번째), 뉴저지 주 체리힐

또 주당 근무시간이 많아지면 남녀의 임금 격차는 더 벌어진다. 이런 차별은 유색인 여성에 대해 더욱 심하다.

2013년 2월, 나는 미국교육협의회 뉴저지 지부에서 '리더십의 최근 경향과 고등교육에서의 다양성 문제'라는 제목으로 강연을 하게 되었다. 고등교육을 받은 여성의 발전을 지원하기 위해 단결한 수백 명의 여성 지도자들 및 장래의 지도자들에게 나는 큰 감명을 받았다. 고등교육을 받았건, 정치계에 있건, 또는 실업계에 있건 여성들, 특히 유색인 여성들 사이에 가장 중요한 주제는 다양성, 평등, 기회, 지위향상, 그리고 리더십이라는 공통의 관심사였다.

1세 한국계 미국인 여성으로서 나는 여성들의 대학 진학을 권장하고 싶다. 나이가 몇 살이든, 주변사정이 어떻든 학업성취가 가장 중요하다. 삶의 질은 교육 수준과 직접적으로 상관관계가 있기 때문이다.

자민족 울타리를 넘어서

나는 모든 아시아계 미국인들에게 가끔은 배타적인 자기들끼리만의 사회를 넘어 한층 더 넓은 영역의 활동에 참여하기를 권하고 싶다. 세계화는 국제사회를 바꾸어놓았다. 이제 아시아계 미국인들은 자기 민족만의 울타리를 벗어나 활동범위를 넓히고 지도자의 역할을 맡아야 한다. 그렇게 하면 다양한 집단과 전략적 제휴를 할 수 있고 소통도 원활하게 이뤄질 것이다. 교수든, 학자금보조 담당 직원이든 교육 분야에 종사하고 있는 여성 집단이 그런 일에 나설 수도 있다. 나는 온갖 종류의 사람들과 잘 소통하는 능력이 성공의 주요 요인임을 배웠다. 소통을 잘하는 방법은 아주 많다. 그 방법 중에는 말을 많이 할 필요가 없는 경우도 있다. 가령, 어떤 주민이 도로보수가 안 되고 있는 것에 대해 화가 나 있다면 비록 그 도로를 보수하는 책임은 주정부에 있지만, 내가 그 사람에게 대응하는 방식은 우선 그 문제를 인정하고, 정보와 절차를 알려준 다음 그 문제를 나에게 알려준 데 대해 감사하는 것이다. 그런 다음 나는 그들이 주정부의 담당자와 접촉하는 데 도움이 필요한지를 알아보고 후속 조치를 반드시 확인한다. 이런 식으로 하면 대부분의 경우 그 주민은 해당 부서를 제대로 찾아내어 문제를 해결한다.

나는 체리힐 시정부에서 아시아계 미국인들의 이익을 위해 강력하게 대변하고 있다. 체리힐에는 아시아계 미국인들이 운영하는 사업체 수가 증가하고 있을 뿐 아니라, 아시아계 미국인 교회도 많이 들어섰다. 뉴저지 주에서 가장 큰 한인 감리교회도 이곳에 있다. 이 한인교회는 등록교인 수만 약 500명인데, 그들의 가족과 친구들을 포함하면 훨씬 더 크다. 2012년 여름에 그 한인감리교회는 2만 평방피트 규모의 지역복지센터를 개원했다. 영어와 행정절차에 서툰 분들을 도와서 지역복지센터를 건립하게 된 것은 보람찬 일이었다. 나는 바로 우리 체리힐 시에 이런 지역복지센터가 건립되어 자랑스럽다.

나와 재미 한인사회와의 관계는 체리힐에 국한되지 않고 뉴저지 주와 미국 전역, 그리고 한국으로까지 넓혀진다. 나는 한국의 제약회사 및 생명공학회사와 뉴저지 주정부가 회합할 수 있도록 주선했다. 한국 측에서는 대웅제약, 엘지생명과학 등의 사장과 한국제약협회 회원, 한국보건산업진흥원 연구원들이 왔고 뉴저지 주에서는 킴 과다노(Kim Guadagno) 부지사, 밥 마틴(Bob Martin) 환경보호국장, 앤드루 P. 시다먼-에리스토프(Andrew P. Sidamon-Eristoff) 주정부 재무장관, 그리고 뉴저지 경제개발국 CEO 캐런 프란지니(Caren Franzini) 등이 나왔다. 주의회 의원들도 다수 참석했다. 회합은 한국의 제약회사 및 생명공학회사와의 통상을 통해 뉴저지 주의 경제를 세계화하는 방안에 중점을 두었다.

2010년 3월, 나는 한국건강보험사업회가 개최한 제3차 연례 뉴욕건강포럼에서 강연했다. 나는 뉴저지 주의 제약 및 의료업계에 대해 이야기했다. 뉴저지 주는 전 세계 제약산업의 중심으로 널리 알려져 있다. 미국 내의 어느 주보다, 아니 전 세계 어느 나라보다 많은 제약회사들이 소재한 뉴저지는 약품 개발과 새로운 물질 발견의 선두주자이며, 미국식품의약청이 승인한 전체 신약의 3분의 1 이상이 뉴저지에서 생산된다.

2010년에 나는 또 워싱턴에 소재한 아시아태평양계 미국인 의정활동 연구소(Asian Pacific American Institute for Congressional Studies)가 주관하는 리더십 아카데미에 초청받았다. 나는 미 전역에서 선거를 통해 공직에 나온 아시아계 미국인들과 함께 모금활동, 투표 독려하기(GOTV, Getting Out The Vote), 선거운동, 의정활동 등에 관해 집중 훈련을 받았다. 연방 상원의원과 하원의원으로 선출된 아시아계 미국인들을 만나기도 했다. 이 경험은 나를 고무시켰고, 내 정치적 시각도 넓혀주었다.

차세대 지도자들에게 문호 개방

한국계 미국인으로서 나는 내가 어느 민족인지 잘 인식하고 있다. 어떤 방에 있거나 어떤 정치 행사에 참석했을 때, 나는 자신이 유일한 아시아계가 아니면 유일한 한국인이라는 사실을 너무나 자주 발견하게 된다. 그런 사실 때문에 나는 긍정적이고 기억할만한 인상을 남기려고 노력한다. 내가 우리 한인사회와 아시아계 미국인사회를 대표할 수 있기 때문에. 그러면서 내가 아시아인에 대한 고정관념을 깨뜨려 차세대 아시아계 미국인이 정계에 진출할 수 있는 문을 열어줄 수 있기를 기대한다. 두말할 필요도 없이 나는 나 자신을 먼저 한국인이라고 여기며, 그다음에 미국인이라고 여기지만, 둘을 떼어서 생각하는 것은 불가능하다. 나는 두 개의 문화를 모두 포용하고, 나의 아이들에게도 두 문화를 모두 전해줄 참이다.

나는 아시아계 미국인들이 사업, 정치, 사회의 모든 면에서 지도자의 위치에

설 수 있도록 내 힘이 닿는 한 아시안 커뮤니티의 발전을 돕는 데 열정을 쏟고 있다. 아시아계 미국인사회는 정부에서 그들의 요구와 문제, 염려를 이해하고 대변할 수 있는 대표자가 필요하다. 더욱 많은 아시아계 미국인들이 선출직에 나와야 할 절박한 요구를 깊이 이해하는 한인들의 수는 아직 부족하다. 우리의 이익과 문제에 주의를 기울이고 힘써주는 대표자가 없으면 아시아계 미국인사회가 의미 있고 탄력 있는 성공을 거두기가 힘들 것이다.

감사의 말

나는 먼저 민병갑 교수와 토마스 정에게 감사하고 싶다. 두 사람은 내가 자신에 대한 탐구 과정을 거치는 동안 참을성 있게 기다리며 지원해주었다. 내게 관심을 보여 연락을 취하고 내 이야기가 공직에 있는 한국계 미국인에 대한 이 훌륭한 책의 일부가 되게 허락해줘서 감사드린다. 우리의 미래 정치 지도자들은 이 책으로부터 영감을 받을 것이다. 나는 또한 나의 최고의 팬이며 나에게 항상 무조건적인 사랑을 베푸시는 부모님과 내 정치적인 여정에 아낌없는 지원을 해주는 사랑하는 내 남편 마이클에게도 감사하고 싶다. 나의 소중한 딸들, 소피아와 클로에는 가능한 한 내가 더 높게 나아가도록 나를 격려해주었다. 사랑한다, 딸들아……. 이것은 바로 너희들을 위한 것이다.

Susan Shin Angulo 수잔 신 앙굴로

수잔 신 앙굴로(신소영)는 뉴저지 주의 시 단위, 카운티 단위, 주 등을 망라하여 최초로 선출된 한국계 미국인 여성이자, 그녀가 2010년 1월부터 시의원으로 활동해온 체리힐에서도 처음으로 선출된 아시아계 미국인이다. 그녀의 공공서비스 이력에는 체리힐 지구설정조정위원회 및 인간관계위원회에서의 활동도 포함된다. 윌크스대학교에서 생물학을 전공한 수잔 신 앙굴로는 토마스제퍼슨대학교에서 세포유전학으로 학사 후 과정을 마친 후, 펜실베이니아대학교 인간유전자치료 연구소에서 근무하였다. 또한 그녀는 상업 부동산 관리 및 재개발 분야에서도 일한 경험이 있다.

수잔 신 앙굴로는 아시아계 미국인 커뮤니티에 영향을 주는 다양한 이슈 및 공공 서비스, 소기업 발전, 뉴저지로의 국제투자 유치 등을 자주 강조하고 있다. 그녀는 현재 체리힐에서 남편 마이클 그리고 두 딸과 함께 살고 있다.

12 한국계 미국인, 한국 유산으로 되돌아가는 먼 길

그레이스 한 울프 Grace Han Wolf
버지니아 주 헌던 시의원

어린 시절

나는 1964년 뉴욕 주 시라큐스(Syracuse)에서 3남매 중 맏딸로 태어났다. 남동생 둘도 모두 미국에서 태어났다. 부모님은 한국전쟁 종전 직후에 유학생 신분으로 미국에 오셨다. 아버지는 1954년에, 그리고 어머니는 1955년에 학생비자로 입국하셨다.

우리 어머니는 서울의 유복한 가정(한국전쟁과 북한군의 서울 점령 이전) 출신으로 두 딸 중 막내셨다. 어머니는 연세대학교를 졸업하시고 2~3년 후 미국으로 유학 오셨다. 평양 출신으로 전쟁고아나 다름없던 아버지는 서울대학교 2학년을 마치고 미국으로 오셨다. 두 분 모두 재정후원자 없이 달랑 지방대학 입학허가서만 가지고 오신 것이다. 물론 재정후원보증서에 서명한 형식상의 재정후원자는 있었지만, 실제로 재정적 지원은 없었다. 아버지는 옷가방 하나와 현금 50달러만 갖고 미국에 도착하셨다.

부모님 모두 1963년에 영주권을 받고 1970년에 미국 시민권을 취득하셨다. 두 분 모두 학계에 계셨다. 아버지는 미국으로 이민 오기 전에 서울대학교를 다니셨고, 1957년 코넬대학교에서 물리학 및 수학 학사학위를, 그리고 1963년 로체스터대학교에서 이론물리학 박사학위를 받으셨다. 어머니는 1953년 연세대학교에서 국문학 학사학위를 받고, 1959년 로체스터대학교에서 교육학 석사학위를, 그다음에 1961년 제네시오 뉴욕주립대학교에서 도서관학 석사학위를 받으셨다.

우리 가족은 아버지께서 듀크대학교 물리학과의 전임교수로 임명되셨기 때문에 아버지의 학교를 따라 노스캐롤라이나 주 더햄(Durham)에서 살게 되었다. 따라서 나와 두 남동생은 그곳에서 성장했다. 부모님은 지금도 우리가 어린 시절을 보낸 그 집에서 살고 계신다.

우리 3남매는 모두 유아원과정부터 내가 고등학교 2학년이 될 때까지 비싼 학비에도 불구하고 그 지역의 사립학교인 더햄아카데미에 다녔다. 교육은 항상 우리 집안의 최우선 관심사였고, 부모님은 당연히 우리가 공부를 잘하리라고 기대하셨다. 나는 공부를 열심히 하는 한편 댄스 클래스도 다니고 독서도 즐겼다. 나는 성적이 아주 좋은 조용한 학생이었다.

극소수의 아시아계 가족이 더햄 아카데미에 다녔는데, 우리가 그중의 하나였다. 그래서 나는 다른 아시아계 친구가 없었다. 흑인도 거의 없었다. 다들 유복한 가정 출신의 백인 아이들이었다. 우리 가족은 얼마 동안 그 지역의 한인 장로교회에 다닌 적이 있었는데, 나는 한국말을 알아듣지도 못하고 말도 못해서 거의 참석하지 않았다. 나는 성장하는 동안 다른 한국 사람이나 아시아계 미국인을 만날 기회가 거의 없었다. 한국 사람들은 내가 왜 한국말을 못하는지, 그리고 언제 한국말을 배울 것인지 항상 묻곤 했다. 나는 영어만 한다고 잔소리 듣는 것이 짜증나서 한국 사람들이 하는 어떤 활동에도 참가하는 것을 중단해버렸다. 불과 2~3년 전, 내가 헌던 시의원에 처음 선출될 때까지만 해도 계속 그랬다.

내 어린 시절 친구는 모두 백인이었다. 그리고 나는 전형적인 미국 학교에 다니면서 졸업앨범 편집, 댄스, 걸스카우트 등의 방과 후 활동에 참여했다. 어른들에게 노골적으로 차별 당했던 기억은 없다. 분명히 내가 차별 당하긴 했을 것이다. 그러나 어린아이였으므로 그 의미를 그때는 알지 못했을 것이다. 어떤 때에는 아이들이 나를 놀리려고 내 앞에서 자기들 눈가를 뒤로 잡아당겨 사팔눈처럼 만들기도 했다. 사람들이 내가 아시아인인 것이 무슨 신기한 일이거나 장애나 되는 것처럼 말했던 일도 있었음을 기억한다. 백인들은 자주 나더러 이 나라에서 태어났냐고 물었다. 대체로 인종문제나 차별적 말에 대한 민감한 인식이 부족했던 1970년대에 아주 심하지는 않지만 눈치 챌 수는 있을 정도의 차별을 나도 경험했던 셈이다.

내가 어렸을 때 외가 쪽 식구들은 여전히 모두 서울에 살고 있었다. 나는 한 번인가 두 번인가 그들을 만났다. 지금 그들은 로스앤젤레스의 한인타운에 산다. 내가 열 살 때인 1974년, 우리 가족이 일본에 살고 있을 때 나는 한국을 방문한 적이 있다. 나는 아파서 집에만 틀어박혀 있었던 탓으로 그 방문에 대해서는 기억나는 것이 별로 없다. 그래도 딱 하나 생생하게 기억나는 것은 내가 따뜻한 온돌방을 아주 좋아했다는 것이다!

교육

아동기부터 청년기에 이르기까지 나는 공부에 큰 힘을 쏟았다. 유아원부터 10학년까지 나는 사립학교에 다녔다. 내가 살던 지역에서 학력수준이 가장 높은 학교였다. 고등학교 11학년과 12학년 때는 노스캐롤라이나 과학수학고등학교라는 영재학교에 다녔다. 이곳은 노스캐롤라이나 주 전역에서 재능이 월등한 고교생만 뽑아서 가르치는 학교였다. 일단 입학허가를 받으면 수업료와 기숙사비가 전액 무료였다. 이 학교는 영재들만 모아 수준 높은 교과내용을 가르쳤다. 그리고 교사 대다수가 해당 분야의 박사학위 소지자들이었다. 과목의 편중은 없지만 과학, 수학과 공학을 강조했다.

고등학교 졸업 후 나는 코넬대학교에 들어가 1986년에 경제학 학사학위를 받았다. 부전공으로 물리학을 공부했다. 사실 나는 원래 물리학을 전공할 작정이었으나 물리학의 이론수학과 추상성에 싫증도 나고, 돈이 전부라고 하던 1980년대의 현실에서 동떨어진 것처럼 보여서 3학년 때 전공을 경제학 및 재정 쪽으로 바꿨다. 아시아계 사람들을 많이 만난 것은 코넬대학교가 처음이었다. 그러나 대다수가 이민자들이었고, 주로 자기네 모국어로 말했다. 대학 내 아시아계 학생단체는 교환학생들과 최근에 이민 온 학생들이 빨리 동화하도록 돕는 일에 치중했다. 또 이 단체들은 교회와 관련되거나 이민자에 맞게 짜여졌다. 언어 장벽도 있고 상호간의 관심도 별로 없었기 때문에 나는 이 단체들과 관계없이 지냈다.

아버지가 듀크대학교의 종신교수라는 사실은 나에게는 행운이었다. 그때만 해도 종신교수들에게는 자녀들을 무료로 듀크대학교에 다니게 해주거나 다른 대학에 갈 경우 듀크대학교 등록금만큼 지원해주는 혜택이 있었다. 지금은 그 혜택이 중단된 지 오래되었지만, 나는 그 덕분에 아이비리그 대학에 갈 수 있었다. 자녀가 셋이나 되는 아버지의 당시 봉급으로는 아이비리그 대학에 간다는 것은 꿈도 못 꿀 일이었다. 등록금은 거의 다 충당되었지만 다른 비용을 대기 위해 나는 학비보조와 융자를 받았다. 부모님도 학비의 큰 몫을 지원해주셨다. 두 자녀가 한꺼번에 아이비리그 대학에 도합 8년 동안 다녔으니 재정적 고충이 심했으리라고 짐작한다.

졸업 후 나는 월스트리트의 뱅커스트러스트에서 거래중개인으로 일하면서 뉴욕 시에서 살았다. 3년 후에 나는 코넬대학교로 돌아가 1991년에 존슨경영대학원에서 재정 및 전략 분야의 경영학 석사학위를 땄다. 다시 뉴욕 시로 돌아온 나는 던앤드브래드스트리트(Dun and Bradstreet)에서 재무 매니저로 일했고, 그다음에는 들로이트앤드터치(Deloitte and Touche)에서 경영컨설턴트로 일했다. 우리 가족이 획득한 고등교육 학위는 여러 개다. 아버지와 어머니 것이 세 개, 남동생과 내가 아이비리그에서 학사와 경영학 석사를 받았고, 막내남동생은 회계학 학사와 석사를 받았다.

아시아계 이민자들이 그러하듯 우리 가족도 교육을 가장 중시한 것이 틀림없다!

정계 입문

시의원으로 당선되기 전에 나는 4년마다 대통령선거 때 투표하는 것 말고는 정치나 정부 일에 거의 관심이 없었다. 정치건 정무건 경험이 전무였고, 그 당시에는 내가 그런 일을 하게 되리라고 생각도 하지 못했다. 뉴욕 시에서 10년 남짓 살면서 나는 월스트리트 문화에 젖어 있었다. 뉴욕 사람들은 누구나 다우존스 주가지수가 얼마에 마감되었는지 알고 있다. 타임스스퀘어에는 증권가 소식을 실시간으로 전하는 전광판까지 있다. 15년 전에 나는 뉴욕 시의 교외지역으로부터 워싱턴으로 이사했다. 지금도 워싱턴 지역에 살고 있는데, 이곳의 일상 언어는 정치라고 할 수 있다! 불과 2~3년 전까지만 해도 나는 주의회 의원들이 누구이며, 주지사나 버지니아 주 연방의원들이 누구인지 몰랐다. 정치는 그저 내 관심 밖의 일이었다. 나는 새로운 직장과 아이 키우는 일만으로도 분주했다. 대부분의 젊은 전문직 종사자나 어린아이들이 있는 부모는 투표하는 것 외에 정치활동에 참여한다거나 자원봉사활동을 할 시간과 기력이 남아나지 않음을 안다. 나 또한 다를 바 없었다. 그러나 DC메트로 지역에서의 생활이 점점 자리잡혀가고 지역사회 일에 시간을 내다 보니, 정치에 관여해야만 원하는 변화를 만들어낼 수 있다고 생각했다. 그리고 내가 정치에 참여하는 길은 선출직에 출마하여 당선되는 것뿐이라는 사실이 분명해졌다. 내가 정치에 발을 들여놓게 되리라고는 상상도 하지 못했다. 누군가 나에게 30년 전에 너는 커서 무엇이 되고 싶으냐고 물었다면, 나는 노벨물리학상 수상자가 되거나 최초의 여성 우주인이 되고 싶다고 했을 것이다! 20년 전에 나에게 무엇이 되고 싶으냐고 물었다면 나는 돈을 아주 많이 벌어놓고 은퇴생활을 즐기는 월스트리트 거래중개인이 되고 싶다고 했을 것이다. 같은 질문을 10년 전에 했다면 나는 좋은 엄마와 아내가 되고 싶다고 했을 터이다. 지금 내가 무엇이 되고 싶은지 묻는다면, 나는 미국의 대통령이 되고 싶다고 말할지도 모르겠다!

버지니아 주 헌던 시의원 선서를 하고 있는 그레이스 한 울프, 2010년

2006년부터 나는 우리 지역사회를 변화시켜야 한다고 진지하게 믿기 시작했고, 그래서 활동이 활발한 한 여성단체에 가담했다. 이 단체가 천명한 목표 중 하나는 지역사회와 지방정부의 문제는 등한시하고 이민 문제에만 골몰하고 있는 우리 지역의 선출직 정치인을 바꾸는 것이었다. 2008년에 이 단체는 지지할 마땅한 후보를 찾고 있었지만 사람이 없었다. 2010년에 나는 변화를 위해 출마해야겠다는 확신이 생겼다. 나는 출마를 고려하고 있는 남녀 정치 신인들을 만나보았다. 우리는 모두 정치판에 뛰어들어 한 팀을 이루어 함께 출마하기로 했다. 우리는 그렇게 했고, 우리 대부분이 선거에서 승리했다. 나로서는 처음 치르는 선거전이었는데, 첫 출마에서 당선되었다. 다행스럽게도 우리 팀에는 경험이 풍부한 선거운동

전략가가 있었다. 그의 도움을 받아 우리는 전문적인 선거운동을 했고, 소도시의 선거과정에 큰 선거에서나 볼 수 있는 세련된 캠페인을 펼칠 수 있었다.

헌던 시의회(Herndon Town Council)는 기초수준의 선출직이고, 대체로 2년마다 시의원을 새로 선출한다. 모든 후보는 정당과 무관하게 출마하도록 되어 있다. 그래야만 연방공무원도 선출직으로 일할 수 있기 때문이다. 워싱턴 인근지역에는 연방공무원들이 너무 많아서 이런 조항이 없으면 선출직을 채울 도리가 없다. 시의 중심사업, 헌장, 그리고 예산 또한 정파적 이슈와 무관하다. 우리 시의회가 하는 일은 안전, 복지, 그리고 지방자치로 운영하는 공공기반시설을 향상시키는 일이다. 우리 타운의 일반예산은 연간 3,300만 달러이고 대부분 경찰서와 공공설비(도로, 물, 하수도, 쓰레기처리 등)에 사용된다. 소방서와 학교는 우리 시의회 소관이 아니다.

선출된 공무원인 우리 모두는 비상근직으로 일한다. 나의 주 수입원은 내가 소유한 조그만 사업체이고, 나는 지역 비영리단체(무보수로 봉사하는) 회장을 맡고 있다. 내가 시의원에 당선될 수 있었던 것은 바로 이 회장 역할 때문이었다. 나는 지난 10년 동안 이 지역에서 아주 잘 알려진 헌던예술협의회(Council for the Arts of Hendon)의 이사 겸 회장으로 봉사해왔다. 따라서 나는 이 역할 때문에 우리 지역에서 지명도가 아주 높았다. 나는 시로부터 각종 상을 받기도 했다. 아시아계 미국인이 아시아계와 무관한 단체에서 책임자로 있는 것은 흔한 일이 아니다. 그러나 내 경력이 바로 그랬다. 나는 아시아계 미국인사회와 아무 연계나 지원도 없이 주로 주류 백인사회에서 활동했다. 그래서 첫 선거운동을 할 때, 나는 지역의 한국인들로부터 아무런 기부금도 받지 못했고, 지역 한국어신문이 나의 선거운동을 보도하지도 않았다. 2012년 재선 캠페인 때는 한국인들로부터 400달러의 기부금을 받았다. 그 기부금은 전부 미국 전역에서 선출직에 당선된 다른 한인들과 우리 가족의 친구들이 낸 것이었다. 그러나 이번에는 워싱턴의 〈중앙일보〉가 두세 차례 내 인터뷰기사를 실어주었고, 〈아시안포춘〉 지에서도 나의 프로필을 게재해주었다. 우리 한인사회는 한인 후보를 지원할 줄 모른다. 그러나 우리는 그렇게 해야 한다! 앞으로 있을 캠페인에서는 우리 지역의 아시아계 미국인, 그리고 한국계 미국인들의 충분한 지원을 받았으면 좋겠다.

내가 살고 있는 시의 인구는 약 2만 4,000명이다. 백인이 50%, 흑인이 10%, 히스패닉이 33%, 그리고 아시아계가 18%다(히스패닉 인구와 백인 인구는 겹치는 부분이 있다). 아시아계로 분류된 사람들의 압도적 다수가 힌두/인도 사람들이다. 한국계는 거의 없고 동아시아계도 극히 드물다. 그럼에도 나는 버지니아 주 전체에서 한국계 또는 아시아계 여성으로서는 최초로 선출직에 당선되었다.

인근 한인사회에 지원을 요청하기는 했지만, 내가 한국말을 못하는데다 한인교회에 다니지도 않기 때문에 백인이나 다름없는 대접을 받았다. 첫 번째 선거운동 때에는 지역의 아시아계나 한국계 미국인들로부터 어떤 재정적 지원도 받지 못했다. 지금도 우리 지역의 많은 한국인들은 내가 한국인이지만 한국말을 못한다고 말하면 약간 이상한 눈빛으로 나를 쳐다본다. 내가 혹시 입양되어 미국에 온 것이 아니냐고 묻는 경우도 있다!

2012년에 나는 헌던 시의원 재선에 도전하여 성공했다. 이번에 나는 지역 한인사회와 유대감을 형성하려고 좀 더 적극적으로 노력했다. 이 일은 역시 선출직에 당선된 한국계 미국인인 마크 김(Mark Keam, 버지니아 주 하원 35 선거구) 의원의 도움으로 이루어졌다. 버지니아 주 전체에서 선출직에 진출한 한국계 미국인은 딱 세 사람이다. 먼저, 문일룡 박사는 1995년에 페어팩스 카운티 교육위원으로 당선된 후 여러 차례 거듭 당선되셨다. 문 박사는 1995년부터 1999년까지, 그리고 2004년부터 현재까지 페어팩스 카운티 교육위원(the Fairfax County School Board)으로 봉사해오셨고, 2006년에는 교육위원장으로, 2005년과 2011년에는 부위원장으로 선출되었다. 그리고 마크 김 의원은 2009년에 버지니아 주 하원의원으로 선출되었고, 2011년 재선에 성공했다. 그리고 나 자신은 2010년에 헌던 시의원에 당선되었고, 2012년에 재선되었다.

스승들

정치적인 면에서 나의 가장 강력한 스승은 마크 김 의원과 마이크 오라일리(Mike O'Reilly) 전 헌던 시장이다. 마크 김 의원은 나를 페어팩스 한인동포사회에 소개하는 일에 발 벗고 나서서 도와주었다. 그는 영어와 한국어를 둘 다 구사하며, 어렸을 때 미국에 이민 왔다. 두 분 다 내가 꼭 만나야 할 사람들을 만나도록 주선해주었다. 두 분 모두 누가 중요한 사람인지 알고 있었고, 어려운 문제에 접근하는 최상의 방법을 알고 있었다. 나는 정치인이나 판사나 관료들과 일해본 경험이 전혀 없었다. 그러나 나는 출마 전에 10년 동안 지역 비영리단체를 이끌었고, 그 때문에 지역이나 인근 정부기관과 접촉이 있었다. 그래서 나는 그런 사람들과 기관들을 알고 있었고, 그들도 나에 대해 알고 있었다. 더 훌륭한 공직자가 되기 위한 준비로, 나는 리더십페어팩스(Leadership Fairfax)라는 지역 리더십훈련기관에 지원하여 수업료까지 내고 훈련을 받았다. 리더십페어팩스는 북부 버지니아에서 지도자들을 발굴하고 훈련하여 성장케 하는 것을 목적으로 하는 비영리단체다. 리더십페어팩스는 세 가지 프로그램을 통해 그들이 속한 단체나 지역사회에서만이 아니라 북부 버지니아 전체에서 새 물결을 일으킬 지도자를 육성하고자 한다. 세 프로그램을 모두 수료한 사람들은 급속히 늘어나고 있는 주민을 섬기는 지도자(servant leaders)의 구성원이 되어 상호교류를 지속하게 된다.

이 경험이 출마하기 전, 의원직을 수행하기 전에 내가 받은 유일한 훈련이었다! 버지니아 주 시의회연맹은 버지니아 주에서 새로 선출된 사람들 전부를 위한 신임 당선자 콘퍼런스를 여는데, 나는 2010년에 이 콘퍼런스에 참가했다.

정치적 목표와 성향

나는 공식적으로 어느 정당에도 속하지 않는다. 앞에서 말했듯이 시의원 전원은 무소속으로 출마해야 하고, 선거는 당파적 정치에서 자유롭고 어느 정당의 지원을 받아서도 안 된다. 나로서는 아주 반가운 일이다. 시의원으로서 역할을 수행할 때, 나는 경제발전과 사업활동이 활성화되도록 하는 데 주력한다. 또한 소도시의 공동체의식을 유지하는 데도 중점을 두고 있다. 시의원으로서 나는 여성으로서는 버지니아 주에서 최초로 당선된 한국계 미국인이라는 사실의 중요성을 아주 잘 알고 있다. 그렇기 때문에 나는 우리 지역의 한인단체, 아시아계 미국인단체, 그리고 기타 비영리단체들과 접촉을 가지려고 상당히 노력해왔으며, 또한 차세대 아시아계 미국인들에게 단지 '오케이'라고 말하기보다는 당당하게 할 말을 하고, 요구할 것을 요구하며, 각광을 받는 길(정치지도자의 길)로 들어서도록 격려하는 사람이 되려고 무척 애썼다. 나는 아시아계 미국인 공동체에 관한 문제들에 대해 의회에서 목소리를 낼 수 있기를 희망한다.

한국인 정체성

나는 스스로를 한인 조상을 둔 미국인이라고 여긴다. 미국에는 한국인(정서적으로 고국을 떠나지 못하고 주로 한국말을 하며, 한국가게에 가서 물건을 사고, 한인타운에 거주하는 사람들), 한국계 미국인(아동기나 청소년기에 이민 와서 영어와 한국어를 다 잘하고, 다른 한국계 미국인들과 주류 미국인들과 두루 어울리면서 한인교회에 나가고, 한인 배우자를 가진 이민 1세 혹은 1.5세), 그리고 한인 조상을 가진 미국인(미국에서 태어났거나, 미국인/백인가정에 입양되어 한인이 아닌 배우자와 결혼하고, 영어만 할 줄 알지만 한국문화의 영향을 받았고, 한국과 한국의 음식과 한국문화 및 한국 관습을 존중하는 사람들)이 있다. 나는 한국적 가치와 미국적 가치를 함께 갖고 있고, 한국음식과 한국문화를 존중하며, 언젠가 한국말을 배워 성인으로서 한국을 여행하고 싶다.

나는 다른 선출직 공직자들 및 APAICS(Asian Pacific American Institute for Congressional Studies, 아시아태평양계 미국인 의회연구기구) 같은 단체들과 더불어 일하고 있다. APAICS는 지역사회서비스에서부터 선거에 이르기까지 모든 수준의 정치적 과정에서 아시아태평양계 미국인들의 참여를 장려하고 대표권을 높이기 위해 헌신하는 전국적 · 비당파적 501(c)(3) 비영리단체다. APAICS는 미행정부에서 상무부 및 교통부 장관을 역임한 노먼 Y. 미네타(Norman Y. Mineta)가 1994년 의회 아시아태평양계 미국인 코커스(CAPAC, Congressional Asian Pacific American Caucus)와 더불어 창립했다.

나는 또한 CAPAL(아시아태평양계 미국인 리더십 콘퍼런스)를 공식 지지한다. 아시아태평양계 미국인 리더십 콘퍼런스는 "공직에 있는 아시아태평양계 미국인의 이익과 성공을 위해 홍보하고, 아시아태평양계 미국인사회에 영향을 끼치는 정책과제들에 대해 정보를 제공하고 교육하는 등 전체적으로 아시아태평양계 미국인을 위해 일하는 것"을 목적으로 한다.

나는 제이드자선협회(the Jade Philanthropy Society)의 창립 멤버이기도 하다. 이 단체는 메트로DC 지역에 소재한 비영리단체로, "워싱턴 메트로DC 지역 아시아계 미국인의 지역자선활동을 장려하고 가능하게 하며, 현재와 미래의 아시아계 미국인 비영리단체 지도자들과 자선사업가들을 발굴하고 키우며 홍보하는 것"을 목적으로 하고 있다.

최근 들어 지역 한인들을 만나는 일이 늘어나면서 나는 한미장학재단 동부지부와 워싱턴 한인 커뮤니티센터의 이사로 추대되었다. 비영리단체인 워싱턴 한인 커뮤니티센터는 북부 버지니아에 한인 커뮤니티센터를 세우려고 기금을 모으고 있으며, 센터가 세워지면 "한국인의 정체성에 관해 교육시키고, 한인 정체성을 보존하며, 공동체 가치를 함양하고, 청소년과 차세대에게 한국의 유산을 전수하는" 사업을 하게 된다.

Grace Han Wolf 그레이스 한 울프

그레이스 한 울프는 버지니아 주 헌던 시의원에 선출된 최초의 한국계 미국인 여성으로, 현재 두 번째 임기를 지내고 있다. 그녀는 시의원활동 외에 작은 사업체를 운영하고 있으며, 다양한 컨설팅회사에서 재정 및 회계 관련 업무를 담당해오고 있다. 그리고 헌던 예술협의회 회장 및 이사직을 맡고 있으며, 헌던 축제위원회, 댈러스 상공회의소 아시아 비즈니스위원회 등에서 활동하며 헌던 커뮤니티에 봉사하고 있다. 이 밖에 그레이스 한 울프는 워싱턴 DC 광역도시권 지역에 소재한 비영리단체인 제이드자선협회(The Jade Philanthropy Society)의 창립 멤버이며, 코리안 아메리칸 커뮤니티 센터 및 한미장학재단 동북부지부의 이사, 세계 한민족 여성 네트워크 및 아시안 아메리칸 상공회의소의 멤버로도 활동하고 있다.

그녀는 코넬대학교에서 경제학 학사학위와 재정 및 전략 분야 경영학 석사학위를 취득하였으며, 현재 헌던 시에서 남편과 딸과 함께 살고 있다.

V

힘없는 이민자와 소수민족을 위한 투쟁
Fighting for Disadvantaged Immigrants and Minorities

Steven Choi 스티븐 최

John Kim 존 김

Soohyun Koo 구수현

V장에 나오는 세 명의 저자는 공통적으로 힘없는 이민자와 소수민족의 어려움에 관심을 갖고 그들을 돕기 위해 노력해왔다. 우리는 III장에서 한인 이민자와 한인 커뮤니티의 이익을 위해 활동하는 두 명의 한인사회 조직가를 살펴보았고, IV장에서 자신이 속한 선거구 주민의 이익을 위해 싸우는 다섯 명의 젊은 정치가의 이야기를 살펴보았다. 이번 장에서는 주요 한인 정치력 신장단체 및 자선단체의 대표를 맡고 있는 스티븐 최와 존 김(김현식), 그리고 고위 정부 공무원(워싱턴 시 시장실 아태계주민 담당국장)으로 활동 중인 구수현의 이야기가 담겨 있다.

구수현은 1세대 이민자임에도 불구하고 주 관심사가 힘없는 이민자와 소수민족의 권리 및 복지 증진이라는 점에서 한인 사회봉사단체의 대표를 맡고 있는 2세 스티븐 최나 존 김과 비슷한 점이 있다. 그녀는 워싱턴 시장실 아태계주민 담당국장으로서 주로 아시아 및 태평양 제도에서 온 이민자들을 돕는 데 관심을 두고 있다. 그러나 그녀의 에세이를 통해 우리는 그녀가 불공평한 대우를 받는 모든 힘없는 이민자와 소수민족에게도 깊은 관심을 가지고 있음을 알 수 있다. 더욱이 그녀의 글이 사회정의에 대한 강한 인식을 보여준다는 점에서 스티븐 최와 존 김(김현식)의 이야기와 유사함을 알 수 있다.

스티븐 최는 스탠퍼드대학교에 다니던 시절, 미국사회에 존재하는 사회 불의, 인종차별, 사회적 억압에 대해 심각하게 우려했다. 이에 그는 대학과 대학원에 다니는 동안 정의를 위해 싸우는 활동에 자주 참여했다. 스탠퍼드대학교에서 학사학위와 하와이대학교에서 석사학위를 마친 그는 불리한 입장에 처한 한국인과 타 아시아인들을 직접 돕고, 그들을 대변해 정책을 개선시키는 데 기여할 법조인이 되고자 하버드 법대에 진학했다. 그는 하버드 로스쿨 재학 시절, 여름방학을 이용해 여러 정치력 신장단체에서 인턴으로 활동했으며, 졸업 후에는 현재 민권센터의 전신인 청년학교(YKASEC)에서 민권변호사로서 고용자로부터 착취당하는 많은 수의 한인 이민 노동자를 도와주었다. 또한 2008년부터 2012년까지 청년학교의 사무총장으로 일했는데, 현재 민권센터로 이름이 바뀐 이 단체는 미국에서 가장 강력한 한인사회 민권보호기관이다. 민권센터는 힘없는 이민자와 소수민족에게 사회복지 및 법적 서비스를 제공할 뿐만 아니라 그들의 대변인 역할도 하고 있다. 이 단체는 주로 한국인을 대상으로 활동해왔으나, 이제는 중국 및 라틴계 이민자들에게도 많은 도움을 주고 있다. 스티븐 최는 현재 뉴욕에서 가장 강력한 이민자 대변기구인 뉴욕이민자연맹의 사무총장으로 활동하며 불법이민자뿐만 아니라 합법적으로 머물고 있으나 어려운 상황에 처한 이민자들을 돕고 있다.

존 김(김현식)이 시카고대학교에서 공부를 시작했을 때, 그의 부모님은 그가 경기침체나 인종차별에서 비교적 자유로운 의료계에 종사할 것을 권했다. 그러나 그는 경제적 기회 및 정치적 목소리에 관한 사회적 불평등에 대해 큰 우려를 갖고, 정책 차원에서 어려움에 처한 이들을 대변하고자 공공정책을 전공했다. 그는 다양한 직장과 대학원 교육을 거쳐 민간 자선분야에서는 가장 높은 한인 지도자의 한 사람으로 성장했다. 현재 40대 초반인 그는 애니 E. 케이시재단(Annie E. Casey Foundation)의 회장 비서실장으로 재직 중인데, 이 재단은 30억 달러 규모의 민간재단으로 빈곤 아동과 가족의 삶을 향상시키는 것을 목적으로 하고 있다. 존 김은 그가 도움을 주는 대상이나 개인적 정체성의 측면에서 스티븐 최와는 다소 차이를 보인다. 그럼에도 불구하고 그는 자신의 한국적 정체성에 대해 자랑스럽게 생각하고 있고, 장차 한인 젊은 세대들의 롤 모델이 될 수 있기를 희망한다.

앞서 살펴본 바와 같이, 두 한인 2세 저자는 일찍부터 사회정의에 대한 강한 인식을 바탕으로 어려운 이민자와 소수민족을 도울 수 있는 지위에 이르기 위해 교육과정을 밟고 경력을 쌓았다. 이와는 대조적으로, 이민 1세인 구수현은 서른 살에 미국에 오기 전까지 단 한 번도 공공서비스에 대해 생각해본 적이 없었다. 이민 오기 전까지 그녀는 한국에서 동시통역사로서 높은 사회적 지위와 보수가 보장된 생활을 즐겼다. 그러나 이민을 온 후 언어, 문화 차이, 외로움으로부터 오는 어려움을 겪고, 도움이 필요한 많은 힘든 이민자들을 만나게 되면서 점차 자기중심적인 엘리트의식을 버리고 공공서비스의 중요성을 인식하게 되었다. 특히, 워싱턴 시 시장실에서 아태계 이민자들을 돕기 시작하면서 그녀는 다양한 어려움에 처한 아시아 이민자들을 많이 만나게 되었다. 이렇게 아태 담당 사무실에서 약 10년간 일해 오며 그녀는 전혀 다른 성숙한 사람으로 다시 태어나게 되었다. 그녀는 구조적 장벽이 제거되지 않는 한 어려운 이민자들은 아무리 열심히 일해도 최저한의 복지조차 누릴 수 없다는 사실을 깨닫게 되었다. 이것은 바로 스티븐 최와 존 김이 대학시절 혹은 그 이전에 깨달았던 교훈이다.

13 미시간에서 태어나 사회운동에 이르기까지: 어느 한국계 미국인의 깨어남

스티븐 최 Steven Choi
뉴욕이민자연맹 사무총장*

나는 1976년에 미시간 주 테일러에서 태어났다. 부모님은 내가 태어나기 바로 1년 전에 미국에 오셨다. 그분들의 이민 이야기는 여느 한인 이민자의 이야기와 다르지 않다. 신혼부부였던 부모님은 아이 하나(나의 형)를 데리고 여행가방 몇 개, 그리고 500달러도 안 되는 현금을 갖고 미국에 오셨다. 아버지와 어머니는 모두 연세대학교 의과대학 졸업생들로 의사가 되는 것이 꿈이셨다. 그러나 미국 병원은 그들의 학위를 인정하지 않았기 때문에 우리 부모님은 중서부로 와서 꿈을 이룰 때까지 고된 레지던트 생활을 해야 했다.

어린 시절에 관한 가장 오래된 기억은 브롱스와 뉴욕 주 웨스트체스터의 노동자 거주지역인 엘름포드에서 살던 일이다. 우리 집은 그리 잘살지 못했다. 그러나 내 친구들은 다양했다. 그들은 대부분 흑인이거나 백인이었다. 어린 시절에 나는 학교에서 유일한 아시아계 아이였다. 1980년대 초까지만 해도 한국이 어디에 있는 나라인지 아는 친구가 하나도 없었다. 일본과 중국에 대해서는 대충 알고 있는 정도였다. 내가 한국계임을 알고 나면 자연히 따라오는 질문은 "너 한국 사람이야, 미국 사람이야?"였다. 이것이 나의 정체성에 대해 고민하게 된 첫 계기였다.

---

* 스티븐 최가 이 글을 쓸 당시에는 민권센터 사무총장이었음. 그는 2013년 6월 24일 뉴욕이민자연맹 사무총장으로 취임했다.

아이들이 모두 조금 곤혹스러워하고 있는데, 한 아이가 "너는 미국에서 태어났잖아. 그러니 너도 우리랑 똑같이 미국인이지 뭐야"라고 말하자 일단 문제는 정리된 듯했다.

그렇지만 1980년대와 1990년대 초, 뉴욕 주 웨스트체스터에서 한국계인 내가 아무 문제없이 섞여 살 수 있었던 것은 아니다. 한국계 미국인이자 아시아계 미국인인 나는 항상 조금 무시되고 과소평가되고 있다는 느낌이 들었다. 유일한 아시아계 아이로서 럼브루크공원에서 농구를 할 때, 학교 수업시간에 선생님들이 내 영어능력을 충분하다고 여기는지 궁금할 때, 또 친구관계에서도 남자아이들이건 여자아이들이건 그 애들이 나를 어떻게 대할지 잘 몰라할 때 그런 느낌이 들었다.

이제 와서 돌이켜보면, 언제나 나의 존재를 증명하고자 하는 불타는 욕망, 다른 사람들이 '넌 못할 거야'라고 생각할 때 어떻게든 해내고야 마는 근성이 무슨 한처럼 나에게 맺혀 있었던 것 같다. 소수민족, 특히 한인사회로부터 고립된 환경에서 성장한 아시아계 미국인 남성으로서의 내 경험은 의심과 난관을 물리치고 성공하고야 마는 무시당한 약자의 근성을 어느 정도 나의 사고방식에 심었다.

뭔가 안 맞는다는 느낌은 고등학교 시절에도 여전했다. 나는 농구, 미식축구, 정구, 크로스컨트리 등 학교 스포츠 팀에서 열심히 뛰었다. 그러나 나는 운동만 잘하는 무식한 학생은 아니었다. 내 성적은 늘 상위권이었다. 그렇지만 나는 소위 '공부만 아는 얼간이'들과는 어울리지 않았다. 내 친구 중에는 '얼터너티브' 음악을 듣고 고트족풍의 옷을 입고 다니는 녀석들도 있었다. 그러나 나는 그 아이들의 행태를 따라하지는 않았다. 나는 어떤 아이들과도 어울렸지만, 아무데도 속하지 않는 것 같은 느낌이었다. 과장하고, 체면과 지위와 위계를 중시하는 동부지역과 비교해서 자유롭고 개방적이고 기회가 열린 캘리포니아와 서부지역이 나에게 맞는 것 같았다. 1994년, 나는 대륙을 가로질러 북부 캘리포니아로 가서 스탠퍼드 대학교에 입학했다.

내 정치의식이 깨어나기 시작한 것은 스탠퍼드대학교 시절이었다. 역사학 전공 학생으로서 내 생애 처음으로 미국의 역사를 현미경으로 들여다보듯 세밀히 공부하면서 나는 그동안 알고 있던, 그리고 고등학교에서 배웠던 대부분의 역사, 즉 미국은 '항상' 선한 세력이고, '언제나' 정의로운 전쟁만 했으며, 민주주의와 자유를 지지해왔다는 신화들이 전혀 진실이 아니라는 것을 알게 되었다. 나는 미국 역사의 뿌리에 있는 불평등, 억압, 종족말살의 깊이와 참혹함에 대해, 이 나라의 번영이 얼마나 많은 아프리카 노예, 중국계 철도노동자, 멕시코계 농장노동자들의 등더미 위에 세워진 것인가에 대해 공부했다. 아시아계 미국인으로서 나는 교묘한 형태의 차별과 고정관념이 아직도 남아 있다는 것, '모범적 소수민족'이라는 신화가 분할 정복에 사용된 파괴적 수단이라는 것, 그리고 미국의 주류문화가 이러한 신화와 부정적 고정관념을 줄기차게 퍼뜨리고 있다는 것을 알게 되었다. 처음으로 나는 "우리랑 똑같이 그냥 미국인일 뿐"이라는 말이 공허하게 들렸다. 내가 가졌던 모든 사회적 관계에서 나는 좋건 나쁘건(대체로 나쁜 것이었지만) 아시아계 미국인으로 취급되었을 뿐 결코 나의 백인 친구들과 동등하게 대접받지 못했다는 것을 깨달았다.

내가 '한국계' 미국인이라는 사실을 점점 더 분명히 깨닫게 되면서 이 점은 더욱 극명하게 드러났다. 몇 년을 옥신각신한 끝에 1996년 드디어 나는 부모님의 소원대로 한국으로 가서 연세대학교 한국어학당에 등록했다. 대학교 2학년 과정을 끝낸 후였다. 어린 시절 이후로 청년이 되어 한국에 간 것은 그때가 처음이었다. 그러므로 처음으로 나는 동년배의 한국계 미국인들과 함께 어울리면서 우리 조상의 나라와 언어, 문화를 배우게 되었다. 그 당시에 나의 한국말 실력은 형편없었지만, 눈앞에 전개되는 사물을 자세히 들여다보게 되었다. 다른 한국인들과의 차이, 미국인들과의 차이도 면밀히 관찰해보았다. 미국에서 태어나 영어를 구사하는 한국인인 나는 얼마나 많은 특권을 누리고 있는가? 이 거저 받은 특권을 얻기 위해 내가 한 것은 무엇인가? 나는 이 특권을 나 못지않게 똑똑하고 야심이 있지만 영어를 못하고 그렇게 풍요로운 나라에서 태어나지도 못한 사람들 위에 군림하는 데 사용할 것인가? 미군이 한국에 주둔해 있던 대부분의 기간 동안 한국은 야만적인 군사독재 아래 있었는데도 어째서 미군은 AFKN 방송에서 "(한국에서) 50년 동안 자유를 지켰다"는 둥 떠들어대는가?

나는 새로 열린 시각, 다른 관점을 가지고 복학했다. 정의, 인종주의, 억압 등에 관한 넘실거리는 생각을 나의 삶에 구체적으로 적용해야 한다고 다짐했다. 나는 이스트팔로알토의 히스패닉 동네의 가난한 아이들의 공부를 도와주는 일에 자원했다. 이 경험으로 나는 불의와 불평등에 눈뜨게 되었다. 어째서 라틴계 아이들은 빈민학교, 마약, 갱으로 이어지는 암울한 미래로 떨어질 수밖에 없는가? 그곳에서 겨우 2~3마일 떨어진 곳에는 호화판인 스탠퍼드대학교 교정이 있는데. 바로 그 대학을 다니는 학생으로서 나는 어디에서든지 정의를 위해, 그리고 불의에 저항하여 일어서야 한다고 믿었다.

금방 첫 번째 기회가 왔다. 3학년 때 나의 지도교수의 종신교수직 신청이 거부되었다. 그분은 미국사를 가르치는 재기 넘치고 사려 깊은 여교수였다. 이런 일은 한두 번이 아니었다. 사실, 학생 구성이 훨씬 다양해졌음에도 불구하고 스탠퍼드대학교는 여성과 소수계의 종신교수직 취득을 조직적으로 거부해왔다. 더는 침묵할 수 없었다. 나는 학교 측의 이런 결정에 반대하는 학생조직에 가담했고, 곧 주도적 역할을 맡아 학교의 최고 행정직에 있는 사람들까지 청중으로 참가한 반대운동을 전개했다.

하와이대학교에서 대학원 과정을 하면서도 나는 이 학생운동의 경험을 지속하고 확장해야 한다고 생각했다. 하와이에서 나는 한인들이 극빈층이라는 사실을 알고 놀랐다. 그들은 대부분 최근에 이민 온 분들로 택시운전기사, 식당 종업원, 호스티스 바의 종사자로 일하면서 상대적 빈곤에서 벗어나지 못하고 있었다. 그런

데도 그들의 이익을 대변하는 단체는 거의 없었다. 아무 선행조직이 없는 상태에서 나는 한인학생회를 조직하기로 결심했다. 핵심활동은 지역사회 봉사활동이 될 것이었다. 조직이 커가면서(드디어 회원 수 30명이 넘는 조직이 되었다) 나는 회원 한 사람 한 사람과 교류하며 그들의 정치의식을 높이고 그들을 운동에 가담시키는 일에 힘썼다. 우리는 큰일을 해냈다. 우리는 2000년 인구조사(census)에 큰 노력을 기울였고, 하와이 다운타운에서 역사상 처음으로 한인 축제를 벌였다. 그것은 나에게는 결코 잊을 수 없는 배움의 경험이었다. 나는 어떤 해법이 있어야겠다고 판단되는 상황을 판별하고, 한인 학생들이 함께 모이는 조직을 만들고, 무엇을 할 것인지 비전을 세우고, 아무것도 없는 가운데서 새로운 것을 만들어 사람들을 조직하고 힘을 합쳐 비전을 실현할 기회를 가졌던 것이다. 한 회원은 나에게 이렇게 말했다.

"한인학생회(KSA) 활동을 하기 전에는 내가 한국 사람이라는 것이 창피했다. 친구들은 항상 나를 놀렸다. 그러나 이제 처음으로 한국 사람이라는 것이 정말 자랑스럽다. 같은 느낌을 가진 다른 한국 사람들과 함께 있는 것이 정말 좋다."

나는 이 경험에서 아주 많은 것을 배웠다. 이외에도 우리는 이 여학생의 경우처럼 여러 사람의 삶을 변화시켰다.

나는 또 장래의 직업에 대해 생각하기 시작했다. 여름방학 동안에 나는 소외된 빈곤층 한인들을 도와주고 조직하는 여러 시민단체에서 인턴으로 일하기 시작했다. 나는 로스앤젤레스에 소재한 코리아타운 청소년 지역사회센터(KYCC)의 한인 청소년 리더십 프로젝트, 미주한인봉사교육단체협의회(NAKASEC), 그리고 뉴욕에 소재한 청년학교(YKASEC)에서 인턴으로 봉사했다. 그러면서 나는 변호사가 되면 이 사람들에게 직접 도움이 되고, 그들을 대변하며, 정책 수립을 도울 수 있으므로 이 사람들에게 큰 힘이 될 것임을 깨닫기 시작했다. 그러니 법학대학원 진학은 나에게는 당연한 순서였다.

하버드 법학대학원에 진학한 나는 대형 법률회사로 가서 편하게 돈을 버는

치적 힘을 기르는 데서, 주민 자신이 목소리를 내어 사회변화를 요구하는 데서, 그 메시지를 전달할 풀뿌리 지도자를 배출하는 데서 나온다. 다행히 나는 청년학교—현재는 민권센터(MinKwon Center for Community Action)로 이름이 바뀜—의 대표로 있는 동안에 그런 일을 실천할 수 있었다.

내가 2007년에 청년학교로 온 것은 소송 변호사 역할의 한계를 벗어나고 싶어서였다. 나는 소송만이 아니라 사회정의를 가져올 여러 가지 수단에 대해 생각하고 있었다. 나는 공동체 형성, 조직화 그리고 모금활동 등을 사회정의를 실현하는 추가 수단으로 활용하고자 했다. 2008년에 나는 청년학교의 사무총장이 되었는데, 당시 사무총장이 병이 났기 때문에 우연히 맡게 되었다. 2008년 여름에 나는 사무총장 서리로 지명되어 그의 역할을 대신하게 되었고, 2009년 1월에 정식 사무총장이 되었다.

사무총장의 역할은 변호사 역할과는 사뭇 달랐다. 비영리 법조계에서는 소송 변호사의 일이 변호사 본연의 일이며, 소송이 사회정의를 가져오는 첩경이라는 생각이 널리 깔려 있다. 한편 비영리단체 운영에 따르는 모금활동이나 행정 업무는 '진짜 변호사들이라면 하지 않는, 변호사답지 못한' 가욋일로 치부된다. 나 자신도 모금활동과 행정업무 그리고 관계형성을 필요악이라고 여겼다. 그러나 몇 년 동안 사무총장 일을 보면서 행정업무, 모금활동, 그리고 일과 관련된 관계형성을 내가 정말로 '즐기고' 있다는 사실을 깨닫게 되었다. 나는 우리가 변화를 가져오기 위해 무엇을 할지, 우리 지역사회에 필요한 것이 무엇인지, 그 요구를 어떻게 실현할지를 창의적으로 궁리하고, 그런 다음 그 변화를 실현하기 위해 믿기 어려울 정도로 비범한 동료들(그들의 다수는 내가 신뢰하기에 이 활동에 끌어들인 사람들이다)과 일하는 것이 정말 즐겁다. 이를 통해 나는 온갖 새로운 가능성을 보게 되었다.

현재 민권센터의 주요 활동은 풀뿌리 공동체를 조직하는 일, 이민자들과 소외계층의 권리를 옹호하는 일, 필요에 따라 중요한 복지나 법률서비스를 제공하는 일, 그리고 차세대 젊은 지도자들을 육성하는 일 등이다. 나는 지역사회 활동 말고도 민권 신장을 위한 진보적 정치운동 또한 중요한 부분이라고 믿는다. 2006년에 나는 진보적 정치활동단체인 한인정치발전회(Korean Americans for Political Advancement: KAPA) 창립을 도왔다. 한인정치발전회는 민권, 이민자 권리, 그리고 사회 전체를 위한 경제정의 실현이라는 야심차고 진보적인 안건에 한인들의 힘을 결집하려는 단체다.

나는 스승 복이 많은 사람이어서 참으로 훌륭한 스승을 많이 만났다. 홍정화 전 뉴욕이민자연맹 사무총장이 그중 한 분이다. 1999년 내가 청년학교의 인턴으로 왔을 때, 그녀는 미주한인봉사교육단체협의회를 맡고 있었고, 나는 그녀와 깊은 인연을 맺었다. 그녀는 한 명의 권익옹호활동가가 얼마나 큰 영향력을 갖는지, 즉 누군가가 큰 목소리를 내어 지역사회의 요구와 관심사를 어떻게 대변할 수 있는지를 나에게 보여주었다. 나는 그녀의 판단을 신뢰하기 때문에 지금도 가끔 그녀에게 조언을 구한다. 또한 스카덴 펠로십 재단(Skadden Fellowship Foundation) 이사장인 수전 버틀러 플럼(Susan Butler Plum)은 내가 스카덴 펠로십을 받는 데 중요한 역할을 했고 그 때문에 우리는 가까워졌다. 진로에 관한 중요한 결정의 고비마다 나는 그녀에게 조언을 구했고, 그녀는 수년 동안 여러 프로젝트를 추진한 수십 명의 펠로우들과 함께 일한 경험에서 얻은 지혜를 나에게 나눠주었다. 그녀는 내가 하고 있는 일을 하도록 든든한 토대를 마련해주었다. 켄 키멀링(Ken Kimerling) AALDEF 법률 디렉터는 내가 하고 있던 소송과 민권운동에 관한 온갖 세부적인 내용을 나에게 가르쳐주었다. 문유성 청년학교 전 사무총장은 헌신적이고 열정적인 운동가로서 놀라운 본보기가 되었고, 내가 법대에 다닐 때는 전혀 관심이 없던 다른 사람들과 어떻게 협력하고 그들을 감독하는지를 나에게 가르쳐주는 데 중요한 역할을 했다.

결국 지속적이고 점진적인 변화는 정의를 추구하는 사람들이 강력한 법정투쟁, 지역사회 동원, 지지 활동, 그리고 선거캠페인 등 동원 가능한 모든 수단을 활용할 때 일어날 수 있다고 믿는다. 나는 진보적 사회운동을 하는 다른 사람들과 계속 힘을 합쳐 일하고, 이 모든 수단을 사용하여 사회정의를 결국 실현하게 되기를 소망한다.

Steven Choi 스티븐 최

스티븐 최는 현재 뉴욕 주 이민자 커뮤니티를 대표하는 200개에 달하는 단체를 대표하는 뉴욕이민자연맹의 사무총장을 맡고 있다. 2009년부터 2013년까지는 뉴욕 한인 및 아시안 커뮤니티를 대변하고 다양한 서비스를 제공하는 민권센터의 사무총장을 역임했다. 그 이전에 스티븐 최는 미 동부지역에서 유일하게 저임금 한인 이민자들에게 무료 법률서비스를 제공하는 한인노동자 프로젝트를 출범시켰으며, 이외에도 미 전역의 다양한 공익법률지원단체에서 활동했다.

그는 하버드 법학대학원에서 법학박사 학위(J.D.)를 취득했으며, 하와이대학교에서 석사학위, 스탠퍼드대학교에서 우수한 성적으로 역사학 학사학위를 받았다.

14 시카고에서 워싱턴까지: 어느 이민자 자녀의 이야기

존 김(김현식) John Kim
애니 E. 케이시재단 회장 비서실장

이민자의 자식

어린 시절의 오래된 기억 중 하나는 아버지께서 우리 가족을 위해 미리 마련해두셨던 아주 좁고 침침한 시카고의 아파트다. 아버지는 임신한 아내와 어린 두 딸의 더 나은 삶을 위해 1973년 혼자서 미국으로 이주하셨다. 아버지께서 이런 모험을 감행한 것은 높은 이자를 주겠다고 약속한 은행에 사기를 당해 아버지와 어머니께서 몇 년 동안 기본 생활비마저 아껴가며 모은 평생 저축을 잃어버렸기 때문이다. 아버지께서는 내가 태어나기 전 미국으로 떠나셨기에 1976년 시카고 오헤어공항에서 우리가 처음 만났을 때에야 비로소 아들의 얼굴을 보셨다. 그 당시 겨우 세 살이었던 나는 당연히 처음 보는 낯선 이가 무서워 피했지만, 마침내 온전한 가족이 된 우리는 미국에서 더 나은 삶을 가꾸겠다는 꿈을 안고 그 좁은 아파트로 차를 몰았다.

이민자의 자식으로서, 그리고 나 자신도 이민자로서(비록 아주 어린 나이였지만), 나는 우리 가족이 아주 특별한 목적을 가지고 이 새로운 나라에 왔다는 것을 알고 있었다. 부모님의 목표는 세 아이에게 더 나은 삶을 가꾸어주는 것이었다. 나와 두 누이의 목적은 새 나라가 주는 기회를 활용하여 부모님이 자신의 삶에서 성취할 수 없었던 꿈을 성취하는 한편, 이국에서 고달픈 삶을 사시는 부모님을 도와드리는 것이었다. 이민자로서 부모님이 느꼈던 외로움과 두려움은 우리 식구가 극복하고 넘어가야 할 것이었고, 부모님의 고생은 그분들의 세대에서 끝내야 할 일이었다.

미국에 도착한 지 얼마 지나지 않아 어머니는 제니스 텔레비전 공장 용접부에서 야간조 근무를 시작하셨고, 아버지는 한국에 계실 때 배운 시계 수리 기술로 시카고의 어느 보석상에서 최저임금을 받고 시계 수리공으로 일하셨다. 어느 모로 보든 어려운 생활이었지만, 부모님께서는 초기 이민생활에 대해 희망에 부풀어 있었고, 이 위대한 나라가 준 것에 대해 감사하다고 말씀하셨다. 아파트가 좁고 칙칙하긴 했지만, 더운 물이 나오고 식구마다 방이 있고, 히터도 있지 않느냐는 것이었다. 올 풀린 녹색 카펫 위로 바퀴벌레가 출몰하지만 한국에서의 생활보다는 훨씬 낫다는 말씀이었다. 아이들이 먹고 싶어 하는 것은 거의 무엇이든지, 특히 한

미국에 갓 이민 온 존 김(가운데 앞)과 그의 가족, 1976년 시카고

국에서라면 돈이 없어 먹일 수 없을 것들을 먹일 수 있다는 것이 어머니의 가장 큰 기쁨이었다. 아닌 게 아니라 과일이랑 과자를 잔뜩 쌓아놓고 나와 누이들이 찍은 사진도 있다.

아메리칸 드림을 설계하다

나는 여러 해 동안 부모님께서 온갖 난관을 극복하고 꾸준히 아메리칸 드림을 추구하는 모습을 보았다. 근면과 끈기로 부모님은 결국 조그만 보석상을 개점하셨고, 자녀들의 교육을 위해 저축하기 시작하셨다. 그 노력 덕분에 나는 무엇이 모자란다고 느낀 적이 없었다. 특히 교육의 기회에서는 그랬다. 교육에 관해서라면 부모님은 아낌없이 투자하셨다. 돈은 금방 잃어버릴 수 있지만, 교육은 아무도 빼앗아갈 수 없다는 것이 어머니의 지론이었다.

부모님은 '안전한 직업', 즉 불황이나 인종차별, 업계의 변동에 상관없는 안정된 직업을 가지라고 나와 누이들에게 끊임없이 일러주셨다. 나더러는 의사가 되라고 하셨는데, 그 이유는 언제든 직장을 찾을 수 있고, 부모님 생각에 이민자 신분이라도 불리함을 겪지 않으리라는 것이었다. 아들이 의사가 되는 것을 보기 위해 부모님은 최선을 다해 일하셨다. 그리고 내가 시카고대학교에 입학했을 때 부모님께서 그렇게 기뻐하실 수 없었다. 사실 의학은 나의 진정한 관심사가 아니었지만, 부모님을 실망시킬 수는 없었다. 노력만 하면 그토록 멋진 삶을 살아갈 기회가 있는데 그렇게 하지 않을 이유가 없지 않느냐는 게 그분들의 생각이었다. 그래서 나는 의과대학에 가는 데 필요한 과학 과목을 공부하면서도 정말 내가 관심 있었던 공공정책 관련 수업도 몇 개 신청했다.

공공정책에 마음이 끌렸던 이유는 우리 사회에 살고 있는 사람들 간에 존재하는 경제적 기회와 정치적 영향력의 거대한 불균형이 내 마음을 곤혹스럽게 했기 때문이다. 어떤 사람들은 아주 잘나가는 반면, 다른 사람들은 상황이 나빠져 그들의 잠재력을 성취하지 못한다는 사실 때문에 나는 늘 괴로웠다. 이민자들에게 이러한 불균형은 더 잘 보였다. 미국이 풍부한 기회를 제공하고 있다고 해도 이민자들은 문화 장벽, 언어 장벽, 제도상의 차별에 직면하고 있고, 이런 문제의 해결에 도움을 줄 정부의 지원을 받는 길도 많은 경우 제한되어 있다.

소도 비빌 언덕이 있어야 비빈다

부모님의 살림이 아주 좋아졌을 때도 우리 사회의 불평등은 여전했다. 부모님에게 잘산다는 것은 주로 백인 중산층이나 상류층이 사는 동네로 이사 가는 것을 의미했다. 그러나 이민자로서 부모님은 스스로는 결코 물건을 사러 가지 않을 유색인종이 사는 동네의 가게에서 돈을 버셨다. 어렸을 때 나는 시카고 시 남부에 있는 우리 가게에서 많은 시간을 보냈지만, 주거지는 비교적 잘사는 시카고 시 북부 해안의 교외지역에 두고 있었다. 그리고 이 때문에 우리 사회에는 두 가지 다른 기준이 있다는 것을 알아차리게 되었다. 특권으로 보호된 사람들을 위한 기준이 따로 있고, 정체성과 주거지역 때문에 기회가 제약된 사람들을 위한 기준이 따로 있었다.

시카고대학교 2학년 때 나는 부모님 몰래 공공정책 분야에 진출하기로 마음먹었다. 리처드 텝 교수가 나에게 이렇게 말했기 때문이다.

"존, 사람들을 한 사람씩 돕고자 하면 의사가 되는 게 좋아요. 그러나 뭔가 큰 일을 하려면 모든 사람의 삶에 긍정적 영향을 줄 수 있는 좋은 정책을 만드는 직업을 갖는 게 좋지요."

이 말은 나의 사고방식에 커다란 영향을 끼쳤다. 과연 옳은 말이었으니까. 시카고 시 남부지역에서 내가 목격한 온갖 사회 문제는 일하겠다는 동기를 약화시키는 복지정책, 교육의 질에 엄청난 불균등을 초래하는 공립학교 재무구조, 아이들의 안전 문제는 도외시하면서 걸핏하면 부모로부터 자녀를 격리해버리는 아동보호정책 등 나쁜 정책의 산물이었다. 나는 또한 부모 가운데 한 명이 중병에 걸리거나 일자리를 잃어버리는 등 딱 한 번의 건강 악화나 재정문제 악화로 인해 이제까지 이룩해온 삶을 다시는 지속할 수 없게 된 딱한 가족들도 만났다.

나는 보호가 필요한 사람들에 대한 지원을 강화하는 방향으로 정책을 변화시키는 일을 할 수 있겠다는 믿음이 생겼고, 아울러 불리한 위치에 놓인 사람들을 위해 정책 수준에서 일하는 것이야말로 부모님의 희생에 보답하는 길임을 확신하게 되었다. "소도 비빌 언덕이 있어야 제 등을 긁는 법"이라는 한국 속담을 나에게 가르쳐주신 분은 다름 아닌 어머니가 아니었던가. 나는 이 속담을 누구나 소질을 충분히 발휘하려면 대다수의 사람들은 온전히 자기 힘만으로는 어렵기 때문에 반드시 어떠한 지원이 필요하다는 뜻으로 이해한다. 내 정치적 견해는 열심히 일해 온 사람들이 단 한 번의 비극 때문에 그동안 이룩해놓은 것을 송두리째 상실하는 일이 없도록 보호해줄 필수 '안전망'이라는 개념으로부터 형성되었다. 나 또한 개인의 책임과 근면의 가치를 믿지만, 동시에 나는 다른 민주당원들처럼 시민 모두가 잘될 때 우리 사회 전체도 살기 좋은 사회가 되며, 사람들의 노력에도 불구하고 일이 잘못되었을 때 그들이 꼭 필요한 지원을 받을 수 있게 하는 것이 정부의 역할이라고 믿고 있다.

공평한 경쟁의 장을 만드는 공공정책

나는 이민자의 아이였기 때문에 우리의 생활이 아주 취약하고, 단 한 번이라도 불행한 일이 일어나면 우리의 생활은 엉망진창이 될 것이라는 사실을 짐작하고 있었다. 아버지는 단돈 100달러, 어머니는 단돈 50달러를 갖고 이 나라에 오셨다. 미래는 불확실하고 재정기반은 취약하니 여차하면 우리 가족은 헤어 나올 수 없는 수렁에 빠질 터였다. 부모님은 메디케어 혜택을 받을 수 있는 시기가 될 때까지 그동안 건강보험을 가져본 적이 없었다. 근면과 희생이 아주 중요한 것은 사실이지만, 큰 병에 한 번 걸리면 가족의 운명이 뒤바뀔 판이니 운도 그에 못지않게 중요했다. 나는 이처럼 위태로운 생활조건을 깊이 이해하고 있고, 또 우리 사회에서 어떤 이들은 이런 위험으로부터 보호받고 있는 반면 다른 이들은 그렇지 못하다는 사실도 알고 있었기 때문에 모든 미국인들에게 공평한 경쟁의 장을 제공하는 정책을 만드는 일을 하고 싶었다.

나는 미국의 건강관리제도에 대해 여전히 관심을 갖고 있었기 때문에 공공정책 전공으로 학부를 졸업한 후 워싱턴에 소재한 건강관리정책 자문회사인 르윈그룹(The Lewin Group)에 취직했다. 르윈그룹에서 나는 의료서비스를 제대로 받지 못하고 있는 가난한 지역에 서비스 제공을 확대하고 접근성을 높이는 업무를 담당했다. 르윈에서 일하는 동안 나는 나의 이중문화 유산을 살릴 겸 회사의 교육 지원 혜택도 활용할 겸해서 조지타운대학교에서 국제관계 및 정책 분야의 석사학위를 취득했다.

르윈그룹에서 일한 지 5년이 되었을 때 애니 E. 케이시재단의 무료 자문 부문에서 일할 기회가 생겼다. 이 재단은 30억 달러 규모의 민간 재단으로, 빈곤 아동과 가족의 삶을 향상시키는 것을 목적으로 하고 있다. 케이시재단은 1900년대 초에 세 아이를 혼자 힘으로 키운 어머니를 기리기 위해 UPS의 창업자가 1948년에 세웠다.

케이시재단에서 나는 청소년 재판 문제, 특히 치료 등의 다른 대안이 부족해서 가난한 소수계 아동들을 과도하게 감옥에 보내는 정책의 부당함에 관심을 갖기 시작했다. 이 재단에 있는 동안 나는 뉴욕, 뉴저지, 메인, 루이지애나, 조지아 및 메릴랜드의 주정부기관을 포함하여 아동복지 및 청소년 재판 관련 주정부의 큰 기관들을 개혁하는 일에 관여했다. 나는 또 아동감호소의 끔찍스러운 실태에 대해 여러 입법, 사법 관련 청문회에서 증언하기도 했다. 이 밖에 여러 주의 입법위원회와 사법기구를 대상으로 한 실태조사 결과와 건의사항을 발표하여 주정부의 관련 기관이 업무 방식을 개선하는 데 도움을 주기도 했다. 케이시재단에서 일한 지 2~3년 지난 후, 나는 기부금 관리 책임자로 승진했다. 매년 1억 8,000만 달러 정도 되는 재단의 기부금을 관리하는 직책이었다. 재단에서 제공하는 아주 좋은 교육지원 혜택을 활용하여 나는 다시 볼티모어대학교 법학대학원에 입학했고, 케이시재단에서 계속 일하면서 2008년 일리노이 주 변호사 자격을 취득했다.

케이시재단에서도 사법연수를 받을 기회가 있었지만, 2010년 4월 나는 오바마 행정부의 국가 · 지역사회봉사단(CNCS)의 전략기획국장에 지명되었다. 이 정부기관은 Americorps(아메리코-미국 내 지역사회 봉사단체), Senior Corps(노인봉사단체), National Civilian Conservation Corps(전국시민환경보호단체), 그리고 VISTA(미국 빈민지구 파견 자원봉사활동) 등 연방정부 차원의 모든 자원봉사 프로그램을 감독한다. CNCS는 2009년에 통과된 아메리카 자원봉사법(the Serve American Act)의 시행 책임이 있는 정부기관으로, 매년 약 8만 명 이상의 Americorps와 약 50만 명이 넘는 Senior Corps 자원봉사자들의 배치를 관리한다.

전략기획국장으로서 나는 건강보험, 경제적 기회, 교육, 재난 구호, 환경보존 등 미국을 괴롭히는 주요 문제들에 대한 연방 자원봉사기구들의 영향력을 증대시키기 위한 협력전략을 개발하는 데 힘썼다. 이 기관의 2011~2015년 신전략 계획을 전략팀과 함께 완성한 후, 2012년 4월 나는 케이시재단으로 돌아와 비서실장직을 맡아달라는 요청을 받았다. 비서실장의 역할은 회장실을 대표하여 회장의 대내외 회합을 주선하고, 이사회와의 관계와 대화를 관리하며, 시니어 리더십 팀과 회장 사이의 가교 역할을 함으로써 재단의 활동을 촉진하는 것이다. 나는 또 회장의 자문 역할도 겸하여 특별 사업을 감독하고 예산심의와 보고를 진행한다.

차세대 지도자 육성

공공부문과 비영리부문에서 경험을 쌓아가면서 나는 한인사회에 내가 기여할 수 있는 일에 대해, 그리고 내가 성장기에 겪었던 것과 똑같은 정체성 문제로 고민하는 한인 청소년들을 위해 할 수 있는 일이 무엇일까 생각한다. 젊은 한국계 미국인들은 한인 이민자의 전통에 따라 비영리부문이나 정부부문보다는 돈도 잘 벌고 더 안정된 분야로 진출하는 경우가 많음은 두말할 나위도 없다. 그렇지만 재능 있는 한인 청소년들이 민간자선단체에 관심을 가졌으면 하는 게 내 소망이다. 이 분야는 자원이 풍부하기 때문에 공공자금을 유치하거나 재정 지원에 대해 성과를 내야 한다는 걱정이 없다. 그러므로 이런 분야는 혁신적 해결 방안을 모색하는 실험실 겸 촉매제가 될 수 있다. 민간자선단체들은 이처럼 유연성이 높아서 영향력이 클 뿐만 아니라 정책결정자들, 연구자들, 그리고 학자들의 주목을 받는 게 수월하다. 이 분야는 유색인종사회에는 상대적으로 잘 알려지지 않은 분야로, 나는 미국 전체 자선사업부문의 지도자급에 있는 몇 안 되는 아시아계 미국인 중 한 명일 것이라고 생각한다. 주류가 지배해온 이 분야에 더 많은 아시아계 미국인들이 진출하도록 하는 것은 이 분야에서 일하는 다른 많은 사람들과 내가 공유하게 된 열망이다.

성인이 되면서 나의 한국계 미국인으로서의 정체성은 약간 변화를 겪었다. 어렸을 적엔 실제 경험과 달리 내가 '미국인' 쪽에 더 가깝다는 느낌이었다. 친구들도 미국인이고 영어도 본토박이처럼 구사했으니까. 그렇지만 주변 사람들은 내가 마치 영원한 국외자라도 되는 것처럼 나를 다르게 보았다. 그들이 해를 끼치려 했다든가 악의가 있었던 것은 아니지만, 그들과 어울릴 때면 과연 나를 완벽하게 그들과 같은 영역 혹은 같은 등급에 있는 것으로 보는지 의심이 가게 하는 무언가가 늘 있었다. 내가 좋아하는 스승 가운데 한 분인 노먼 미네타가 들려준 이야기가 있다. 상무부장관 자격으로 미국을 대표하여 제네바에서 열린 국제회의에 참석했을 때인데, 회의를 돕던 보좌진들이 미네타 장관을 자꾸 일본 대표석으로 안내하더란 것이다.

차세대로 갈수록 인종 구분은 흐려질 것이라고 믿지만, 미국사회는 나를 먼저 한국인으로 보고 그다음에 한국계 미국인으로 본다는 것 또한 분명하다. 그러나 나는 한국계 미국인으로서의 정체성이 아주 자랑스럽다. 최근에 나는 한국계 미국인 협의회가 후원한 백악관 모임에 갔는데, 그곳에는 각계각층의 뛰어난 한국계 미국인들이 강당을 꽉 채우고 있었다. 이런 자긍심을 가지고 나는 나의 분야에서 전진할 터이고, 훗날 차세대 한국계 미국인들이 따르고 싶어 하는 본보기가 되기를 희망한다.

John Kim 존 김

존 김(김현식)은 애니 E. 케이시재단 회장 비서실장으로서 회장의 대내외 회합을 주선하고, 이사회와의 관계 및 대화를 관리하며, 시니어 리더십 팀과 회장 사이의 가교 역할을 하는 등의 다양한 업무를 맡고 있다. 2010년부터 2012년까지 국가 · 지역사회봉사단의 전략기획 국장을 맡아 아메리코(Americorps)지역사회봉사단체, 노인봉사단체, 전국시민환경봉사단체 등의 프로그램을 관리하기도 했다.

존 김은 시카고대학교에서 공공정책학으로 학사학위를, 조지타운대학교에서 국제관계학으로 석사학위를, 볼티모어대학교에서 법학박사학위를 취득하였다. 현재 그는 메릴랜드 주 베데스다에서 아내 레이첼과 두 아들 코너 그리고 파커와 살고 있다.

15 미국인이 되어가다

구수현 Soohyun Koo
워싱턴 시 시장실 아태계주민 담당국장

미국, 공무원, 정치, 사회봉사, 소외된 계층을 위한 업무……. 한국에서 살던 당시에는 이 모든 단어들이 나와 어떤 연관이 있으리라고 상상조차 해보지 못했다. 한국에서 태어나 한국에서만 30년간 살아오던 내가 먼 친척조차 없던 미국에 정착하여, 그것도 공직에서 일하며 살게 될 줄은 꿈에서조차 생각해보지 못한 삶의 방향이었다. 특히 공무원은 왠지 보수적이고 창의적이지 않을 것 같다는 막연한 선입견으로, 다른 것은 몰라도 공무원만은 절대 하지 않겠다고 사람들에게 말하곤 했다. 더욱이 정치는 나와는 상관없는 텔레비전 속에서나 스쳐지나가는 세상사로 그다지 관심도 없었으며, 동정심은 많았지만 나 자신만을 돌보기에 급급했던 나에게 사회봉사라는 것은 개념조차 없었다. 내가 소외된 사람들을 위해 직접 나서서 무언가를 해야 한다는 생각은 부끄럽지만 30세가 되던 당시까지 사실 단 한 번도 해본 적이 없었다. 누가 예전의 나에게 앞으로 내가 미국에서 공무원으로 정치 관련 일을 하며 소외된 사람들을 위해 봉사하는 삶을 살 것이라 이야기했다면, 모든 불가능만을 조합해놓은 어불성설이라고 크게 비웃었을 것이다.

안정된 한국에서의 삶과 보장되었던 미래

어릴 적에 학업성적이 그리 뛰어난 편은 아니었지만, 항상 자신만만하고 당찬 아이였다. 그러한 나의 태도 때문이었는지 그다지 우수하지 않은 학업성적임에도 불구하고 주변 어른들로부터 많은 기대를 받으며 자랐다. 여성에 대한 고용 및 임금 차별이 여전히 심했던 당시 한국의 업무환경 속에서 동시통역사라는 직업은 고소득을 올리는 최고의 전문직으로 많은 여학생들이 선호하는 직업이었다. 1996년 동시통역대학원 중국어과를 졸업한 나는 통역활동을 시작하면서 한국 최고의 엘리트라는 자부심이 극에 달했다.

동시통역대학원에 다니면서도 틈틈이 일하여 중국어 명강사로 자리매김했고, 졸업 후에는 대학에서 강의하며 국제회의 동시통역사와 전문 번역인으로 자리를 굳히고 많은 일을 맡게 되면서 국제회의장, 방송국, 대학교 및 정부기관을 오가는 바쁜 생활을 이어갔다. 아울러 외국어 전문 사업도 시작하여 당시 나는 남부러울 것 없는 소위 최고의 엘리트로서 매우 만족스럽고 풍족한 삶을 살고 있었다. 그런 내가 누리고 있던 모든 것과 기회들을 팽개치고 낯선 땅에서 다른 삶을 시작한다는 것은 상상할 수도 없는 일이었다.

예정에 없던 미국행으로 180도 달라진 인생

그렇게 동시통역대학원을 졸업한 지 2년 반 만인 1998년 9월, 그간 다져온 모든 것을 포기하고 앞으로 어떤 삶이 펼쳐질지조차 막연하기만 한 상태의 이민자로서 미국 땅을 처음 밟게 되었다. 대학 전공인 사학 공부 중 재미를 붙인 중국어 공부를 위해 약 1년여 간 대만에서 어학연수를 하던 나는 우연한 기회에 미국인인 나의 전남편을 만났고, 한국으로 귀국하는 나와 함께 온 전남편과의 4년여 간의 만남 끝에 우리는 1996년 3월, 쉽지 않은 결혼에 성공하여 서울에 정착했다. 2년간 한국에 정착하여 살던 남편이 정치연구원으로서의 꿈을 이루기 위해 미국행을 희망했고, 많은 고민 끝에 내가 가졌던 모든 것을 포기하고 그를 따라 미국에서 새로운 인생을 한번 시작해보기로 결정한 것이다. 그것이 바로 내가 뜻하지 않게 미국 땅을 밟게 된 직접적인 계기였다.

별 준비도 없이 결심한 미국 이민. 접시를 닦든 식당에서 일을 하든 일단 무엇이든 해보겠다는 의지 하나로 나는 미국행 비행기에 올랐다. 자식처럼 기르던 개 한 마리와 도착한 미국. 어둑어둑해진 공항에서 먼저 와 있던 전남편을 다시 보게 된 기쁨과 낯선 미래에 대한 기대와 두려움, 고향과 가족을 떠나온 가슴 아픔과 외로움, 내 결정에 대한 후회와 확신, 그리고 낯선 땅에 대한 호기심 등의 여러 감정이 뒤범벅된 그날의 그 복잡한 심경과 느낌은 아마도 내게는 큰 충격이었는지 아직도 가슴 한편에 선명히 남아 있다.

30세에 처음부터 다시 시작한 미국 이민자로서의 삶

그렇게 미국 생활을 시작했다. 30세의 성인으로 미국 땅을 밟은 나에게 모든 것은 낯설기만 했다. 나의 이민 결정에 대해 반문해볼 여유도 없이 나는 미국에 오자마자 무조건 닥치는 대로 이력서를 넣었고, 그렇게 시도한 지 1주일 만에 소규모 중국인 회사에 취직하면서 나의 미국 생활은 본격적으로 시작되었다. 일단 취직을 하고 나니 힘든 감정이 밀려왔다. 특히 부모님과 형제지간의 가족애와 유대가 유난히 강했던 가족을 떠나온 내게 남편 이외에는 어디에도 의지할 곳이 없다는 깊은 외로움은 예상보다 훨씬 나를 힘들게 했다. 그 때문에 전에는 잘 보이지 않던 남편과의 문화적 차이도 더 크게 느껴졌고, 날이 갈수록 미국으로 이민 온 결정에 대한 확신보다는 후회가 더해갔다. 한국에서 소위 최고 엘리트로 촉망 받음과 동시에 부상하는 중국어 국제회의 통역사로 활동하며 '대접' 받던 내가 영세한 중국인 회사의 보험 상담원으로 각종 잡일과 전화 상담을 하게 된 것이 후회스럽고 못마땅했다. 무엇이든 닥치는 대로 해보겠다는 마음가짐으로 미국 땅을 밟았으나, 막상 현실이 되고 보니 앞이 보이지 않는 어두운 터널 속으로 들어온 듯 답답했다. 모든 것이 힘들었고, 모든 것이 낯설었다. 미국 이민이 후회스러웠지만, 다시 돌아가기엔 나의 섣부른 결정이 너무 부끄러웠다. 영어를 제법 한다고 생각했지만, 혼자 다닐 때엔 불안하고 누군가 말을 걸어오는 것이 겁나기도 했다. 물건을 살 때에도 가끔 제대로 알아듣지 못해 돈을 엉뚱하게 지불한 적도 있었다.

사실 나에게는 '아메리칸 드림' 같은 것은 전혀 없었고, 내게 있어서 미국 이민은 오히려 '기회의 포기'로밖에 느껴지지 않았다. 그래도 이대로 완전히 주저앉거나 포기할 수는 없어 계속해서 더 나은 기회를 찾으며 하루하루를 보냈다.

그렇게 6개월이 지난 후, 비교적 큰 규모의 미국인 회사에 지원했는데, 중국어와 한국어의 이중언어 구사 능력을 인정받아 가까스로 취직할 수 있었다. 그나마 이전의 직장에선 내가 거의 모국어처럼 사용하던 중국어로 대부분의 의사소통을 하던 터라 별 문제가 없었으나, 이곳의 사정은 완전히 달랐다. 첫날부터 여러 개의 회의에 참석해야 했는데, 회의 내용 중 절반 이상은 알아듣지 못하기 일쑤였고, 동료들이 하는 일상적인 농담도 잘 알아듣지 못해 그냥 따라 웃기만 한 적도 많았다. 또한 영어를 완전하게 이해하지 못하고 지레짐작하여 일을 처리하다가 실수를 하기도 하면서 마치 나 자신이 바보가 된 느낌이었다. 언제나 당당하던 예전의 내 모습은 찾아볼 수 없이 점차 위축되기 시작했고, 회의석상에선 질문을 피하려고 눈을 피하기 일쑤였다.

'후회'의 삶에서 '기회'의 삶으로

그렇게 한 달 정도가 지나간 후, 이러한 태도로는 내가 선택한 미국 이민행

이 실패로 매듭지어질 수밖에 없다는 강한 위기의식이 닥쳐왔다. 당당했던 내 성격까지 조금씩 내성적으로 변해가는 것을 보며 환경이 나를 변화시켜버리기 전에 내가 나를 바꾸어야 살아남을 수 있다는 절박함을 느꼈다. 내가 선택한 미국 이민이었음에도 그 당시 나는 과거에 대한 집착과 만족스럽지 못한 현재의 삶에 대한 후회 속에 살고 있었고, 그것이 마치 마약처럼 나를 무기력하게 만들어 내가 더 이상 도약할 수 없도록 내 발목을 잡고 있다는 것을 그제야 깨달았다.

내가 달라져야 했다. 이곳에서 나고 자란 미국인들보다 더 많이 노력해 내가 가진 언어와 문화적 장벽을 극복하고 나의 장점을 충분히 발휘하여 내가 살고 있는 이 사회에 '필요'한 사람이 되지 않고서는 더 이상 의미 있는 삶을 지속할 수 없겠다는 강한 의지가 생겼다. 그래서 나는 그때부터 고등학생들이 보는 SAT 참고서부터 일반 대화에 많이 인용되는 TV 드라마까지 찾아보며 미국에서 한국계 미국인으로 '생존'하기 위해, 그리고 미국사회에서 일하면서 드러날 수 있는 나의 단점을 극복하기 위해 부단한 노력을 기울이기 시작했다. 그렇게 2년여 간의 시간이 흐른 후, 2001년 초 워싱턴 시정부 아태계주민 담당국 신규 직원 채용공고에 응모했고, 이것이 내게 찾아온 하나의 기회라는 생각으로 10년 전 신문기사까지 뒤져가며 면접시험을 준비했다. 그런 준비 덕분이었는지 나는 40 대 1의 경쟁을 뚫고 당당히 미국의 수도 워싱턴 시장실 산하 아태 담당국의 보좌관으로 공무원 생활의 첫발을 내딛게 되었다. 공무원 생활은 생각지도 않은 것이었으나 당시에는 사실 다음 커리어를 위한 징검다리 정도로 생각하며 이 일을 시작했다.

'뜻밖의' 공무원 생활이 가져다준 '뜻 깊은' 교훈

정치 수도 일번지인 미국의 워싱턴에서 이민 온 지 2년 남짓한 신출내기 이민자로서 나는 미국을 배워가며, 미국의 정치를 배워가며, 또 아태계 미국인 커뮤니티를 배워가며 예정에 없던 미국 이민을 단행했던 것처럼 뜻하지 않게 공무원 생활을 시작하게 되었다. 그러나 이렇게 시작한 '뜻밖의' 공무원 생활이 내 인생의 가치관을 변화시키고 나를 성숙하게 만든 가장 '뜻 깊은' 인생의 전환점이 되리라는 것 또한 전혀 예상치 못했던 일이다.

아태계 담당 시장 보좌관 일은 그리 만만한 것이 아니었다. 근무 시작 첫날 저녁부터 경찰과 함께 강도사건이 빈번한 지역의 아태계 소상인들을 일일이 찾아다녀야 했다. 어둑해진 거리를 지나가다가 문득 함께 동행하던 경찰이 손으로 가리킨 곳은 얼마 전 중국계 교포가 강도 살해를 당했다는 장소여서 섬뜩하기도 했다. 그리고 그곳을 방문했을 때, 생전 처음 보는 방탄 유리창과 촘촘한 창살 너머 조심스레 겁에 질린 듯 나와 경찰을 바라보던 상인들의 눈빛을 나는 아직도 잊을 수 없다.

영어가 익숙하지 않은 그들에게 한국어로 공손히 인사를 건네니, 그분들의 경계는 조금 누그러지는 듯했고, 강도 사건이 빈번하니 조심하라는 경찰의 몇 가지 조언을 한국어로 통역해 드리자, 이내 경계를 풀고 그동안 답답했던 이야기들을 봇물처럼 쏟아냈다. 영어를 거의 하지 못하는 어떤 한국계 소상인은 자신이 운영하는 잡화상에 도둑이 들어 신고했으나, 경찰이 와서 자신과는 언어가 통하지 않자, 도둑질을 한 사람의 말만 듣고는 되레 가게 주인이었던 자신을 체포했다고 억울함을 호소했다. 미국 법규와 문화를 잘 모르는 어느 한인 1세 상인도 좀도둑질을 하던 어린아이를 불법인지 모른 채 한국식으로 붙잡고 나무랐다가 오히려 경찰에 체포되었다고 이야기하며 미국 이민생활이 너무 힘들다고 신세한탄을 하기도 했다. 이렇게 시작된 나의 '뜻밖의' 공무원 생활은 나처럼 어른이 되어 미국 이민을 결정한 다양한 사람들의 힘겨운 삶의 이야기를 생생하게 접하는 계기가 되었다. 사람들의 대부분은 가족들의 생계와 자녀들의 교육을 위해 매일 14시간 이상씩 한 평도 채 되지 않는 방탄유리 안 답답한 공간에 갇혀 생활하는 소상인 부부들이거나, 하루에 두 개 이상의 식당을 전전하며 접시를 닦고 서빙을 해가며 겨우 생계를 유지하는 이민자들, 그리고 영어를 단 한마디도 못하는 부모를 위해 거의 가장 노릇을 해가며 살아가는 이민 1.5세와 2세 청소년들이었다. 이들은 노력을 덜 해서 빈곤의 악순환에서 벗어나지 못하고 있었던 것이 아니라, 언어와 문화적 장벽 때문에 아무리 노력해도 근근이 생계만 유지할 수 있는 구조적인 한계 속에서 힘겨워했던 것이다. 나 역시 정도의 차이는 있으나 이들처럼 언어와 문화적 장벽에 부딪혀 힘들어했고, 그래서 이들의 가난과 어려움이 결코 노력 부족에서 기인한 것이 아닌, 노력을 해도 벗어날 수 없는 굴레일 수 있다는 것을 몸소 깨닫게 되었다. 다시 말해, 지금까지 십여 년간 몸담아온 아태계주민 담당국은 예전에 내가 한국에서 가지고 있던 엘리트 의식, 이기적인 사고방식이나 편협한 생각을 버리고 열린 내가 되도록 만들어준 인생 최고의 은인이 된 셈이다.

중국계 미국인 식당 경영자들을 위한 음식 안전 세미나에서 설명 중인 필자, 2008년

이민자들의 지팡이가 되다

이민자로서 모든 것을 다시 시작한다는 것은 생각보다 정말 어려운 일이다. 그래도 나는 다행히 처음 이민 왔을 때 영어를 어느 정도 구사할 수 있어 완전히 처음부터 시작하지는 않아도 되었지만, 나 역시 이민 1세의 한 사람으로 다른 이민자들이 겪는 많은 어려움, 불이익, 불공정을 비슷한 눈높이에서 볼 수 있었다. 소외된 사람들을 돕는 일을 상상도 하지 못했던 내가 말이 안 통하고 체제를 이해하지 못해 부당한 대우를 받는 이민자들의 입과 귀가 되어 그들을 도왔고, 이러한 과정이 결국 나를 더욱 성숙하게 만들어 돈을 주고도 살 수 없는 값진 교훈을 얻게 해주었다.

아태계 담당국에서 일을 하면 할수록 이민자들의 어려움과 실상을 몸소 체험할 수 있는 기회가 많았고, 그야말로 현실 그 자체였던 교포 1세들의 삶을 가까이에서 지켜보면서 내 일에 대해 더욱 확신을 갖게 되었다. 나는 모든 이민자들이 함께 같은 출발선에 서서 평등한 기회를 누릴 수 있도록 돕고 싶었고, 구조적인 도움 없이는 아무리 노력해도 최소한의 행복권조차 보장되기 힘들다는 것을 깊이 깨달았다. 이제 한국계 미국인이 된 나는 이민자들의 어려움을 이해하고 정책적인 보조를 지원하는 미국 정부가 매우 자랑스럽다. 아울러 내가 하는 일이 이러한 이민자들에게 최소한의 행복권을 보장하고 균등한 기회를 제공하는 것이라는 것에 감사하고 행복할 따름이다.

처음 이 일을 시작할 당시엔 내게 너무 멀게만 느껴졌던 길이지만, 이제 아태계 이민자들을 돕고 아태계 지역사회의 발전을 위해 일하는 워싱턴 시 아태계주민 담당국은 나와는 떼려야 뗄 수 없는 관계가 되었다.

2006년, 워싱턴과 서울 간의 자매결연을 성사시킨 후 축하연 석상에서 당시 서울시장이었던 이명박 전 대통령과 함께. 맨 왼쪽이 필자.

도약을 위한 끊임없는 노력

사실 나는 미국 생활을 시작한 지 그리 오래되지 않아 임명직 공직에 진출할 수 있는 감사한 기회를 얻었다. 토종 한국인으로 미국에 와서 미국 생활에 적응하며 공직에서 살아남기까지 사실 남들보다 많은 노력이 필요했다. 미국에서 성장하며 교육받을 기회를 갖지 못한 나는 하루하루 체험과 독학으로 미국을 배워나갔다. 항상 남들보다 더 많이 준비한다는 자세로 내 단점을 보완했다. 나는 내 주변 사람들이 내가 1세대 이민자로 부족할 수 있는 부분이 있음을 이해해주길 바란 것이 아니라, 내가 한국계 미국인으로서 가질 수 있는 장점들로 각인되는 사람이 될 수 있도록 최대한의 노력을 기울였다.

처음 국장직에 임명되고 나니 더 많은 도전이 내 앞에 놓여 있었다. 그중 하나가 많은 연설과 강연의 기회였는데, 나는 이런 기회가 올 때마다 문장을 쓴 후 여러 번 외우다시피 읽고 녹음해 들어보며 억양을 교정하는 등 미국에서 나고 자란 미국인들에게 뒤처지지 않기 위해 각고의 노력을 했다. 나는 지금도 2007년 아태문화유산의 달인 5월, 농림부에서의 첫 다문화 리더십을 주제로 했던 강연을 잊을 수 없다. 사실 거절할까 하는 생각도 있었으나 이러한 기회를 통해 나를 훈련시켜야만 한 단계 더 도약할 수 있다는 자세로 강연을 수락했고 찬찬히 준비했다. 강연 당일, 농림부장관을 비롯한 천여 명의 관중과 더불어 전국의 농림부 각종 담당 사무 부서들에서까지 생방송을 통해 1시간가량 진행된 내 강연을 지켜보았다. 준비하고 또 했으나 모국어인 한국어가 아닌 영어로 하는 첫 대규모 강연이었기에 무척 긴장했다. 다행히도 강연을 무사히 마칠 수 있었다. 이러한 훈련들을 통해 나는 다시 한국 이민 1세로 영어를 100% 미국인처럼 구사하지 못한다는 나의 '장애'를 극복하고 도약할 수 있었으며, 이제는 그 어떤 관중 앞에서도 당당하게 설득력 있는 강연을 할 수 있는 나로 거듭나게 되었다.

한국인에서 한국계 미국인으로

미국 이민에 대해 후회하기보다는 이를 기회로 삼아 의미 있는 삶을 살아보자고 결심한 후, 적극적이고 긍정적인 자세로 하루하루를 살아가다 보니 주변에 나를 도와주고 격려해주는 사람들이 하나둘씩 생겨나기 시작했다. 이러한 지인들과 인생 멘토들의 도움으로 나의 부족함을 채워나가며 마치 검정고시를 통해 단기간에 학위를 취득하듯 빠른 속도로 미국 생활에 적응해나갈 수 있었다.

나는 한국에서 태어나서 30년을 한국인으로 살았고, 2004년 미국 시민권을 획득하여 지금까지 한국계 미국인으로 살아오고 있다. 과거 나에게 한국인이라는 것은 너무도 당연한 이름표였고, 그것에 대해 반문해본 적이 한 번도 없었다. 그러하였던 나는 이제 나를 '한국계 미국인'이라고 부른다. 그러한 명칭에 스스로 익숙해지기까지 시민권을 획득하고 난 뒤로도 몇 년이 더 걸렸다. 국적을 바꾸면서 나는 '국적'과 '정체성'에 대해 많은 생각을 했고, 이제 나는 미국 시민으로 주어진 의무와 책임 그리고 권리를 행사하는 건강한 사회의 구성원이자 자랑스러운 한국인임과 동시에 세계인이라고 자신을 명명한다. 나는 한국 교민사회에서도 활발한 활동을 하고 있는데, 이민 1세로서 미국 주류사회의 정치적 일을 하는 내가 지금까지 해왔고, 또 앞으로도 해야 할 일은 한인 교민사회 1세대와 2, 3세대들 간의 세대 간극을 좁히고 소통을 돕는 교량 역할이 아닐까 싶다.

지난 10여 년간 수만 명의 다양한 문화 배경을 가진 사람들을 만나고 교류하다 보니 이제는 소통에 대한 일가견이 생겼다. 아울러 함께 공생 공존하는 사회생활 속에서 서로에게 도움이 되는 '인간관계'와 오해 없는 '원활한 소통'이 얼마나 중요한 것인가를 배우는 좋은 인생의 교훈을 얻기도 했다. 앞으로도 이러한 나의 배움을 한인 교포사회에 환원할 많은 기회를 찾아볼 것이다.

아울러 자랑스럽게도 내가 지난 10여 년 동안 근무해온 아태계주민 담당국은 그간 항상 시민과 가까운 곳에서 '소통의 창구'로 자리매김했다. 정확하고 신속한 업무 처리와 바른 태도로 시민을 대하는 워싱턴 시 아태계 담당국은 워싱턴 시 정부 내에서도 효율성이 높고 대민 업무가 우수한 부서로 인정받고 있어 이에 많은 보람을 느낀다. 그리고 정치 일번지인 워싱턴 시에서 세 명의 다른 시장의 행정 내각에서 일해 오다 보니 이제는 소위 말하는 정치 베테랑이 다 되어서 정치와 대민 업무와 관련해 많은 이들이 나에게 자문을 구하기도 한다.

기회의 땅이 가져다준 소중한 기회들과 교훈

나는 한국인으로 미국에 와서 미국인이 되었고, 지금은 세계인으로 살아가고 있다. 오로지 나를 위해 사는 법만 알고 있던 내가 미국에 와서 다른 이들을 위해 무언가를 하며 더불어 사는 법을 배웠다. 결코 길지 않은 미국 생활 속에서 긍정적인 삶의 태도와 부단한 노력으로 미국사회에 공헌하는 미국인으로 다시 태어날 수 있었고, 결코 짧지 않은 공직생활 속에서 나와 비슷한 처지의 이민자들을 돕고, 나를 키워가며 인생의 참된 교훈을 배울 수 있었다. 앞으로도 내가 어디에서 어떤 일을 하든 간에 언어 소통의 문제로 불편을 겪는 이민자들의 권익을 대변하고 그들의 지팡이가 되어 힘겨운 이민생활에 조금이라도 도움이 될 수 있도록 하는 것이 나에게 주어진 사명 중 하나라고 생각하며 살아갈 것이다.

Soohyun Koo 구수현

구수현은 2007년부터 워싱턴 시 시장실 산하 아태계주민 담당국 장직을 맡고 있다. 아태계주민 담당국에서 그녀는 대민업무를 효율적으로 수행하기 위해 지역사회 및 다양한 정부기관과 일하고 있다. 한국어, 중국어, 영어 3개 국어를 유창히 구사하는 그녀는 아시아 이민자들이 미국에 정착하는 것을 돕고 있다.

구수현은 한국외국어대학교 통번역대학원에서 석사학위를, 한림대학교에서 역사학 학사학위를 취득했다. 그녀는 1998년에 미국으로 이민 와 현재 워싱턴 DC에 거주하고 있다.

VI

정무직 젊은 세대 한인 여성 정치인
Younger-Generation Korean Women Political Appointees

Grace Chung Becker 그레이스 정 베커

Pearl Kim 펄 김

Michelle Park Steel 미셸 박 스틸

마지막 VI장에는 두 명의 미국 출생 여성과 1.5세대로 볼 수 있는(19세에 이민) 한 여성의 에세이가 담겨 있다. 이 셋은 모두 젊은 세대에 속하는 여성이라는 점과 임명된 정치인이라는 공통점을 가지고 있다. 그레이스 정 베커는 전 연방 법무부 민권국 임시 차관보를 지냈으며, 연방정부의 3부(입법부, 행정부, 사법부)에서 모두 활동한 경험이 있다. 펄 김(김희은)은 현재 펜실베이니아 주 델라웨어 카운티 지방검찰청의 지방검사보 인신매매 전담 팀장으로 일하고 있다. 미셸 박 스틸은 2006년 캘리포니아 주 조세형평국 위원으로 선출되었으며, 2010년에 재선되었다. 그러나 그녀는 조세형평국 위원으로 활동하기 전, LA 시와 LA 카운티 및 연방정부에 속한 다른 직위에 여러 번 임명된 바 있다. 이 세 여성이 IV장에서 살펴본 여성들과 달리 가지고 있는 또 하나의 공통점은 바로 한국인으로서의 강한 정체성과 한인 커뮤니티와의 밀접성이다.

한국인으로서의 강한 정체성 및 한인 커뮤니티와의 연계성에 대해 언급하자면 그레이스 정 베커는 1987년 고등학교 졸업 후 그해 여름 한국에서 민족교육을 받고 왔으며, 그다음 해에는 1988년 서울올림픽에 참가해 통역자로 일하기도 했다. 그녀는 연방 법무부 민권국 임시 차관보로 임명된 것이 공표되었을 때, 많은 한인들이 자신의 인준을 지지하기 위한 편지를 보내주었다고 했다. 또한 그녀는 자신이 학업과 직장에서 성공할 수 있었던 것은 부모님의 희생 덕분이었다고 생각하며, 이러한 자녀교육에 대한 한국적 가치관을 자신의 아이들에게도 물려주고 싶어 한다.

19세에 LA로 이민 온 미셸 박 스틸은 방과 후에 어머니의 가게에서 일하곤 했다. 이로 인해 그녀는 한인 이민자들의 고충을 아주 잘 알고 있다. 그녀가 정치생활을 시작하게 된 계기도 부분적으로는 자신의 어머니와 다른 한인 이민자들을 돕겠다는 의도에서 출발한 것 같다. 보수적인 정치인으로서 그녀는 젊은 세대 한인들이 미국의 앞날과 자유의 전통을 계속 유지시키는 일에 관심을 가져야 한다고 지적한다. 그러면서 한인 2~3세는 자신의 전통과 유산 및 가치관을 유지함과 동시에 훌륭한 미국적 가치관과도 조화를 이뤄나가야 함을 강조하고 있다. 그레이스 정 베커와 미셸 박 스틸은 타 민족과 결혼했음에도 불구하고 한국적 문화와 전통을 유지하고 있을 뿐만 아니라 이에 대한 중요성을 강조하는 점이 매우 흥미롭다.

펄 김(김희은)은 앞서 언급한 두 저자에 비하면 한국적 정체성이 가장 약한 편이다. 이러한 이유는 부분적으로 그녀의 직업적 관심사가 성폭행, 부부 사이의 강간, 인신매매와 같이 특정 인종에 관한 이슈가 아닌 보편적인 이슈이기 때문일 것이다. 그럼에도 불구하고 그녀가 대학시절 여러 번 겪었던 당혹스러운 인종차별은 한국인 혹은 아시아인으로서의 정체성을 틀림없이 강화시켰을 것이다.

민주당에 소속된 한인교포의 수는 공화당보다 그 비율이 2.5 대 1로 압도적으로 높다. IV장과 V장에서 살펴본 대부분의 젊은 세대 저자들은 민주당에 소속되어 있다. 그러나 이번 장에 속한 저자들 중 두 명은 보수적인 공화당의 정책을 지지한다. 공공연한 공화당 지지자인 미셸 박 스틸은 1993년 LA의 공화당 시장 후보였던 리처드 리오단의 선거운동을 했다. 리오단이 시장에 당선된 후, 그녀는 LA 소방위원 및 공항위원에 임명되었다. 2000년에는 조지 W. 부시 대통령 후보 선거운동에도 참여했는데, 그 결과 그녀는 아시아태평양계 대통령위원회 위원과 노령화위원회에 지명되었다. 이 밖에 그녀는 한인 소기업상인과 같이 열심히 일하는 납세자를 위해 싸우고자 2006년 캘리포니아 주 조세형평국 자리에 출마했다. 미셸 박 스틸은 자신을 자유주의적 보수주의자라고 여기며, 정부의 간섭 없이 성공하려고 협력하는 자유인들의 힘을 강하게 믿는다. 그리고 그레이스 정 베커는 비록 자신은 일생 동안 정치에 개입한 적은 단 한 번도 없지만 "나는 언제나 나를 공화주의자라고 생각했다"고 언급했다.

16 아직도 가야 할 길

그레이스 정 베커 Grace Chung Becker
전 연방 법무부 민권국 임시 차관보

여느 한국계 미국인들처럼 나도 이민자 가정 출신이다. 우리 부모님과 세 형제는 모두 한국에서 태어났으나, 미국으로 이민 와 미국 시민이 되었다. 나의 이야기는 단순하다. 내가 접하는 수많은 다른 한국계 미국인들의 삶과 어슷비슷한 데가 많다. 어쩌면 내 글을 읽는 이들의 살아온 이야기가 내 이야기보다 더 흥미로울지도 모른다.

1960년대에 미국으로 오신 우리 부모님은 아메리칸 드림의 본보기시다. 아버지께서는 대학원에서 정치학을 공부하셨고, 내가 젖먹이였던 시절에 체이스 맨해튼 은행에서 일하셨다. 어머니는 학부에서 영문학을 전공하신 후, 유니로열타이어에서 비서로 일하신 적이 있다. 나는 1969년 10월 6일 뉴욕 시에 소재한 레녹스힐 병원에서 태어났다.

한국계 미국인으로서의 정체성을 찾아

나는 퀸즈 카운티 우드사이드에서 어린 시절을 보냈으며, P. S. 12 공립학교에 다녔다. 내가 유치원에 다닐 무렵, 부모님께서는 가족 사업을 시작하셨다. 처음에는 작은 규모로 시작한 사업이었으나, 현재 맨해튼 32가에 위치한 CC백화점으로 성장했다. 부모님의 가게에서는 주로 한국계 고객을 상대로 고급 화장품, 전자제품, 그리고 기타 선물용품을 판매했는데, 이는 그간 전례가 없는 새로운 사업 분야였다. 부모님께서는 오늘날의 K-타운, 즉 '코리아타운'으로 불리는 맨해튼 32가의 개척자였던 셈이다.

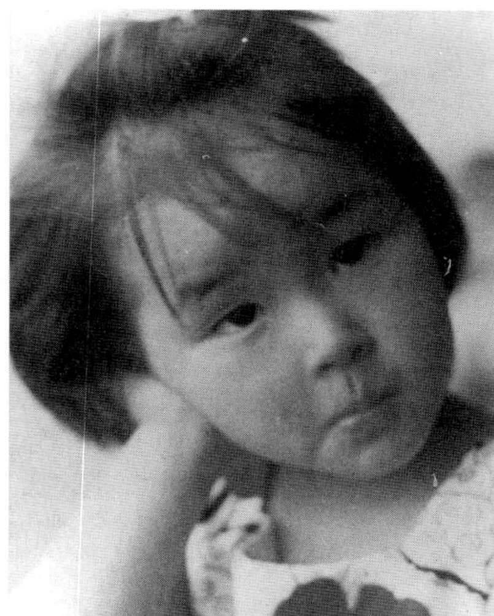

그레이스 정 베커의 어릴적 모습

초등학교 시절, 친구들이 스포츠 팀이나 걸스카우트 등에 들어가 활동하는 동안 나는 집에 틀어박혀 숙제를 마치고는 내내 텔레비전만 보곤 했다. 주말에는 일하시는 부모님을 따라 함께 가게에 갔다. 어려서는 가게 뒤편에서 놀며 시간을 보냈고, 조금 커서는 물건도 팔고 계산도 했다. 당시 나는 한인 고객과 이야기하는 것이 항상 어려웠다. 한국말을 어느 정도 할 수는 있었지만, 문법과 발음이 힘들었다. 손님들은 어린 나의 노력을 가상히 여겨주었지만 나는 창피했다.

돌이켜 생각해보면 우리 가족이 한인사회에서 일한 것은 내게 큰 행운이었다. 주말마다 한국어와 한국문화에 푹 젖어 지낸 덕분에 나는 한국의 값진 유산을 익히고, 한국계 미국인이라는 정체성을 형성할 수 있었다. 부모님은 다양한 한인단체에서 활발히 활동하셨고, 뉴욕 시 최초의 한인 텔레비전 방송국을 시작하기도 하셨다.

스타이브샌트고등학교에 다니던 시절, 한국계 미국인 친구 하나가 1988년 하계 올림픽에 통역사로 지원할 작정이라고 귀띔해주었다. 그 친구의 한국어 실력도 나처럼 완벽한 것은 아니었는데, 도전해보겠다는 자세에 나도 마음이 움직였다. 나도 통역요원이 되고 싶었다.

1987년 고등학교를 졸업한 그해 여름, 부모님께서는 나를 한국에 보내주셨고, 나는 이화여자대학교에서 한국어 강좌를 듣고 친척들과 어울리며 한국어, 한국문학, 한국문화를 공부했다. 그리고 펜실베이니아대학교에 입학한 첫해에는 한국어 강좌를 수강하고, 한국에서 온 교환학생과 매주 대화하며 읽기와 쓰기를 연마하는 한편, 한자 공부도 시작했다.

나는 운이 좋게도 올림픽 공식 통역요원으로 선발되었다. 그렇지만 내 예상과는 다르게 하계 올림픽은 여름에 열리는 것이 아니었다. 한국의 여름장마로 인해 올림픽은 가을학기가 시작하는 9월부터 열렸다. 나는 한 한기를 휴학하고 오리엔테이션과 연수를 받기 위해 8월에 한국으로 떠났다. 한국에 있는 동안 나는 세계 도처에서 온 한인 동포들을 만났다. 독일 억양이 섞인 영어를 구사하고, 스페인어를 본토박이처럼 하는 한인 동포를 만난 일은 굉장히 신기한 경험이었다. 나는 남아메리카의 조그만 나라 수리남 대표팀을 담당하도록 배정되었다. 그해 수리남에서 파견된 올림픽 선수는 겨우 서너 명이었다. 그중 한 명은 100미터 접영에서 수리남 최초의 금메달을 딴 앤서니 네스티였다. 미국선수 매트 비욘디를 간발의 차이로 이겼기 때문에 그의 승리는 미국 신문에 일제히 대서특필되었다. 대표선수단과 함께 탁자 주변에 빙 둘러앉아 돌아가며 금메달을 만져보고 감격하던 일이 지금도 생생하다.

변호사로 태어나다

1988년 10월 뉴욕으로 돌아온 후, 나는 빌 그린 의원의 보좌관으로 일했다. 오후 5시 업무가 끝난 뒤 나는 두세 블록 떨어져 있는 파이저제약회사의 법무실에서 법무보조원으로 7시간 동안 밤이 깊도록 야간근무를 했다. 비록 장시간의 노동이었지만, 이 두 가지 일을 해본 덕분에 일찍이 법률과 정치에 눈을 뜨게 되었다.

1991년, 나는 와튼금융학교에서 경제학 학사학위와 펜실베이니아대학교에서 일반 학사학위를 받으며 두 대학에서 우등으로 졸업했다. 그리고 3년 뒤 조지타운법학대학원 역시 우등으로 졸업한 뒤, 대학시절의 연인과 결혼하여 우리의 첫 집을 사고, 첫 직장생활을 시작했다. 1994년은 아주 바쁜 한 해였다.

어린 시절부터 대학 시절에 이르기까지 나는 늘 언젠가는 뉴욕 시로 돌아가겠다고 생각해왔다. 그러나 워싱턴에서 법학대학원을 다니는 동안 나는 연방대법원 판사, 연방법원 판사와 교수 등 걸출한 인물들의 강연을 듣게 되었다. 법학대학원의 마지막 해인 3학년 때 나는 세 명으로 구성된 DC 연방지방법원 재판부 앞에서 처음으로 논고를 했다. 나에게 주어진 시간은 15분이었다. 그러나 막상 심문이 시작되자 나와 재판부 사이에 열띤 토론이 벌어지는 바람에 토론은 지정시간을 넘기고 45분 동안이나 계속되었다. 결과는 비록 나의 패소였지만, 재판부 판사들은 그들의 공식 평가서에서 나의 구두 논고를 이구동성으로 칭찬했다. 나는 재판의 매력에 푹 빠졌다. 또다시 법정에 서고 싶어 안달이 날 지경이었다.

법정으로 진출하는 하나의 방법은 판사 보조로 일하는 것이다. 나는 1심과 항소심 두 단계의 판사들을 보조했다(일심에서는 토머스 펜필드 잭슨 DC 연방지방법원 판사를 위해, 항소심에서는 제임스 L. 버클리 DC 연방 항소심 재판부 판사를 위해 일했다). 이 일을 통해 나는 판사와 배심원들의 마음을 얻는 최선의 방법이 무엇인지, 항소심에서 불필요한 판결 번복을 막기 위해 어떻게 소송을 진행해야 하는지 등을 배우는 값진 경험을 할 수 있었다.

그로부터 몇 년 뒤, 나는 윌리엄즈 앤드 코놀리 법률회사에서 민간 변호사로, 그리고 연방 법무부 마약과 독극물 부서에서 형사범죄를 다루는 검사로 일했다. 검사 일을 시작한 지 몇 주 지나지 않아 딸이 태어났다. 검사일 하랴 엄마노릇 하랴 처음 몇 해는 꽤나 힘들었다.

1999년, 나는 아침 7시에 출근해서 밤 10시에 퇴근하는 생활로는 두 살배기 딸과 시간을 보낼 수 없다고 결론을 내리고, 연방양형위원회에서 시간제로 근무하기로 마음먹었다. 연방양형위원회는 연방 판사들을 위해 형사범죄의 양형기준을 제정하는 정부기관이었다.

한국계 미국인 이슈를 맡게 된 기회

새 일을 시작한 지 몇 주 안 되어 국방부로부터 한 통의 전화가 걸려왔다. 연합통신사에 퓰리처 언론인상을 안겨준 중대 기사가 미국의 주요 신문 1면에 보도되었다는 것이다. 한국전쟁 중에 미군이 남한의 노근리 철교 아래서 민간인에게 기총소사를 하여 살해했다는 기사였다. 기사는 참전 미군들의 증언에 의존하고 있었음에도 정작 육군 문서보관소에는 관련기록이 전혀 없었다. 미국 육군은 남한 측 관계자들과 협력하여 즉각 조사에 착수했다. 내가 맡은 임무는 미국 육군 인력 및 예비역 담당 부장관에게 법률자문을 하는 일이었다. 시간제로 일하겠다는 나의 계획은 일단 보류되었다.

내가 군대를 위해 일할 것이라고는 상상도 해본 적이 없었다. 그렇지만 기회가 왔을 때 나는 주저하지 않고 그 기회를 잡았고, 그 선택을 후회해본 일이 없다. 미국 정부의 중요한 업무를 돕기 위해 내가 가진 법조계 관련 경험과 한국문화에 대한 경험을 모두 동원할 수 있다는 것은 아주 만족스러운 일이었다.

이 일을 하는 동안 나는 한국계 미국인 퇴역군인들과 단체들을 접촉하여 그들의 의견을 들었다. 우리 부모님 세대 분들의 지나온 삶의 이야기를 들었던 기억도 난다. 이분들은 만난 지 얼마 되지도 않은 내게 자신의 자녀들에게조차 해주지 않았을 법한 전쟁 때의 참혹한 체험담을 들려주셨다. 참으로 대단한 이야기였다. 그로부터 얼마 후, 나는 부모님께도 전쟁 체험담을 들려달라고 청했다. 나는 부모님의 한국에서의 어린 시절에 대해 너무 모르고 있었다. 그리고 이를 계기로 그분들이 극복해야 했던 삶의 난관을 깊이 알게 되었으니 참 잘한 일이었다고 생각한다.

육군감사관실은 1년간의 조사 끝에 노근리에서 민간인 살상은 있었으나, 이는 베트남의 밀라이 민간인 학살과 같은 고의적 학살은 아니었다고 최종 결론을 내렸다.

조사가 끝나갈 무렵에 아들이 태어났다. 노근리 사건 조사가 모두 끝난 후에야 나는 양형위원회로 복귀하여 시간제 근무자로 형벌 정책에 집중할 수 있었다. 나에게는 전문가로서 경력을 쌓아가면서 가사 일을 병행하던 그 시절에 얽힌 달콤한 추억들이 많다.

정치의 세계로

2003년에 나는 오린 해치(공화당, 유타 주) 상원 법사위원회 의장을 위해 일해보지 않겠냐는 친구의 전화를 받았다. 나는 항상 공화당원을 자처했지만, 나 자신이 정치와는 아무런 관계가 없다고 생각해왔다. 어린 두 아이를 두고 정규직 일자리를 가져야 할지도 확신이 서지 않았다. 그러나 전에 의사당에서 일한 적이 있던 동료들과 대화를 나눈 후 나는 그 일을 받아들였고, 오린 해치 상원의원이 형법을 입안하고, 연방수사국(FBI) 및 연방 법무부 활동을 감독하는 일에 법률자문을 하게 되었다. 처음에는 시간제로 일하겠노라 했지만, 일도 많은데다 한번 시작하면 일에 푹 빠지는 내 성격 탓에 1주일에 50시간도 넘게 일하기 일쑤였다.

정치판은 또 다른 세계였다. 거의 10년 남짓 변호사 경험을 쌓기는 했지만, 의회에서 일한 경험을 통해 연방정부 운영에 대해 제대로 배울 수 있었다. 책을 보며 간접체험을 할 수도 있겠지만, 의회에서 어떻게 행동해야 하는지는 책을 통해 결코 알 수 없는 것이다. 온갖 인물들과 얽히고 설키며, 반대편 정당 사람들은 물론이고 자기편 정당 사람들과도 협상하고, 꾸준히 언론기관을 상대하면서 이뤄지는 살아 숨 쉬는 현장에서만 배울 수 있는 것이었다.

미국 연방정부기구 수장은 정치적 지명직이다. 따라서 사법 분야에서 최고위 공직에 진출하려면 아무리 변호사로서 출중한 능력이 있다고 해도 그것만으로는 불충분하다. 모든 연방기구마다 의회의 감시와 감독이 중요한 역할을 하기 때문에 의회의 우선순위가 어떻고 공화당의원들과 민주당의원들의 견해와 관계가 어떤지를 잘 아는 것이 매우 중요하다.

해치 의원의 상원 법사위원장 임기가 끝나자 나는 국방부 내 일반 법률자문실로 옮겼고, 그 후 다시 법무부로 돌아갔다. 여러 해 동안 나는 김완이라는 한국계 미국인 변호사와 친하게 지냈다. 비록 그와 나는 같은 사무실에서 일한 적은 없었지만, 우리가 걸어온 길은 아주 비슷했다. 그도 전에 내가 보좌했던 항소심 판사를 보좌했는가 하면, 법무부에서 테러사건을 다루는 검사로 일하기도 했다. 또한 그는 상원 법사위에서 잠깐 일한 적도 있었는데, 법무부 민권국 부검찰총장으로 임명되면서 그가 담당하던 자리를 내게 맡겼다. 그리고 후에 김완이 공직을 떠나 민간 변호사로 일하게 되었을 때 나는 근무인원이 650명, 예산 규모가 1억 달러나 되는 그의 직책을 승계하게 되었다.

내가 한인들로부터 받은 지원은 정말 놀라웠다. 내가 지명된 것이 공표되자 한인 미디어는 저마다 내 이야기를 게재했고, 한인들은 공화당원이건 민주당원이건 할 것 없이 나를 지지하는 서한을 보냈다. 자기 지역 상원의원에게조차 생전 편지를 써본 적이 없는 분들도 있었다. 나로서는 황송한 일이었다.

법무부 민권국은 주택, 고용, 투표, 교육 등과 관련된 차별을 금지한 약 30개의 법규를 실행한다. 내가 그곳의 책임자로 있을 때 민권국은 영어로 제대로 말할 수 없거나 알아듣지 못하는 유권자들을 도와주는 연방법을 집행했다. 캘리포니아 주 월넛 시 한인 유권자들을 대신하여 역사상 처음으로 투표권리법 제203조에 근거한 소송을 제기한 것도 그 일환이었다. 이제 월넛 시는 법정명령에 따라 등록, 투표 고지, 투표용지 등 선거관련문서들을 번역하여 제공해야 할 의무를 갖게 되었다.

민권국은 또 한국계 미국인 인신매매 피해자들을 위한 소송도 제기했다. 인신매매는 폭력, 사기, 협박 등의 방법을 이용하여 가정부, 공장 기계공, 농장노동자 등에게 노동을 강요하거나 매춘을 강제하는 범죄행위다. 이에 관한 한 예로, 2006년에 민권국은 한인 여성들을 텍사스 주 댈러스로 밀입국시켜 그들이 운영하는 나이트클럽에서 강제로 일을 시킨 일당을 형사 고발하였다. 주범은 10년 징역형을 받았고, 피해자들은 3만 7,000달러의 배상금을 받았다.

에필로그

2009년, 법무부를 떠난 후 나는 비영리부문에 관심을 돌리기 시작했다. 나는 공립학교 교육문제를 위해 활동하는 지역 조직의 회장을 맡고 있다. 우리 아이들이 중학교와 고등학교에 들어가면서 교육문제는 나에게 개인적으로도 중요한 문제였다. 우리 아이들이 성인이 될 때까지 얼마 남지 않은 이 몇 년을 나는 아주 소중하게 여기고 있다.

컴퓨터 앞에 앉아 창문 너머 빛나는 해를 바라보면서 나는 지난 43년 동안 내가 겪었던 일들을 돌아보고 있다. 나에게 주어진 기회들은 우리 부모님이 40여 년 남짓 감당했던 위험과 희생의 직접적 결과물이다. 나는 부모님의 깊은 사랑과 지원에 대해 영원히 감사한 마음을 가지고 있다. 열심히 공부하고, 좋은 성적을 유지하라는 부모님의 단순하지만 선견지명이 있는 충고는 나의 40여 년 여정에 꼭 들어맞았고, 이제는 나도 내 아이들에게 같은 충고를 물려줄 참이다.

끊임없이 진행 중인 내 인생의 새로운 장에 나는 앞으로 어떤 이야기를 써내려가게 될까?

Grace Chung Becker 그레이스 정 베커

그레이스 정 베커는 연방정부의 3부(입법, 행정, 사법) 모두에서 활동한 경험이 있으며, 현재는 비영리기관에서 일하고 있다. 베커는 부시 행정부에서 연방 법무부 민권국 임시 차관보를 역임했으며, 미군이 한국전쟁 중 수백 명의 남한 민간인을 학살했다는 혐의에 대한 미 육군 감사관실의 진상조사에서 활동한 공로를 인정받아 '우수 시민 공훈장'을 받았다. 그녀의 초기 경력으로는 DC의 미국 연방고등법원 제임스 버클리 판사와 DC 미국 연방지방법원 토마스 펜필드 잭슨 판사의 서기로 일했으며, 또한 법무부 범죄국 검사, 미 상원 법사위원회 형사 자문위원, 미 양형위원회 법무 자문 차장을 역임했고, 윌리엄즈 앤드 코놀리 법무법인에서 일했다.

베커는 와튼스쿨에서 우등으로 경제학 학사 및 펜실베이니아 대학에서 우등으로 문학 학사를 받았으며, 조지타운대학교 법학대학원도 우등으로 졸업했다. 베커는 현재 교육정책문제와 관련된 여러 비영리기관과 함께 일하는 한편, 남가주대학 아태계리더십센터의 한국계 미국인 지도자 네트워크(NetKAL) 및 한국계 미국인협의회의 자문위원으로 활동하는 등 한인사회에 대한 봉사도 계속하고 있다.

17 범죄와 싸우는 한인: 특수사건수사대 김 검사

펄 김(김희은) Pearl Kim
펜실베이니아 주 델러웨어 카운티 지방검찰청 지방검사보 인신매매범죄 전담 팀장

주변을 살펴보라. 보수적으로 추정하더라도 여성 여덟 명 중 한 명은 살면서 강간의 피해자가 된다. 또 연방수사국의 보고에 따르면, 실제 강간은 거의 세 명 중 한 명에 가깝게 일어난다고 한다. 이 수치는 여성들이 강제, 강압 혹은 협박 등에 의해 원치 않는 다른 형태의 성행위를 강요당하는 성폭력 사건은 포함하지 않은 것이다. 숫자보다 더 놀라운 것은 강간범들의 대다수가 성도착범들이 아니라 우리의 친구, 가족, 직장동료 혹은 같은 교회에 다니는 교인이라는 사실이다. 강간범들은 숲 속에 몸을 숨기고 공격 기회를 노리는 낯선 사람들이라는 신화는 우리 주변의 숱한 진짜 강간범들에게 그 끔찍스러운 범죄의 책임을 묻기보다는 '모르는 사람들'에게 책임을 전가하려는 사회적 꼼수에 불과하다. 법무부의 한 보고서는 "아시아계는 심각한 폭력범죄를 거의 경험하지 않을 것 같다"고 하지만 우리 모두는 그것이 사실이 아니라는 것을 안다. 법무부의 데이터는 아시아계 미국인 사회에서 아시아인을 상대로 저질러지는 폭력범죄를 제대로 반영하지 않은 것으로 보인다.

아시아태평양계 가정폭력연구소(Asia & Pacific Islander Institute on Domestic Violence)는 아시아인사회에서 폭력이 존재하지 않는다는 주장을 반박하는 문헌을 출간했다. 편의 표출 방식으로 추출한 시카고 거주 한인여성 150명을 직접 면담하여 진행

한 1986년의 한 연구에서, 응답자 중 60%가 그 당시 남편 혹은 남자친구에게 물리적 학대를 당한 경험이 있다고 고백했고, 22%는 살면서 어떤 순간에 남편 또는 남자친구, 애인에게 성폭력을 당한 적이 있다고 말했다.

아시안 전담연구팀의 연구에 의하면, 학대당하고 있는 여성이 학대받고 있다는 사실을 아무에게도 말하지 않아야 한다고 대답한 비율이 한인 응답자의 경우에는 29%나 되는 반면에 캄보디아인 응답자는 22%, 중국인 응답자는 18%, 남아시아계는 5%, 그리고 베트남인 응답자는 9%였다. 아동기에 정기적으로 부모의 폭력에 시달렸다고 답한 응답자의 비율은 캄보디아인 70%, 중국인 61%, 한국인 80%, 남아시아인 79%, 그리고 베트남인 72% 등으로 민족별로 약간씩 차이가 있었다.

내가 왜 이런 통계를 언급하고 있는가? 왜냐하면 이런 통계들이 바로 내가 특수사건 검사가 되기로 결심한 여러 가지 이유 중 일부가 되기 때문이다. 그런 통계를 통해 나는 얼마나 많은 희생자들이 침묵 속에서 고통 받고 있는지 그 참담한 현실을 알게 되었다. 폭력범죄의 희생자, 특히 아시아계 희생자들을 도와주는 데 현재의 사법체계는 개선할 여지가 많다는 인식도 한몫했다. 한국인 2세가 법인법 분야가 아니라 형사소추 분야를 선택한 것은 분명히 특이한 진로 선택이었지만, 그것은 내가 추구해야 할 '소명'으로 느낀 사회적 책임이었다.

범죄 수사대원이 되기까지: 학창시절

부모님은 한국에서 미국으로 이민 와서 '아메리칸 드림'을 실현하셨고, 오빠와 내가 우리의 꿈을 추구하는 사치를 누릴 수 있게 해주셨음을 알고 있다. 부모님이 불철주야 열심히 일하신 덕분에 우리는 상위 중산층이 사는 교외지역에서 성장할 수 있었다. 나는 고집을 부려 공립학교를 계속 다녔지만 오빠는 사립학교를 선택했다. 그래서 두 살 터울인 오빠와 나는 같은 고등학교에 다니지는 않았다. 우리 동네의 인구 구성상 오빠도 나도 한인 친구들보다는 백인 친구들이 더 많았다. 매일 저녁 식사로 한국음식을 먹는 것 말고는 한국문화, 한국 관습, 한인 친구와 접촉할 기회는 주로 일요일에 나가는 교회에서밖에 없었다.

내가 물려받은 한국계 미국인의 유산 가운데 '한국 쪽의 유산'을 진지하게 받아들이기 시작한 것은 학사학위를 받았던 브린모어대학교(Bryn Mawr College) 신입생 시절이었다. 그제야 비로소 내 민족성이 나의 정체성과 관련된다는 사실을 깨달았다. 성장하면서 나는 '전형적인 미국 소녀'로 인정되었지만, 대학에 입학한 후에는 갑자기 여러 면에서 이방인인 것처럼 느껴졌다. 내가 '영어를 잘하는 것'이 학우들을 놀라게 했고, 또 친구들이 그렇게 얘기하는 것에 나도 충격을 받았다.

어떤 의미에서 어린 시절에 내가 나의 유산을 거부했다는 것을 서서히 깨닫게 되었다. 되돌아보니 어렸을 적에 나는 한국말 배우기를 거부했고, 부모님도 결코 한국말 배우기를 강요하지 않으셨다. 부모님은 오빠와 나에게 한국말을 가르치려고 노력하셨다. 심지어 오빠와 나를 한국학교에 보내기도 하셨다. 그러나 오빠와 나는 그것을 받아들이지 않으려 했다. 나는 결국 대학에서 한국어반에 등록했지만, 유감스럽게도 아직도 한국말을 유창하게 하지 못한다.

다행스럽게도 나는 대학시절에 다양한 집단의 친구들을 사귀었고, 아시아계 친구들도 고등학교 때보다 많이 사귀었다. 나는 인종적이든 사회경제적이든, 내국 학생이든 외국 학생이든 다양성으로 둘러싸여 대학생활을 했으며, 내가 다닌 브린모어의 학생회와 하버포드대 및 스와스모어대를 포함한 3개 대학사회는 그 자체만으로도 엄청난 배움의 경험이었다. 나는 주위의 환경이나 이야기를 통해 인종 차별과 성 불평등의 현실에 접하게 되었다.

대학교 4학년 때 나는 아시아계 학생회 회장에 출마하여 당선되었다. 본래 목표였던 미술 전공을 중단하고 법학대학원에 가기로 결심한 것도 대학 졸업반 무렵의 일이다. 나는 빌라노바(Villanova) 법학대학원에 진학했고 거기서 법학 박사학위를 받았다. 빌라노바대학교 우등장학금도 받았다.

다음 단계: 사회정의와 펄벅 여사

아마도 그것은 또 한 명의 한국인 의사가 되기를 원하지 않았던 어린 시절의 반항이었을까? 아니면 여자대학교를 다니면서 얻은 벅찬 경험, 교육 그리고 친구들 때문이었을까? 아니면 기독교 신앙이 나의 인생에 커다란 영향을 끼쳤던 것 때문일까? 그도 아니면, 내가 정부 관련 진로를 선택한 것은 이 모든 요인이 함께 작용한 결과였을까? 아무튼 나는 이 직책의 일을 할 수 있어서 영광스럽다. 다시 말하지만, 나와 오빠가 마음껏 진로를 선택하고 꿈을 추구할 수 있었던 것은 이민자이셨던 부모님의 근면과 헌신의 덕이다. 끝으로, 나에게는 다행스럽게도 나의 열정을 지지하고 공직의 중요성을 깊이 이해하는 가족과 친구들이 있었다. 이제 어머니는 내가 '의사 선생님'으로 불리기를 바라시는 것이 아니라 '판사님'이라고 불리게 될 날을 손꼽아 기다리신다.

사회정의를 향한 나의 열정의 뿌리는 어머니께서 내 이름을 소설《대지》의 작가로 유명한 펄 벅(Pearl Buck) 여사의 이름을 따서 펄(Pearl)이라고 지어주셨던 때까지 거슬러 올라간다. 펄 벅은 중국에서 성장했지만 미국의 민권운동에도 적극적이었고, 전 세계 여성의 권리 향상, 그리고 동서의 가교를 놓는 일에도 적극 관여했다. 그녀는 억압에 저항했고, 입양이 불가능하다고 여겨지던 혼혈아를 위한 국제입양기구를 처음으로 설립하기도 했다. 나의 소명(억압받는 이들을 위하여 정의를 세우는 일)을 향하여 나를 인도한 것은 내가 사는 동안 나에게 온 이 모든 영감과 영향들이 아니었나 하는 생각이 든다.

펜실베이니아 델라웨어 카운티 법원에서 포즈를 취하고 있는 펄 김

범죄와의 싸움은 한순간도 쉴 수 없는 일이다

현재 나는 펜실베이니아 주 델러웨어 카운티 지방검찰청 특수사건 및 가정폭력부서 산하의 인신매매범죄 전담 팀장이고, 직급은 지방검찰청 지방검사보다. 특수범죄 피해자 전담 검사로서 나의 책임은 아동에 대한 신체적 및 성적 학대, 가정폭력, 강간, 인신매매, 아동을 상대로 한 인터넷 범죄 등 각종 학대로부터 피해자를 보호하는 일에 관련된 모든 사건을 처리하는 것이다. 검찰청의 서비스가 이제까지 제대로 미치지 못했던 집단에 더 효과적으로 다가가려는 노력의 일환으로 나는 아시아계 지원 담당관에 지명되었고, 펜실베이니아 주 몽고메리 카운티에서도 특별지방검사보로 직무를 대행하도록 교차 임명되었다.

2010년에 나는 인신매매범죄에 관한 합동주정부위원회의 자문위원회(the Joint State Government Commission's Advisory Committee on Human Trafficking)에 임명되어 주의 법,

정책 그리고 사법절차 등에서 변경할 사항들을 조사하여 펜실베이니아 주 상원에 보고하는 일을 했다. 현재 나는 전미지방검사협회 및 펜실베이니아 주 지방검사협회와 미국변호사협회 인신매매 전담팀 사이에서 연락 담당자로 일하고 있다. 다행스럽게도 나는 펜실베이니아 주 인신매매범죄에 관한 법률에 의거하여 첫 번째 인신매매범죄 형사재판에서 유죄를 이끌어낼 수 있었다. 그리고 나는 2012년 인신매매범죄소추연구소 교수진이기도 했다. 또 인신매매범죄와 성폭력 관련 문제에 대한 전국 콘퍼런스에서 발표도 여러 차례 했다.

2012년에 코베트 펜실베이니아 주지사는 나를 주지사 직속 아시아계 미국인 담당 자문위원회의 위원으로 임명했다. 같은 해에 전국적으로 정평 있는 블로그 AngryAsianMan.com은 필라델피아 지역에서 특히 아시아인을 표적으로 하는 범죄와 싸우는 내 노력을 인정해 내 프로필을 올렸다. 또 다른 블로그 KonnectMagazine.com도 아시아계 미국인사회의 가정폭력과 관련한 나의 활동을 소개하는 기사를 올렸다.

나는 지방검찰청 지방검사보라는 본직 외에도 여러 다른 활동에 관여하고 있다. 그중에서 현재 나는 펜실베이니아 주 아시아태평양계 변호사협회 실행위원, 펄벅 인터내셔널(펄벅재단) 이사 등으로 활동하고 있고, 과거에는 빌라노바 법대 소수인종 동창회의 회장단에 있었다. 법조계 정기간행물인 〈리걸인텔리젠서(The Legal Intelligencer)〉 지는 나를 2011년 고속 승진 법조인 중 한 명으로, 2011년 올해의 소수인종 법조인(Diverse Attorneys of the Year) 중 한 명으로, 그리고 2012년 올해의 여성으로 선정했다.

맺는말

나는 지방검찰청에서 일하면서 목소리를 내는 것이 중요하다는 점에 눈뜨게 되었다. 나는 더 많은 한국계 미국인들이 지역사회에서 우리 한인의 삶을 향상시키기 위해 그것이 정계이든 또는 공직이든 공공분야에 참여하는 모습을 보고 싶다. 나는 정말 운이 좋아서 검찰청에 여러 명의 훌륭한 스승이 있다. 특히 셸던 코바크 수석 부지방검사는 내가 검사직을 잘 수행하는 데 꼭 필요한 도움을 주었다. 나는 또 민선 지방검사 잭 웰란이 검찰 역사에서 아시아계를 감독직에 승진시킨 첫 번째 지방검사라고 자랑스럽게 말할 수 있다. 내 인생에서 정말로 중요한 이런 스승들이 있지만, 나의 직장 바깥에서도 스승을 찾기 위해, 특히 아시아계 스승을 찾기 위해 계속 노력하고 있다. 내가 이만큼 달려올 수 있었던 것은 아시아태평양계 미국변호사협회의 지원 덕분이었다. 나는 동료들과 내가 젊은 아시아계 미국인 법조인들의 행정부, 사법부 등의 공직 진출을 장려하기 위해 길을 닦아놓을 수 있기를 희망한다.

끝으로, 펄벅 인터내셔널의 이사로 참여하면서 나는 펄벅 여사의 살아 있는 유산을 실감했고, 한 사람이 전 세계 어린이들의 삶에 여전히 영향을 미칠 수 있다는 것을 알았다. 펄벅 인터내셔널에 관해 주변에 널리 알리고 오늘 당장 http://www.psbi.org에 들어가 한 명의 어린이라도 후원해주시기를 바란다.

Pearl Kim 펄 김

펄 김(김희은)은 현재 펜실베이니아 델라웨어 카운티 지방검찰청의 지방검사보로, 특수사건 및 가정폭력 전담반에서 일하고 있다. 특수사건 수사대의 검사인 펄 김은 아동에 대한 신체적 및 성적 학대, 가정폭력, 강간, 그리고 아동대상 인터넷 범죄 등 각종 학대로부터 피해자를 보호하는 일 등에 관련된 모든 사건을 다룬다. 이 일을 보다 효과적으로 하기 위해 그녀는 아시아계지원담당자로 임명되었다. 펄 김은 인신매매범죄에 관한 주정부합동위원회의 자문위원으로 봉사하도록 임명되어 주의 법, 정책 그리고 사법절차 등에서 변경할 사항들을 조사하여 펜실베니아 주 상원에 보고하는 일을 한다. 그녀는 펜실베이니아 주 아시아태평양계 변호사협회 및 미국변호사협회 회원이며, 주지사 직속 아시아계 미국인 담당 자문위원회 자문위원, 펄벅재단 이사 등으로 활동하고 있다.

펄 김은 브린모어대학교를 졸업한 후 빌라노바 법학대학원에서 법학박사 학위를 받았다. 그녀는 2011년 올해의 소수민족 법조인 중 한 명으로, 〈리걸인텔리전서〉 지가 뽑은 2011년 고속 승진 법조인, 그리고 2012년 올해의 여성 중 한 명으로 선정되었다.

18 목소리 높이기

미셸 박 스틸 Michelle Park Steel
캘리포니아 주 조세형평국 부위원장(제3지구)

나는 서울에서 태어나 열네 살 때까지 두 여동생과 함께 거기서 성장했다. 부모님은 두 분 다 교사셨다. 내가 열네 살 때 부모님은 정부로부터 일본 근무 발령을 받아 가족 모두 도쿄의 신주쿠로 이사했다. 일본에서 나는 한국계 고등학교에 다녔고, 고등학교 졸업 후에는 일본여자대학 영문과에 입학하여 1학년을 마쳤다. 대학을 1년 다닌 후, 19세 때 나는 캘리포니아 주 로스앤젤레스로 유학 왔다. 나는 우리 가족들 가운데 가장 먼저 미국에 온 사람이었다. 두세 달 후 바로 아래 동생이 왔고, 2년 후에는 막내동생과 어머니도 미국에 와서 우리와 함께 살게 되었다.

한국과 일본 그리고 미국에서의 초기 생활

내가 한국에서 살던 어린 시절에는 한국인 이외의 다른 나라 사람을 본 기억이 거의 없다. 일본에서 살 때는 이미 알고 있는 한국인이나 같은 학교에 다니는 한국인들을 빼고는 일본인이 아닌 사람을 만나는 것은 극히 드물었다. 이러니 비아시아인을 만나는 일은 거의 없었다. 당시에는 한국인에 대한 차별이 심했지만, 우리 부모님이 외교관 신분이었기 때문에 나는 차별을 거의 느끼지 못했다. 그러나 미국은 나에게 완전히 딴 세계였다.

미국에서는 어디를 가든 온갖 다른 피부색과 배경을 가진 사람들을 볼 수 있었다. 나는 일본말이 더 편했기 때문에 처음 사귄 내 친구들은 모두 일본계였다. 그러나 하루 동안에도 나는 다양한 배경을 가진 사람들을 보게 되었다. 로스앤젤레스에서 나는 글렌데일시립대학교(Glendale City College)에 입학했다가 팔로마대학교(Palomar College)로 편입했다. 그 대학에 다니는 동안 나는 부모님의 친구분이 운영하는 옷가게에서 일도 했다. 그러다가 페퍼다인대학교(Pepperdine University)로 다시 옮겨 거기서 경영학을 전공했다.

어머니가 미국으로 오신 후 나는 방과 후에 어머니가 운영하는 옷가게에서 일했고, 나중에는 어머니의 샌드위치가게에서 일했다. 내가 캘리포니아 주 세무서와 첫 인연을 맺은 것이 그때였다. 어머니가 옷가게를 폐업할 때 재고가 감소했기 때문에 판매세를 전보다 적게 냈다. 그러나 주의 조세형평국은 어머니에게 세금을 더 내라는 편지를 보내고 벌금까지 물렸다. 어머니는 그만한 세금을 낼 이유가 없었지만 세무서가 어머니를 상대로 세무조사를 나왔을 때 어머니는 영어도 못하시는데다 어디에 도움을 청해야 할지도 몰랐다. 나는 경영학을 전공하고 있었지만 정부를 상대해본 적이 한 번도 없었다. 그들의 잘못이란 것을 그들에게 어떻게 말해야 할지 나는 몰랐다. 그래서 어머니는 물지 않아도 될 세금을 물고 말았다. 그것은 나에게 결코 잊을 수 없는 경험이었다.

나는 1981년에 남편 숀 스틸과 결혼했다. 결혼 후 자녀 양육에 전념하기 위해 한 학기만 남겨두고 페퍼다인대학교를 떠났다. 숀과 나에게는 딸 둘이 있다.

정치에 입문

숀은 고등학교 시절부터 정치에 관여해왔다. 우리가 결혼할 무렵 그의 친구 중 여러 명이 이미 정치인이 되어 있었고, 공직에 당선된 친구도 있었다. 내가 정치와 공직에 관심을 갖게 된 것은 이 때문이다. 처음에는 정치적 모임에 갈 때면 나는 읽을 책을 가지고 갔으며 정치적 대화를 무시하곤 했다. 그러나 좀 지나고 나니 나도 숀과 그의 정치 동료들이 토론하는 문제들에 흥미를 가지게 되었다. 나는 모금활동을 하는 것으로 관여하기 시작했다. 그러다가 로스앤젤레스 폭동 이후에 나의 목소리를 내기 시작했다.

나는 로스앤젤레스에서 선출된 공직자들과 친밀한 관계를 유지해왔고 한인사회에도 뿌리를 두고 있었기 때문에 내가 한인사회와 주류사회를 잇는 교량 역할을 하기에 딱 맞는 위치에 있다고 생각했다. 한인사회는 폭동의 피해를 입은 것도 모자라 미디어의 왜곡 보도 피해까지 입었다. 나는 정치 지도자들이 한인사회와 대화하도록 주선하는 한편 한인들이 그들의 입장을 말하도록 도왔다.

나에게는 공직 진출을 도와준 여러 명의 스승이 있다. 남편인 숀과 우리 결혼식에서 신랑 들러리였던 데이나 로러배커(Dana Rohrabacher) 의원, 일레인 차오(Elaine Chao) 전 미국 노동부장관, 그리고 나에게 조언과 격려를 아끼지 않았던 고(故) 존 추 박사(Dr. John Tsu) 등이 그들이다.

LA폭동 후 나는 리처드 라이어던(Richard Riordan)의 1993년 시장 선거운동을 도왔다. 라이어던이 시장에 당선된 후, 그는 나를 로스앤젤레스 소방위원회 위원에 임명했고, 나중에는 공항위원에 임명했다. 내가 소방위원으로 임명되었을 때 나는 페퍼다인대학교로 돌아가 마지막 남은 학기를 마쳐야 한다는 것을 깨달았다. 나는 소방위원을 하려면 학사학위는 있어야 한다고 생각했고, 그래서 복학하여 마지막 학기를 끝마쳤다.

소방위원회에서 나는 소방대원 채용과정에서 인종차별을 없애기 위해 싸웠다. 모든 지원자들을 피부색과 무관하게 동등하게 고려해야 한다는 나의 신념은 논란을 불러일으켰다. 공항위원회에서 일할 때는 로스앤젤레스공항 내에 매점을 내는 사업의 계약이 성사되도록 도왔다. 후에 마이클 안토노비치(Michael Antonovich)

로스앤젤레스 카운티 슈퍼바이저가 나를 아동가족서비스위원회에서 일하도록 임명했다. 그다음에는 커트 프링글(Curt Pringle) 주의회 의장이 나를 캘리포니아 주 통상위원회 위원에 임명했다.

2000년에 나는 조지 W. 부시의 선거 캠페인을 돕는 일을 했다. 그 후 나는 아시아태평양계 대통령위원회 위원으로 임명받았다. 그다음에는 백악관 노인위원회에 지명되었다. 대통령에 의해 이런 위원회의 위원으로 임명된 것은 물론 커다란 명예였지만, 다음 순서는 나 스스로 공직에 출마하는 것이었다.

나의 남편은 사람들에게 "절대로 아시아계 여성을 화나게 하지 마라. 언젠가 너의 상사가 될 테니"라고 말한다. 2003년에 남편은 친구로부터 전화 한 통을 받았다. 2006년 조세형평국의 위원 자리에 출마할 의향이 있느냐는 것이었다. 숀은 그곳이 무엇인지, 조세형평국 위원들이 무엇을 하는지 모른다고 말했다. 그 말을 듣고 나는 그들이 무엇을 하는지 안다고 말했다. 나는 조세형평국이 어머니를 괴롭혔던 일을 기억하고 있었다. 그래서 내가 그 직책에 출마하여 캘리포니아 주 납세자들의 편에서 싸우겠노라고 말했다.

캘리포니아 주에 거주하는 한인의 35%가 소상업을 하는 자영업자인데, 나에게는 한인사회를 위해 일하겠다는 열정이 있었다. 나는 그들이 우리 어머니가 당한 것과 같은 일을 당하게 놔둘 수 없었다. 내가 조세형평국 위원이 되어 유죄가 입증되기도 전에 납세자들을 죄인 취급하는 관행을 없애고, 열심히 일해서 번 돈을 정부가 빼앗아가지 못하게 해야 한다고 생각했다.

조세형평국 의석을 놓고 다투는 선거는 치열했다. 당선될 당시에 나는 소상업에 대해서는 꽤 많이 알고 있었지만, 규모가 큰 기업과 회사의 운영에 대해서는 더 배워야 할 것이 많았다. 그래서 나는 서던캘리포니아대학교(University of Southern California) 경영대학원에 입학했고, 2010년에 석사학위를 받았다.

조세형평국에서 나는 세무서의 횡포에 맞서 납세자를 보호하는 한편, 사업가

미셸 박 스틸의 조세형평국 부의원 취임식 모습, 2007년

들, 특히 아메리칸 드림을 이루기 위해 있는 힘을 다해 일하는 새 이민자들에게 불리한 세금 신설과 증세에 반대했다. 나는 5억 달러 규모의 인터넷 다운로드세 제정을 막았고, 실수로 납세를 하루 연체했을 경우 하루치만 이자를 물게 하는 법률을 통과시켰다. 2007년에 나는 세무서가 수천 명의 사업 소유주들이 낸 보증금(담보공탁금)을 반환 시점인 3년을 한참 넘겨 그대로 보유하고 있는 불법행위를 적발했다. 조세형평국에서 나는 보증금 심의를 매월 실시하도록 정책을 바꿈으로써 즉시 5,000명이 넘는 사업 소유주들에게 총 4,200만 달러를 반환할 수 있었다. 그 후 무려 2억 달러의 보증금을 제때에 납세자들에게 돌려주었다. 나는 또 계속해서 조직을 효율적으로 개편하고, 새로운 기술을 도입하는 일, 그리고 캘리포니아 주 납세자들에게 세무행정이 한결 쉽고 공평하게 이루어지도록 일하고 있다.

정치적 신념

나는 언제나 공화당원이었고, 이념적으로는 자유주의적 보수주의자라고 생각한다. 나는 정부의 간섭 없이 성공하려고 열심히 일하는 자유인들의 힘을 강하게 믿는다. 정부의 간섭은 어김없이 징벌적 조세, 과도한 규제, 의존성, 그리고 스스로 노력해서 큰일을 성취하려는 각 개인의 의지의 상실로 이어진다.

내가 공직에 진출한 목적은 열심히 일하고, 최선을 다하며, 창의적이며, 모험을 감수하여 스스로의 노력과 실력으로 성공도 하고 실패도 하는 자유인의 권리를 보호하기 위해서다. 나는 정부가 어떤 집단에 혜택을 주기 위해 다른 집단을 희생하는 규칙을 만들고, 어떤 이들이 어렵게 번 돈을 거두어 다른 집단을 위해 쓰게 되면 자유교환 시스템을 망가뜨려 개인의 유동성과 창의성을 위축시키고 성공을 위해 모험을 감수할 동기를 약화시킨다고 믿는다.

나도 그렇지만 많은 이민자들이 미국에 온 이유는 이곳에서는 열심히 일하면 성공할 수 있기 때문이다. 그러나 높은 세금 부담과 지나친 정부규제 때문에 개인들, 특히 새로운 이민자들이 과거의 미국인들이 성취하여 전 세계에 유명해진 그런 성공을 성취하는 일이 갈수록 어려워지고 있다. 조그만 가게나 식당을 시작하는 사람들은 온갖 규칙과 규제를 지키기 위해 제대로 사업을 해보기도 전에 수천 달러를 지불해야 한다. 사업을 운영하는 것이 합법일지라도 말이다.

높은 세금은 미국인들이 저축하고 그 저축을 사업이나 소비, 기부 등에 투자하는 것을 어렵게 만들어 개인들의 경제력을 약화시키는 한편 개인들이 번 돈을 어떻게 사용할지 결정하는 정부의 힘만 키워준다.

이런 관점은 모든 미국인에게 중요하지만, 특히 우리 한인사회처럼 이민의 역사가 짧은 이민사회에 중요하다고 본다. 한인들이 미국에 처음 온 것은 1903년이지만 대규모 이민은 1970년대 말에 시작되었다. 우리는 기회를 찾아 이곳에 왔고, 기회는 아직도 여러모로 많이 있다. 우리는 세계 어느 곳에서도 거의 찾아볼 수 없는 여러 가지 중요한 자유를 누리고 있다. 성공하기 위해 우리는 이 자유를 보존해야 한다. 이민자들이 미국에서 성공하는 최선의 방법은 스스로 선택할 자유, 미래에 투자할 자유, 자유경제제도 속에서 남과 경쟁할 자유를 갖는 것이다. 이것은 정부가 정부의 고유한 역할에만 머물면서 강하고 번성하는 사회를 만들기 위해 우리가 옳다고 생각한 대로 우리의 삶을 살고 동료 시민과 함께 일할 기회를 우리에게 남겨둘 때 이루어질 수 있다.

한국 문화전통의 유지

나는 스스로 우리 세대에서는 처음으로 주류 공직사회로 진출한 한국계 미국인 중 한 명이라고 생각한다. 처음에 나는 지역사회 자원봉사자로, 그다음에는 정부의 자원봉사자로, 그리고 다음에는 나의 선거구민에게 봉사하는 공직자 겸 한인사회의 외교관으로 활동하고 있다. 나는 매일 한인사회의 정치 참여를 증대시키기 위해 일하고 있다. 그것은 두 단계의 과정을 거쳐야 한다. 먼저, 1세와 1.5세 한국계 미국인들이 이 나라의 미래에 대해 그리고 자유의 전통을 보존하는 일에 관심을 갖게 하는 일이다. 미국에서 성공하려면 미국에 초점을 맞춰야 한다. 두 번째로 2세와 3세가 한국의 유산, 전통, 가치를 지키면서 그것을 최상의 미국 정신과 융합하는 것이다. 나는 오늘의 우리를 있게 만든 한국의 유산과 미국의 전통인 자유와 기업정신을 함께 살려나가면 한인 동포사회는 장래에도 미국에서 계속 번영하리라고 믿는다.

Michelle Park Steel 미셸 박 스틸

조세형평국 부위원장 미셸 박 스틸은 2006년에 캘리포니아 주 조세형평국 위원으로 당선된 후 2010년에 재선되었다. 미셸 박 스틸이 대표하는 조세형평국 제 3 지역구에는 로스앤젤레스 카운티를 비롯하여, 샌버나디노, 오렌지, 리버사이드, 샌디에이고와 임페리얼 카운티가 포함되어 있으며, 800만 명이 넘는 주민을 대표한다.

그녀가 납세자를 위해 헌신하게 된 것은 30여 년 전, 그녀의 어머니가 부당한 세금을 부과한 조세형평국과 싸우는 것을 본 것이 계기가 되었다. 이민자로 작은 가게의 주인이었던 미셸의 어머니는 거대한 주 정부 기관과 싸워서 이길만한 자원이 부족해서 어쩔 수 없이 조세형평국의 요구에 굴복해야 했다. 미셸은 그 경험을 결코 잊지 않았다. 조세형평 위원이 된 바로 첫 해에 미셸은 캘리포니아 주에서 세금과의 싸움을 주도하는 사람으로 두각을 나타내기 시작했다. 2007년 12월, 스틸은 조세형평국이 캘리포니아의 사업주에게 수백만 달러의 보증금 반환을 지연하고 있다는 것을 발견했다. 그러나 스틸의 주도하에 절차가 변경되었다. 지금까지 조세형평국은 캘리포니아 사업주들에게 100만 달러 이상의 보증금을 반환했다. 2008년, 스틸은 디지털 다운로드에 5억 달러의 세금을 부과하는 새로운 iTax 제정에 반대하는 투쟁을 주도해서 성공했다. 스틸의 경력은 백악관 아태자문위원, 백악관 노인콘퍼런스위원, 가주통상위원회 위원을 포함한다.

페퍼다인대학교에서 경영학을 전공한 미셸 박 스틸은 남가주대학(USC)에서 경영학 석사를 받았으며, 현재 남편 숀과 함께 오렌지 카운티 서프사이드에 거주하고 있다.

편저자 및 역자 소개

편저자 민병갑

민병갑은 뉴욕시립대학교 퀸즈칼리지와 대학원 사회학과에서 석좌교수로 재직중이며, 재외한인사회연구소의 소장을 맡고 있다. 그는 한인 이민자 및 한인 2세들에 관한 다섯 권의 영어저서를 출판하였다. 그의 저서 중 『중간에 끼어서(Caught in the Middle): 뉴욕 및 로스앤젤레스 한인 커뮤니티』는 두 개의 최우수 도서상을 받았으며, 또 다른 책인 『미국에서 종교를 통해 정체성 유지하기: 한인 개신교와 인도 힌두교의 세대별 비교』도 세 개의 최우수 및 우수 도서상을 받았다. 이 밖에, 그는 편저자 및 공동 편저자로서 9권의 책을 출판하였다. 그가 가장 최근에 공편저한 도서로는 『젊은 세대 재미한인의 경험: 민족 및 인종 정체성에 관한 자전적 이야기』(2014)가 있다. 민병갑은 2012년, 미국 사회학협회의 이민연구분과로부터 '평생공로상'을 수상하였으며, 뉴욕지역 한인단체 및 여러 대학 연구기관으로부터도 한인 커뮤니티를 위한 그의 노력을 인정받아 다양한 상을 받았다.

편저자 토마스 정

토마스 정은 재외한인사회연구소에서 영문 제안서 집필 및 영문 원고 편집과 연구소 데이터뱅크 웹사이트 관리를 맡고 있다. 오벌린(Oberlin)대학에 입학하여 영문학과 흑인학(African-American Studies)을 공부하고, 조지아주립대학교로 옮겨 영문학 전공으로 학사학위를 받았다(프랑스어 부전공). 그는 『젊은 세대 재미한인의 경험: 민족 및 인종 정체성에 관한 자전적 이야기』(렉싱턴북스, 2014)를 민병갑과 공동으로 편저했으며, 오랫동안 다양한 장르의 에세이, 소설, 논픽션을 써왔다. 최근에는 사회학적 시선에서 바라본 인종, 정체성, 예술에 대한 생각을 담은 블로그(ishouldtakeyouthere.wordpress.com)를 운영 중이다. 토마스 정은 현재 뉴욕시 브루클린에 살고 있으며, 뉴욕시립대학교 대학원 사회학과 박사과정 학생이다.

편저자 김영옥

김영옥은 홍익대학교 영어영문학과를 졸업했고 뉴욕시립대학교 퀸즈칼리지에서 미술사와 사회학으로 두 개의 석사학위를 받았다. 그녀는 2005년부터 3년간 퀸즈칼리지 사회학과의 연구조교였으며, 2009년부터 현재까지 재외한인사회연구소의 연구원으로 근무하고 있으며, 몇 편의 학술지 논문과 저서의 장을 공동으로 집필했다.

역자 조동호

조동호는 현재 뉴욕시립대학교 퀸즈칼리지에서 종교사회학과 매스미디어의 사회학을 가르치고 있다. 한국신학대학과 대학원에서 그리스도교 경전의 사회학적 해석을 공부했고 뉴욕시립대학교 대학원에서 종교문화의 비판이론 연구로 박사학위를 취득했다.

Korean Americans Who Have Empowered the Korean-American Community

Co-edited by
Pyong Gap Min · Thomas Chung · Young Oak Kim

Translated by
Dongho Cho

Foreword to the Book Series

It has already been fifty years since the mass migration of Koreans to the United States started with the enforcement of the Immigration Act of 1965. The Korean-American population increased from about 70,000 in 1970 to approximately two million in 2014. About 45% of the two million Koreans in the United States are either 1.5-generation Koreans who came to the U.S. at the age of twelve or younger, or U.S.-born second- and higher-generation Korean Americans. Many of these younger-generation Koreans have completed their formal education and have participated in the labor market in the United States. Some of them participate in U.S.-based Korean ethnic organizations as staff or board members. Many have established their own families, and raising third-generation Korean-American children of their own. Although an active immigration of Koreans to Canada started in the late 1970s, a little later than the massive immigration of Koreans to the U.S., the Korean population there has also increased to about 200,000.

A predominant majority of researchers of Korean Americans were initially Korean immigrant scholars, but many 1.5-generation and native-born Korean scholars have recently joined. These researchers have actively studied Korean-American experiences for some time now. Approximately 140 books and hundreds of journal articles and book chapters focusing on Korean-American experiences have been published. Scholars began researching Korean Canadians in the late 1980s, much later than the genesis of research on Korean Americans. However, the number of publications on Korean Canadians has also recently increased, as there are now enough Korean-Canadian scholars who conduct research on their own group. The number of researchers who conduct research on Korean Americans and Korean Canadians is expected to continue to increase in proportion to the expansion of Korean communities in the U.S. and Canada.

Koreans settled in North America have maintained stronger ties with their homeland than overseas Koreans settled in any other region in the world. Additionally, compared to their co-ethnic counterparts in other regions, Koreans in North America are in a better position to help their homeland diplomatically, economically, culturally, educationally, and as consumers of Korean-made products. As a result, Korean government agencies and scholars have shown great interest in Korean-American experiences and the Korean communities in the United States and Canada. Hundreds of scholarly articles focusing on Korean-American experiences have been published in social science journals in Korea. However, these Korean-language journal articles are not as rigorous as English-language journal articles published in journals in the U.S. and European countries. Moreover, few Korean-language academic books published in Korea have examined Korean immigrant or Korean American experiences systematically. By contrast, a significant proportion of approximately 140 English-language books published in the U.S. have been recognized as significant books in social science professional fields.

By virtue of the Internet, researchers in Korea now have access to journal articles focusing on Korean Americans or Korean Canadians published in English-language journals in the U.S. and other Western countries. However, they usually do not have access to English-language books published in the U.S. and other Western countries, as university libraries in Korea are not very likely to have many English-language books focusing on Korean-American or Korean-Canadian experiences. As an ardent public sociologist who has made considerable efforts to make sociological knowledge available to as many people as possible, I have been concerned about the gap in information and data in Korea about Korean Americans and Korean

about Korean Americans for the long-term development of the Korean community. This will be the third edited book that the Research Center for Korean Community has published since it was established in 2009. This book is more meaningful than the other two books published before in that it includes personal narratives of Korean politicians and those in public service who have empowered the Korean community.

I hope many people will read this book and learn about how the authors of the essays have overcome difficulties and what strategies they have used in achieving their political and professional goals.

I would like to congratulate all of the authors of the essays on their remarkable political and professional achievements. I also would like to thank them for writing biographical essays for this important book. I am sure that this book will serve as an important reference for the Korean community and that it will also contribute to the literature on American immigration history.

January 2014
Hae Min Chung, President
Research Foundation for Korean Community (RFKC)

Acknowledgements

Many people have helped us to collect personal essays, edit them, and publish this book. We would like to acknowledge them here. First of all, we owe many thanks to Overseas Koreans Foundation for providing a grant to start a research project on Korean American political development in early 2012, which has turned into this edited book project. In particular, we would like to thank Ms. Jong Mi Lee and Dr. Bong-Seop Kim at Overseas Koreans Foundation for recognizing our Center's need for research funds. The grant amount was not enough to cover all expenses that incurred from this book project, involving contacting the selected politicians, collecting the essays, revising and editing them, translating them, and communicating and meeting with the editor of the publisher in Korea several times. Without financial support by Research Foundation for Korean Community, it would have been impossible for us to complete the book project.

We would like to express thanks to all members of the Board of Directors for ResearchFoundation for supporting our Center with their time and money. Two leaders of the Foundation – Elder Hae Min Chung, president of the Foundation, and Dr. Yung Duk Kim, chair of the Board – deserve special thanks for their dedicated services to the Center. The second co-editor, Thomas Chung, spent numerous hours in communicating with the participants in the personal essay project and editing their essays. Pyong Gap Min, the main editor, would like to express thanks to him for his important role in completing the book project. Dr. Dong Ho Cho translated almost all essays--English-language essays into Korean and Korean-language essays into English. We own him many thanks for completing his translations in a timely manner. Se Jung Yim, our Center's research associate, also spent numerous hours reviewing a few translations of the essays, translating all introductions to five parts, and communicating with the editor in Korea several times and sending manuscripts to her. She deserves the editors' special thanks. Young Oak Kim, another researcher associate for our Center, served as a co-editor of this book. She proofread and edited some English-language essays and the introduction, and edited all Korean translations closely, revising many translated sentences and paragraphs. The main editor wants to give heart-felt thanks to her for her numerous free hours spent for this book project and unselfish support given to me at home for many years.

Mr. Chan Kyu Lee, the representative of Bookorea, showed an unusual patience in waiting for the book manuscript for more than a year and completed the book production within a few months. Pyong Gap Min would like to express his sincere gratitude to him for his kindness shown in connection with publication of this book and look forward to our continuous coordination in publishing the Center's book projects in the future. We also would like to extend thanks to Ealim Sunwoo and Hanul Kwak at Bookorea for editing all Korean-language manuscripts and processing the publication of the book effectively and fast. Finally, we owe many thanks to all authors of their autobiographical essays for spending time completing their essays and sharing their stories. Without their effort to complete their essays, this book would never have been possible.

April 2014
Pyong Gap Min, Director
The Research Center for Korean Community

Table of Contents

I

Introduction

Pyong Gap Min

Introduction

Pyong Gap Min

Transformation from an Immigrant Community to an Ethnic Minority Community

The pioneer immigration of Koreans to the United States started between 1903 and 1905, with about 7,200 Koreans settled in Hawaii. In 2013, the Korean community celebrated the 110th anniversary of Koreans' immigration to the United States. However, even by 1970, the Korean population in the United States was less than 70,000, still almost invisible. It was the 1965 Immigration Act that propelled the mass migration of Koreans to the United States. Between 1965 and 2011, approximately 1.1 million Koreans immigrated to the United States (Min 2011). As a result of the influx of Korean immigrants over the past 50 years, the Korean population increased to over 1.7 million, including multiracial Koreans, in 2010 (Min and Kim 2013: 36). According to the 2007-2011 American Community Surveys, approximately 28% of single-race Koreans were born in the United States, with another 21% of them belonging to the 1.5 generation (those who came to the U.S. at the age of 15 or earlier). This means that first-generation Korean immigrants compose only about half (51%) of the single-race Korean population in the United States. Among foreign-born first-generation Korean adults (those 18 years old and over), the majority (56%) are naturalized citizens. Since temporary residents with no green cards compose a significant proportion of first-generation Korean immigrants, Korean immigrants with citizenship comprise the majority of Korean green-card holders.

The above data suggest that the population in the current Korean community consists mainly of long-time Korean residents with American citizenship and younger-generation (1.5-generation and U.S.-born) Koreans. Thus, the Korean community in the U.S. is no longer an immigrant community full of recent immigrants. In this day and age, it has evolved into an ethnic minority community with deep roots in American society. In the 1980s and early 1990s, Korean immigrants, predominantly engaged in small businesses in minority neighborhoods, had severe intergroup conflicts with black customers, white suppliers, and government agencies regulating business activities (Min 1996 & 2008). The self-employment rate of Korean immigrants has dropped during recent years, as recent college-educated immigrants can speak English much better than those who came to this country in the 1980s and early 1990s (Min 2013a). Moreover, Korean immigrant merchants no longer have major conflicts with either black customers or white suppliers (Min 2013a). Korean merchants' conflicts with local government agencies, which were severe in the 1980s and early 1990s, have also been greatly reduced. In addition, the overwhelming majority of younger-generation Koreans participate in the mainstream economy, and a very small proportion of them are self-employed (Min 2013b). Like other younger-generation Asian Americans, they do very well socioeconomically, with about two-thirds of them engaging in professional and managerial occupations. As a result, the Korean-American community is closer to American society in terms of their socioeconomic activities than twenty years ago.

The Korean community also maintains closer ties to the larger American society through Korean community organizations. In the 1980s and 1990s, Korean community leaders in different Korean communities in the United States established many Korean social service and empowerment organizations, using community donations as major seed monies. These organizations have now grown into major social service and empowerment organizations. Their annual revenues, ranging from hundreds of thousand dollars to a few million dollars, derive mainly from mainstream American society, including government agencies, non-profit organizations, and corporations. The participation of many younger-generation Korean adults in these Korean community organizations has enabled them to get grants and donations from the larger society. Other younger-generation Koreans who participate in the mainstream economy have also helped Korean ethnic organizations with fund-raising activities by connecting the representatives of the companies that they work for to the organizations.

During recent years, particularly in the metropolitan New York-New Jersey area, we have seen many influential local non-Korean politicians participate in the galas and cultural events of almost all major Korean organizations. This is another piece of evidence that the Korean community is now much closer to mainstream American society. Mainstream politicians and high-ranking administrators have paid attention to Korean community events partly because the Korean-American population is large enough to influence voting results for city council, state assembly, and even congressional/senatorial elections in many large Korean communities. Also, they have done so partly because Korean empowerment organizations, such as Korean American Civic Empowerment and MinKwon Center for Community Action in the New York-New Jersey area, have contacted them regularly, reminding them of the importance of Korean-American votes in electoral politics. Korean umbrella and cultural organizations in major Korean communities have also invited many local political leaders to Korean cultural festivals during recent years in their effort to publicize Korean culture. Finally, the election of many Korean Americans as members of school boards, city councils, and state assemblies, and as high-ranking administrators further testifies to the assimilation of Korean Americans into the mainstream society.

The Importance of Research and Data on Korean Americans and the Korean Community for Long-Term Development of the Korean Community

It is a well-known fact that Jewish Americans have achieved a much higher level of socioeconomic attainments than other white ethnic groups, but that they have also preserved their ethnic culture and ethnic organizations far more successfully. The two things—socioeconomic mobility and ethnic retention—seem to be mutually exclusive. However, ethnic retention has a positive effect on ethnic mobility. Studies of children of contemporary immigrants have shown that those who are bilingual, bicultural, and stronger in terms of their ethnic identity are more successful in school performance than those who are monolingual and weaker in terms of ethnic identity (Gibson 1988; Rumbaut 1995; Zhou and Bankston III 1998). Jewish Americans have been very successful in socioeconomic mobility and political development mainly because they have retained their cultural traditions and history and maintained ethnic organizations far more successfully than other white ethnic groups. Without a doubt, Jewish immigrants' higher class background, characterized by their higher educational level and urban occupational background, gave them an advantage over other white immigrant groups in their initial occupational adjustment in the late nineteenth and early twentieth century (Steinberg 1981). But, if their initial class advantage had been the only significant factor to their much higher socioeconomic mobility, how could they have maintained their socioeconomic advantage over other white ethnic groups over three or four generations? There must be important group-specific factors, which can be characterized by their higher cultural, social, and psychological ethnic attachments (Gold and Philip 1996).

Given that Jewish Americans' more successful retention of ethnic culture and organization of social institutions are central factors to their high level of socioeconomic mobility, in order for Korean Americans to learn from the Jewish-American community, we need to examine and explain their successful ethnic retention itself. There are many other important factors, such as their national religion, their pre-migrant experiences with discrimination and hostility, and their high residential concentration in several large metropolitan areas, which have contributed to their strong ethnic attachment (Gold and Phillip 1996).

However, I believe that their great effort to study their own history, culture, and ethnic communities through Jewish studies centers and programs is the most important factor to their successful preservation of ethnic traditions. Most major colleges and universities in large metropolitan areas have Jewish studies centers and programs that offer courses related to Jewish history, culture, and organizations, and conduct research on Jewish Americans. As census data do not include information and data about Jewish Americans, the Jewish community has conducted the North American Jewish surveys regularly to provide data and information about Jewish Americans' demographic and socioeconomic characteristics, settlement patterns, intermarriage rate, religious practices, and other aspects of their experiences. Jewish research centers have also regularly reviewed studies on Jewish Americans conducted in different Jewish communities. Results of the national survey and independent studies have been widely distributed to Jewish scholars and Jewish organizations. They have been very helpful to Jewish social service agencies, empowerment organizations, and Jewish Federations (the umbrella Jewish organizations in different metropolitan areas) in making long-term plans.

The Korean community also needs research centers to provide data and information on Korean Americans. I realized that establishing a Korean research center at Queens College would put me in a unique position to provide data and information to the Korean community, especially because it is located in Flushing, the site of the largest Korean enclave in the New

York-New Jersey area. Yet, I thought that this idea of establishing a research center at Queens College could never materialize because establishing and running such a center involves a large amount of money. However, this vague idea of mine took a more concrete form when I met a Korean business owner who was considering donating a big fund for establishing a research center for the Korean community at a college. With the help of the business owner, I established the Research Center for Korean Community at Queens College (hereafter, the Center) in 2009. The two major objectives of the Center are (1) to conduct research useful to the Korean community, and (2) to provide data and information about the Korean-American population to Korean community organizations and individuals, as well as to higher educational institutions and government agencies in the United States and Korea.

The first book project of the Center was *Koreans in North America: Their Twenty-First Century Experiences*, published in 2013. This book provides basic statistical data on immigration, settlement, and business patterns of Korean immigrants in the U.S., the transnational ties of Korean immigrants in Canada to their homeland, and qualitative data on second-generation Korean Americans' ethnic identity. It also includes a comprehensive annotated bibliography on Korean Americans. As expected, many Korean community leaders consider this book very useful to the Korean community, thus, the book has been widely distributed to the Korean community and Korean government agencies. The Center's other book project that will prove to be important for the Korean community is *Younger-Generation Korean-American Experiences: Personal Narratives on Ethnic and Racial Identities,* which will be published in the spring of 2014. This book, through personal essays, compares an earlier and a later cohort of younger-generation Korean Americans in the formation of their ethnic and racial identities. My two other book projects in progress are: (1) New York Korean Immigrants' Efforts to Transmit Korean Culture to Children and to Promote it to New Yorkers and (2) The History of the Korean Community in the NY-NJ Area: Changes over the Decades. It may take a few more years to get these two book projects published.

I believe that publishing edited books that include Korean immigrants' and second-generation Koreans' personal narratives regarding their struggles for adaptations to the United States is important in this stage of community development, especially because many old-timer Korean immigrants who have played an important role in the development of the community are passing away. Taking this into consideration, I have started two edited book projects. The first of the two projects is the book that you are reading right now, Korean Americans Who Have Empowered the Korean Community. The other project is tentatively titled *Koreans Who Have Promoted the Korean Language in the New York-New Jersey Area*. I have worked with two different co-editors on these two book projects—Thomas Chung and I started the former book project in summer 2012, while Se Jung Yim and I started the latter book project in fall 2013.

Korean Americans Who Have Empowered the Korean Community

I would like to briefly describe how I came up with the idea of this edited book project. I had originally planned to conduct research on Korean Americans' electoral political development using personal interviews with staff members of Korean empowerment organizations and Korean elected politicians in several different Korean communities. To raise funds for this project, we submitted a research grant proposal to Overseas Koreans Foundation, as it had encouraged us to do. However, we received a much smaller grant than expected from the organization for the proposed project. Thus, instead of conducting research, we decided to gather information about Korean elected politicians and high-ranking administrators and judicial appointees with the mini-grant. We made a list of Korean-American politicians, administrators, and judicial appointees in June 2012 and posted it on our Korean American Data Bank. We updated the list in November 2013 based on results of the 2012 and 2013 elections.

With the remaining funds from the grant, we also started a book project consisting of personal narratives by Korean-American elected politicians and appointed medium- or high-ranking administrators or officials. We located about 50 elected and/or appointed Korean-American politicians, administrators, and federal government employees, including those working at White House. In September 2012, we sent our letters, inviting them to write personal narratives about how they succeeded in politics or secured high-ranking public service positions by overcoming racial discrimination and other difficulties. We asked them to introduce their parents' or their own immigration stories and initial struggles in the United States, their educational background, their political ideology, their retention of Korean culture and identity, and the importance of their Korean background for their political activities. We asked each of them to write a seven-to-fifteen-page double-spaced biographical essay.

About 30 of those who had received our invitations agreed to write personal essays. We asked them to complete their essays by the end of 2012. However, fewer than ten participants completed their essays by the original due date. We contacted those who had not completed their essays several times throughout 2013, but by the end of September 2013, we had still received essays only from fifteen people. To acquire enough essays for an edited book, we contacted three additional Korean Americans who were not politicians or directly involved in the three branches of American government. These three individuals were Korean community organizers (Steven Choi, Yung Duk Kim, and Dongsuk Kim). Since they engage in activities that contribute to empowering the Korean community, their essays are relevant for the main objective of this book.

We reviewed all of the essays and asked most of the authors to revise their essays by shortening them or adding important information. A few of them went through second or third revisions. We also edited the final versions of their essays.

We asked the participants to write their essays either in English or in Korean. Sixteen participants wrote their essays in English, while the other two (Dongsuk Kim and Soohyun Koo) wrote theirs in Korean. To publish a bilingual book, Dongho Cho translated the English-language essays into Korean and the Korean-language essays into English. Since many technical terms were included in these essays related to politics and public administration, translations were very difficult and time-consuming. Young Oak Kim, Sejung Yim and I reviewed Dong Ho Cho's translations and revised and edited them.

Nine of the 18 participants were either former or current elected politicians at the time they were writing their essays. Among these nine elected politicians, four of them were City Council members and the other four were Representatives or Senators of state legislatures. Only one(Jay Changjoon Kim) was a former Congressional member of the U.S. House of Representatives, the only Korean American ever elected as a U.S. Congressman. The other nine were either middle- or high-ranking appointed government employees(five) or community organizers(four). Eight participants are first-generation immigrants and the other ten are either 1.5-generation (those who came to the U.S. at 15 or before) or U.S.-born Koreans. While only two first-generation immigrant participants were women, seven of the ten younger-generation participants were women. Although more Korean-American men may serve as elected politicians or government employees, more Korean-American women found time to write their essays. Five of the participants live in the New York-New Jersey area, while the others live in several different states, including California, Washington, Georgia, Pennsylvania, Virginia, and Hawaii. Additionally, a wide range of political ideologies—liberal, conservative, moderate, and non-partisan— are represented in this book.

We believe that this book is important because the eighteen personal narratives provide information useful for the Korean community and government agencies in Korea in two ways. First, in these personal narratives, the essayists talk about how they overcame their disadvantages as Korean immigrants and minority members and achieved their goals. Thus, their stories will give young Korean Americans—especially those who aspire to have political and public service careers in the future—inspiration, courage, and advice. Korean community leaders are currently well aware of the importance of locating promising Korean-American political candidates and helping them get elected as mayors, members of city councils, state assemblies, and even the Senate and House of Representatives. However, there is little information in the Korean community that can be sources of information for beginning politicians and other public servants. For the development of electoral politics, the Korean community needs statistics about Korean and other Asian Americans' acquisition of citizenship, voter registration, and voting patterns. However, the community also needs qualitative data regarding established Korean politicians' personal journeys and struggles to overcome difficulties deriving from racial prejudice. Although this book contains fewer essays than originally planned, I hope that it will still serve as an important qualitative source of information for Korean Americans who plan to pursue careers in politics and public service.

The second reason that this book will be useful is because of its importance as a historical source of data for the Korean community and Korean government agencies. We asked the participants in the book project to use as many personal stories as possible in writing their essays so that the book can serve as a historical data source. Roughly five of the essayists are first-wave post-1965 immigrants who are now in their seventies. It is important to keep records of these old timers' stories of struggles so that new immigrants and second-generation Korean Americans can learn from their experiences. However, it is also important to record the stories of younger-generation Korean Americans; most of the essayists featured in this book are 1.5-generation Korean Americans and U.S.-born second-generation children of Korean immigrants. Their growing up as Korean Americans and their career trajectories as politicians, other types of public servants, and community organizers will also serve as valuable historical data sources for second, third, and subsequent generations of Korean Americans in the future in thirty or forty years later. Using personal narratives is a better oral history method than using taped personal interviews because the authors can describe and reflect on their past experiences more accurately than researchers can capture through personal interviews.

This book is divided into six parts. Part 1 is the introduction to the book. In order to help readers understand essays more easily, I have divided the eighteen essays into five different Parts (Parts 2 through 6) by putting three, four, or five essays with some commonalities into each part. In separating these essays into different categories, I considered not only the authors' generation, but also the strength of their Korean ethnic identity, and for which group—for the Korean community, for Asian Americans and other minority groups, or for their local electoral districts— they have been fighting for. In addition, I have considered whether they are elected politicians, appointed government employees, or community organizers as an important criterion for grouping them together. Nevertheless, readers will find the essays included in each Part to have some differences, especially in terms of generation or political ideology.

References

Gibson, Margaret. *Accommodation without Assimilation: Sikh Immigrants in an American High School.* Ithaca, NY: Cornell University Press. 1988.

Gold, Steven, and Bruce Phillips. "Mobility and Continuity among Eastern European Jews."

In *Origins and Destinies: Immigration, Race, and Ethnicity in America, edited by Silvia Pedraza and Ruben Rumbaut.* Belmont, CA: Wadsworth Publishing Company. 1996. pp.182-194.

Min, Pyong Gap. *Caught in the Middle: Korean Communities in New York and Los Angeles.* Berkeley: University of California Press. 1996.

_____. *Ethnic Solidarity for Economic Survival: Korean Greengrocers in New York City.* New York: Russell Sage Foundation. 2008.

_____. "The Immigration of Koreans to the United States: A Review of 45 Year(1965-2009) Trends." *Development and Society* 40. 2011. pp.195-223.

_____. "Changes in Korean Immigrants' Business Patterns." In *Koreans in North America: Their Twenty-First Century Experiences,* edited by Pyong Gap Min. Lanham, MD: Lexington Books. 2013a. pp.57-74.

_____. "The Socioeconomic Attainments of Korean Americans, Compared to Native-Born Whites and Other Asian Groups, in the New York-New Jersey Metropolitan Area: Generational Differences." Research Report 5. New York: The Research Center for Korean Community. 2013b.

Min, Pyong Gap, and Chigon Kim. "Growth and Settlement Patterns of Korean Americans." In *Koreans in North America: Their Twenty-First Century Experiences,* edited by Pyong Gap Min. Lanham, MD: Lexington Books. 2013. pp.35-56.

Rumbaut, Ruben. "The New Californians: Comparative Research Findings on the Educational Progress of Immigrant Children." In *California's Immigrant Children: Theory, Research, and Implications for Educational Policy,* edited by Ruben Rumbaut and Wayne Cornelius. San Diego: Center for U.S.-Mexican Studies, University Of California, San Diego. 1995. pp.17-70.

Steinberg, Stephen. *The Ethnic Myth: Race, Ethnicity, and Class in America.* Boston: Beacon Press. 1981.

Zhou, Min, and Carl Bankston III. *Growing Up American: How Vietnamese Children Adapt to Life in the United States.* New York: Russell Sage Foundation. 1998.

II

Self-Made Old-Timer Immigrant Men

Paull Shin

Jay Changjoon Kim

Joseph Cho

Sunny Park

The following four essayists are grouped together partly because all of them are old-timer Korean immigrant men and partly because they share the commonality of making extraordinary and miraculous achievements with exceptional hard work, determinations and endless stamina under the most difficult circumstances. They came to the U.S. between 1953 and 1974 when South Korea went through the Korean War and ensuing poverty. Paull Shin led a life of a street hooligan as an orphan in Korea before he was adopted by a U.S. army officer at 18 in 1953. While working as a houseboy at a U.S. army unit in Seoul, he was adopted. He started his education in the U.S. at late age, but he ultimately completed his Ph.D. program and had a teaching career for over 30 years at different universities. He later challenged the electoral politics by running for a seat in the Washington State Legislature. He succeeded in it and later successfully ran for a State Senatorial seat. He completed his personal essay at the end of 2011 as a Washington Senatorial member. But, unfortunately, at the end of 2013 he had to retire from his political career due to his health problem.

The other three old timers who came to the U.S. in the 1960s and early 1970s for further study suffered from poverty in Korea and went through all kinds of difficulties in the U.S. for economic survival and earning tuitions. But all of them successfully completed their master's degrees and achieved an economic success. For these hard-working and self-made people, business was the best way to achieve a quick economic success. All three essayists became very successful in their businesses.

Jay Changjoon Kim entered politics in his early 1990s by successfully running for a City Council and Mayoral seats in a predominantly white upper-middle class municipality (Diamond Bar) in Los Angeles. Only two years after he started his political career, he was elected to the House of Representatives. He is the only Korean American who has ever elected as a Congressional member. Joseph Cho had been involved in the democratization and reunification movement in South Korea for dozens of years before he met the challenges in American mainstream politics in his early sixties. While serving his third term as a City Council member in his late sixties and early seventies, he received his Ph. D. and engaged in his Korean peace movement. Sunny Park has not pursued a political career, but his life has been as dynamic as anyone the readers of his personal essay may know. As the owner of a major maintenance business and a few other businesses in Atlanta, he has also established Good Neighboring Foundation to encourage Korean immigrants to be more active in community affairs. He has received numerous achievement and appreciation awards from American organizations,

In addition to their language barrier and financial difficulty, these old-timer Korean immigrants encountered severe racial discrimination. Paull Shin indicated that he was restrained from getting into a restaurant with a sign "For Whites Only" in a town in Texas when he was in the Army in the 1950s. Especially when they organized political campaigns, did they experience vulgar forms of racism. Paull Shin encountered overt racial rejection in Washington State even in the early 1990s when he engaged in political campaigns. When he doorbelled a home in a neighborhood near his home, he recalled a white man saying, "Why don't you Orientals go back where you came from?"

The four Korean older timers who share their endless fighting for survival and achievements differ in their political ideology. Jay Changjoon Kim and Sunny Park are conservative on economic issues and thus are affiliated with Republican Party. By contrast, Joseph Cho is a liberal Democrat and has been slightly on the left on the Korean unification issues. Paull Shin has remained as a moderate Democrat throughout his political career. As self-made overachievers all four share the conservative belief that "you can make it in America if you work hard." But it is interesting that they are significantly different in their political ideology.

1 Adoption is a Blessing

Paull Shin
State Senator, Washington (21st District)

I, for one, consider it a great blessing to be adopted. I was born in Korea, and when I was only four years old, my mother died and my father abandoned me. I led the life of a street urchin until the age of fifteen. I had the great fortune of encountering a man who truly gave me my life, Dr. Ray Paull. Dr. Paull adopted me, brought me to the United States, and helped me get an education. He encouraged me to work hard to achieve my goals, and to let nothing stand in my way. I am blessed to be adopted and I worked hard to overcome the obstacles I faced over the years.

When I was young, prior to my adoption, I lived the life of a street hooligan. Having no place to go, my life consisted of standing on the street corners of Seoul begging for food to stay alive. I had few friends and only one ambition. I desired more than anything to get an education and become a better person. I wanted to have a life of learning and achievement.

When the Korean War broke out in 1950, I fled to the southern part of the Korean peninsula near the Yesan area to avoid the Communists. Having heard that the U.S. forces were landing in Inch'on, I decided to walk up to the front and greet the arriving American troops. I proceeded to the front line. It was there that I saw a convoy of hundreds of vehicles passing across the bridge so they could continue to advance on the north. I was one of the hundreds of kids standing by the rubber raft bridge waving at the soldiers in the front. "Hallo, chewing gum, Hallo, chocolate," we would shout, hoping that they would throw out candy and things to us. One day, for reasons I don't know, one of the soldiers lent his hand to me, and as I reached out to him, he picked me up and brought me over to the truck. It was this simple gesture that constituted the beginning of my new life.

New Beginnings

The Army took interest in me; upon crossing over into Seoul, they placed me in a unit of seven Army officers as a houseboy. There I began my first and new career as a houseboy, polishing their shoes, washing and ironing their clothes, and helping them to find some comfort in what was an otherwise difficult situation. Though, as a houseboy, I had a comparatively good life, I still had no family. This fact deeply saddened me and I would slip away from my duties sometimes to cry. One evening, I slipped away and climbed a nearby hill. I sat down, buried my face in my arms and began crying. After a few moments of this, I raised my head and saw Dr. Paull looking down upon me with a hurt look on his face. I told him to go away, but he would not. He asked me why I was crying, but I would not tell him. Finally he said to me, "I have three children in the United States. When they cry, it hurts me inside. When I see you cry it also hurts me." He then leaned over and gave me a hug. This hug was the beginning of my new life. A life filled with the love of a father, mother, and brothers. I am grateful to the man I consider my father because he was the first person to show me genuine love with no strings attached.

As a result of this close relationship we nurtured, he decided to adopt me. I was sixteen years old then, and after we completed the necessary paperwork, which took nearly two years, I was able to come to the United States at age eighteen. When I arrived in the United States, I met my mother and three brothers, who were all Caucasian with blond hair. Needless to say, I felt extremely out of place. They identified themselves as my mother and brothers, which gave me an overwhelming feeling of warmth and acceptance. Having been adopted by the Paull family, I was relieved to know that for the first time in my life, there was a place for me. I was given my own room, a bed, new civilian clothes, and they provided me with a loving home and an opportunity for an education.

American Education

After dinner on my first night in the United States, my Dad asked me what I would like to do. Having missed the opportunity to receive a formal education, my immediate response was "Father, I would like to be educated." He said, "Let's go to the high school tomorrow," to which I replied, "Sorry, Dad, but I have not gone to school in Korea." He looked at me somewhat perplexed, and said, "Not even grade school?" His question made my complexion turn red with embarrassment. I replied, "No sir." When he saw my expression, he said, "That's alright, let's go to grade school tomorrow." So the next day he took me to elementary school, only to be rejected by the principal, who told us I was too old for that school. I was completely speechless and extremely hurt, but my father was undaunted. He said, "Well, in that case, let's go to the junior high school." He took me to junior high school, but again the principal looked at me with a smile, apologetically explaining that I was too old. As a last resort, we went to the high school. The principal looked at me and said, "You have no grade school education, no junior high school education, how can I possibly take you? I'm sorry." When I heard this third and final rejection, I was so disappointed and emotionally hurt that I burst into tears.

The principal asked me why I was crying. I said, "Sir, one of the reasons

I came here was to get an education, but getting an education has become an impossible dream for me." To that he asked, "Do you really want to study that much?" I said, "Yes sir." He told me there was a special program called the GED for young people like me. I could study high school courses by myself, and if I passed a special examination, I could receive a high school diploma, and then be eligible to enter college or a university. He asked me, "Would you like to try that?" I had no idea what the GED was, but the thought of going to school excited me, so without hesitation I said "Yes sir." As a result, the principal was kind enough to provide a special tutor for me, Mrs. Evans, who taught me English, social studies, and history during the day. At night, my father taught me math, chemistry, and physics. In the meantime, my adoptive mother chauffeured me around to school and taught me English as much as she could, while trying to make my education as convenient as possible. Through this concerted effort and teamwork, I studied for a year and a half. I was able to take and pass the GED test.

I went on to university, and after getting a college degree, I continued into graduate school, eventually receiving a Master's and Ph.D. from the University of Washington. I was fortunate to have my mother and father attend my graduation. As I was walking down the aisle with my diploma in hand, this time it was my dad who was emotionally moved. He burst into tears, saying "Son, I want to thank you for what you have accomplished in this country." I told him, "Dad, how can you thank me? It is I who should thank you. You brought me out of nowhere and provided me with a home, a family, food, shelter, and an education. But above all, the love that means so much, for that I thank you."

Discrimination and Other Obstacles

I was blessed by my adoption, though it by no means cleared all the obstacles from my way. As a minority living and working in the United States, my life was not without some problems and obstacles. Among my many experiences in the United States, one of the problems and challenges often confronting me was the simple question, "Who am I?" When people would ask me if I was Japanese, I'd say no. When they asked if I was Chinese, I'd say no. Then they would ask, "Well, what are you then?" To that I told them, "I'm an American." Their reply was always, "Oh, no no, I mean who are your ancestors?" This was a very uncomfortable question for me, because over the years, I found that no matter how hard I tried to become American, somehow I was always branded a minority. This is one of the main problems faced by adoptees and most international minority groups in the United States. Each of us, whether we were born in the United States, adopted by American families, or immigrated to the United States, have to find our identity. Having left Korea from such a destitute situation, I vowed that I would become an American. But as I tried to assimilate into American life, some situations prevented me from accomplishing this goal. For example, when I attended church, I found that I was the only Asian in the congregation. Of course, the people would act kind and polite toward me, but I couldn't help feeling a sense that I wasn't fully accepted. I don't mind telling you that for years I contemplated whether I really could become an American.

Fortunately, there are several experiences that helped me find my identity and sense of belonging. In 1958, I was drafted into the U.S. Army. I took basic training in Fort Hood, Texas, and was sent to Germany to serve the United States. During basic training, we stayed on base, and ate what we called "GI grub." Tired of the GI food we were served during the week, some friends and I would go off base to enjoy some decent civilian food on weekends. One day, four soldiers and I got on the bus and went to Temple, Texas to find a nice restaurant. We found a nice, elegant restaurant—I could tell from the outside it had a beautiful chandelier hanging from the ceiling, white tablecloths, and waiters dressed in uniforms. It looked expensive and very elegant, so my friends and I decided to treat ourselves. We were ready to walk into the restaurant, but to my dismay, I noticed a big sign reading "FOR WHITES ONLY." I hesitated, not knowing what to do. My friends said "Come on Paull, you're in the Army, you're one of us," and dragged me into the restaurant. Sure enough, just as we were sitting down, the proprietor, wearing a tee shirt and white cap, saw me and rushed over, asking me what I was doing there. Without waiting for an answer, he literally picked me up with both hands and walked me all the way across the restaurant. He was so upset and angry that he kicked the front door open and threw me outside. As my bottom hit the concrete floor, it hurt. But what hurt much more was the emotional wounds that discrimination and rejection made so difficult to endure.

That evening I cried all night, soaking my entire pillow. The questions racking my mind were "Where do I belong? What should I do? What is my identity?" In my secret prayer the next morning, I said to myself, "Someday I want to serve you." One of the most important lessons I learned from these tragic experiences was transforming negativity into positive affirmation. We all experience negative forces, but we can choose to respond negatively or positively.

The lesson I learned was to view life in a positive way, while solving problems and improving one's station even in the midst of adversity. In the mornings, we participated in saluting the American flag, and throughout the day, we served the country in various capacities. Until I went into the military, I felt very much like a foreigner. Yes, my family always stood by me, loved me, and cared for me, but because of racial differences, it was difficult to find my position in society. In the military, I felt a sense of belonging and I knew that I was serving the cause of freedom, democracy, and equality, the fundamental beliefs of the United States. I felt glad that I was finally beginning to feel comfortable with my surroundings and with my associates.

When I left Korea, I vowed never to return again because of the discrimination and suffering that I endured. I came to the United States with a new attitude and a new purpose—to seek the rainbow I had heard was the American Dream. I tried my hardest to become a part of my adopted family, who had shown me so much love and attention, but the society around me was not nearly as hospitable as my family. Society continued to question my ability to become an American. As I searched for an identity and my true self, I discovered that in order to find my true self, I had to seek out my heritage. In studying the language, history, and culture of Korea, I was able to understand my unique background and relate that to my present situation. In doing so, I was able to reconcile with myself and understand my role in this hybrid society that was the United States. Although one can be adopted and loved by a caring family, it is impossible to change one's color; I will always be a Korean American. However, I have learned to include myself in the American mainstream, to find a positive way to contribute to this society. Sometimes mainstream Americans find it awkward or difficult to approach me; I have found that taking the initiative to extend a hand of friendship is an effective way to find that identity, and in doing so I have become more comfortable. In the final analysis, I realized that self-pity was a destructive force, and that believing in oneself was of more value than anything else.

Positivity, Faith, and Teaching

As you can see, I have been very blessed; I consider myself living proof of American opportunity. In the course of receiving my education, I came upon a passage by Benjamin Franklin, who wrote, "A grateful person is one who realizes blessings and reciprocates by serving." Having received so many blessings in this country, I decided to serve. I embarked on a teaching career that spanned over 31 years, starting with the University of Maryland, Brigham Young University, and Shoreline Community College, teaching Asian history and International Relations to students in the United States. To be able to teach students is extremely gratifying; especially when you see that your words and actions are a benefit to others and will help them prepare for life.

I cannot say that my experience is exceptional; indeed, there are many Korean adoptees in the United States who have found successful, meaningful lives, and many ways to contribute to the betterment of their communities. While I cannot speak for other parts of the world, anecdotal reports suggest that Koreans living in many parts of the world are well adjusted and have done well.

Being a teacher helped me to understand the many issues associated with self-identity and discrimination. I had the opportunity to teach students from all walks of life, and from every ethnic background imaginable. At some point, we always approached the question of identity. Yes, I'm an adoptee, a Korean American in an American family, but somehow society often refused to recognize that. But mingling and associating with my students, I taught them the concept that we are all God's children, that we are all brothers and sisters. My belief in the Christian faith helped me to reemphasize this idea, and strengthened my conviction that I could be an American just as much as anyone else.

Taking the Next Step to Public Service

It is through that faith in the human race that I tried to overcome the obstacles I faced. It took many years of hard work and soul-searching, and seemed to be a never-ending crisis to establish my identity. Having found one, I decided the best way to pay back the country that provided me so many blessings was through public service. I felt that serving in politics was one of the fastest ways to be integrated into the mainstream and to give back to my community. I had never run for a public office, but in 1992, I decided to run for a seat in the Washington State Legislature. My opponent was a four-term incumbent, a well-known man who represented a fairly homogeneous district.

There was a whole host of people who told me that I couldn't achieve my goal, but I had a strong will and desire to serve. Once I decided to run, I visited every home in the district, telling constituents this was my adopted homeland. I told them I had been blessed so much by American opportunity that it was time for me to pay back what I had received. The people I met were cordial and polite, and many even said they would vote for me, but I did not believe them. Much to my astonishment and surprise, the election results told me that I had won by an 11% margin. I had a startling revelation in the course of this campaign. I was afraid to run for public office because of my color. Deep down in my heart, I did not believe that I could be fully accepted by the American people. My victory in 1992 proved that I was wrong. The fear I had was, to quote President Franklin Roosevelt, "fear itself."

For example, as I was doorbelling in a neighborhood near my home, I met an older gentleman who was visibly disturbed by my visit. He used some derogatory words referring to my race, and I recall him saying, "Why don't you Orientals go back where you came from?" I was very hurt and upset, but I tried to mask it with a smile. I tried to justify my existence to him by telling him about myself, that I had a wife and children, that I had been teaching school in the area for over 30 years, and so forth. I explained to him that America is a country of immigrants, and since his ancestors came to America before me, I invited him to be the first to leave, then I would follow. His anger slowly subsided, and what began as a negative interaction turned into a positive experience. Not only did he say he would vote for me, but we became friends. He even proposed that I put up my campaign signs in his yard, and needless to say, he became one of my most ardent and enthusiastic supporters.

In 1998, I ran for a seat in the Washington State Senate, going against a 26-year career politician, and once again, I was told that it was impossible. Once I decided to run though, I went through four pairs of shoes walking nine miles every day, nine hours a day, visiting everyone in my district. I visited over 28,000 homes, soliciting the votes of the neighbors and people whom I so desperately wanted to serve. Again, through belief in myself, and with a lot of blood, sweat and tears, this time too I was able to overcome, and was elected to the Washington State Senate.

I am a member of the Democratic Party and serve on the Higher Education and Workforce Development Committee (vice chair), the Agriculture and Rural Economic Development Committee (vice chair), the Economic Development, Trade and Innovation Committee, and the Transportation Committee. I also serve on the Lieutenant Governor's Committee on International Relations. I have additionally been honored with the role of Vice President Pro Tempore, which presides over floor action in the absence of the Lieutenant Governor and President Pro Tempore. In my role on these committees I focus heavily on issues surrounding trade and economic development. I regularly travel abroad with my fellow legislators on trade delegations to promote Washington to the world. I am also personally committed to strengthening our education system. Education was instrumental to my success here in the U.S. and I believe all students should be afforded the opportunity to receive a high quality education.

Reflections

So you may ask, "What does my story prove?" It proves that whether you're an adoptee or not, as you search for the answers to the questions of identity, you can overcome anything with the right spirit and determination. I truly believe in the power of positive thinking, and the conviction that you can achieve anything you set your mind to. I learned this valuable lesson as I went from feeling like a nothing to feeling a strong sense of acceptance and accomplishment.

It also strengthens my belief that adoption is a blessing. You have heard the saying that "blood is thicker than water." This is true, but my testimony to you is that "love is thicker than blood." It is that love you possess through your adoptive family, you become one of them, and you share love by giving and receiving. It is love that conquers all. Again, it is not a spontaneous and easy matter; one has to work at it to achieve a positive result. If you first have love for yourself, you can begin to love others and feel a desire to serve your fellow men. I have met many adoptees and Asians in the United States who have poor self-esteem, who suffer from inferiority complexes and lack a self-identity. My advice to them is simply work at loving yourself and believing that you are equal in capacity and potential to anyone else. When you have positive self-esteem, you can begin to identify yourself and what you are.

Some people may have had experiences similar to mine, while others may have experienced even worse. Be that as it may, we share a common background. There are over 200,000 Korean adoptees throughout the world, though most are located in the United States. Each one of them must go through a cycle, from a distinct racial background to social acceptance and integration into the American mainstream. It does not come automatically; it takes work, a lot of stamina, prayerful thinking, but above all, action.

Paull Shin

State Senator Paull Shin(Democrat) represents Western Snohomish County, including Mukilteo, Lynnwood, parts of Edmonds, and Mountlake Terrace, in the state of Washington. Senator Shin was born in 1935 and adopted by an American GI during the Korean War.

Brought to the United States by his adoptive family, he began his education with a GED and went on to earn a Ph.D. in History from the University of Washington. He retired from teaching at the college level for 31 years, the last 26 years at Shoreline Community College in Seattle. Senator Shin serves on the Agriculture and Rural Development Committee and is also a member of the Economic Development, Trade and Innovation Committee. He works indefatigably to promote international trade on behalf of the state of Washington. He is also interested in education and bringing jobs to the state. Senator Shin and his wife Donna have lived in Edmonds for more than 30 years. They have two children and five grandsons.

2 From Korea to the Capitol: Engineering the American Dream

Jay Changjoon Kim
Former Member of U.S. House of Representatives, California, 41st District

My name is Jay Changjoon Kim, and I am a former member of the U.S. House of Representatives. I was born in Seoul, Korea on March 27, 1939. I was part of the generation that was born during the Japanese occupation, and the horrors of war were never far away from me during my youth. During the Korean War, my home was destroyed during combat; this devastating event brought me face to face with poverty in a way that I never wanted to experience again. The constant battles in my homeland gave me a very powerful understanding of how much being a Korean really meant to me and how precious my status as a Korean truly was. I was part of a generation lucky enough to have escaped subjugation from other nations and live in an independent Korea, and I was also part of a generation that had all sorts of opportunities to grow and present itself after the war.

As I grew older, I realized that the only way that I would be able to avoid poverty would be to work as hard as I could at whatever I did. I soon decided that the best chance that I had of making a name for myself would be to emigrate to the United States of America. After completing my service in the Republic of Korean Army in 1960, I applied for a student visa that would allow me to attend college in the United States.

Education and Engineering

When I flew to America, I, 23 years of age, had only $200 in my pocket, but I also had the will and determination to succeed. I earned both a Bachelor's degree in Civil Engineering(in 1967) and a Master's degree in Environmental Engineering(in 1969) from the University of Southern California, working nights as a janitor, a busboy, and a newspaper agent in order to make ends meet. I then went to California State University's Graduate School of Public Administration, in order to further my civil engineer career, but during this time, I began to learn a little about the American political process and what it meant to govern.

In 1976, I started Jay Kim Engineering, a firm that specialized in designing highways and water reclamation projects. In the following decade, I built this firm into a company listed as one of the 500 largest design firms in the state of California, with 130 employees in three different locations on the West Coast. I was appointed as the planning commissioner for the city of San Dimas, California, and garnered several awards both in the civil engineering and business community for my engineering work. I also became a registered civil engineer in Oregon, Washington, Idaho, Nevada, and Arizona, which allowed me to expand my horizons and learn more about the Western United States.

Diamond Bar, California and the Mayor's Office

In 1990, I moved to Diamond Bar, California, a newly incorporated suburb of Los Angeles. It was here that I decided that I wanted to try my hand in local politics. I had learned a great deal about how local governments run through my work as a civil engineer, where I was in constant contact with city governments from different states, and my time as the planning commissioner of San Dimas had given me some experience within the forum of a small city. I ran for Diamond Bar's City Council, and was rewarded for my efforts with a seat on the Council, a remarkable achievement for a Korean man living in a mostly white suburb of Los Angeles. One short year later, I had become popular enough within the Diamond Bar community that I decided to run for Mayor of Diamond Bar, and was duly elected as the city's Mayor.

I put in a lot of hard work as Mayor of Diamond Bar, juggling both my duties as an elected official and my continuing work at a civil engineering firm. On days in which the City Council would hold a meeting, I would occasionally chair such meetings until 2:00 in the morning, with hundreds of residents in attendance. This was a remarkable learning experience for me, as I found myself constantly working hard to satisfy the needs of a city that was still so new in conception that it did not have its own police department, but had to contract with police officers from the county of Los Angeles. As a matter of fact, I still wish that I had had a longer term as Mayor; even though I have no regrets about what occurred after one year, the added experience of a longer mayoral term would have been a great help to me in the future.

Setting the Bar Higher

While it was a great honor to have become both a City Councilman and Mayor in such a short period of time, I still felt like there were more opportunities ahead for me. In 1992, a new Congressional district had been created in California (the 41st, then encompassing southeastern Los Angeles and northeastern Orange County, and the western part of San Bernardino county, including my city of Diamond Bar), and I decided that I could be a viable candidate for this congressional seat as a member of the Republican Party. As that new district was solidly populated with Republican voters, I knew that if I could win the Republican primary,

I would have a very good shot at defeating Democratic candidates and becoming a member of the House of Representatives; also, because there was no incumbent Representative due to the district having just been created, I knew it would be easier to win such an election than to have to face an established incumbent.

However, winning the Republican primary would be a very tall order; not only did I have a limited amount of experience as a political administrator and less name recognition than the people I was running against in the primary (a State Senator, veteran politician, and an attorney for the U.S. Department of Commerce). Moreover, I was also battling a historical record where no Korean American had ever so much as won a primary for elected office. I was given very long odds in making it out of the primary at the start of my campaign.

I realized that the only way that I would be able to win this election would be to create an elaborate campaign strategy, including hiring a veteran campaign manager, Bob Gouty. I would not have made it out of the primary, let alone won the general election, without Mr. Gouty's assistance as my campaign manager. In the first poll that was conducted for the primary, I only received 7% of the vote, mainly due to the fact that I had no name recognition outside of Diamond Bar. After this poll was released, Mr. Gouty asked me if I was absolutely sure that I wanted to continue with my campaign. I told him that I was sure, and he would later reveal that he had believed from the start that I actually had a good chance of winning, but wanted to test my resolve in the face of adversity. Fortunately, my many years of overcoming adversity meant that I was ready to take this challenge on as well. I knew that once my name recognition was built up, I would have a strong chance of winning.

With my message of "poor immigrant who made good" and "small businessman who wanted to run Congress like a private business," I began to climb in the polls. Not only did I present myself as a humbler businessman/engineer alternative to a professional politician and a government lawyer, I also presented myself as an embodiment of the American Dream, a Korean who came from nothing and built himself up through his own hard work. And the voters of the 41st District responded very well to my life story and my promises to work to streamline the government if I was elected. Eventually, my opponents had stopped attacking each other and started attacking me instead; however, they were unable to prevent my winning of the primary. After the primary, but before the general election, I spoke to the Republican National Convention during a prime-time speaking spot, where I extolled my story and the virtues of the American Dream to a national audience. From there, I defeated the Democratic Party challenger in the general election, and became the first Korean American member of the House of Representatives.

I ran for Congress as a member of the Republican Party, not just because I believed it would help me win, but also because I shared certain elements of the Republican belief at the time. I consider myself a political conservative, especially when it comes to economic policy. Having built myself up to a level of wealth and comfort from arriving in America nearly broke, I know the value of hard work and the pain of worrying about how I would be able to support my wife and three children. I could not support a political party (the Democrats) that wanted to redistribute wealth while taking away much of the money I'd earned through higher income taxes. I believe that, rather than alleviate the problem of poverty through taking from the rich and giving to the poor, only economic growth and job creation will be able to help the poor support themselves. Thus, it only made sense that I would become a member of the Republican Party, which champions such job creation through hard work.

While I was in office, I worked very hard to bring fiscal responsibility to Congress, working to clean up government waste and reduce out-of-control spending. This didn't mean that I was totally against government spending; on the contrary, I'd worked very hard to secure funding for public roads, water safety, and pollution treatment projects, all of which directly affected the citizens of my district. And I still consider my crowning achievement as a Representative to be the effort that led to the opening of Ontario International Airport, in which I had to deal with both the Federal Aviation Administration, the city of Los Angeles (who have their own international airport, of course), and the State of California, and by overcoming their objections, I helped create an economic vehicle that would keep the region's financial future secure for decades to come. But I made sure that government funds went to the right places, rather than being spent indiscriminately, and thus remained within the Republican policy of keeping the government viable while ensuring that they spent as little as necessary.

Life after Office: Continuing the Fight for Koreans and Korean Americans

Even though I am no longer a member of the House of Representatives, I have never stopped fighting for Koreans and Korean Americans alike. I consider myself a very proud Korean, and I have never forgotten my roots and the country that helped shape me into the man I am today, and I also consider myself a very proud Korean American, who has spent so much of my life working to make my adopted country a better place both for myself and for Korean Americans just like me, people who work hard to earn a comfortable living for themselves and their families. Even while in Congress, I was a member of the International Relations Committee's Subcommittee for Asia and Pacific Islands and Western Hemisphere, and fought hard for the rights of all Asian Americans.

Today, I am the Chairman of my own Kim Changjoon U.S.-Korea Foundation and Kim Changjoon Politics & Economy Academy in Korea as well as publishing a monthly newspaper called "Kim Changjoon KORUS

TODAY". Also, I serve as the Chairman of the Washington Korean-American Forum, where I constantly work to improve relations, both business and government, between Korea and the United States. I was recently appointed as a member of the National Economic Advisory Council by President Park Geun-hye; this council is a presidential advisory body which was established on November 20, 1999 under Article 93 of the Korean Constitution.

I am an advisor for numerous Korean cities and Korean businesses, have written articles for numerous Korean-American publications, and contributed stories about my life and time in Congress to the Korea Times. In short, I have ensured that I have remained a constant ambassador for Korean-American relations, both in my words and in my deeds.

I hope that the readers of this biography realize that it was not easy for me to take the path that I took through my life. Not only was I born in Korea during one of its most extraordinary periods in its long and glorious history, and not only did I have to build a business from the ground up after an arduous and impoverished education process, but my road through the American political system was constantly beset with obstacles, not least of which was succeeding in a white-dominated system as an Asian American. But that does not mean that I wish to dissuade any future Korean politicians from attempting to follow the path that I did. On the contrary, I believe that with my example as a guidepost for how to succeed in politics as an Asian American, coupled with the greater number of opportunities for Korean Americans to succeed in America now than when I emigrated nearly five decades ago, there may yet be a young Korean that reads this biography and one day eclipses my feats in Congress, perhaps becoming a Senator, or even President of the United States. It gives me the greatest sense of pride that I blazed the trail for every Korean after me, so that their road to success is not as difficult as mine was. Also, I learned one thing; only in America, this kind of success story is possible.

Jay Changjoon Kim

Jay Changjoon Kim is the founder and president of the Kim Changjoon Politics & Economy Academy in Seoul, dedicated to the advancement of Korean politics through various research into economic and political issues. He has authored books, columns, and articles on current events, and he speaks widely in Korea and the U.S. In 1992, he became the first Korean-American elected to the U.S. House of Representatives. He served three terms. Prior to that, he served as a city councilman and mayor of Diamond Bar, California, and built a successful civil engineering firm. Jay was born in Seoul and came to the U.S. after the Korean War to pursue an education. Jay holds a Bachelor's and a Master's degree in Civil Engineering from the University of Southern California. He later earned a doctorate in political science from HanYang University.

Korean army, under the leadership of the military dictator, Chun Doo-hwan, crushed a popular uprising and killed as many as 2,000 civilians in the southern city of Kwangju. I wanted to distance myself from Korean politics so that one day I could return to live in my homeland. But the massacre made me give up this dream. On August 1, 1980, I swore my allegiance to the Stars and Stripes and became a U.S. citizen. Shortly afterward, my family went on our first visit back to Korea celebrate my mother's sixtieth birthday.

The Seoul that I returned to in August of 1980 seemed even more suppressed than the Seoul I had left during the Yushin period six years earlier. My hometown also looked very alien. Nevertheless, my hometown felt as warm as my mother's embrace. My mother kept running back and forth, to and from the kitchen, bringing things for my children to eat. My father looked at the children, who played and talked loudly in English with one another, with an expression of pity; nevertheless, my father looked very pleased. The night before we were to leave, my mother said, "I think it is a good thing that you went to America. Wherever you live, I am happy as long as you raise your children right and are able to live well." She had forgiven the unfilial son, who had now returned as a father of three children. However, she probably had no idea that this would be the last time she would ever see her oldest son. One day, she fell from the bridge where she used to wait for me to return home and was never able to see me again.

Soon after our first trip back to Korea in 1980, I was sucked into the thick of the anti-dictatorship pro-democracy movement. On February 2, 1981, I published the first issue of the Weekly Ad, later renamed as the Korean Street Journal, which became a leading voice in the Korean Democracy Movement for ten years. The Korean Street Journal was popular with readers for its unrestricted and faithful reporting on issues that were taboo in the Korean press, including the Korean political scene, peace movements, and the nuclear problem on the Korean peninsula. In response, the Korean government attacked the newspaper and accused me of being a communist. The Korean Consulate General of the Greater Los Angeles did its best to devastate me financially and to alienate the Korean community at large from the newspaper by urging Korean-owned businesses not to advertise with us.

On June 11, 1984, I published Rasung Daily, the first Korean-language daily newspaper in the Los Angeles area owned by a Korean American, as a sister publication of the Korean Street Journal. It was popular for its reliable reporting, accurate information, and the wide variety of topics covered. Through various channels, I received requests from the Korean government to meet. I refused the offer. Because of this, the Korean Consulate General and the Korean Central Intelligence Agency (KCIA) pressured our advertisers, impacting our advertising revenue. On December 21, 1984, I printed the 137th and last issue of Rasung Daily. I had invested the massive sum of $500,000 on the publication and had accumulated what became insurmountable debts. I discussed the possibility of declaring bankruptcy with an attorney, but ended up not doing so because I could not afford to pay the bankruptcy filing fee. In retrospect, during the four years that my wife and I devoted to Weekly Ad/the Korean Street Journal and Rasung Daily, we gained the invaluable skills of journalists and experience in the publishing world, but these came at a large sacrifice: we lost all of the assets that we had accumulated while working in real estate, not to mention precious quality time with our children.

My activities against military dictatorship in Korea in Los Angeles also gave me trouble in visiting Korea. The Korean government refused to allow me to return to Korea when my mother was seriously ill before 1987. When my mother passed away on November 28, 1987, the Korean consulate rejected my request for a visa to visit Korea. With no other option, I went to Korea for my mother's funeral services anyway, without a proper visa. However, when I arrived at Kimpo International Airport, I was taken to a separate room by KCIA agents and presented a declaration stating that I would not engage in any political activity during my stay in Korea. After signing the declaration, a KCIA agent and a police officer followed me everywhere from the moment I left the airport until I left Korea.

In the Eye of the Storm: the Korean Democratization Movement

Fresh off the heels of the Kwangju Massacre, I found myself at the center of the democratization movement in the Korean-American community. The Korean Street Journal and Rasung Daily took on the summons of a generation and acted as catalysts to light the fire of democratization in people's hearts. In June 1985, along with the Young Korean United, the Korean Street Journal began collecting donations for the construction of a tower to commemorate the 5.18 Democratization Movement in Kwangju; after ten weeks of fundraising, we accumulated over $25,000. We collected blankets to send to long-term Korean prisoners of conscience. In December 1985, I initiated a signature-collecting campaign in the U.S. for direct presidential elections in Korea, presenting 15,000 signatures to the New Democratic Party in May 1986.

The Korean Street Journal, going beyond the role of mouthpiece of the Korean democratization movement, encouraged leaders in the Korean-American community to join the movement. In 1986, as the president of the Southern California Korean American Journalist Association, I approached each of these personages individually and presented my case discreetly so that the Korean Consulate in Los Angeles would not catch wind of my actions. On April 19, 1986, I assembled fifty leaders of thirty different Korean-American associations in Southern California at the "Million Korean American Declaration of Conscience." The Los Angeles Times took a part of my comment and reported that "on the surface, we support the constitutional amendment, but in reality we are requesting the end of military dictatorship." On June 21, 1987, I organized the Peace Rally for Democratic Constitution. California Lieutenant Governor Leo McCarthy asked to participate in the opening ceremony and give a speech, and his involvement increased the event's visibility. Approximately 7,000 participants came with Korean and American flags and banners to Ardmore Seoul International Park in the Koreatown neighborhood of Los Angeles. There were a dozen television camera crews at the ceremony, which lasted five hours, with footage from the rally appearing on the air for a week afterwards.

In effect, the Korean Street Journal was more than just a domestic Korean-American publication. Leaflets from Korea on the democratization movement would be sent to the Korean Street Journal through various channels. After our activities were reported on by the newspaper, copies of the articles would be sent back to Korea, where they would be secretly passed around, then used for questioning the Korea National Assembly. With the situation rapidly degenerating for the Korean government, the Korean Consulate General of Greater Los Angeles and the KCIA took various measures to stamp out the newspaper. This eventually attracted the attention of the American presses. The San Francisco Chronicle printed a special-edition series on Korea from June 23 to 25, 1986, reporting that "Korean Street Journal, the largest Korean newspaper in the U.S., published 20,000 copies. However, as reported in a hearing session of the Congress regarding the KCIA, the Korean government is putting pressure on advertisers not to put ads in the Korean Street Journal. Because of this, it is unable to print ads of large companies." The Los Angeles Times, Sacramento Bee, National Guardian and other newspapers also reported on the Korean government's persecution of the Korean Street Journal. In August 1986, a bullet broke through a window and came flying into our building. A U.S. Congressional aide visited our office to investigate the matter ahead of a related Senate committee hearing, but the Korean government's 6 · 29 Declaration for a direct presidential election in November 1987 eliminated the need for such a hearing.

Despite our successes, our newspaper encountered chronic financial problems, exacerbated by the series of court battles we had against the Koreatown Development Association, beginning in January 1987. The Association had assembled a group to protest in front of our offices and at Ardmore Seoul International Park, brandishing placards reading "Commie Cho and Korean Street Journal, retreat!" The Association also printed an eight-page newspaper entitled The Koreatown, which accused me and the Korean Street Journal of being Communist. My courtroom battles for slander lasted for over two years and cost a fortune. In June 1989, Judge Bonnie L. Martin of the Los Angeles Superior Court ordered that the Koreatown Development Association publish an apology for its false accusations in three local Korean daily newspapers. This ruling was a victory not only for me personally and for the Korean Street Journal, but also for the freedom of the press.

End of My Calling as the Mouthpiece of the Democratization Movement

On July 7, 1988, Korean president Roh Tae Woo announced that "Koreans in the U.S. may visit North Korea(DPRK)," also known as the 7 · 7 Declaration. The psychological barrier against visiting the DPRK having been removed, within a few years, several thousand Korean Americans visited North Korea in search of their long lost families. I also applied to visit North Korea in time for the North Korea People's General Election in April 1990. I had to fly to Berlin to obtain my visa from the North Korean embassy located there. I visited the destroyed Berlin Wall at Brandenburg Gate and felt envious of Germany, which had achieved reunification. I also felt immensely sad that it was so difficult to travel to North Korea. Vice Chairman Park Kwangmyung of the North Korean Committee for Peace and Reunification of the Motherland treated me very well during my entire visit to North Korea. I suggested to him that North Korea open a dialogue with the United States. I also visited the Jangchung Cathedral. I participated in the morning service and later spoke at length with Chang Jaechol, who was Central Committee Chairman of the Choson Catholic Church, as well as with other leaders of the church. They recounted to me the difficulties of the North Korean Catholic Church, and the impossibility of conducting Catholic rituals without a priest.

Regretful at the brevity of my first visit to North Korea, I visited Pyongyang for the second time in August 1990 to cover the first Pan Korean National Conference. For the duration of the conference, I did my best to record the reality of life in North Korea. Without a guide, I visited the Pyongyang subway and various other places in downtown Pyongyang. At Panmunjom, the border crossing in the DMZ, I broke away from my group so that I could take a picture of them, and inadvertently stepped onto the DMZ line. Suddenly, high tension arose between the guards of the two sides. From behind me, a Korean soldier in the American army said, "It's OK. You can come over." At this, the North Korean soldiers gave me an angry look. It seemed as if something would happen any second. The dividing line was only about one foot wide and made of concrete. Standing on top of it, I became lost in emotion and stayed there for awhile. I thought for a moment, "Should I just go over the line?" However, I decided that such a rash action would be foolish. I went back to the North Korean side. The North Korean security guide, speechless from shock and stress, for a time held onto my arm.

Having seen and felt a great deal, I returned to the U.S. and began a serialized column in both the Korean Street Journal and the Korean Saenuri Sinmun(New World News) in Korea entitled "Is North Korea Changing?" The reader response was enthusiastic. Most people believed that it was a fairly accurate portrayal of North Korea, but some said that the reporting "was too cautious." In November 1990, President Song Konho of Hankyoreh newspaper introduced me to Sammin Publishing, and with his recommendation, they published a book written by me titled "Is North Korea Changing?" Political science professors at various universities in South Korea recommended my book to their students.

After Roh Tae Woo's presidency began, the Korean press was still not completely free yet, but compared to the Chun Doo Hwan period, it enjoyed unprecedented freedom. Many newspapers, including Hankyoreh, were formed, and reporters wrote hundreds of articles with attention-grabbing headlines, such as "Blue House Secret Stories"(the Blue House is the South Korean equivalent of the White House). No one was interested any longer in articles written in a back alley in Los Angeles by three staff editors. The Korean Street Journal disappointed readers looking for sensational news. After winning our slander lawsuit, my wife and I began to seriously consider the future of the newspaper. Despite my desperate efforts to keep it alive, the Korean Street Journal closed down on February 28, 1991, after publishing its 517th issue. Wiping away tears, I said to my wife, Lucy, "the Korean Street Journal has fulfilled its calling," and tried my best to control my disappointment at its closure. Today, it is the only Korean newspaper that the USC library has in its archives. The library carries all 517 issues, which are accessible to the public as a reference source. On October 28, 2013, I donated all 517 copies of the Korean Street Journal to the 5 · 18 Memorial Foundation, which will be added to the UNESCO World Heritage Historical Records.

Leaving the Scene of the Democratization and Reunification Movements

My interest in the nuclear problem on the Korean peninsula began in

1983, when the Korean Street Journal printed an abstract of Professor Peter Hayes' publication on this issue. The fact that the U.S. army stationed in Korea had over 1,000 nuclear weapons came to me as a shock. When I realized that another war on the Korean peninsula would completely destroy the land and its people, I began to actively take part in anti-nuclear and peace movements. In September 1983, Mr. Song Konho, a respected veteran journalist who had been the managing editor of Dong-a Daily and later became president of Hankyoreh Daily in 1988, visited the Korean Street Journal offices. After looking through our archives for an hour or two, Mr. Song said to me, "I would like to give you my sincere apologies and thanks. Because of my preconceptions about weekly periodicals, I did not realize what a wonderful publication this is and for this, I apologize. Thank you so much for doing abroad what we cannot do in Korea." He then firmly shook my hand and stated that the Korean Street Journal was the only Korean-language newspaper he had ever seen that covered the nuclear problem on the Korean peninsula.

In 1993, when the North Korean nuclear problem threatened to drag the entire peninsula into war, I came to the forefront of the anti-nuclear peace movement. I made presentations at 13 different seminars. I also published writings about the nuclear problem in several newspapers. In June 1994, when tension over the nuclear problem in Korea was at its peak, I formed an Ad Hoc Committee for Korean Peninsula Crisis with American human rights activists, including Reverend James Lawson and Reverend David Haley. On June 14th, 1994, we held a press conference for the American media at both the Los Angeles and Washington press clubs. Amidst the ominous threat of nuclear war, which was at its highest since the Korean War, President Jimmy Carter visited North Korea and met with Kim Il Sung. As a result, an agreement between the U.S. and North Korea was formed, and on October 21, 1994, the Agreed Framework between the USA and the DPRK was signed in Geneva, eliminating the immediate threat of nuclear war, at least for the moment. I also compiled several newspaper articles I had written on the subject and published a book titled The Nuclear Problem and Reunification of the Korean Peninsula with Sammin Publishing in June 1994. The book was reviewed by Changjakkwa Bipyong, a reputable literary journal, in the winter 1994 edition and evaluated as the most comprehensive and systematic coverage of the nuclear issue in Korea.

On October 28-29, 1994, the National Association of Korean Americans (NAKA) was formed in New York. Pastor Syeugman Rhee, who had served as president of the National Council of Churches USA, was elected as its first president with me as vice president. In October 1996, I was expected to be the next president of NAKA at the Los Angeles general meeting. However, I stepped down from my position as vice president due to the conflict regarding the Korean American National Coordinating Council (KANCC). I also organized the Korea Reunification Forum in December 1994 and became its vice president. However, insufficient financial backing forced the Forum to cease publishing monthly Korean Reunification Forum after its eleventh issue. I also began hosting an op-ed program on Radio Korea. Beginning with current events, I discussed the future of the nationalism movement as well as the matter of reunification. The radio scripts that I compiled for three and a half years were published in June 1998 as a book titled The Road to Reunification is Changing by Oreum publishing.

After much thought, I decided in December 1997 to quit all my social activism, including the Korean democracy movement. Thus, I concluded my 17 colorful and hard years in the Korean democracy movement. I promised my wife that for the next three years I would focus only on our commercial printing business, KS Printing Company, which was a business we created after closing Korean Street Journal. My wife and I worked very hard, taking almost no vacation for three years. Fortunately, we succeeded, with our sales volume quadrupling during those three years. In March 2002, we sold the printing business on profitable terms.

Challenges in American Mainstream Politics

Everyone was shocked when I ran for Cerritos City Council in March 2003, after I had given up the prime years of my life to the Korean democratization and reunification movements in the 1980s and 1990s. Nobody, including my own family, predicted that I would jump headfirst into mainstream American politics. With my imperfect English, even I did not think that I would be able to make it.

One day, I was at home watching the city council meeting on cable television, and was surprised to hear one city councilman say, "The Korean community is the biggest minority community in Cerritos." I knew that there were many Koreans living in Cerritos, but had no idea that it was the largest minority population. I thought it was embarrassing that there were almost no Koreans who participated in city activities, let alone the city council, and concluded that the attitude of Korean Americans needed to change. So, when it was announced that Cerritos would be participating in the Pasadena Rose Parade for the first time in January 2002, I worked as a volunteer, decorating the Cerritos float with flowers, for three months. Because I put in so many hours, I became an "expert" on float decoration. I truly enjoyed spending time with my fellow Cerritos residents. In working with age groups from children to senior citizens and men and women of all walks of life, I saw for the first time how multicultural and diverse Cerritos truly was. One day, a native-English-speaking city councilmember came to work as a volunteer, but the councilmember did not associate with us and only worked and spoke with a few other fluent English-speaking volunteers in a corner. I witnessed that many immigrants who were not fluent in English communicated better amongst themselves as well as with English-speaking Americans. I began to think for the first time that I could be a good city councilmember.

Two articles published in the Los Angeles Times in the early 2000s highlighted the demographic changes in the racial composition of the U.S. population caused by the influx of Latino and Asian immigrants and the new opportunity for the development of electoral politics among Latinos and Asian Americans. Reading these articles cemented my thoughts about running for the city council seat. I believed that if the Korean community worked together, we could elect politicians in places like Cerritos and nearby communities with large Korean populations, such as La Palma, Buena Park, and Fullerton. What the Korean community should learn from its Chinese and Vietnamese counterparts is that an election campaign needs to have three components: money, a strong candidate, and votes. We should also learn that the community's continuous support is essential to increasing our political power.

I began having discussions with Korean friends about who would be a suitable candidate for the Cerritos City Council election in March 2003. Everyone agreed that we needed a Korean-American candidate, but no one was willing to take the task. If nobody else was willing, I began to think that I would have to take the plunge myself. I asked my family what they thought, and they immediately opposed it. My children were aghast, saying, "Dad, your English is too poor to be a city councilman," and "You've never even been to City Hall. How did you even come up with this idea?" Listening to my family's advice, I decided to wait to run for office, and instead, I joined the camp of a Congressional candidate, Linda Sanchez. From the beginning, in September of 2002, I worked as a volunteer at the Linda Sanchez campaign office every weekend, which I greatly enjoyed. On November 4, 2002, after the general election, Linda Sanchez, who was successfully elected, gave me her campaign office furniture and the promise of her assistance and support for my own campaign. This began my arduous campaign for the Cerritos City Council.

In the March 2003 election, I had no idea how to campaign other than mailing Korean citizens voter registration forms. Bob Baldwin, a board member of the ABC Unified School District, let me use his home to hold a tea party for approximately 20 people. This small gathering was the extent of my campaign outside the Korean community. Making use of my experience with campaigning for Linda Sanchez, I did a precinct walk, visiting voters door-to-door. As my campaign gradually lost steam, mainstream society lost interest in me. But the Korean community was greatly excited, due to a return of the communism controversy. Some of my critics took sentences from my book, Is North Korea Changing?, out of context to paint me as a communist and made absurd allegations, such as "Cho said Kim Ilsung is my heart," "A picture of Kim Il Sung hangs in Cho's house," and "Joseph Cho visited North Korea 40 times." These unfounded claims had serious repercussions for my campaign. I lost my desire to continue my campaign, but I did not give up. However, I still felt extremely deflated when I lost.

In the next election in March 2005, I felt uneasy about running with another Korean-American candidate also in the race, which could split the Korean vote. But once I announced my plan to run again, groups from various sectors of the community unexpectedly expressed their enthusiastic support. Leaders in the Chinese, Filipino, and Indian communities, as well as the Hubert H. Humphrey Democratic Club and many elected officials, signed on to support me. Thus, the campaign was full of energy from the very beginning. As I emerged as a top tier candidate, arrows of condemnation, including renewed accusations that I was a communist, were shot at me. However, most of the Korean community did not pay heed to the false claims this time. Nonetheless, the Korean community was divided with two candidates, and I lost again, this time by only 200 votes.

Achieving the American Dream in my 60s

In 1991, I received a letter from Professor Kim Guchoon of the History

Department of Yanbian University in China, saying that he had enjoyed reading Is North Korea Changing? After that, we exchanged letters once or twice a year, exchanging opinions about the history of our people and the political reality of the Korean peninsula. In 2002, I went to China and met him in Yenji, where we had many interesting discussions over the course of a week. After being defeated in the 2003 election, I received a letter from Professor Kim Sungho of Yanbian University, who informed me that Professor Kim Guchoon had left a will to the former President of Yanbian University, Park Munil, stating that "Mr. Cho should be accepted into the Ph.D. program." The professors of Yanbian University summarized the content of my three books into Mandarin and submitted it to the Jilin Province Department of Education. Thanks to their efforts, my work was recognized as the equivalent of a master's degree and I was admitted to the Yanbian University Ph.D. program in September 2003. Every September and March, I would stay in Yanbian for one month, taking classes each morning and afternoon. I would be assigned a paper, which I would write after returning to the U.S., and I would mail it back to the university.

After my defeat in the 2005 election, I had only the dissertation remaining, having had completed the required coursework over the preceding two years. I wished to take a semester's leave, but Professor Kim Sungho dissuaded me, stating that once I went on leave, it would be even more difficult to start again. He suggested that as my book, The Nuclear Problem and Reunification on the Korean Peninsula was strong content-wise, I could update it with the current situation and turn the final product into a dissertation. At the time, North Korea's declaration that it possessed nuclear weapons and the launching of the six-party talks made for a tense situation in Korea. I believed it to be my duty to present a proper perspective with which to view this issue. After intense work for one year, I completed my doctoral dissertation titled "The Nuclear Problem on the Korean Peninsula" and passed the dissertation defense. I converted the dissertation into a more journalistic editorial style for a general audience and re-published it with Hanul Publishing under the title "The North Korean Nuclear Threat and the Road to Peace on the Korean Peninsula" in May 2006. In June of that year, I went to Yanbian University with my wife for the graduation ceremony.

Many believed that I would not fail to win my second attempt at city council in March 2005. I found it difficult to believe myself, having been in the lead throughout the night until the final vote count. Ruminating the morning after the election in the campaign office, I worried that my wife would not be able to start over another political campaign again. After an hour or so, my wife showed up and completely surprised me by saying that we had better go around and gather the lawn signs to use for the next campaign. In this way, we began to prepare for my third campaign as soon as the second one had ended. In March 2007, with no other Korean-American candidate, my prospects for the election were very strong. I was considered one of the favorites to win the election, not only by the Korean-American community, but also by mainstream society. The third campaign went much more smoothly than the previous ones. In March 2007, I was elected as a member of the Cerritos City Council. That was the end of my six years of campaigning. At over sixty years old, I had run a successful printing business, earned my doctorate degree, and was elected as a city councilmember. I had truly achieved the American Dream.

My election to the Cerritos City Council was the beginning of a new life for me. Having immigrated to the U.S. in 1974, I had lived in the U.S. for over 30 years by the time I took office. With the exception of the less than four years I had spent at the Los Angeles County data processing department, I predominantly spoke in Korean every day. During all of that time, I never had to make a speech in English. I actually began to learn English in earnest through the campaigning process. My campaign manager said to me, "You are probably the first candidate who learned English by campaigning. I have never seen anyone as crazy as you." I tried to participate in all city activities and attended the events of not only the Korean but also the Chinese, Filipino, Indian, and other communities. I became a full-time councilmember. I had almost no free weekends. It got to the point that my wife complained, "I live with a city councilmember, not a husband." I soon came to be appreciated for my efforts as city councilmember. In March 2008, I received an Appreciation Award from the Asian American Drug Abuse Program, and in June, I received the Achievement Award from the Korean American Coalition Orange County Chapter.

Inauguration Ceremony of President Obama

Entering my late sixties, I debated whether I would be capable of running for re-election in 2011. The fact that it was impossible to find another Korean candidate to run in the 2012 State Assembly election grew increasingly clear. I began worrying about my own political future and whether I should run for State Assembly. The election of Barack Obama to the U.S. presidency in November 2008 allowed me to regain hope in American politics. I believed that we all needed to take part in such a historical moment, which opened up an era of hope in which anyone regardless of race, sex, or creed could succeed. I asked my children whether they would be interested in attending the presidential inauguration and despite their busy careers, they all enthusiastically attended. I saw in the Capitol, filled with two million people from all over the country, the reality of American democracy and the strength that allows the U.S. to lead the world. I felt proud, as an American citizen, to be witnessing an incredible moment of historical significance. I felt my perspective broaden. If I were to continue politics at this critical moment, I felt that I would be able to contribute not only to Cerritos and the Korean community in California but also to my two motherlands, the U.S. and Korea. I was imbued with a new feeling of hope and courage.

My election to the Cerritos City Council in 2007 blew a breath of fresh hope into the Korean community's political aspirations. Since my election, more Korean Americans throughout Southern California were elected to local offices. The elected included: five Korean mayors and six Korean council members (in both instances, I was included), three Korean school board members, and two Korean board members of the College Board of Trustees. On March 10, 2010, my fellow city council members elected me to be Mayor of the City of Cerritos, and with over a hundred Korean and non-Korean supporters present, I was sworn in to the position as the first Korean-American Mayor of Cerritos. Compared to that of other ethnic groups, Korean political influence had been lagging far behind. My election as mayor amidst these dismal circumstances was breaking news, not only in the Korean community in the U.S. but also in the media in South Korea.

When I became mayor, the U.S. was in the midst of the worst financial crisis since World War II. Therefore, I decided that my most important task as mayor was to reduce spending to keep our deficit as low as possible. The fact that Cerritos could be in deficit was unthinkable only a few years before. However, the global financial crisis that began in 2008 had a severe impact on the City of Cerritos. On top of this, the State of California, which suffered from chronic deficit, decided to take over the redevelopment agency fund of all municipal governments to fill its own budget gap. During my tenure as mayor, I did my best to prevent the state government from encroaching on the funds of local governments. I actively participated in collecting signatures to initiate Proposition 22 in cooperation with the League of California Cities. Although the entire nation was undergoing an economic downturn, Cerritos recovered economically much faster than most other cities during my tenure as mayor. Because of Cerritos' quick financial recovery, I had the honor of receiving the "Most Business Friendly City Award" on behalf of the City of Cerritos at the prestigious Eddy Award ceremony held at the Beverly Hills Hilton.

Running while Dreaming of Peace in Korea and the World

In March 2011, I was successfully re-elected to the Cerritos City Council with 4,682 votes. Prior to 2011, no candidate in the history of the City Council in Cerritos received that many votes. The financial problems of Cerritos had not been created by city mismanagement, but largely by the deficit of the state government. Likewise, the citizens of Cerritos easily sympathized with my efforts over the previous two years to protect municipal and local finances from the hands of the state government. In June 2011, I started to seriously consider running for State Assembly to serve our local community better. But in August 2011, the California Citizens Redistricting Commission shook up the California political maps and changed the fate of many politicians. Redistricting split the base of supporters that I had built up over the years, and as a result, I had to reconsider my political future. Consequently, I made the final decision to shelve my desire to run for State Assembly in 2012.

My resolve to continue politics on the brink of age 70 was formed largely upon reflection of my father, who passed away in December 2008 at the age of 93 after a long and healthy life. After attending his funeral, I began to think that I too could live into my 90s. To rid myself of the notion that I was an old man, I decided to exercise regularly and build up my strength. I registered as a member of the Easy Runners marathon club in April 2009. For six weeks, I took classes on running and began to run regularly. With constant training, on March 21, 2010, I was able to complete my first marathon at the Los Angeles Marathon. Like every serious marathon runner, I also wish to take part in the Boston Marathon, the most prestigious of all marathons. After dropping out of the State Assembly race in 2012, I focused my energy on literally running. I ran a total of nine marathons in 2012. On December 2, 2012, I finally qualified for the Boston Marathon by successfully completing the 30th California International Marathon (CIM) in Sacramento. It was cold and soggy as runners ran through consistent and at times driving rains that pelted the Folsom-to-Sacramento course. However, I tried to grind out the final two miles of the race and finally finished the race in 4 hours 24 minutes 53 seconds, a pace that qualified me by seven seconds to run in the 2014 Boston Marathon.

As a Korean American, I am always thankful towards the young American soldiers who fought and in some cases sacrificed their lives some 60 years ago for the cause of protecting the freedom and national security of my native country, the Republic of Korea (ROK). I also greatly appreciate the role that the U.S. government and its citizens have played in helping with the reconstruction, economic development, and national security of the ROK over the past 60 years. However, I cannot endure the fact that the armistice agreement only brought a cessation in fighting, which means that the Korean War never officially ended. My country, the United States, has been in a state of war with North Korea, half of my motherland, for over 60 years. Despite the amazing development of South Korea, another half of my motherland, the Korean peninsula is at risk of war breaking out at any moment. North Korea has consistently stated that in return for its abandonment of nuclear development, it expects peaceful coexistence with the U.S. Similarly, the other nations of the Six Party Talks, namely, Japan, Russia, South Korea, and China, also desire a peaceful resolution to the nuclear issue. The U.S. is therefore in a unique role to initiate a conversion of the 1953 Armistice Agreement of the Korean War into a Peace Agreement, and bring a formal end to the Korean War.

So, on January 1, 2013, I wrote a letter to ask my President, Barack Obama, to work for a Peace Agreement with the Democratic People's Republic of Korea (DPRK) and bring peace to the Korean peninsula and

Northeast Asia during his presidency. I believe that a peace agreement with the DPRK would be in line with the U.S. strategic interests on the Korean Peninsula and Northeast Asia. I have strong confidence that with a peace agreement, North Korea could become a normal country, which could allow it to improve its people's well-being and become a new partner of the U.S., just like South Korea. This could lead to the development of the economy of Northeast Asia, and a cooperative security framework. Northeast Asia could be the 21st Century gold rush, which would stimulate the economy of the U.S. and the rest of the world, and help us to overcome this serious recession.

On February 25, 2013, I also wrote letters to ROK President Park Geun-hye and DPRK Supreme Leader Kim Jung Eun to work for peace on the Korean peninsula and to personally ask their cooperation for my plan to run across the entire Korean Peninsula. I would start at Baekdu Mountain in North Korea and run 20 kilometers per day and arrive at Hanla Mountain in Jeju Island, South Korea after about 50 days. On March 17, 2013, I ran the Dong-A International Marathon in Seoul, South Korea. I also hope to soon run a marathon in North Korea. I compiled articles about the nuclear issue on the Korean peninsula and the roadmap for a peaceful Korea and Far East Asia and published a book titled PEACE FIRST: 60th Anniversary of the Armistice Agreement of Un-ended Korean War with Hanul Publishing in October 2013. I dream of a world in which the dark nuclear clouds hovering over the Korean peninsula would roll away and 70 million North and South Koreans and American friends could embrace in friendship. I am still running while dreaming for peace in Korea and the World, which has become my Calling in my 70s.

Joseph Cho

Joseph Cho was born as a son of Korean laborers in Kyushu, Japan in 1943 and had grown up in Danyang, South Korea. After graduating from Seoul National University with B.A. degree and serving as an officer in the Republic of Korea Air Force, he worked as a teacher at Osan High School and Bosong High School before moving to the United States in 1974. He attended graduate school at California State University, Northridge in 1975, and received his doctorate degree in history from Yanbian University in 2006.

He worked as a computer operator and a production controller at the Los Angeles County Data Processing Department before becoming an entrepreneur. As an entrepreneur, he started several different businesses, including the Best Property and Investment Realty, Korean Street Journal, and KS Printing Co. In 2007, he was elected to the Cerritos (California) City Council, and re-elected to the council in 2011. His city council colleagues elected him to be Mayor of the City of Cerritos in 2010.

Joseph Cho has been active in societal issues, as president of the Southern California Korean Journalists Association, chairman of the Preparatory Committee of Pan Korean Journalist Alliance, vice president of the National Association of Korean Americans (NAKA), vice president of Korea Reunification Forum, vice president of the Hubert H. Humphrey Democratic Club and board of directors of the Mid-cities Korean American Chamber of Commerce. In 2006, Dr. Cho and his wife, Lucy, formed the Lucy and Joseph Cho Foundation, a foundation that has given away over $35,000 to 49 promising young high school and college students. They created the foundation as a way to give back to the community that has given so much to them and their family.

PUBLICATIONS

- *Is North Korea Changing?* Seoul: Samminsa, 1990.
- *The Nuclear Problem and Reunification on the Korean Peninsula.* Seoul: Samminsa, 1994.

– *The Road to Reunification is Changing*. Seoul: Oreum Publishing, 1998.
– *The North Korean Nuclear Threat and the Road to Peace on the Korean Peninsula*. Paju: Hanul Academy, 2006.
– *My Calling: Autobiography of Joseph Cho Ph.D., the first Korean American Mayor of Cerritos*. Paju: Hanul Academy, 2010.
– *Peace First: 60th Anniversary of Korean War Armistice Agreement, Unended Korean War*. Paju: Hanul Academy, 2013.

4 The Pursuit of a Plan

Sunny Park

Founder, Good Neighboring Foundation, Inc.; Former Chairman of Education Committee, White House Commission on Asian Americans and Pacific Islanders

Sunny K. Park was born as Park Il-chun in the Wangsimni neighborhood of Seoul, Korea, in 1942, the only child of Pyungnim and Songhak Park. When he was eight years old, the Korean War broke out, which had a profound impact on him, as he saw people who spoke the same language and shared the same culture fighting and killing each other over ideology: democracy versus communism. He saw firsthand the brutalities of war: people being shot and killed in front of him, dead bodies lying on the street. He and his mother, Pyungnim, were forced to flee Seoul, and they walked to a refugee camp in Suwon and Seongnam, where they lived for three years.

When U.S. soldiers came in to help South Koreans, Park also learned that there were people who looked different from him and his family—some were white with blond hair, some were black with curly hair. During this time, as he understood that they were fighting for him and his neighbors, he gained an appreciation and admiration for Americans. Since the schools were closed, Park spent most of his time in these years playing in the muddy streets and tagging along behind American soldiers. The soldiers always gave the poor Korean children wandering around the campsites something, such as canned meat, chocolates, or chewing gum. The first English phrase Park learned was, "Give me." Sometimes, a child could bring home enough food to feed the family. Americans also sent food to fight hunger and malnourishment, coats to keep Koreans warm, and school supplies. The young Park came to view Americans as a "very rich and generous" group.

Though his family was poor during the war, Park was rich in terms of love and encouragement from his mother. Pyungnim Park raised him like a prince, making sure he was well fed, even if it meant going hungry herself. She had many dreams for her only child, and she pushed him hard to be the best he could be, telling him, "You are... ," not "You may be..." In her eyes, there was no question that he would be successful. She had hopes that he would one day become a government official, in her eyes, a position of power and respect.

Because of this undying maternal love and devotion, Park was very confident as a boy, which others often perceived as arrogance. People in his village called him a "spoiled brat," saying that he would never amount to anything. Park took these words to heart and felt that he had to prove them wrong.

On July 7, 1956, at the age of fourteen, Park ran away penniless to live on his own in Seoul. After leaving his mother a note, he headed to Dongdaemoon Market (East Gate Market), a mega-sized open-air mall in Seoul, with thousands of wholesalers who sold all kinds of merchandise, from produce to jewelry. There he found work with a poor potato wholesaler; Park agreed to work without wages, but the potato seller would provide him with three meals per day, a place to sleep, and tuition money for a night school when it started in the fall.

The next few years proved to be difficult. Park worked long hours helping his employer grow his potato business and going to school at night. He slept in an unheated hut, which was basically the same as sleeping outside. He endured all of this with one goal in mind: Going to America. After two years in the potato business, he went to work for another vendor, who had a much bigger operation. Park continued going to school at night, learning English. To prepare for his bright future, he spent his one day off a month immersing himself in Western culture and the manners of high society by going to see Western movies and eating at restaurants that served Western food.

His desire to come to America became a reality in 1974, when Park settled in Indianapolis, Indiana. His first job while attending classes was cleaning a restaurant kitchen overnight. Over the next several years, he changed jobs a few times, taking a step up with each new opportunity. He was determined to be as successful as his mother predicted. Park set an ambitious personal goal: to pay $1 million in a year in income taxes and to use his money like his idol, Andrew Carnegie, who built over thirty-five hundred libraries throughout the world.

Education

While selling potatoes in the market during the daytime, Park attended Commercial High School at night, for which his employer paid. He eventually dropped out, but later he earned his General Education Diploma (GED). Upon coming to the United States, he enrolled at Indiana University–Perdue University at Indianapolis, where he studied economics. Though he left the university before earning a degree, he has taken non-credit courses at Northwestern University's Kellogg School of Management, as well as national security seminars at the U.S. Army War College in Carlisle, Pennsylvania. He attended Korea Computer Programming Institute, and he is a licensed lightweight aircraft pilot.

Important Mentors / Role Models

Park's journey to becoming a successful entrepreneur has not been made alone. Many people have helped and influenced him along the way. As a

Presbyterian, he tries to find answers and solutions from the words of God in the Bible, which provides him with guidance on major issues, and strength and energy when he is tired.

Park's best teacher was his mother, Pyungnim Park (1924–1988), who taught him compassion, hard work, and the Golden Rule. She was a brave and fearless person who fought for the right things. She taught him the lesson, "Make the most of you"—that is, the importance of developing one's full potential.

One of history's most successful businessmen and a smart philanthropist, Andrew Carnegie is Sunny Park's idol. Park likes his career progress, from a bobbin factory worker to a king of the steel industry. He admires Carnegie's method of investing with his contributions—for example, building libraries to help those who act to help themselves.

Later in his career, Park was inspired by Truett Cathy, the founder of Chick-fil-A restaurants, to grow his business. Park met the fellow entrepreneur at a Chamber of Commerce meeting and read Cathy's book, It's Easier to Succeed Than to Fail. The guidance in the book gave Park the confidence to think, "If he can do it, I can do it." He also learned that it is important to have a goal and to use one's business to achieve that goal. Taking Cathy's advice, Park broke his goals into smaller pieces, making them easier to achieve. Park and Cathy have been friends since the early 1980s.

Martha Berry, a teacher and founder of Berry College in Rome, Georgia—where Park has served on the board of trustees since 1998—motivated him to go with God's intention. Though he never met her (she died in 1942), Park learned about Berry's legacy and her belief that a person can create many different standards, but God's standard is the best to have. She traveled the country, inspiring great people to make her school better and guide students to the Gate of Opportunity. Park admires the confidence of the woman from Rome and tries to emulate her courage. In the early 1900s Berry called and became friends with President Theodore Roosevelt, Henry

Ford, and many other national leaders. She was fearless in doing the work of God, all for the benefit of her students, by teaching them to make the most of their heads, hearts, and hands.

Another of Park's influences is General Raymond Davis, a Korean War veteran, a Congressional Medal of Honor recipient based on his selfless action in the Chosin Reservoir in North Korea (where he saved the lives of hundreds of his fellow marines). He was also in charge of erecting the Korean War Veterans Memorial in Washington, DC. Park saw and learned humility and effective leadership from Davis. Davis is calm, generous, and lovable, but also a very brave leader. The two men became very close friends, and Park viewed General Davis as a father figure.

Interest in Government/Politics, Political Agenda/Party Affiliation

Park's interest in politics began at an early age, when he was ten years old in Korea, speaking out against communism. Organizers of anti-communism rallies put this articulate boy on stage, and he would read prepared words before the main speaker's remarks. Though he didn't always understand what he was speaking about, the young Park delivered the text admirably and received a lot of praise for his abilities. Because he became so well-known for his place at the rallies, his mother, fearing communist retaliation, changed his name to Sun Kuen Park. He became "Sunny" when he was naturalized as a U.S. citizen.

In 2001 President George W. Bush appointed Park to serve on the White House Commission on Asian Americans and Pacific Islanders. He has been invited to White House state dinners by presidents from both parties, George H. W. Bush and Bill Clinton. Park didn't quite understand the difference between the two parties when he first arrived in the United States. However, he was disappointed with the leadership of Democrats in the late 1970s, perceiving the United States as a weakened power that risked becoming a second-class nation. In 1979, Park volunteered to campaign for Republican Party candidate Ronald Reagan's ultimately successful presidential run in 1980.

Park has been a member of the Republican Party since 1979, and he has campaigned for numerous senators and congressmen, including Phil Gramm, Bob Dole, and Newt Gingrich, as well as Steve Forbes, and the victorious presidential bids of George H. W. Bush and George W. Bush. He served as a presidential elector for Georgia in 2004 and 2008, and was a Georgia delegate to the Republican National Convention in 2000, 2004, 2008, and 2012. He considers himself a conservative, with the agenda of preserving American values and maintaining small government. For this to happen, he believes each citizen has an obligation to do his or her civic duties.

Park believes that civic duty involves people taking action to ensure that their group—whether it is their family, company, neighborhood, or nation—is functioning correctly. In Park's view, civic duty means people doing something willingly. Every person has a different role to play in his or her group, because everyone has different views, perspectives, and experiences from which they can draw. Some people do less, and others do more. But the people who prepare, observe, and are more active than others stand out and become leaders. Citizens who perform their civic duty make our communities, society, and nation what they are, according to Park. True civic duty comes from responsible activity. People sincerely involved in civic duty aren't interested in taking credit for their actions. The important thing, Park asserts, is to preserve and protect our nation and its values, not who does it.

Park has delivered commencement speeches and lectures to numerous colleges and universities, including Berry College, Auburn University, and Kennesaw State University. The theme of his speeches is always related to his motto, "If Sunny can, anyone can." He challenges American young people with his own American Dream stories. If a poor Korean man with no English skills and no money could come to the United States, build successful businesses, and now pays an income tax of $1 million per year, any American (especially those who have things and advantages that he didn't have) should be able to make it.

Another issue that Park feels strongly about is immigration. Immigrants built America, and people from other countries coming to the United States continue to make valuable contributions to American society. But many Americans have a negative view of immigration, fearing that an influx of people from other countries would distort the United States' national, cultural, and religious identity.

On the other hand, Park believes that immigrants don't always do a lot to help their case. Instead of embracing American society and learning its language and culture, many immigrants stay isolated in their own communities, clinging to the ways of their native countries. If both sides in the political sphere work a little harder to bring a viable plan to fruition, a sensible approach to immigration would benefit this country greatly. He believes that all immigrants should honor the United States of America before any other nation, including their native country.

Park has served numerous organizations supporting the U.S. military and military families, through his volunteering efforts and financial support. He sits on boards of the USO-Georgia, the National Museum of Patriotism, and the National Guard's Youth Foundation. He has been recognized in this area by a variety of organizations—the Americanism Medal from the Daughters of the American Revolution, and the Patrick Henry Trophy and Lifetime Achievement Award from the National Guard. He is also laureate of the KATUSA (Korean Augmentation to the United States Army) Hall of Fame.

Business Affiliations

Park is active in his businesses: the Atlanta-based General Building Maintenance Inc., a nationwide facility service provider, and Global Sun Investments Inc., a commercial real estate developer. He is also chief operating officer of Ellis Services and Solutions Enterprises LLC, board member of Brand Bank, and laureate of the Atlanta Business Hall of Fame. He has sold cars for a Chevrolet dealer in Georgia, was New York Life's salesman of the year, and was elected president of the New York Life Career Conference in 1976.

General Building Maintenance (GBM) was formed in 1983, although Park never envisioned that he would be cleaning toilets as a career. In fact, he was still working two jobs, selling life insurance and cars. The company was formed to create jobs for Korean immigrants to make a decent living. Park signed his first cleaning contract for Presidential Office Park, a ninety-thousand-square-foot office park, and the business slowly began to grow in Atlanta—then later in the Southeast and nationally. He was able to achieve his goal of becoming a successful entrepreneur, and Park now owns the office park that was his first client. When he began GBM, Park needed help with the startup capital. He agreed to give up half of the company to a person as a silent partner who lent him $120,000. Park later bought the half of the business back from his silent partner at a price of over $3 million.

Korean Identity

General Building Maintenance was born from the fact that Park wanted to help immigrants from Korea. Park is still involved with his birthplace, and for his contributions, Park has been recognized and decorated with the People's Merit (Dongbaekjang) by the president of Korea.

Looking for a way to volunteer in the community, Park was elected as chairman of the Korean American Association of Atlanta in 1981. Through this post, he called himself "a social worker by accident." Many of the Koreans he came into contact with needed help—from buying cars to getting a driver's license to finding a job. Park translated for them and helped them maneuver the procedures needed to succeed in America.

Park believes that Korean immigrants need to build their image with their neighbors by contributing more to the communities where they live. Park decided to help the Korean community's transformation by founding Good Neighboring Campaign in 2000, a nonprofit group that helps Korean immigrants become active Americans and good neighbors. He distributed Patriot Pocket Cards that had the words to the national anthem and the Pledge of Allegiance written in English and Korean. He started the KAmerican Post newsletter, which includes articles on U.S. current affairs, American history, and correct U.S. etiquette. The newsletter is now electronic and reaches more than twenty thousand community and church leaders in the Korean-American community every other day.

Park started a Manners School to help Korean immigrants adapt to Western culture and traditions. Good Neighboring Campaign also has hosted a Korean Leadership Forum that brought together leaders and members of the community as panelists to initiate a dialogue. Through student essay contests, the Leadership Forum encouraged Korean students to think about how the Korean community could become better integrated into American society. His organization also runs Civic Leadership Program for Youth, helping high school students learn and prepare to be effective leaders in the future.

Park was elected president of the National Korean American Federation and chairman of the World Federation of Koreans Abroad Conference in Berlin in 1991. With his initiation and efforts, a sister-city relationship was created between the communities of Cobb County, Georgia, where he lives, and Seongdong-Gu, Korea, where he was born. Park believes that the two nations can build better understanding and a more solid relationship through this sister-city relationship. His ambition is to help Americans and Koreans build solid relationships through more sister-city pairings.

He wanted to establish a permanent monument to the woman who was such a big part of his life. To celebrate his mother's legacy, Park built a clock tower, nicknamed "Lovers' Clock"—a prestigious Seth Thomas clock made in Boston, Massachusetts—and erected it in Wangsimni Station Plaza in Seoul, his mother's hometown, in her memory. The clock tower has become a landmark symbol in Seoul, a popular stop for young Koreans.

Park and his wife, Kay, have grown children who live in Korea, New York, and San Francisco. The children are successful professionals in various fields. Park and his family regularly attend Johnson Ferry Baptist Church in Marietta, Georgia.

Recognitions and Volunteer Duties

To encourage high school dropouts in the United States to go back to school, Park founded the "If Sunny Can, I Can" program in 2000, mentoring high school dropouts nationwide at the National Guard's Youth Challenge Programs, a boot camp for high school dropouts. The National Guards Association presented Park with the distinguished Patrick Henry Trophy(2006) and Lifetime Achievement Award (2007) for his decade-long efforts for high school dropouts in six states.

The Daughters of the American Revolution recognized Park's volunteer work with the Americanism Medal(2006). The president of Korea presented Park with the National People's Merit medal(1998). Other accolades include the Small Businessman of the Year award from the Atlanta Chamber of Commerce(1992) and the Entrepreneur of the Year award(2000) from Women Looking Ahead magazine. He is a laureate of the Atlanta Business Hall of

Fame, inducted in 2004 by Junior Achievement of Georgia, and received the VanLandingham Commitment to Education Award from the Georgia Council on Economic Education. For his volunteer efforts, Park also received the President's Service Award from President George W. Bush.

Park's current and past board memberships include Berry College(Berry.edu), Good Neighboring Foundation (GoodNeighboring.org), Brand Bank(thebrandbank.com), National Youth Foundation Board (ngycp.org), Georgia Ports Authority (GaPorts.org), Junior Achievement of Georgia(Georgia.JA.org), Georgia Public Policy Foundation(Gppf.org), National Museum of Patriotism(MuseumofPatriotism.org), PBA-Public TV/Radio(wabe.org), Shepherd Spine Hospital Center(Shepherd.org), USO Council of Georgia(USO.org), UNICEF-US-Southeast(unicefusa.org), Emory University(emory.edu), Kennesaw State University(kennesaw.edu), the Atlanta Rotary Club(atlrot.org), and the Savannah College of Art and Design(scad.edu).

Sunny Park

Mr. Sunny K. Park is a USO Patriot Award recipient and was selected as one of the Most Influential Atlantans (JAMES Magazine and Atlanta Business Chronicle in 2005, 2006, 2007, and 2008). Mr. Park is CEO of General Building Maintenance, Global Sun Investments, and founder of One Georgia Bank. A native of South Korea, Mr. Park arrived in the United States in 1974 with no money, but currently, as an indicator of his business acumen, he has successfully achieved his goal of paying $1 million in annual income tax. He is former vice chairman of the Georgia Ports Authority and is a presidential elector of Georgia, as well as serving on the White House Commission on Asian Americans. He is former president of the National Korean American Federation and chairman of the 1991 Overseas Korean Conference in Berlin, Germany. In 1996, he founded the America Korea Friendship Society to increase understanding between the two nations. To encourage fellow immigrants to become active in community affairs, Mr. Park founded the Good Neighboring Foundation. With the program, "If Sunny Can, I Can," he mentors high school dropouts at the National Guard's Youth Challenge Programs. He presented the commencement speeches to the Class of 2006 of Kennesaw State University and the Class of 2007 of Berry College.

III

Fighting For the Korean Community and Korea

Yung Duk Kim

Dongsuk Kim

Ron Kim

The following three essayists share the same last name, Kim. Since Kim is the most common Korean surname, sharing the name Kim does not mean much in and of itself. Though they share a name, they do not share generational status and age. While Yung Duk Kim is an old-timer Korean immigrant in his late seventies, Ron Kim is a 1.5-generation Korean young adult who came to New York City at the age of seven from Korea and is now in his mid-thirties. In terms of age and generation, Dongsuk Kim stands in the middle of these two essayists. Having immigrated to the U.S. at age 21, he completed his college education at Hunter College in New York City and is currently in his late fifties. Thus, he has both 1.5- and first-generation immigrant characteristics. However, despite these generational differences, all three have lived in the New York-New Jersey area for many years and played the community activist role in the Korean community in the area.

Yung Duk Kim has worked tirelessly as a Korean community organizer since he retired from his job in 1997. He has served as a board member for dozens of major Korean ethnic organizations, mostly as the chair of the Board of Directors for various different organizations. His community activism has focused on empowering the Korean community and enhancing U.S.-Korean relations. He has certainly played the most significant role in community organization in the Korean community in the New York-New Jersey area. Dongsuk Kim has also played a key role in empowering the Korean community by co-founding Korean American Voter's Council in 1996, along with Dong Chan Kim, and running the organization for nearly 16 years. Its name has now been changed to Korean American Civic Empowerment(KACE), and it is the most important empowerment organization for the Korean community in the New York-New Jersey area. Dongsuk Kim, like Yungg Duk Kim, has worked hard to protect the interests of South Korea by lobbying Congressional members through working for KACE. In fact, he and Yung Duk Kim worked together for a few years to get a proposal protecting the interests of Korea, namely House

Resolution 121, passed in 2007 by the U.S. House of Representatives.

Ron Kim is not a community organizer, but a New York State Assembly member, representing the 40th District(the Flushing-Bayside area, which contains the largest Korean enclave in New York City) in Queens. Also, unlike the other two, he is a 1.5-generation Korean who feels more comfortable speaking English than Korean. But, despite the generational and occupational differences between him and the other two community organizers, as a politician, he has played a very similar role to the other two, that is, the role of protecting the interests of Korean immigrants in New York City. He was elected to the New York State Assembly supported mainly by the Korean community, which engaged in fund-raising activities, election campaigns, and a high voter turnout.

Korean immigrants in New York City had been frustrated for several years by a series of Korean candidates' defeats by Chinese candidates in City Council and State Assembly elections in the Flushing-Bayside Korean enclave. When Ron Kim finally succeeded in the New York State Assembly election in 2012, Korean immigrants were very excited. The Korean immigrant community and the Consulate General of the Republic of Korea in New York consider him a symbol of Koreans' empowerment and expect him to do a lot to protect the interests of the Korean community. Korean immigrants' strong support of his campaigns and high expectations of him have in turn strengthened his Korean ethnic identity. In this sense, he has played a far more similar role to the other two Korean immigrant community organizers than to younger-generation Korean politicians included in this book. As will be shown in Part 4, other younger-generation Korean Americans elected to City Council and state legislatures focus on protecting the interests of their local constituencies, predominantly white Americans, rather than Korean immigrants.

5 Becoming Korean American

Yung Duk Kim
Korean American Community Volunteer and Former President of Hyundai Corp. USA

My Activities for the Korean Community before Retirement

I was casually watching the NBC Today Show when, suddenly, images of African Americans shouting "Go home! Go home!" at a middle-aged Asian man standing inside a store appeared. The anchor, Lucky Severson, reported that the Korean-owned store, "Family Red Apple," was being boycotted by the black community. The incident occurred in January 1990, some 23 years ago, and spread to several other Korean grocery stores in Brooklyn. It lasted until July 1991 when the owner of the store sold it to another Korean.

Even more dramatic pictures appeared about two years later, during the week of LA Riot in April 1992. The image of two young Korean men holding rifles on the roof of a store, trying desperately to ward off looters, is engrained in my mind. About 2,300 Korean-owned stores were destroyed. Korean merchants absorbed about 40% of total riot damages. Due to their language barrier and lack of political power, Korean merchants did not receive protection from law enforcement agencies and Korean victims received little compensation from government agencies.

The boycott and the riots were covered intensely by both Korean ethnic and mainstream media during that period. It was a shock to all Korean Americans. These incidents made me realize for the first time the ugly racial scapegoating and discrimination that affected my family and the Korean

American community. These events deeply registered in my heart and mind the idea that we had to do something to politically empower the Korean American community so that we can not only survive but also prosper in this country.

At the time of the boycotts and the LA riots, I served as president and CEO of Hyundai Corp. USA with its headquarters in New York, the position I had held for five years since 1987. Over the past 25 years, I have witnessed various collective bargaining groups and community advocacy organizations form in the Korean American communities in New York and LA. As a business person, my initial interest was to address the needs of Korean businesses for collective bargaining power. I helped to found the Korean Chamber of Commerce and Industries in the US (KOCHAM) in 1993 to facilitate our lobbying activities for Korean businesses. But I was not simply interested in helping Korean businesses thrive. During my four years as the founding president of KOCHAM I initiated a number of projects to work together with Korean American community organizations. KOCHAM played an active role in organizing the Korean parade in the New York area by providing financial assistance for the Korean American Association of Greater New York.

Another organization that I was actively involved in was the Korea Society, whose main mission is to enhance U.S.-Korean relations. I am the longest serving board member, having first joined in 1987. In my role as a program committee member, I initiated a number of programs that partnered with the Korean American community.

Before taking on the leadership for Hyundai Corporation, USA, I had spent many years working for Hyundai in South Korea and the Middle East. Nevertheless, with my wife and family based in the United States, I tended to identify as a Korean American. And my long awaited retirement in 1997 transformed me as a true Korean American.

My Activities for the Korean Community after Retirement

During my tenure at Hyundai Corp. USA, I met a number of community leaders related to human rights, voter registration and education, and thus I had pretty good ideas of what was needed for the community. After my retirement, I began to think about how I could best support the empowerment efforts of the Korean American community, contributing my most valuable asset—a vast network of people I had met in business and government circles in both the US and Korea. The three areas that I have prioritized in my own work have to do with what I believe are crucial building blocks for successful community building: (1) close ties with the home country, (2) leadership training and development for the second generation, and (3) political empowerment through voter registration and partnerships with other minority communities.

Close Ties with Home Country

The Korean American community is literally divided on the issue of homeland because of the division of the Korean nation. Yet, over 95% of Korean immigrants in the U.S. came from the Republic of Korea. South Korea is one of the most important allies of the U.S. in the Asia Pacific region. I strongly feel that the Korean American community also should maintain ever much closer ties with the Republic of Korea.

The Korea Society was founded by General Van Fleet in 1957 in order to enhance US-Korean relations and to introduce Korean culture to US citizens. It has continued to become one of the most important private non-profit organizations for that purpose. My long involvement with the organization reflects my conviction that strong U.S.-Korean relations are essential to the survival and prosperity of South Korea. As the board's executive committee member and the program committee chair, I have supported many important projects which would enhance U.S.-ROK relations. Recently, I have advocated to bring more second-generation Korean Americans to the board, which has been successful. The Korean American young professional program has been active for several years. I am deeply involved in the Korean language online program which includes cultural videos targeted to Korean American and other students. My vision for the Korea Society is to provide an avenue for the Korean American community to play a genuinely important role in enhancing U.S.-Korea relations in every field, from public policy to culture.

Civic Participation

Civic participation is the most important part of a democratic society. The ethnic minority community often lags behind in participating in this important process, because most of the members are simply too busy pursuing their American Dream. Unfortunately, without active participation in the civic process, community empowerment is impossible. The Korean American community is no exception. In 2000, I joined well-known public advocate Grace Lyu-Volkehausen, the Commissioner of Minority Affairs for New York City Mayor Ed Koch's office, and Jun Choi, a former Mayor of Edison, NJ, to found the Korean American League for Civic Action (KALCA). KALCA is devoted to promoting the civic participation of Korean Americans and Asian Pacific Americans. I have been on the board since its inception. It strives to accomplish its goals through leadership development, education and advocacy programs. It is KALCA's goal to invest in the most precious resources of our community: men and women with talent and passion for public service. It aims to develop and mentor second-generation Korean- and Asian-Americans, to utilize their skills to become public-service leaders. Since 2001, more than 60 highly selective interns have completed the KALCA's flagship College Internship Program. I am proud to say that most of them advanced to study or work in fields related to public service.

In 2003 I joined the board of Korean American Civic Empowerment (formerly Korean American Voters' Council), which primarily concentrates on the voter registration of Korean American citizens. While participating in fund-raising and voter-registration drives, I was approached in 2006 by Dong Suk Kim and Hae Min Chung, president and board chair of Voters' Council, respectively, to lend my hand on a project to pass a House resolution to condemn the violation of human rights during World War II by the Japanese government's operation of army "comfort women" camps.

About 200,000 young women, some as young as 12, were coerced or abducted into sexual servitude by the Japanese military during the Asian and Pacific War(1931-1945). The majority of them were Koreans, but they also came from all over the Japanese Empire. After the end of WWII, many of these victims could not and did not come home because of shame and guilt. This is one of the worst violations of human rights in modern history. The Japanese government has consistently denied all allegations made by the Korean government and many private organizations. My own elder sister was sent to Yongjeong, Manchuria for high school education to avoid being kidnapped as a comfort woman. When she returned home, she was sick with TB and died even before the end of war.

Korean American Civic Empowerment persuaded Congressman Mike Honda to initiate House Resolution 121, and helped him draft the resolution. It was a grassroots movement that involved a petition signature drive in various districts where Congressional representatives lived and visiting them one by one in Washington, DC, or at their district offices. We rode the bus to visit many churches to gather signatures and visit the Congressional representatives to support H.Res.121. We partnered with many other organizations. I have fond memory of riding the bus together with the Long Island Chinese Cancer Prevention Group, who entertained us all the way. Ultimately, we were able to garner enough signatures and support to safely pass the resolution. The resolution was introduced on January 31, 2007 and passed on July 30. It requested the Japanese government to formerly acknowledge its predecessor's establishment of military brothels and to take appropriate action to compensate and educate future generations.

On the day the resolution was passed, I was in the hall all day, listening to each speech made in relation to H.Res.121 by both Republicans and Democrats, until finally, Nancy Pelosi, Chairwoman and Democratic majority leader announced that the resolution was passed. We had hundreds of spectators in the hall that day, and we all stood up and applauded with joy. I was sitting close to Ms. Lee, one of dozens of surviving "comfort women" who had come from Korea to witness the occasion. She was sobbing quietly. After the U.S. Congress passed its resolution, Canada and Australia followed suit and many other countries are in the process of making similar resolutions.

As a co-chair of the "Comfort Woman Memorial Project" Foundation, I helped to successfully install the first memorial monument at Palisades Park, NJ. I am happy to find many other towns and counties in the New York-New Jersey area are also considering installing similar memorials. My primary goal for this movement is not just to condemn the Japanese government, but to promote more broadly the education of human rights and the historical memory of these atrocities. My ultimate goal is to persuade the United Nation to adopt a protocol on women's rights to be included in the Geneva Convention. It is not going to be easy. It will require coalitions and partnerships involving human rights, especially women's rights organizations, as well as many government representatives.

Partnership with Other Ethnic Minority Communities

The population of Asian Pacific Americans is 17.3 million, accounting for 5.6% of the U.S. population, according to the 2010 Census. Korean Americans reached a little over 1.7 million, which is little more than 0.5 % of the total US population. The Hispanic population, the largest minority group, reached 52 million, accounting for 16.7% of the U.S. population, according to 2011 Population Estimates. Asian Americans are often bundled together and treated as if they were a single ethnic group. The idea is that Asians look the same and behave similarly, even though we are vastly different collectively and individually. Nevertheless, I strongly feel that Asian Americans have to work collectively against racism and to promote our political empowerment. 5.6 % is much more powerful than 0.5%. With this thought in mind, I joined the board of the Asian American Federation in 2002 and served as the chair of the Board for four years. The Asian American Federation is the umbrella organization of 45 human service organizations of the Asian American community in the New York-New Jersey metropolitan area. Its primary mission is to raise and distribute funds to the member organizations and assist operational management for start-ups. The AAF is also the US Census' regional data center and actively participates in the distribution of census data. It is also a strong advocate against racial discrimination, particularly discrimination against Asian Americans, often working closely with Anti-Defamation League and other human rights organizations. Part of my contribution was to bring in several Korean American board members and to include more Korean American human service organizations under the Federation. Although I resigned from the board in 2010, my work with AAF underscored its importance and the need for the diverse Asian American community to come together for common purposes and mutual empowerment.

Identity Issues of the Korean-American Second Generation

My work on leadership and political participation, human rights, and Asian American community empowerment continually raised questions about the needs of not only immigrant communities, but also those of the second and third generations, who are Americans by birth, but remain as ethnic minorities. As minority members they often struggle with issues of identity. Especially in this global age, there are many opportunities to develop pride in one's heritage and to maintain connections with their immigrant parents' or grandparents' country of origin. A key to fostering ethnic identity and making cultural connections is retaining mother tongue. Without language skills, it is impossible to understand or absorb any culture in-depth. I became interested in the role that language-learning can play in helping Korean American second- and third- generation children maintain or develop connections with Korean culture.

In my own research I found out that there are over 1,000 weekend Korean language schools, mostly church-operated, in the U.S. High-school students mostly do not attend the Korean language school. Eighty percent of Korean American students who claim to be bi-lingual actually have language skills barely above an elementary school level. From these findings, it seemed clear to me that the Korean language needs to be taught in a more formal way in American high schools, to allow the opportunity for Korean American youth and others to learn the Korean language and culture at an advanced level.

At that time I was fortunate to meet Dr. Lee Kwang Kyu, the former President of the Overseas Korean Foundation, and Dr. Sun Keun Lee and his wife, both Korean language linguists and devoted teachers at the New York Korean Language and Culture Institute. Together, we founded the Korean Language Association (KLA). The mission of the organization is to implement the Korean Language as a foreign language with course credits in American high schools.

The U.S. government in recent years has recommended Korean as one of six important languages for American students, together with Russian, Arabic, Spanish, Chinese and Japanese. Our research found that as of 2010 Chinese was taught in more than 1000 public high schools and Japanese more than 750. Korean was taught in about 60 public high schools, mostly in California. We discovered that, even if a public high school wanted to include the Korean language in their curriculum, there were very few certified Korean Language teachers available. As president of KLA, I have helped to establish a Korean Language certificate program at the Rutgers University Graduate School of Education. In 2008, KLA recruited 5 candidates and sent them to Rutgers with a full scholarship. All five students successfully completed the course, and three of them are now teaching in public high schools in the New York City area. SUNY Stony Brook will start a similar program in 2014, which will make it possible for more certified teachers to meet the demand for Korean-language teachers in elementary and secondary schools. The adoption of the Korean language by many American schools will not only contribute to developing cross-cultural understanding in a global era, but also to helping to foster ethnic pride and cultural knowledge among Korean Americans.

The Need for Data and Information for the Korean Community

Professor Pyong Gap Min invited me to participate in the opening ceremony of the Research Center for Korean Community at Queens College in February 2010(the Center already started in fall 2009). The Center's two major objectives are to conduct research on the Korean American population and to provide data and information for community organizations, government agencies and researchers in the U.S. and Korea. At the opening ceremony,

Professor Min emphasized the importance of conducting research and disseminating data on Korean Americans for the long-term development of the Korean community. I completely agreed with him on the importance of research and data on Korean Americans and decided to support the Center. I, along with a few Korean community leaders, established Research Foundation for the Korean Community, a non-profit community organization, in October 2010, to financially support the Center.

Serving as the Chair and a Co-Chair of the Board of the Foundation, I have helped the Research Center to grow into a major research organization indispensable to the Korean community. In addition to initiating a few key community-related book projects, the Center has organized a bi-monthly lecture series and the annual conferences. It has also established Dissertation Scholarship Program for doctoral students writing dissertations on Korean Americans and the Korean American community. Prof. Min recently published his edited book, *Koreans in North America*, based on papers presented at the bi-monthly lecture series and conferences. The book includes very useful statistics on Koreans' immigration, demographic, settlement, and business patterns. The book copies have been widely distributed to the Korean community. I am glad to see the Center beginning to have an impact in the Korean community.

Ending Remarks

I was born in North Korea under Japanese colonial rule and when the communist government was installed in the North my family escaped to South Korea in 1947. My family and I survived the Korean War, and I was able to graduate from college with a degree in civil engineering from Seoul National University. After five years with the ROK Navy in the civil engineering corps, I left South Korea in 1963 to pursue a Ph.D. in civil engineering at the University of Western Ontario, Canada. My family immigrated to the U.S. in 1974, and settled in the New York City area. I joined Hyundai Group in 1976 and worked for eleven years in several countries around the world, traveling frequently until I came back to New York to join my family in 1987. I was fortunate to play an important role in the industrial and economic development of South Korea during the 1970s and 80s through my work at Hyundai.

But, upon returning to New York and especially upon my retirement in 1997, I realized that addressing the needs of Korean and Asian American immigrant communities and the next generations became my calling, especially in light of the events in New York City and Los Angeles that drew attention to Korean immigrants and highlighted the need for community leadership and empowerment. None of this would have been possible without my meeting many outstanding community leaders and public advocates who inspired me and gave me a clear vision about what I wanted to do and how to go about doing it. Becoming Korean American has been a journey of self-discovery and community building. It's been already 16 years since my retirement, but there is so much more work to be done.

Yung Duk Kim

Dr. Yung Duk Kim was born in Changjun, Kangwondo, Korea. He earned aBachelor's degree in civil engineering from Seoul National University in 1958. He served five years in the Republic of Korean Navy as a civil engineering corps officer until 1963. Upon being discharged from the Navy, he proceeded to the graduate school of University of Western Ontario in 1963 and obtained his Ph.D in civil engineering in 1970. He then worked for the geotechnical consulting companies, Golder Associates in Toronto and MRWJ in New York, before joining Hyundai Group in 1976. He worked for Hyundai Engineering and Construction Co., Hyundai Heavy Industries Co., and Hyundai Corporation USA until he retired in 1997. He served on the board of Woori America Bank between 2000 and 2011. Since his retirement in 1997, he has served as a board member or board chair for many Korean non-profit organizations in the New York-New Jersey area, such as Korea Society, Korea Chamber of Commerce and Industries USA, Asian American Federation, and Korean American Civic Coalition. He lives in Westport, CT with his wife, Jae Jin. He has a son, Lawrence, and a daughter, Eleana.

6 A Boy from a Mountain Village in Korea Ends Up in the Middle of Washington, DC

Dongsuk Kim
Founder of Korean American Civic Empowerment (KACE)

I was born in the Gangwon province of South Korea, in the spring of 1958, when the Korean War had pulverized the country to extreme poverty. Since my parents were public school teachers, my family frequently moved from one town to another within the boundaries of the province. I spent my primary school(Gwangduk Primary School) and middle school (Sanae Middle School) years in Hwacheon county, Gangwon province. When I was young, every household was poor. Thus, I had no sense of misfortune or of the disparity between the rich and the poor. I had an innocent existence in the countryside, and Mother Nature was my friend. However, as I went to Chuncheon High School(from which I graduated in 1977) in my late teen years, I began to experience the dramatic gap in the standards of living between cities and rural areas. I became interested in the social problems/conflicts caused by socioeconomic inequality. At that time, my thoughts were heavily influenced by the militarism of the Cold War era, the one-sided anti-communist propaganda(the infiltration of the North Korean commando troops into the Ulchin-Samchok area in 1968, the Lee Sungbok incident, in which the ten-year old boy was said to have been killed by some communist spies for saying "I hate the commies"), and the Cold War ideology.

After graduating from high school, I entered Sungkyunkwan University, which is located in Seoul, and chose to major in social sciences. After so many days of soul-searching before coming to the university, I felt natural to join a student social movement group, the "inyum circle," and to become an activist. My preoccupation with social problems became deeper and more serious. At that time, Park Chung-Hee's military dictatorship was running its final course. Consequently, many student activists were brutally oppressed by a series of Emergency Decrees, which were extraordinary measures that the Yushin Constitution allowed the President to declare singlehandedly. I was one of those persecuted students. My name was on the police's most-wanted list in the closing months of Park's Yushin regime. Eventually, I was subjected to forced military conscription and was still serving in the military when historic events such as the 10 · 26 assassination of Park Chung-Hee(1979) and the Guangju Uprising occurred(1980). After completing my military service, I returned to the university. However, the Korean society at that time was so suffocating to me. I wanted a new challenge, and in 1985, I came to the United States for further study. Thus began my American life.

I graduated from Hunter College of the City University of New York, and earned a B.A. degree in political science. I got married soon after that. I started a small business in Greenwich Village in downtown New York City to make a living. I organized small business owners, and this group turned out to be the foundation for my later activities of political empowerment of Korean Americans. Additionally, a series of incidents, such as the 4.29 LA Riots, which hit Korean-American communities hard, led me to launch the Korean American Civic Empowerment(previously named as the Korean American Voters Council). I worked out a thirty-year plan for the mobilization and political empowerment of Korean Americans to advocate their rights and interests, and immediately put it into practice.

In 1990, a dispute occurred between a black customer and a Korean-American immigrant grocery store owner on Flatbush Avenue in Brooklyn, New York City. The owner saw the woman stealing merchandise and tried to stop her by physically constraining her. However, the woman called the police and falsely accused him of sexual harassment. With my own eyes,

I witnessed boycotts and demonstrations organized by African-American groups in front of the store for more than a month, blaming the Korean-American community as a whole, as well as the store owner. Most of the public attention was given to the negative aspects of Korean-American businesses, while little attention was paid to the black customer's false accusations and the damages done to the store owner.

African-American activist groups reacted as if they had long been waiting for this to happen. Gangs of black teenagers intimidated Korean--owned businesses, flocking around from one store to another. Several stores in the Bronx and Jamaica, Queens were attacked. Some Korean Americans were beaten up in broad daylight for no apparent reason. The leaders of the Korean-American community gathered to discuss countermeasures, but they could not find any effective solution because most of them were in the same boat as the grocery store owner. Frustrations and resentments were intensified, and eventually, over eight thousand Korean Americans congregated and raised their collective voice before City Hall. On the verge of an ethnic riot, New York City Mayor David Dinkins finally intervened to negotiate a settlement. Although I was a college student at the time, I was part of the Korean-American negotiation team and got to meet the representatives and leaders of the African-American community. As I was studying American history, particularly the history of minority groups' civil rights struggles, I insisted on reconciliation and negotiation, thus inviting criticisms from the hardliners among the Korean-American delegates who advocated more confrontational approaches.

After the much publicized black boycott of Korean stores in New York City came to an end, some 2,300 Korean merchants suffered the destruction of their stores in the Los Angeles riots in 1992. It was this event that led me to dedicate my whole life to Korean-American community affairs and to speak for the identity and interests of Korean Americans. On April 29, 1992, black and Latino looters targeted Koreatown in LA during the notorious LA

Riots. I was shocked at the sight of destruction in Koreatown in the riots. How fragile and vulnerable the situation of immigrants in the so-called nation of immigrants was! I turned away from my former focus on U.S. politics, its foreign policy, and the relationship between the United States and South Korea. I was completely disillusioned about American society. My eyes were opened wide to see America's savagery and inhumanity. Ironically, the LA Riots turned me into an adult and forced me to confront society and politics, harboring not the slightest illusion, exactly when I was about to start a new life with my marriage and a newborn son. Ideologically, I thought of myself abstractly as a Christian socialist, but my practical interest was totally in contradiction of the national division in Korea. Although I lived in the U.S., my thoughts were focused on the issues of Korea's democracy and the reunification of North and South Korea. I firmly believed that the U.S. should not block Korea's democratic transformation and national reunification; hence, I was preoccupied with the relationship between Korea and the United States. For the first time for seven years after I had come to the U.S., I came to recognize that I was not so much a Korean as I was a Korean American. I came to realize the unique situation of immigrants who had left their home country behind.

I was completing my last semester at Hunter College when the LA Riots erupted in 1992. New York City narrowly averted riots, but the LA Riots exposed the Korean-American community's political and social vulnerability. No matter how deeply we believed that we were part of the mainstream white society, there was no denying that we remained as a Korean minority in the U.S. Even the so-called rule of law could protect minority immigrants only if they strived to protect themselves by their own organized power. Like many other international students, my original plan was to go back to Korea after completing my studies. However, the LA Riots convinced me that it was not my calling to go back to Korea. I decided to stay in the U.S.

Properties and businesses, the very foundations of living which Korean

Americans had built for decades, were burnt to the ground overnight during the LA Riots. The Riots left many Korean business owners homeless, with Korean victims having not received compensations from the governments and the perpetrators not punished. The LA Riots made it clear that Korean Americans needed to stop trying to become like whites for their survival and to recognize their identity as minority immigrants and to create their own political and social protection mechanisms by organizing themselves into a political force. Korean-American communities in large metropolitan cities, such as LA and New York City, called for political mobilization and launched voter registration campaigns.

At that time, from my experience with the metro New York Korean-American community, I felt that the Korean-American community was segregating itself from the American mainstream society. I realized that the Korean-American community needed a non-profit organization run by a professional staff to protect and advocate their rights within the U.S. system. I came to the conclusion that the most effective way to protect and promote the interests and rights of Korean Americans as U.S. citizens was their active civic participation. I started voter registration campaigns in 1993 as the first step to achieve this goal. It was the beginning of the Korean-American Civic Empowerment(previously called the Korean American Voters' Council), which was registered and certified as a non-profit organization by the U.S. government in 1996.

In the mid-1990s, Korean grocery stores faced unionizing campaigns from their Hispanic employees, spurred by the AFL-CIO immigrant workers project. The conflict occurred between un-documented workers and the small business owners who were also immigrants. This situation led me to think that I had to have professional knowledge and skills to build a legal discourse for reconciliation and cooperation as well as for conflict resolution. I went to the NYU Wagner Graduate School of Public Service to study non-profit management and labor conflict resolution.

I met David Plouffe, a famous campaign manager and political strategist, as I joined the election campaign for U.S. Senator Robert Torricelli from New Jersey in 1996, while working for advocacy and political empowerment on behalf of Korean Americans. He told me about Barack Obama's effort at political empowerment among blacks in Chicago. Later, he also introduced me to Barack Obama at the 2004 Democratic National Convention. Obama ran for U.S. Senator for Illinois, and Plouffe was later the campaign manager for Obama's successful 2008 run for President. My encounter with Obama led me to recognize the difficulty of political empowerment, but it also strengthened my conviction about what I had been doing.

Working for the political empowerment of Korean Americans, I happened to learn about the American Israel Public Affairs Committee(AIPAC), which advocated the interests of Jewish Americans and of the state of Israel. Although I did not completely agree with its goals and philosophy, the organization's sophisticated strategy served as a model for my own work. I think that Americans can broadly be divided into whites and non-whites, and non-whites can be further classified into Hispanics, blacks, and Asians. Korean Americans, a minority group within the Asian group, were often subsumed under the category of "Asians," thus losing their distinct identity. AIPAC was a revelation to me, because in order to figure out how to best establish Korean-American identity and to build a social space for them, I had thought long and hard about what other ethnic minorities were doing to politically empower themselves. Even though I am not Jewish, I have been a member of AIPAC for over ten years to learn its sophisticated and intricate strategies.

I also found that the Korean descendents residing in the U.S., including the second and third generations, could never be free from their ties with the mother country and their host country. In addition, the system of national division on the Korean peninsula proved to be the most formidable stumbling block in the relationship with the U.S. Since the other half of Korea(North Korea) has been designated as one of the enemies of the U.S., and the U.S.-ROK relationship has been relatively unstable, Korean Americans have not really been able to live in peace. Korean immigrant businesses had a hard time when anti-American sentiment was on the rise in South Korean society, sparked by the incident of 2002 in which two teenage girls, Shin Hyo-sun and Shim Mi-son, were struck and killed by a huge armored U.S. Army vehicle in the Gyeonggi-do province of South Korea. In the United States, Korean-American kids were picked on at school every time North Korea tested missiles or nuclear bombs. These experiences showed how important the Korean-U.S. relationship was to Korean descendents living in the U.S. It cannot be overemphasized that building a good relationship between the mother country and the host country is one of the prerequisites for the advancement of Korean Americans' rights and interests. AIPAC demonstrated its excellent leadership in coordinating the interests of American Jews and the interests of Israel and improving the U.S.-Israel relationship. Following AIPAC's example, I too tried to focus on improving the U.S.-Korean relationship.

I consider myself as a 1.3-generation Korean American. I had a thirty-year plan for the political empowerment of Korean Americans; I have worked tirelessly for twenty years to achieve this goal. I can enumerate many achievements, some big and some small, as I have tried to build a Korean-American equivalent of AIPAC. I built a launching pad for campaigns mainly among first-generation Korean immigrants, helped Congress pass the visa-exemption program for Koreans' visits to the U.S., the U.S. Resolution on Korean Comfort Women, the Resolution on the Recognition of the Contribution of Korean Americans to the U.S., publicized the Dok-do issue, set up the Korean Caucus within the U.S. Congress, and organized grassroots activities and training for second generation Korean Americans. I lament the fact that during this process, I have not received help from second-generation Korean Americans who have successfully integrated into mainstream American society. These successful second-generation Korean

Americans did not know that the relationship between Korea, their mother country, and the U.S., was a crucial matter in their lives. This problem is deeply rooted in the issue of establishing Korean-American identity. Even Jews, renowned for their legendary ethnic solidarity, now face an identity crisis among global Jews and consequently have made the ethnic identity education their top priority. For the Korean-American community, too, the most important thing is to help second-generation Korean Americans establish Korean-American identity, because no matter what they will be doing, they will never be free from the nametag of "Korean American." This is the reason why, in addition to continuing my work for the political empowerment of Korean Americans, I am now focusing on the ethnic identity education for the second generation.

Dongsuk Kim

Dongsuk Kim is Founder and Former President of the Korean American Civic Empowerment (former Korean American Voters' Council). As the President of the Korean American Voters' Council, Mr. Kim led the organization to many great accomplishments, such as increasing Korean voter turnouts from less than 5% in 1996 to over 65% in 2008, helping over 26,000 Korean voters to register, instituting Korean Language Assistance in New York City and New Jersey, the passage of the "Comfort Women Resolution" (H.Res. 121 of 110th Congress, 2007), and the U.S. Visa Waiver Program for the Republic of Korea (2008). Through leading many successful nationwide campaigns, Mr. Kim was compared to leaders of the Israeli-American community (AIPAC), the Cuban-American community, and the Taiwanese-American community by The Hill in 2007. He is acknowledged as one of the most influential grassroots organization leaders by many U.S. and Korean news media outlets.

7 Son of Flushing

Ron Kim

Member of New York State Assembly (District 40 - Queens)

Ron Kim is a New York based politician who was elected to the State Assembly in 2012. As the first Korean American elected to public office in New York State, Ron is proud of his immigrant background and of growing up in Flushing, Queens. In 1987, at the age of 7, Ron moved to Flushing from South Korea with his parents. As the only child, Ron quickly made new friends and learned the value of hard work from his parents. Growing up, Ron often helped his parents at their small grocery store during the weekends. He saw firsthand how dedicated his parents were while living and pursuing the "American Dream."

Even at that young age, Ron believed in the notion that in the United States of America, if you work hard enough and persevere through difficulties, you can eventually find success. There was a sense of fairness to the concept that hard work and resiliency are rewarded in America.

Education and Sports

Ron's values were shaped by his parents and his childhood experiences while growing up in Flushing. In particular, Ron was taught by his father at a young age that "there are no geniuses in this world." Ron's father taught him that in this world, there are simply those who work hard and those who do not work hard.

By adopting this attitude at a young age, Ron excelled as a student-athlete, earning top honors in football, wrestling, and track. He eventually earned a full scholarship and played football for Hamilton College, where he became one of the first Asian Americans to join Hamilton's varsity football team.

Ron's ability to build coalitions and work in teams comes from over ten years of playing organized and competitive sports. He learned how to build trust and loyalty among his peers by often leading with action, not words. For example, he became the first Asian-American captain of his high school football and track teams, simply because he worked harder than others.

In college, Ron pursued political science and philosophy, and earned a Bachelor of Arts in Government. Ron was inspired by Professor Robert Martin's class in "Democratic Theory," where he engulfed himself in the works of a number of modern political philosophers. It was during this time that Ron first thought about becoming a public servant.

Key Opportunities

Despite Ron's determination and hard work, without the help of two important individuals, Ron would have never been able to succeed as a politician. First, when Ron returned to Flushing after college, he met John Liu, who at that time was serving his first year as the first Asian elected official in New York City Council. Ron went to John Liu as a constituent with a list of complaints and walked out of John's office as his intern. This internship turned into a life-long mentorship, where John continues to advise Ron on local politics and community development.

Secondly, Ron caught another break when he took his first job as a "community liaison" for then-Assemblyman Mark Weprin. It was during this period that Ron truly discovered that all politics is indeed "local." While working for Mark Weprin, Ron learned the importance of delivering results to local constituents. By working on everyday issues(fixing potholes) to resolve complex problems(building and zoning disputes), Ron learned the importance of paying attention to local concerns.

Korean Roots

As the only son of Korean-American immigrants, Ron understands the struggles and challenges of new Americans. He saw firsthand the resiliency and determination of immigrants who seek the "American Dream." While growing up in Flushing, Ron saw his parents work 365 days a year, 7 days a week, without ever taking a vacation, so that their only child could be afforded more opportunities.

It took Ron a long time to fully understand this culture of hard work among Koreans and Korean Americans. Their perseverance, tenacity, and determination stem from a long history of values that are deeply rooted within many generations of Koreans. Ron discovered that it was actually his grandparents' generation who set the bar in terms of grit and perseverance. That generation had to endure extreme poverty and oppression for decades without losing their sense of identity and family.

Political Agenda

Ron feels passionately about bridging the achievement gap for students, ensuring a pathway into the middle class, and protecting small business owners. Ron's political viewpoints and policy agendas are shaped by his personal belief that having grit and resilience is the key to success in life. In his first term at the New York Assembly, Ron sponsored multiple Assembly bills, one that would empower immigrant communities and working families by improving customer service in the Metropolitan Transportation Authority and another that allows local school boards to determine whether students can take a day off for Lunar New Year.

Ron also introduced and co-sponsored more than 20 bills that would allow immigrants to have more access to state government services, increased more incentives to build affordable housing, and restored over $90 million for services provided for disabled children. Ron's main focus has always been on his constituents and the needs of his constituents. In his first few weeks as a legislator, he was brought back to his old lesson that all politics is local. He realized that there was very little language access in his district, where many of his constituents did not speak English as a first language. He noted that written forms and documents on the city and state levels were not translated. He felt that it was wrong for certain citizens to not have full access to the services that they were paying taxes for. He made sure that his staff was multilingual in order to best serve his constituents, and to provide translated documents as much as possible. Ron is now a strong advocate for making sure that there is language access at all levels of government, and to make sure that all forms and websites are translated into as many languages as possible.

In Flushing, Queens, there is a large Korean and Chinese constituency. Providing services in a culturally competent way and in the languages that his constituents understand has increased the amount of constituents visiting Ron's district office. In New York, Asian Americans make up 14% of the population. As the only Asian-American elected official on the state level, Ron's office continues to receive many New Yorkers from all over the state looking for help that their own state offices aren't providing. By word of mouth, Ron's district office has become the office that gets things done for all the diverse communities in the state and is a safe space for people to bring all manners of issues. Due to the large numbers of people coming into the office, Ron's focus has also turned to increasing efficiency on different levels with new technology and the creation of different databases that will help him recognize his constituents' needs and help his constituents get their needs met.

Ron started a District Trends Report that collects all the main issues that come through his office so that he can focus on those needs. This was the first time that an Assembly office has been completely transparent in the services that they provide. It was so popular that other Assembly offices started to emulate the report. One of the issues that consistently came to the forefront of District 40's trends was the issue of housing. There was a huge housing crisis all over New York City, but the need was particularly prevalent in Flushing.

Ron's office helped to navigate different(Affordable Housing, Public Housing, Low Income Housing, and Senior Housing) housing processes for the residents in the area, and built a database of different types of housing with their requirements sorted and listed for easy search by staff to help constituents that met each level of criteria. This significantly cut down time spent and also helped to make the constituent's applications gain a higher percentage of success.

Continued Influence

As the only Asian American on the state level, Ron actively works to inspire young people in the community to increase their levels of civic engagement and interest in investing in their own community. He wants to pave the way for young people to feel like they too can access and affect change in their government. Ron talks continuously about building on the resilience and grit that some of the young people show in the district. He hopes that soon he will no longer bear the distinction of being the only Asian American on the state level, or the only Asian-American seat in the district.

Ron Kim

Ron Kim serves in the New York State Assembly representing the 40th District, Queens. First elected in November 2012, Kim became the first Korean American ever elected in New York State. After he began his career in public service in then-Councilmember John C. Liu's office, Kim joined the New York State Department of Buildings, followed by the Department of Small Business Services. In 2006, Kim joined the staff of New York City Council Speaker Christine Quinn as a Policy Analyst, where he focused on legislative issues relating to transportation, infrastructure, and economic development. From 2007 through 2010, Kim served as a Regional Director for Government and Community Affairs in the administrations of Governors Eliot Spitzer and David A. Paterson, where he worked with numerous state agencies, elected officials, and community organizations. In 2012, Kim won the five-way Democratic primary on September 13, and went on to defeat Republican Philip Gim in the general election, 68%-32%.

In his first month in office, Kim helped pass legislation A.3354, which implemented a tax relief for New York City homeowners; the bill is projected to encourage housing development. Kim has supported bills related to education issues and services for seniors. He is also an active supporter of immigration issues and is a sponsor of the Dream Act on the state level as well as the prime sponsor on a bill to make Lunar New Year an allowable school holiday. Kim has sponsored legislation inspired by events that happen in his district; in January 2013, he became a proponent of the Taxi Drivers Protection Act following a robbery and assault that occurred in Brooklyn.

Kim currently sits on the Children and Families Committee; the Corporations, Authorities and Commissions Committee; Governmental Operations Committee; Housing Committee; and Social Services Committee. He also belongs to the Black, Puerto Rican, Hispanic, and Asian Caucus.

Raised in Flushing, Kim graduated from the Riverdale Country Day School in 1997. He later earned his Bachelor of Arts from Hamilton College. In 2004, Kim was accepted into the National Urban Fellows Program, where he was placed in a fellowship advising the Chief Education Office of the Chicago Public Schools, simultaneously earning his Master's in Public Administration from CUNY-Baruch College.

IV

Younger-Generation Korean-American Women Politicians

Sharon E. Har

Cindy Ryu

Patty Kim

Susan Shin Angulo

Grace Han Wolf

Part IV includes five essays, all by 1.5- or second-generation Korean women elected politicians in their forties, fifties, and early sixties(one). It makes sense to group these five essays into one part because all of the essayists share roughly the same generational status; in terms of their political careers, all of them are either city council members or representatives in their respective state legislatures. It is also interesting that all of them are women. This does not mean that, nationally, there are more younger-generation Korean women elected politicians than men. Although there may in fact be more younger-generation Korean male politicians than women, these female elected politicians happened to find the time to write essays for this book. However, it is important to note that, compared to their Korean immigrant mothers who usually supported their husbands' public activities, many younger-generation Korean women are active in media and politics. Their political and other public activities have been possible partly because their younger-generation husbands spend more hours for childcare and housework than their parents' generation.

Three of these younger-generation essayists' parents came to the U.S. as international students and completed Master's or Ph.D. programs in the 1950s and 1960s. All five essayists reported that their parents emphasized education, and consequently, the essayists and their siblings were sent by their parents to the best schools possible. Thus, they have good educational credentials: one graduated from law school, two received MBAs, and another completed a Master's program. Only one out of the five received just a bachelor's degree. Unlike old-timer Korean immigrants, who completed their graduate education with a lot of struggles due to their language barrier and financial difficulties, these 1.5-generation and U.S.-born Koreans completed their education relatively smoothly, fully supported by their parents and with no language barrier. In the next two parts of this book following this section, we will find that younger-generation essayists in the two categories of non-elected politicians also received high levels of education, fully supported by their parents.

Another important commonality these five younger-generation politicians share is that they came into politics to protect their own and their neighborhoods' local interests in their predominantly white towns or cities, rather than those of Korean Americans or Korean immigrants. They realized the need for their participation in electoral politics to deal with property taxes, school boards, and other local issues. To put it another way, their participation in electoral politics was an extension of their civic participation. Thus, Korean immigrants' problems were not specifically included in their political agendas. Moreover, their political mentors and campaign supporters were largely white Americans, and they organized their political campaigns with little to no support from the Korean community. Their essays also suggest that they did not encounter any serious racial barriers in their political activities in predominantly white districts. This is due partly to their fluency in English and American manners and customs, and partly to the decrease in racism against Asian Americans in more recent years. Korean and other Asian Americans have been accepted far more favorably since the 2000s, when these younger-generation Korean women began to participate in electoral politics, particularly in comparison to earlier periods. Census data indicate that about 55% of U.S.-born Asian Americans born in 1965 and after engage in intermarriages, with more than two-thirds of them marrying white partners. This suggests that the social distance between white and Asian Americans has been reduced significantly. As a whole, younger-generation Koreans' political activities did not involve much ethnic or racial politics.

Nevertheless, all five essayists indicated that they had strong Korean-American ethnic identity. Their retention of Korean culture is reflected in their family life and political activities. Sharon E. Har, a legislator in the Hawaii State House of Representatives, said that her ethnic values about the importance of education and respect for adults have influenced her stance on political issues. Cindy Ryu, a legislator in the Washington State House of Representatives, reported that she and her husband had deep roots in the Korean community, which is exemplified by the fact that they attend a Korean church. Patty Kim, a legislator in the Pennsylvania State House of Representatives, said that her parents made education and faith top priorities, and that these values have become important "tools that have helped me survive and compete in the world of media and politics."

8 My Life as a Korean-American Politician

Sharon E. Har
State Representative, District 42, Hawaii

Prologue

For as long as I can remember, I have always felt the need to help people. As a child, I remember feeling sorry for the kids in school who were bullied. Fortunately for me, I was friends with the "popular" crowd, so when I stood up for the kids who were picked on, I was able to influence the bullies to stop their behavior(without any detriment to my own social standing). It was this innate sense of changing things for the better, which perhaps, unbeknownst to me at the time, began my path down a career in politics.

My Early Years

I was born in Springfield, Illinois, "the Land of Lincoln," to Dr. Chester Chiduk Ha and Katherine Kyunhee Ha. My father graduated from Seoul National University and my mother from Ewha Women's University, but after college, they decided to attend graduate school in the United States as they set out for the "American Dream." My father did a brief stint working for the State of Illinois prior to attending graduate school, which is why my brother and I were born in Illinois.

Both of my parents attended Ohio State University for their graduate degrees. My father pursued his Ph.D. in Business/Economics, while my

Hawaii

I transferred to the University of Hawaii Richardson School of Law for my final year in law school, as my family and I had spent much time in Hawaii and I wanted to go back. After law school, I had the fortune of serving as a law clerk to one of the highly respected circuit court judges, Judge Eden Elizabeth Hifo. One day after returning from lunch, Judge Hifo asked me how the job search was going. I told her I was continuing to interview with various law firms in town but had not yet selected one. She told me that she had lunch with Lt. Governor Mazie Hirono, who was looking to put together a new staff since she and the governor at the time, Ben Cayetano, had just been re-elected to a second term. Judge Hifo encouraged me to interview with Mazie because she thought I would be an excellent aide to the Lt. Governor, who at the time, was slated to become Hawaii's next governor. I interviewed with Mazie and was offered the position of executive aide, in which I served as an advisor to the Lt. Governor in the areas of transportation, education, Hawaiian affairs, and economic development. It was during this time that I was often approached by legislators and lobbyists suggesting that I consider a run for office. I laughed at the idea because I thought of myself as a "behind the scenes" strategist, and not someone who would be front and center. Never say never.

2005, My Run for Office, and My Father

Mazie lost her bid for Governor and I went to practice law in the private sector. The pressures of complex commercial litigation were intense and stressful, but it was an experience which has helped make me a better legislator. As I mentioned above, law school does not teach you to become a lawyer. You must practice law to learn how to become a lawyer, so I worked very hard, billing an inordinate number of hours to learn my trade. After four years of private practice, I felt like something was missing in my life. I had yearned to be a lawyer my entire life and once I achieved that goal, my quest to help people went unanswered as the arena of commercial litigation was merely about breaches of contract and millions of dollars.

In 2005, I finally decided to throw my hat into the political arena as many legislators had continued to encourage me to run for office. Two days after filling out my paperwork to run for the State House of Representatives, my family received devastating news—my father was diagnosed with stage four pancreatic cancer and we were told that he had only three to six months to live. After receiving the news, I told my father that I would not run for office. But my father would not have it. He told me that he knew I wanted to run for office and so he was determined to help me. Without any money, name recognition, or campaign team, I took a leave of absence from my law firm and delved into my campaign by walking door to door every day, simply introducing myself to people and expressing to them my views about our district of Kapolei, also known as "the Second City." After ten months of walking door to door and several months of sign waving (a phenomenon done only in Hawaii due to our pristine weather), I beat the ten-year incumbent by 369 votes. The night of my election party, my father hugged me and whispered, "I'm going to live forever." I am proud that my father lived for two years after his diagnosis. He sat next to me on the floor of the House of Representatives in January 2006 and January 2007 and participated in my swearing-in ceremony. My father passed away on February 28, 2007.

My Vision for Hawaii and How Being Korean has Influenced Me as a Politician

Hawaii is one of the most beautiful places in the world. I am blessed to live here and represent the people of my district. I am proud to represent a community which is so richly diverse and comprised of many cultures, ages, ethnicities, and views. With the recent additions of the Kapolei Courthouse, the Kroc Community Center, and the University of Hawaii West Oahu Campus, the government continues to stand behind our Second City because of the opportunities Kapolei creates for our residents, including the dream of home-ownership. New additions, such as Ka Makana Alii, the Social Security Administration Building, rail transit, and a new fire station, will further showcase our new city as a place that is easily accessible for both residents and tourists alike, but a place that has all the core services required for any great city. As residents of this great state, I firmly believe that we have an obligation to leave Hawaii better than how we found it—this means providing better job opportunities for our kids, building quality affordable homes for all of our residents, fostering public-private partnerships for our infrastructure needs without the need for taxpayer funding, and creating a sustainable Hawaii that is less dependent on foreign oil and overseas market forces that dictate our quality of life. We must continue to diversify our economy by leading the nation in renewable energy, diversified agriculture, and eco-tourism, and Kapolei will play a substantial role in this endeavor. I continue working with all of our stakeholders and community members in our endeavor of making Kapolei the next great city.

I feel privileged to be making laws for the people of the State of Hawaii because I get to help people on a broader scale. One of the laws I am best known for is the "ignition interlock" law, which became effective in 2011. In 2007, I was hit head on by a drunk driver in my district. By the grace of God, I was not seriously injured, but my car was completely totaled. After an investigation by my insurance company, it was discovered that the man who had hit me had previously been arrested for driving under the influence and had his driver's license revoked. Despite being prohibited from driving, this offender was still driving, and that incensed me. So I teamed up with Mothers Against Drunk Driving (MADD) and introduced a bill called the "ignition interlock" law. As a result of the law that I passed, any person who is arrested for driving under the influence is required to install an interlock device into his or her car. Each time the person wants to start the car, he or she must blow into the device. If any alcohol is registered, the car will not start. Moreover, each time the offender blows into the interlock device, the information is stored so that the State can track whether the offender is constantly blowing into the device with alcohol in his or her system. The State can then order that person to receive substance abuse counseling based on the tracked information. I am proud of the ignition interlock law and to date, the information shows we have prevented over 4,000 vehicle starts by individuals who were over the legal limit.

As a Korean American, I am often asked whether my ethnicity and culture have impacted my viewpoints and philosophies when making laws. I believe that being Korean American has greatly influenced how I approach legislating because I bring with me a background that has a different value system from many of my colleagues because of my culture. For example, I am zealous about legislation that will support our elders or "kupuna" as they are known in Hawaiian. I strongly believe that our elders should be respected because of all they have contributed towards our society and that it is our duty to ensure that they are protected and cared for in their twilight years. I am also very passionate about education initiatives because education is truly the great equalizer and will foster more productive individuals. Finally, I continue to advocate for long-term care initiatives because we are beginning to see higher rates of individuals who are becoming incapacitated for various reasons and who need assisted care around the clock. I believe that my stance on all of these issues stem directly from my upbringing as a Korean because the Korean culture values the elderly, education, and healthcare. I am proud that I bring my culture into my everyday work and that I can make a positive difference in peoples' lives by espousing my Korean values into the legislation which I support.

Sharon E. Har

State Representative Sharon E. Har represents District 42, which is comprised of the West Oahu communities of Kapolei and Makakilo. It is the fastest growing area in the state of Hawaii. Situated at the heart of West Oahu, Kapolei was planned as the "Second City" on the island of Oahu. Initial residential construction in the Kapolei area began in the late 1980s, with commercial developments springing up shortly thereafter. Two decades later, the Kapolei area has seen massive growth, and has become the center of business in the West Oahu region of the island. Projections show that by 2025 there will be 7 million square feet of commercial space and 65,000 jobs in the Kapolei region.

Representative Har was first elected to the Hawaii State Legislature in 2006. Currently, she is a member of House Leadership as a majority whip, and serves as the Vice Chair for the Committee on Judiciary, as well as a member of the Committee on Consumer Protection & Commerce. Since being elected to office, Representative Har has been successful in helping to secure major infrastructure funds for the Second City to construct much-needed improvement projects for the area, including the development of the University of Hawaii West Oahu campus, and a second elementary school for Kapolei. Representative Har is best known for her work in getting an ignition interlock law passed after being hit head-on by a drunk driver in 2007.

Outside of her role as a state legislator, Sharon Har works as an attorney with the law firm of Bays Lung Rose & Holma in Honolulu, where she specializes in real estate, land use, and construction litigation. Prior to working at Bays Lung, she served as an aide and advisor to Lt. Governor Mazie Hirono from 1999-2002, where she assisted the Lt. Governor on the issues of education, transportation, and high technology. She has also committed numerous years of service to various community organizations, including the Boys & Girls Club of Hawaii, Aloha United Way, the Hawaii Blood Bank, and the Hawaii Korean Chamber of Commerce. Representative Har received her Juris Doctor from the John Marshall Law School and spent a semester as a visiting student at the William S. Richardson School of Law at the University of Hawaii. She earned B.A.'s in political science and sociology from Mount Holyoke College. She lives in Kapolei with her husband, Dr. Vince Todd, and their Yorkshire terrier, Kenji.

9 Building Bridges between Korean Roots and American Fruits of the Diaspora

Cindy Ryu

Legislator, Washington House of Representatives, 32nd District

I was born on November 14, 1957 into a very traditional Korean family in Seoul, South Korea. Like many other fellow Koreans, my family experienced serious economic struggles shortly after the signing of the Korean War Armistice. My parents' very modest goals included college education for their three sons and daughter. Little did we imagine where that ambition would take me—from post-war Korea to the Kingdom of Brunei to Manila, and ultimately, to the United States, where in 2008 I became the first Korean-American female to become mayor in any American city. I am now one of 98 State Representatives in Washington State helping set policy direction and voting on our state's 30 billion dollar biennial budget for more than 7 million residents.

My parents are from what is now North Korea. My dad, Jae Il Kim, is the oldest surviving son of a fifth generation of only sons. So when my grandmother had several sons in a row, and my mom, Seong Suk Kim, married into the family, expectations of this marriage and their children were extremely high. By the time they met at the end of the active part of the Korean War, both had been pushed to the southern tip of the Korean Peninsula. Since he graduated from the teachers' college, my dad became an officer in the ROK (Republic of Korea) Army and my mom was a member of the choir at the church his mother and sisters attended. My dad is from Hwang Hae Do, Hwang Joo Koon, Young Poong Myun, which is my "hometown" even though I have never been there, since it lies north of Pan Mun Jeom.

Early Years

I attended Shin Seok Kuk Min Hak Kyo in Ma Po Gu in Seoul until fourth grade. Most of my early memories are of various Jeon Se homes, going to school, singing in the choir, and going on field trips. Other memories include begging my Mom for piano lessons, the socialization around being privileged enough to get piano lessons and the music book, my older and wealthier cousins, and the local comic book store which rented by the volume. I also recall being very sad that I did not have a younger sister.

In 1967, we left Korea to join my dad in Southeast Asia in Brunei, where he had been working for several years to earn money, as many other ROK men did—as migrant workers overseas or as immigrants during this economically challenging period of Korean history. My brothers and I attended private Anglican schools in Brunei so we could learn English. We lived among the Malays and the Chinese. I thoroughly enjoyed the lifestyle in this tropical Muslim kingdom, learning to count in Malay, Chinese, and English while jumping rope and continuing Korean conversations with my parents and reading Korean children's newspapers that my favorite cousin mailed us. We purchased the cheapest seats possible to watch Chinese action, Indian Bollywood, and James Bond movies. At the same time, it was remarkable to me that my Chinese friends who were born there did not enjoy the same benefits as the Malays.

To supplement my dad's income to help pay for four private school tuitions, my mom began sewing, raised chickens like everyone else, and served thick coffee cut with condensed milk every morning. Since we could not stay in Brunei for longer than two years, we went to Manila in the Philippines to apply for and wait for visas to enter the United States. Since my parents did not have work permits, they worried that we would run out of money before we received U.S. entry visas. At one point, we were down to one meal a day, until my parents found lodging among Koreans and my mom had access to a kitchen. We received our much-anticipated visas within two months and arrived at the Seattle-Tacoma International Airport on Christmas Eve, 1969.

We settled in rural Gate, Washington, a small town that is half an hour away from Centralia—a city of 10,000, and the largest in Lewis County. Fayette and Darren Johnson, a Mormon couple, hosted us along with several foster children while raising their four children in a very traditional country home. Boys bunked in the open porch and the girls slept in the unheated attic with electric blankets. Everyone pitched in with chores in the barn or with quilting parties. Like many others from northern Korea, my parents are Presbyterians. Here in our new adopted country, dairy farmers Ed and Frances Hamilton picked up the kids for Sunday School at the Church of Nazarene. They modeled Christian faith for us through other small acts—one of my favorite memories of that time period is having ice cream cones on the way home from Centralia.

My Educational Background

When we arrived in America, our parents told us "We are here to work, and you are here to study." All of us finished college, and three of us have advanced degrees. I attended schools in nearby Rochester and Grand Mound Middle School. During the summers, all the children in Gate went to work in the blueberry fields to earn their own money for new, back-to-school clothes. The younger we were, the more blueberries went into our mouths. One summer, I was so motivated to win the "One Ton Club" sweatshirt that I picked 2,000 pounds of blueberries in that one short blueberry season. I also won the first election there: every time we filled a ten-pound bucket, we received a ballot to vote for the King and Queen. By earned ballot, I became the Drew's Blueberry Farm Queen, with the help of my two younger brothers.

In Centralia, our parents pooled all of our money to purchase the first home that they had owned since they had left northern Korea. After settling into our new home, I graduated from Centralia High School in 1976 in the Top Ten graduates of my class. In spite of being painfully shy, I was also voted the Girl Most Likely to Succeed.

I moved to King County to attend the University of Washington (UW), where I received a BS in Microbiology with Honors (1980) and an MBA in Operations Management (1983). Coming from a mostly-white, rural small town, living in the dormitories in Seattle was a culture shock. There were people, lights, and noise all the time. During my college years in Seattle, I met my first Hispanic friends. I felt the most comfortable with students from Hawaii, and I probably picked up a bit of their brand of American English accent. I applied and was admitted to the UW Honors Program.

Inspired by Dr. Albert Schweitzer, the winner of the 1952 Nobel Peace Prize for his philosophy of "Reverence for Life", I dreamt of becoming a missionary doctor. Unfortunately, I stammered through my medical school interviews. I decided to get a practical MBA degree, earn money, and perhaps help send someone else. Thirty years later, my husband is finishing his Master's in Divinity and may be interested in missionary work.

My Korean Heritage and Its Influence on My Initial Interest in Government

With three children aged ten years apart, I served in the church preschool and educational department Yu Nyun Bu for about 17 years as

PTA Mom, snack provider, Sunday School teacher, treasurer, and service leader. I had come a long way from being painfully shy, grabbing the microphone and keeping the attention of 60–80 children for 10-15 minutes at a time. I put the budget together, advocated for increased funding, and, in general, spoke up on behalf of the children and the director. As it turns out, I learned politics at church.

I am blessed with a Korean heritage that kept track of both parents' names, meaning all of my female ancestors' names on my mom's and dad's sides are also recorded for more than a millennium: my mother's side of the family, who were probably yangban(members of the nobility who were already established folks), began recording their genealogy in 920 AD; 960 AD is when my ancestor on my father's side of the family was bequeathed the formal name and status(and probably property) by the king whose life he saved, alongside a Mr. Shin. This heritage also emphasizes filial piety. Korean mother-in-law stories and personal experiences helped me successfully navigate family dynamics while balancing finance, competing priorities, and diplomacy in the extended family. My paternal grandfather entered the Korean military academy late in life and was Yuk Sa Pal Ki, the ROK's 8th Military Academy class. He was politically ambitious, but the rest of us were not particularly involved nor interested in politics, since sheer survival and getting ahead depended on earning a living to support school and living expenses.

I am a middle child among three brothers, so I learned early on how to be assertive and to stake out my positions successfully while remaining mindful of our respect and love for each other. My very tradition-bound mother fretted that I would become an old maid, so a few months after turning 25, I met my husband through a formal match that she had arranged. Within four months, we were married, shortly after I had finished graduate school. It turns out that this match worked, as we just celebrated our 30th wedding anniversary. By the time I reached 40, I had a full plate, working full-time with my husband at our very successful insurance agency, going to church five days a week, raising our children, and enjoying company with our extended family and travelling extensively.

When the City of Shoreline started a multi-decade project of redeveloping Aurora Avenue, the state highway in front of our commercial building, I started paying attention and became involved in city politics. Around that time, I also stepped up to leadership in the local Chamber of Commerce. When I realized that local politicians were not open to feedback from the local business owners, I decided that I needed to be at the table. Essentially, if you can't beat them, you join them to work from the inside.

I initially filed for office in 2003, but lost that election by 800 votes. In 2004, I became very active in the local Democratic organization and coordinated the campaign. We door-belled10,000 homes. Fliers delivered to the voters' doors had my name and phone number for any questions. When I ran again for City Council in 2005, I won by nearly 2,000 votes. On January 2008, I became the Mayor of Shoreline by a super majority of five of seven votes among my peers on the Council, becoming the first Korean American female to become mayor in the United States.

I spent about 30 hours a week as a councilmember and upwards of 60 hours per week as mayor on these part-time, paid elected positions. Yet I lost the re-election bid in November of 2009 by 183 votes. Within four months of stepping down from office, the House of Representatives position became open, so I filed and started campaigning strategically. I worked very effectively the next several months, concentrating on positive messaging, networking, and garnering endorsements and votes and always fundraising. I won with 61% of the votes cast. At the first re-election, typically the most challenging, I won with 72% of the votes. As someone who started at the grassroots level, immersed myself in local politics, and experienced five campaigns as a candidate, I strongly believe that ordinary citizens must be involved for us to maintain a strong democracy. Ordinary citizens must voice their opinions and keep their elected politicians responsive and accountable.

My Korean-American Ethnic Identity

When I was younger, I used to wonder whether I was American enough. Then as I attended Korean churches, married a Korean man, and tried to engage with the growing Korean community in the Seattle area, I wondered whether I was Korean enough. I learned to speak Korean much more fluently, to a point where many Koreans don't realize that I have been away from Korea since the electric trolleys were the principal public transit in the 1960s. Now, I feel that I am Korean enough and also that I am American enough.

Being Korean American is synonymous with the United States of America, where nearly everyone is a recent transplant, in the past one to a dozen generations, except for the Native American Indians or Eskimos. I happen to have a living memory of living in the old country and fortunately, Korean culture and food is positively received nearly everywhere. It is good to be a Korean American in the 21st century, especially in Washington State. I can embrace being of Korean heritage and sharing the Korean culture, while I am enough of an American to care enough to give up a very lucrative career as an insurance agent to serve as a public servant in elected office.

Growing up in the early 1970s in rural Washington State, which was a very conservative region, socially and politically, I was a curiosity, but I was given a chance to prove myself. Although I currently live in King County, the 14th largest county in United States and also a county that is known as being very liberal, I feel blatant discrimination. I still feel shut out by the "old power structure" of mostly white, active community members. It is a symptom of what is happening throughout America, of increased xenophobia, border security fears, and the shrinking majority feeling threatened by the inevitability of the Majority Minority. In spite of this wariness, I continue to show up and know that voters will still respect what I do—performing due diligence in constituency work of outreach and response, while working on meaningful policy work and gaining the respect of my colleagues in the Legislature.

Prominent Mentors and Teachers in My Life

Although I have had many mentors, my parents have been two of the most influential and motivating people throughout my life. After growing up in relative affluence as children of fruit orchard and rice field owners, they lost everything during the Korean War, started over in South Korea and beyond. They had a shared goal and vision of educating all four of their children, including the one girl—me—through college and advanced degrees. Pursuit of that goal caused my dad to become a migrant worker (albeit a skilled laborer, a heavy machine mechanic and welder—skills he learned during the Korean War) throughout Southeast Asia following the lumber industry. For my mom, the goal of educating us motivated her to follow him, with kids in tow, to Brunei, then on to America via the Philippines.

I have also had many teachers who were very important in my life. My fourth-grade choir teacher in Korea used to tell us scary stories to entertain us. I developed a very keen sense of fear and risk management, which helped me succeed in my future career as an insurance agent. I also had a memorable piano teacher in Brunei. After moving to the United States at age twelve, I continued to have many great teachers. Mr. Kimball, my ninth-grade English teacher, drilled us each day on how to write complete articles (intro, body, and conclusion). My Sunday school teachers and the dairy farmers who picked us up to take us to church each Sunday helped imbue me with love and care for fellow human beings. Mrs. Higgins, my tenth-grade English teacher, asked me whether I thought in English or in Korean. I could not answer her, but I figured out years later that most of my thoughts and memories were graphic; I tended to mentally process and remember things in pictures, sequences, and outlines. These days, I speak English when discussing business with my husband, and I tend to express my emotions in Korean.

Coaches of both the C-string volleyball team at Centralia High School and the B-string basketball team at Rochester High School knew that I strived to be a good athlete, but the reality was that I was nowhere near that. Their patience—they even allowed me to play for five minutes during the last game of the season, which we were already losing—made me root always for the underdogs.

Political Agenda/Affiliation

I am a Democrat and I was first elected in 2010 to represent the citizens of the 32nd Legislative District in the Washington House of Representatives. The 32nd Legislative District includes Shoreline, Edmonds, Woodway, Mountlake Terrace, and Lynnwood, for a total of 137,000 residents. I believe the best way to defend democracy and advance the interests of Americans are strong families, a secure middle class, and building a better future for our children.

As a Shoreline City Councilmember, I was elected Mayor by my peers in 2008, becoming the first female Korean American mayor in the United States. I was president of the Shoreline Chamber of Commerce and helped create Shoreline's Green Business Program. I believe both vigorous entrepreneurship and investments in public structures are needed to support market activities and the American economy. I am a strong advocate for small-business ownership, public transportation, environmental protection, consumer advocacy, and public safety.

In addition to representing my constituents in the 32nd Legislative District, I serve on various committees in the Washington House of

Representatives. I am the vice chair of the House Business and Financial Services Committee, and I am also a member of the Transportation Committee, Rules Committee, and the Community Development Housing and Tribal Affairs Committee. Additionally I serve on the Committee on Committees, the Joint Transportation Committee, and Working Families Caucus.

During my first term in office, I prime-sponsored thirteen bills—measures that protected consumers and safe neighborhood streets, encouraged economic revitalization, insurance reform, allowing air rescue and evacuation services, and small business partnerships. The first year of the second term in 2013, only two of ten bills I introduced passed into law. 2013 was a very challenging year, with split majorities. It took nearly six months to pass an Operating Budget when the Washington State Senate changed powers for the first time in ten years to a one-vote majority Republican-led majority, with two conservative Democrats voting with them.

My husband, Cody Chang Myong Ryu, and I have deep roots in their community. We have lived, attended church, worked, and sent three children to public schools in north King County and south Snohomish County since 1976. Once we take care of the basics of life, such as providing for shelter, food, and clothing, we must participate in the politics of policy setting. It was not that long ago that civil rights were established after much struggle and they're too precious to not be guarded by policy makers who have a stake in them.

A traditional barrier is the expectation that women, and especially Korean women, are the primary caregivers, cooks, and home-keepers. Unless her family or husband participates and helps lighten the load, it is logistically very difficult to participate in civic life while earning a living and maintaining a household. My husband became the primary caregiver for our youngest child, and for years, he performed many housekeeping chores.

Conclusion

During the past 44 years, I strived to integrate into American society. I feel that I am a typical baby boomer, feeling the urgency to defend the civil rights and women's reproductive rights won decades ago while worrying about the future prosperity of our children. As an immigrant, I have the added bonus of having Korean culture nearby and the Republic of Korea just one plane ride away. I am blessed that both of my elderly parents are relatively healthy, alert, and living independently after being displaced from their ancestral lands and working hard to rebuild in a new country. They succeeded in their life goals, for all of their children are married to their original spouses, own their homes, and have paid for their children's college educations. Several grandkids are pursing advanced degrees, including two dental and two medical students. Carrying on a thousand years of tradition, I also have ambitious goals for my children—I want them to be happy. To me they are Korean enough, even though they speak limited Korean with an American accent. I hope my future grandchildren grow up knowing who their cousins are. And I hope that, in my lifetime (if not in my parents'), we may visit our ancestral lands north of the DMZ. In the meantime, I continue the American tradition of being productive—defending democracy, working on good policy, and coming up with strategies to get re-elected next year.

Cindy Ryu

Representative Cindy Sinhi Kim Ryu serves as vice chair of the Business and Financial Services Committeee, and she is a member of the Transportation and the Technology and Economic Development Committees of the Washington State Legislature. Additionally she serves on the Joint Transportation Committee, Joint Oversight Committee on Trade Policy, Legislative Committee on Economic Development & International Relations, and Working Families Caucus. Rep. Ryu is a strong advocate for the small business owner, public transportation, environmental and consumer protection, and public safety.

Rep. Ryu and her husband, Presbyterian Elder Cody Chang Myung Ryu, have deep roots in their community. Rep. Ryu immigrated to Washington State in 1969 from Korea via Brunei and the Philippines, and grew up in rural Thurston and Lewis Counties. For more than 30 years, they have lived, worked, and raised their three children in north King and south Snohomish Counties since 1976. They ran a highly successful Allstate Insurance agency for more than 26 years before retiring to serve both the public and in the church.

Elected in 2010 and 2012, she represents the citizens of the 32nd Legislative District, which includes parts of Seattle, Shoreline, Edmonds, Woodway, Mountlake Terrace, and Lynnwood.

While serving as a Shoreline Councilmember, Cindy was elected by her peers as Mayor in 2008, becoming the first female Korean-American mayor in the U.S.A. She is the first female Korean American to serve in the Washington State Legislature. Cindy was president of both the Shoreline Chamber of Commerce and its Dollars for Scholars chapter.

Cindy holds a Bachelor of Science with Honors in Microbiology (1980) and a MBA (1983) from the University of Washington.

10 Family, Faith, and Education

Patty Kim
State Representative, 103rd Legislative District, Dauphin County, Pennsylvania

Early Years

I was born in Escondido, California in 1973. Escondido was a struggling town northeast of San Diego. My parents waited six years to have me, so they were very excited to bring me into the world. But when my mom overheard her hospital mate celebrating with her husband that they had a son, my mom cried and took me home a day early. I am one of three girls in the family. My father studied electronic engineering in Korea, and my mother was a religion major, but eventually became a small business owner in the U.S.

As a child, I remember the warm California weather, swimming in our backyard pool, and picnics on the beach. My parents made sure that we kept Korean traditions alive as Korean Americans. I remember showing respect to my grandparents and parents on New Year's Day by bowing to them and in return receiving money. We ate Korean food every evening for dinner and I learned how to make some dishes from my grandmother. I learned how to read and write Korean at our church and took a Korean traditional dance class.

Even though keeping Korean traditions was important to my parents, we were not required to speak Korean at home. They believed that they would rather have their children speak fluent English without an accent than be average in Korean and English.

Educational Background

My parents made sure we attended schools in the best school districts in California and later in Virginia when we moved in 1985. I graduated from Langley High School with average grades but excelled in sports like field hockey and lacrosse. I wanted to be a nurse, so I applied to Boston College, which had an excellent nursing program. But after being in the program for three years, my professors and I knew that nursing was not the best fit for me. I changed my major to Communications and decided to be a television news reporter. During the summer of my senior year, I interned at TV news stations in Boston and Maryland. After graduation, I was hired to work behind-the-scenes, writing and producing at major news stations in Virginia. Two years later, I was hired as a news anchor and reporter for the NBC affiliate in Hagerstown, Maryland. My morning show received the highest ratings in the station's history. It was a great place to gain experience and hone my reporting and anchoring skills. After two years in Maryland, I was hired for a reporting job with the CBS affiliate in Harrisburg, Pennsylvania. Once I moved, I knew that Harrisburg was a great city, but little did I know that it would be the place where I would meet my husband, raise my children, and eventually become an elected official.

Initial Interest in Government

As a news reporter, I covered many local government news stories. I was familiar with the Mayor, City Council members, and other community leaders. I was content with being an observer, but my interest in government didn't really begin until I met my husband. We were dating when he was a candidate for Harrisburg City Council. I admired his courage in pursuing an elected office and his desire to be a part of a good government. He ended up losing his election, but it showed me that politics was an option.

I once thought that I wanted to be a famous television news anchor and live a comfortable lifestyle. I tried very hard to make it in the news business, but my motivation to become "famous" just wasn't enough to keep me going. I found my life more fulfilling by serving and helping others as an elected official. I made an effort to invest in a network of good people who wanted to help. The network was made up of police officers, ministers, social workers, and government employees. When I had a constituent who needed help in a certain area, I would direct them to the right people and they would get the help they needed. As an elected official, I have the authority to get things done more efficiently, and when I'm directing my efforts to people who really need help, it's quite satisfying.

Prominent Mentors/Teachers

My mother continues to be one of my greatest mentors. She passed away from pancreatic cancer in 2003, but she still inspires me today. She showed me what "living out your faith" and perseverance looked like. When things are difficult, I remember how she survived the Korean War as a child, lived life as an immigrant in the U.S., and the struggles she endured as a small business owner.

When I was in my early twenties, I developed a deep appreciation for my mother, who sacrificed so much to make a good living for our family. My mother was the successful owner of a flower shop in Maryland. Her busiest season was Valentine's Day, and it was a very stressful time for the whole family. My dad, sisters, and I were recruited as "cheap labor" and had to do whatever Mom told us to do. We took in orders, delivered flowers, swept the floor, and worked with customers. I remember one evening before Valentine's Day when we were all exhausted and most of the family members had already gone home. However, my mom was still up at one o'clock in the morning, on her feet making flower arrangements so she would be ready for the next day. I was completely spent and wanted to go home and sleep, but I saw my mother, thirty years older than me, plugging away. She would sleep at the flower shop in a small room upstairs and come back down at seven in the morning to make sure the hundreds of arrangements were delivered on Valentine's Day. I'm thankful that I could see up close what it meant to work hard. If I had just half of her stamina, I could be very successful in life.

Political Agenda/Affiliation: Democrat

The Bible has a verse in Luke that says when someone has been given much, much will be required of them in return. I feel a strong responsibility to do that. I was blessed with a loving family, received quality public education, and I always had hope for a bright future.

For many residents in my district that I serve, it's not the same case. Our public schools are near the bottom of the list in terms of performance. Ninety percent of the students live in poverty or below. Education is really the only way to get out of the cycle of poverty. I strongly support public education. I want to make sure that public schools have what they need to in order to provide quality education for the students. In tough economic times, Pennsylvania has seen steep cuts in education, which has hurt the chances of success for students. When teachers are laid off, classroom sizes get bigger and it makes for a challenging learning environment. I believe government should have the support and assistance programs to help people in poverty get back on their feet. We as a society need to look out for those less fortunate than us. At the Democratic National Convention in 2012,

Michelle Obama said, "And he [Obama] believes that when you've worked hard, and done well, and walked through that doorway of opportunity... you do not slam it shut behind you, you reach back, and you give other folks the same chances that helped you succeed."I completely agree with her statement and want to keep the door of opportunity open for others to come through.

Korean Identity

I am very proud to be Korean American. I appreciate Korea's history and the resilience of the Korean people. I am thankful for the first-generation Korean Americans who laid a solid foundation for me and other second-generation Korean Americans. Korean immigrants to the U.S. are known to be hard workers, intellectual, and persons of faith. These stereotypes helped me to be more accepted in areas where there were few Asian Americans. I was the first Asian-American news anchor in a rural area in Maryland. I could tell that the viewers saw that I was different, but they eventually accepted me in their community. Most importantly, like many first-generation Korean Americans, my parents made education and faith top priorities. My education and faith are a couple of the tools that have helped me survive and compete in the world of media and politics.

Patty Kim

State Representative Patty Kim, a former news anchor and reporter and Harrisburg City Councilwoman, was elected to her first term in the Pennsylvania state House of Representatives in November 2012. As a candidate who believed government should be transparent, responsive, and frugal, Kim earned wide support to secure the seat serving the residents of the city of Harrisburg, Steelton, Highspire, and part of Swatara Township.

Kim's priorities in the General Assembly include taking a solution-based approach to statewide issues, working in cooperation and collaboration with colleagues, and utilizing her record of service to support initiatives that stand to better the lives of the citizens she represents.

Prior to her work in the legislature, Kim was elected to Harrisburg's City Council, where she served two terms. Throughout her terms, she served as the chairs of Public Safety, Public Works, and the Community and Economic Development Committee. Kim also was elected as council Vice President by her colleagues during her second term.

A 1995 graduate of Boston College, Kim is married to John Sider and together they have two children, Brielle and Ryan.

11 Emerging Journey

Susan Shin Angulo
Councilwoman, Cherry Hill, NJ

Immigrating to the United States

My name is Susan Shin Angulo and, in 2010, it was my privilege and honor to become the first Korean-American woman elected to serve in any of the elected public offices in New Jersey and, quite possibly, in the Tri-State (NJ/NY/PA) area.

My Korean name is Soh-Young Shin. I was born on July 21, 1970 in Pusan, Korea to Dong Soo Shin and Ok Jo Park. I have a younger sister, Jane. In 1974, at the age of four years old, I immigrated with my family to the United States to pursue a better life. Through sponsorship by my father's employer, my family eventually attained legal resident status and, in 1986, I naturalized and became a U.S. citizen.

When we first arrived in the U.S., we settled in Philadelphia, Pennsylvania. Like many new immigrants, my parents did not have much and worked extremely hard to provide for my sister and me. We initially lived in a one-bedroom apartment on the second floor of a three-story brownstone apartment. The first floor was occupied by an Iranian family and the third floor was occupied by an elderly Korean couple. We lived in a very diverse neighborhood.

My Educational Experience

I attended kindergarten in public school and then moved to a Catholic school for first grade. As I was going into sixth grade, my family moved to Elkins Park, Pennsylvania, where I started a new middle school. In 1984, my family moved to Norristown, Pennsylvania. I attended Norristown High School for two years and then transferred to a well-regarded private school, Germantown Academy, in Fort Washington, Pennsylvania. Though my parents' focus was academic achievement, I also played on the soccer and lacrosse teams at Germantown Academy. After graduating from high school, I worked at an eyeglass store because I thought I wanted to become an optometrist. That interest brought me to Wilkes University in Wilkes-Barre, Pennsylvania, which offered a unique program with the Pennsylvania College of Optometry. In 1993, I graduated from Wilkes University with a B.S. in Biology. However, by that point, my career interests had changed. The following year, I enrolled at Thomas Jefferson University in Philadelphia, Pennsylvania for a cytogenetic post baccalaureate degree, and graduated with a post baccalaureate in the summer of 1995.

Career Development

After graduating from Thomas Jefferson University, I began working at the University of Pennsylvania, Institute for Human Gene Therapy. In 1996, I accepted an opportunity to work for my alma mater, Thomas Jefferson University, in the Kimmel Cancer Institute. At these research facilities, I routinely interacted with marketing representatives from various biotechnology companies. These individuals frequently presented the latest and most sophisticated technology and new products. The marketing presentations intrigued me. I was impressed with how these professionals were versed in the underlying science while skillfully applying interpersonal skills to engage and motivate clients or potential clients. When the opportunity arose, I joined a biotechnology company specializing in DNA and RNA purification equipment and products. This led me to a position working in the New York City area serving the biotechnology sector there. It was challenging to relocate from the Philadelphia area, where I had been for most of my life, to New York City. However, the training was a lifelong positive and incredible learning experience. My accounts included research facilities at Cornell Medical Center, New York University Medical Center, Sloane-Kettering Cancer Center, and Rockefeller University.

Having achieved success in New York, I returned to the Philadelphia area, accepting a position as Account Manager with another marketing firm. My territory covered the robust pharmaceutical sector in the Philadelphia metropolitan region.

In 1998, I married E. Michael Angulo, an attorney who worked directly for four different governors and became one of the highest-ranking Asian Americans in the New Jersey government. We are a very politically engaged couple.

My Foray into Politics

I continued my career in the pharmaceutical sector for the next several years until 2004, when my first daughter was born. I went back to my job working part-time until 2006, when my second daughter was born. At that point, my husband and I felt it was best for our daughters if I stayed at home full-time. It was during the summer of 2006 that I became actively involved in my town—Cherry Hill, New Jersey.

Without very much information or any experience, I interviewed with the local Democratic Party Committee to run for a seat on the Cherry Hill

Township Council. Though a more practiced and experienced candidate was selected to run that year, I was invited to serve on the Cherry Hill Zoning Board of Adjustments. This was the perfect opportunity for me because I learned so much about our town, government, public finances, development, and how the zoning process works. Typically, if a developer wanted to build a commercial property in a residential section of Cherry Hill, they would have to appear before the Zoning Board to justify why the requested development would be beneficial to the town. Residents and others affected by the proposal could also attend the hearing to voice their concerns. My three years on the Zoning Board gave me an appreciation of just how intricate the process of running an efficient town is. I also established key contacts with local community and business leaders, politicians, professionals, and grassroots organizations. A strong, diverse network is invaluable when seeking elected office.

My First Campaign for Elected Office

Two years later, in 2009, four Council seats were up for election. With more experience, knowledge, and a strong network, I was asked to run for one of the vacancies. Following a grueling six months of door-to-door campaigning, fundraising, and outreach, I was elected to Council. Though I was thrilled about being elected, the highlight for me was being able to represent the Korean-American and broader Asian-American communities. I was truly honored and humbled to be the first Asian American to serve on Council in Cherry Hill and the first Korean-American woman elected to a municipal, county, or state position in New Jersey. Notably, nearly 10% of Cherry Hill's approximately 72,000 residents are Asian Americans, of which Korean Americans are a fast-growing population. According to the 2010 Census, New Jersey is home to over 725,000 Asians (93,700 Koreans), making it one of the most diverse states in the nation.

During my campaign, I received wide-ranging support. The Cherry Hill Democratic Committee was in full support of my election. Not only did I have the support of the Cherry Hill Korean-American community, I also had the support of the broader Tri-State Korean-American community, along with support from the South Asian, Filipino, Chinese, Vietnamese, and Muslim communities in Cherry Hill. Given the extensive time commitment involved, it was vital to have my family's full support. This was truly a team effort.

Tools of the Trade

Certain capabilities are extremely helpful in the world of politics. Through preparation and repetition, I improved my public speaking skills. An essential component is to remain genuine, compassionate, and considerate, no matter what situation you are confronted with. Also, I try my best to say something constructive, though I never speak just for the sake of saying something. Understanding your audience is just as important as understanding the issues.

Proficiency with handling all types of personalities is also helpful. It can be disappointing when, for whatever reason—personal or political, someone in a position of power is less than friendly, even though they are from the same political party. I had to learn to approach these situations strategically and I also had to learn to never take things personally. I did not allow myself to be discouraged. I view politics as a game of chess, where you try to anticipate your opponent's moves and rationale at all times. Being confrontational gets old fast and reveals insecurities. Instead, I have found that trying to be diplomatic and confident are better approaches. Moreover, public service is a marathon, not a sprint.

My Core Political Values

My principles and values are closely aligned with the Democratic Party, and I am very proud to be a Democrat. My party has a long history of fighting for civil rights and expanding opportunities for all Americans. We are inclusive, and believe that by standing together, we can achieve the greater good for our community and nation. The Democratic Party's platform represents the peoples' issues, such as education, immigration, healthcare, the environment, and civil rights. Recently, President Obama signed into law student loan reform that ended government subsidies to big banks and made college more affordable to millions of Americans. The President is pursuing immigration reform to provide a path to lawful residence for undocumented individuals seeking a better life in the United States. He enacted the Lilly Ledbetter Fair Pay Act of 2009 to further equal pay for women in the workplace.

Democrats championed affordable and accessible healthcare for all Americans. The Patient Protection and Affordable Care Act ensures that children with pre-existing conditions will not be denied healthcare insurance. This Act also provides tax cuts to small businesses to help offset employee coverage costs, and tax credits to help families pay for insurance.

Democrats are committed to working together to face environmental challenges, such as restoring our ecosystems and investing in clean energy solutions. In Cherry Hill, our collective efforts have preserved over 830 acres of open space so that they remain in their natural state. The Township also had about 90 partially developed open space tracts covering more than 500 acres, which now house nature trails, playgrounds, ball fields, and historical sites.

Diversity is a fundamental attribute of the Democratic Party. As an Asian-American woman, my focus as a political figure is to represent the interests of women, especially women of color. Unfortunately, Asian

Americans and women remain extremely underrepresented in government, and our concerns are not always prioritized. We need an effective voice to promote our needs as women of color. A good example is the issue of equal pay between men and women. Despite the recently enacted Lillie Ledbetter Equal Pay Act, a female college graduate will only earn eighty-two cents for every dollar that a man earns for a comparable position. Also, when the hours of work per week go up, the wage gap between men and women increases. This is even more dramatic for women of color.

In February 2013, I had the privilege of speaking before the New Jersey Chapter of the American Council on Education to discuss Trends in Leadership and Diversity Issues in Higher Education. I was inspired by the several hundred women leaders and aspiring leaders in attendance united to support the advancement of women in higher education. Whether in higher education, politics, or business, the overriding themes of diversity, equality, opportunity, advancement, and leadership were shared mutual interests among women, and especially women of color.

As a 1.5-generation Korean-American woman, I want to encourage women to pursue post-secondary education. Academic attainment is key, no matter what your age, and no matter what your circumstance. Quality of life correlates directly with your education level.

Advancing Our Community

I would encourage all Asian Americans to look beyond our sometimes insular communities and participate in broader initiatives and activities. Globalization has transformed the international community. Asian Americans must become active and assume leadership roles beyond our ethnic circles. This will help to develop strategic alliances and promote effective communication with a diverse group of people. This could be a group of women who are involved in education, whether they are professors or financial aid administrators. I find that effectively communicating with all kinds of people facilitates success. There are so many ways to communicate effectively, including instances where you do not have to say very much at all. For example, when a constituent is upset about a road that has not been repaired, even though that road is the responsibility of the state government, the way I respond is to acknowledge the problem, offer guidance and information, and thank them for bringing the matter to my attention. I then make sure to follow up with that individual to see if they require any assistance in contacting their state representatives. In most instances, the information you provide will allow your constituent to resolve the problem through the appropriate channels.

I am a strong advocate for Asian American interests in my municipality. Along with the growing number of Asian-American businesses, Cherry Hill is home to many Asian-American churches, including one of the largest Korean Methodist churches in the state. The church has approximately 500 active members, plus their families and friends. In the summer of 2012, the Korean Methodist Church opened a 20,000 square foot community center. It was a privilege to assist these residents, some with language limitations, navigate government bureaucracy so that they could establish the community center. I am very proud to have this community center right here in my township.

My involvement with the Korean-American community extends not just here in Cherry Hill, but throughout the state, the United States, and to the country of Korea as well. I was instrumental in helping bring a summit together with Korean pharmaceutical and biotechnology companies and the State of New Jersey. The summit included many CEOs from top companies, such as Daewoong Pharmaceuticals and LG Life Sciences, as well as members of the Korea Pharmaceutical Manufacturers Association, and Korea Health Industry Development Institute. The representatives from the State of New Jersey were Lieutenant Governor Kim Guadagno, Commissioner Bob Martin from the Department of Environmental Protection, State Treasurer Andrew P. Sidamon-Eristoff, and CEO Caren Franzini of the New Jersey Economic Development Authority. A number of State Legislators also joined us. The summit focused on developing a globalized economy for New Jersey through commercial trade with Korean pharmaceutical and biotechnology firms.

In March of 2010, I spoke at the Third Annual New York Health Forum, which was hosted by the Korea Healthcare Business Center. I spoke about New Jersey's pharmaceutical and healthcare industries; New Jersey is widely recognized as the center of the global pharmaceutical industry. As the home for more pharmaceutical companies than any other state in the nation or any other country in the world, New Jersey is a leader in the discovery and development of products, totaling more than one-third of the new drugs approved by United States Food and Drug Administration.

Also in 2010, I was invited by the Asian Pacific American Institute for Congressional Studies based in Washington, DC to participate in its Leadership Academy. I was part of a distinguished group of Asian-American elected officials from across the country that received intensive training on fundraising, GOTV, campaigning, and public governance. We met with elected Asian Americans from the United States Senate and House of Representatives. This experience inspired me and enhanced my political perspective.

Opening Doors for the Next Generation of Leaders

As a Korean American, I am aware of my ethnicity and find myself all too frequently in the position of being the only Korean American, if not the only Asian American, in the room or at a political event. This motivates me to make a positive and memorable impression so that I can represent my community while hopefully rebutting stereotypes and opening doors for the next generation of Asian Americans in politics. Without question, I identify myself first as Korean and then as American, though I cannot be one without the other. I embrace both cultures and will pass both traditions down to my children.

My passion is rooted in helping the Asian-American community progress as far as possible so that we can be leaders in all aspects of business, politics, and society. The Asian-American community needs representatives in government who understand, and can be advocates for, the community's needs, issues, and concerns. Not enough Korean Americans appreciate the urgent need for more Asian Americans in elected office. It is simply not enough to be financially successful. If we do not have vigilant representatives looking out for our interests and issues, meaningful and resilient success will be difficult for the Asian-American community to achieve.

My Appreciation

I would like to thank Professor Pyong Gap Min and Thomas Chung for their support and patience throughout this soul-searching process. Thank you for reaching out to me and allowing me to be part of this wonderful book on Korean Americans in government. Our future political leaders will be inspired by your book. I would also like to thank my parents for being my number one fans and providing unconditional love as always, and to my loving husband, Michael, for his continued support in my political journey. Thank you to my daughters, Sophie and Chloe, you inspire me to reach as high as I can and I love you both...this is for you.

Susan Shin Angulo

Susan Shin Angulo is the first Korean-American woman elected to a municipal, county, or statewide office in the State of New Jersey, and is the first Asian-American elected in the Township of Cherry Hill, where she has been a councilwoman since January 1, 2010. Susan's record of public service also includes being a member of Cherry Hill's Zoning Board of Adjustments and Human Relations Council. Susan is a 2010 alumnus of the Asian Pacific American Institute for Congressional Studies' Leadership Academy. Her charitable activities include volunteering on the Board for the Food Bank of South Jersey, the largest source of food assistance in Southern New Jersey. Susan received her Bachelor's of Science degree in Biology from Wilkes University, and a Post Baccalaureate in Cytogenetics from Thomas Jefferson University. Professionally, she has worked as a genetic researcher at the University of Pennsylvania, and has held marketing positions in the pharmaceutical and biotech industries. Susan is also experienced in commercial real estate management and redevelopment. Susan is a frequent speaker on issues affecting the Asian-American community, public service, small business development, and international investment in New Jersey. Susan resides in Cherry Hill with her husband, Michael, and their two daughters.

12 Long Way Back to My Korean American Heritage

Grace Han Wolf
Councilmember, Town of Herndon, VA

My Early Years

I was born in Syracuse, NY in 1964, and I am the eldest of three children. I have two younger brothers, both also born in the United States. My parents had come to the United States as college students at the end of the Korean War—my father arrived in 1954 and my mother arrived in 1955, both with student visas.

My mother came from a well-to-do family (before the war and occupation) in Seoul and was the younger of two daughters. She had graduated from Yonsei University a few years before coming to the U.S. My father was essentially a war orphan who came from Pyongyang and had finished two years at Seoul National University when he came to the U.S. Neither of them had any financial sponsors, just admission to local colleges. There were sponsors in formality, someone signing necessary documents, but no actual financial support. My father arrived with one suitcase of belongings and $50 cash, nothing more.

Both of my parents received their green cards in 1963 and became U.S. citizens in 1970.They were both academics—my father studied at Seoul National University before immigrating to the U.S., then received his BS in Physics and Math from Carroll University in 1957, followed by his PhD in Theoretical Physics from the University of Rochester in 1963. My mother received her BA in Korean Literature from Yonsei University in 1953 before immigrating, and then received her Master's in Education from University of Rochester in 1959, followed by a Master's in Library Science from SUNY Geneseo in 1961.

My family followed my father's academic career and settled in Durham, North Carolina, where he became a full-time faculty member of the Physics Department at Duke University. I grew up, along with my two younger brothers in Durham, North Carolina, and my parents still live in our childhood home.

All of us attended a local private school, Durham Academy, from pre-school through my first two years of high school, even though it was very expensive. Education was always the top priority in our household, and doing well in school was expected. I studied hard, took dance classes, loved to read, and was a quiet student who got very good grades.

We were one of very few Asian families to attend Durham Academy, and as such, I had no other Asian friends. There were very few black families, and most of the students were white and well-to-do. Our family belonged to a local Korean Presbyterian Church for a while, but since I don't understand or speak Korean, I rarely attended and had little contact with other Koreans or Asians while growing up. The Koreans would always ask why I didn't speak Korean and wondered when I was going to learn. I got tired of being chided for only speaking English and simply stopped going to any activities involving Koreans. This continued until just a few years ago when I was first elected to Herndon Town Council.

All of my childhood friends were white and I participated in typical American school and afterschool activities—yearbook, dance, Girl Scouts, etc. I don't remember being overtly discriminated against by adults—I'm sure I was, but as a child, I didn't understand it at the time. On occasion, to be mean, other kids would pull their eyes back and make squinty eye faces at me. I do recall instances where people remarked on my being Asian as if it were a novelty or disability. I would frequently get asked by whites if I was born in this country. All in all, I experienced the typical lack of racial sensitivity and discrimination of the 1970s—not a lot, but enough to be noticeable.

When I was a child, my mother's entire family still lived in Seoul, and I only met them once or twice. Now they live in LA's Koreatown. I visited Korea once when our family was living in Japan in 1974, when I was ten years old. I don't remember much about the visit since I got sick and spent most of the time at the house. The one clear memory I have of that visit was that I loved the heated floors there!

My Educational Background

I focused a lot of effort on my education as a child and young adult. I attended private school from pre-kindergarten to 10th grade, and it was the most academically challenging school in the area. I then attended a magnet high school, the North Carolina School of Science and Math, for my junior and senior year of high school. This is a competitive admissions school that draws gifted and talented high schoolers from across the entire state. Tuition, room, and board are all free, if you gain acceptance. The school brought bright kids together in an academically advanced curriculum—most professors were PhDs in their field. The curriculum was balanced, but it placed emphasis on science, math, and engineering.

I then went to Cornell University and received a BA in Economics in 1986. I minored in Physics—I had originally entered with the idea of majoring in Physics, but the abstract math and abstract nature of the field held less and less interest for me and seemed disconnected from the reality of the 1980s, when it was all about money. I switched majors my junior year to Economics and Finance. Cornell University was the first experience

I had with a large Asian population, but again, many of the students were immigrants, and they primarily spoke their home language. The Asian student groups on campus were focused primarily on helping exchange students and recent immigrants assimilate. These groups were either church-related or geared towards immigrants. The language barrier and mutual lack of interest kept me out of these organizations.

I was lucky that my father was a tenured professor at Duke University. At the time, one of the benefits offered to fully tenured professors was free tuition at Duke or credit up to that same amount at any other university. This benefit has long since been discontinued at Duke, but it allowed me to afford an Ivy League education. On my father's salary, and with three kids, there was no way I would have been able to afford to attend an Ivy League school. Even with the majority of my tuition paid for, I took out student loans and received financial aid to cover the cost of my education. My parents paid for much of the costs as well, and I know that was a financial hardship for them as they would have two kids in an Ivy League college for a total of eight years.

After graduating, I worked as a trader with Bankers Trust on Wall Street and lived in the New York City metro area. Three years later I returned to Cornell University and received an MBA in Finance and Strategy from the Johnson Graduate School of Management in 1991. I returned to the New York City area to work as a finance manager with Dun and Bradstreet, and then as a management consultant with Deloitte and Touche. My entire family has earned multiple higher education degrees—my father and mother both have three degrees, my younger brother and I are both double Ivy Leaguers with BAs and MBAs, and my youngest brother has a BA and Master's in Accounting. Clearly, our family focus had a traditional Asian emphasis on education!

My Interest and Prior Experience in Politics and Government

Prior to becoming elected, I had little to no interest in politics and government, other than to vote in the Presidential elections every four years. I certainly had no experience in politics or government, and at that time, I believed that I never would. Having lived in New York for a decade, I was influenced by the Wall Street culture—everyone in New York can tell you where the Dow Jones has closed; there is even a live electronic ticker that transmits financial information in Times Square. I moved from the suburbs of New York to the Washington, DC metro area fifteen years ago, and now, living in the DC area, I can tell you that the currency of this region is politics! Up until just a few years ago, I could not tell you who our state legislators were nor who our governor or congressmen were—I was simply uninterested in politics, and I was busy with a new job and small child. I think many young professionals and parents of young children have difficulty finding the time and energy to get involved, to volunteer, or to do much more than vote. I was no different. But as I became more settled into my life in the DC metro area and spent more time in the community, it became clear to me that getting involved with policy was the way to make change happen, and getting elected was the only way I saw to get involved with policy. I never in a million years would have expected that I would have gotten into politics. If you had asked me thirty years ago what I was going to be, I would have said a Nobel laureate in Physics or the first woman to pilot the Space Shuttle! If you had asked me what I was going to be twenty years ago, I would have said a very rich and retired Wall Street trader. If you had asked me ten years ago what I was going to be, the answer would have been a wonderful mom and wife. Now if you ask me what I'm going to be, I might say the President of the United States!

I got serious about making a change in my community in 2006 and became part of an active women's organization—one whose stated goal was to change the elected leadership of our town, which we felt was overly focused on immigration and not focused on the relevant issues for the town and town government. In 2008, this group sought candidates to support but not enough were found. By 2010, I was convinced I had to run to make a change. I met with other men and women, all political novices, who were considering running. We all decided to jump in and form a team to run together and we did and most of us won. It was my first time ever running in a political race and I was elected on my first run for office. We luckily had one person on the team who was an experienced campaign organizer, and with his help, we ran a professional political campaign and brought big race savvy to our small town election process.

Herndon Town Council is a low-level elected office—we run at large, every two years. We all run as independents, and no party affiliation is allowed, which allows federal employees to serve. In the DC area, there are so many federal employees, it would almost be impossible to fill the seats without that provision. Also, the town's focus, charter, and budget don't have any partisan issues—our Town Council is charged with the safety, welfare, and infrastructure of running the municipality. Our General Fund budget is approximately $33 million a year, with the majority spent on our police department and Department of Public Works (roads, water, sewer, and refuse management).We do not manage the fire department or the schools.

As elected officials, we are all part-time—I own a small business as my primary means of income, and I am the (unpaid volunteer) president of a local nonprofit. This role was the key to my getting elected—I have served my community for the past decade as a Board Member and President of the Council for the Arts of Herndon, a highly visible community partner, and I was very well-known in my community for this role. I received awards and recognition from the town. It is unusual to find an Asian American in charge of a non-Asian entity, but that has been the story of my professional career. I move primarily in the mainstream white community with few ties to and support from the Asian American community—for my first campaign, I received no donations from local Koreans and could barely get the local Korean newspaper to cover my campaign. For my second campaign in 2012, I received $400 from Koreans, all from fellow elected Korean Americans across the U.S. and family friends, but I did get a few interviews with *Korea Daily* in DC and was profiled in *Asian Fortune*. Our community has not learned to get behind their candidates and we need to! For any future campaigns, I hope I have earned enough attention to receive the support of my local Asian American and Korean American community.

My town has about 24,000 residents. 50% are white, 10% black, 33% Hispanic, and 18% Asian (the overlap is between Hispanic and white). The identified Asians in my community are overwhelmingly Hindu/Indian—there are virtually no Koreans and few East Asians in my town, yet I was the first Korean American or Asian American woman elected to office in the entire Commonwealth of Virginia.

I tried reaching out to the nearby Korean community for support, but since I don't speak Korean and I am not a member of a Korean church, I was welcomed as any other white person might have been. I received no financial support from any local Asian Americans or Korean Americans for my first campaign. To this day, many Koreans in the area look at me quizzically when I tell them I am Korean but don't speak Korean. Sometimes they even ask if I was adopted!

I ran for re-election in 2012 and was successfully re-elected for a second term on the Herndon Town Council. I made a little more headway with creating ties to the local Korean American community, with much help from my fellow elected Korean American, Delegate Mark Keam (Virginia House of Delegates, 35th District). In the entire Commonwealth of Virginia, there are only three elected Korean Americans: Dr. Il-Ryong Moon, elected to the Fairfax County School Board in 1995 and re-elected multiple times. Dr. Moon has served on the Fairfax County School Board, 1995-1999, 2004-present, was voted as chair in 2006, and was voted as vice chair in 2005 and 2011; Delegate Mark Keam, elected to the Virginia House of Delegates in 2009 and re-elected in 2011; and myself, elected to Herndon Town Council in 2010 and re-elected in 2012.

My Mentors

From a political perspective, my strongest mentors have been Delegate Mark Keam, who has gone out of his way to get me introduced to the Korean-American community in Fairfax (he's bilingual and came to this country as a child) and former Herndon Mayor Mike O'Reilly. Both have taken the time to make sure I met the right people, and both knew who the important people were and how best to approach challenging issues. I have never worked with or for any politicians, judges, or administrators. I have headed up a local nonprofit for a decade prior to running, and that put me in touch with local and regional governmental entities. So I knew about those people and organizations and they knew of me. In preparation for greater public service, I applied to, paid for, and attended a local leadership academy, Leadership Fairfax, which is a nonprofit corporation dedicated to finding, training, and growing leaders in Northern Virginia. Through its three programs, Leadership Fairfax seeks to build leaders who raise the tide not only in their organization or local community, but throughout the whole Northern Virginia area. Graduates from all three programs become part of and stay connected to a fast-growing number of servant leaders.

These experiences were the only training I had prior to running for or serving in office! Virginia Municipal League offers a Newly Elected conference for all newly elected officials in the Commonwealth, and I attended the conference in July 2010.

My Political Agenda and Affiliation

I am not officially affiliated with any party. As I mentioned previously, all members of the Town Council are required to run as Independents, and our race is free from partisan politics and support. I am very glad for that. In my role as a Town Councilmember, I focus on economic development and keeping the business community vibrant. I am also focused on maintaining our small town sense of community. As an elected official, I am keenly aware of the importance of being the first elected Korean American woman in Virginia. As such, I have made a strong effort to get to know local Korean American, Asian American, and nonprofit organizations, to provide a friendly face and one that inspires and reassures other younger Asian Americans that it is more than okay to speak up, speak out, and step into the spotlight. I hope to be a voice at the table for issues concerning the Asian American community.

My Korean Identity

I identify most closely as an American of Korean descent. In the U.S., we have Koreans (those who really never emotionally left the old country and still speak Korean as their primary language, shop at Korean stores, live in a Korea town, etc.), Korean Americans (those who are the first or 1.5 generation—those who immigrated here during their childhood or young adulthood and speak both English and Korean easily, identify strongly with other Korean Americans and mainstream Americans, go to a Korean church, and have a Korean spouse), and Americans of Korean descent (those born in the U.S. or adopted into U.S./white families, married to non-Koreans, or those who speak only English but have been culturally influenced by and have an appreciation for Korea and its food, culture, and customs). I share Korean and American values, have appreciation for Korean food and culture, and hope one day to learn the language and travel to Korea as an adult.

I work with other elected officials and groups, such as APAICS (Asian Pacific American Institute for Congressional Studies) which is a national, non-partisan, non-profit 501(c)(3) organization dedicated to promoting APA (Asian Pacific American) participation and representation at all levels of the political process, from community service to elected office. APAICS was founded alongside the Congressional Asian Pacific American Caucus (CAPAC) in 1994 by former Secretary Norman Y. Mineta.

I lend support to CAPAL (Conference on Asian Pacific American Leadership), whose mission is to "promote APA interests and success in public service careers, to provide information and education on policy issues affecting the APA community, and to serve the APA community at large."

I am a founding member of the Jade Philanthropy Society, a metro DC not-for-profit organization whose mission is to "encourage and facilitate local philanthropy by Asian Americans in the Washington, DC metropolitan area; and, to recognize, nurture, and promote current and future Asian American non-profit leaders and philanthropists."

Recently, through meeting more local Korean Americans, I have been invited to sit on the board of directors for the Korean American Scholarship Foundation–Eastern Region and the Korean Community Center of Washington, a nonprofit whose mission is to raise the funds to build a Korean Community Center in Northern Virginia "to educate about, preserve Korean identity, promote community values, and instill younger and future generations with Korean heritage."

Grace Han Wolf

Grace Han Wolf is the first Korean-American woman elected to office in the Commonwealth of Virginia and is serving her second term on the Herndon Town Council. Currently a small business owner, Wolf has held positions in finance and accounting at IBM Consulting, Deloitte and Touche Management Consulting, Dun & Bradstreet, and Bankers Trust. Ms. Wolf has served the Herndon community as president and board member of the Council for the Arts of Herndon; as a member of the Herndon Festival Committee; and as a member of the Asian Business Committee of the Dulles Regional Chamber of Commerce. She is an active member of the regional AAPI community and is one of the founding members of the Jade Philanthropy Society, a not-for-profit organization whose mission is to encourage and facilitate local philanthropy by Asian Americans in the Washington, DC metropolitan area; and, to recognize, nurture, and promote current and future Asian-American non-profit leaders and philanthropists. She also serves on the board of directors for the Korean American Community Center, the Korean American Scholarship Foundation – Eastern Region, and is a member of KOWIN DC (Korean Womens' International Network) and the Asian American Chamber of Commerce. She holds a B.A. in Economics and an MBA in Finance and Strategy, both from Cornell University. Grace lives in the Town of Herndon with her husband and daughter.

V

Fighting For
Disadvantaged Immigrants and Minorities

Steven Choi

John Kim

Soohyun Koo

The following three essays are grouped together because the primary concern of these three essayists is the plight of disadvantaged immigrants and racial minorities. Steven Choi, John H. Kim, and Soohyun Koo have worked hard to help these aforementioned marginalized groups. We have noted that, while the three community organizers/politicians in Part II have fought for the interests of Korean immigrants and the Korean community, the five younger-generation elected politicians in Part III focus on protecting the interests of the resident constituents in their local electoral districts. This part includes essays by Steven Choi and John H. Kim, two second-generation heads of major empowerment and philanthropy organizations, and an essay by Soohyun Koo, a high-ranking government employee (the Executive Director of the Washington DC Mayor's Office on Asian and Pacific Islander Affairs).

Soohyun Koo is a Korean immigrant, but she is similar to Choi and Kim, the two second-generation Korean heads of social service organizations, in that her primary concern is with disadvantaged immigrants' and minority members' rights and welfare. As the Executive Director on Asian and Pacific Islander Affairs, she is mainly concerned with helping Asian-American and Pacific-Islander immigrants. However, her essay reflects her deep concern with all disadvantaged immigrants and minorities who suffer from unfair treatment. Moreover, her essay indicates her strong sense of social justice, yet another commonality that we can find in the other two essays.

Steven Choi was seriously concerned about the social injustice, racism, and oppression that existed in American society in his college years at Stanford University. He was frequently involved in "stand-up-for-justice" activities during his undergraduate and graduate years. After earning his Bachelor's at Stanford and a Master's at the University of Hawaii, he advanced to Harvard Law School to become "a lawyer who would directly serve these people [disadvantaged Korean and other Asian Americans], who would speak up as an advocate, and who would help shape policy." His internships with Korean empowerment organizations during summer breaks and his workers' project after law school with Young Korean American Service and Education Center (YKASEC) thrust him into the role of a civil rights attorney. He helped dozens of new Korean immigrant workers fight against business owners who exploited them. He served as the Executive Director of YKASEC (Young Korean American Service and Education Center) during the 2008-2012 period. YKASEC, which has changed its name to MinKwon Center for Community Action, is the most powerful Korean community civil rights organization in the United States. It provides not only social and legal services for disadvantaged immigrants and marginalized community members, but also advocates on behalf of them. It has mainly helped Korean immigrants, but also many other non-Korean clients, including Chinese and Latino immigrants. He is currently the Executive Director of the New York Immigration Coalition, probably the most important advocacy group for undocumented and documented immigrants in the U.S.

When John Kim started his college education at the University of Chicago, his parents insisted that he pursue something in the medical field, a profession that is safe from economic downturns and racial discrimination. But he was more concerned about social inequality with "regard to economic opportunities and political voices." He chose to major in public policy in order to "work on behalf of disadvantaged individuals at the policy level." He went through a series of jobs and graduate education (Master's program and J.D.) that prepared him to be one of the top Korean-American leaders in private philanthropy. Currently in his early forties, he serves as Chief of Staff at the Annie E. Casey Foundation, a $3 billion private foundation that is "dedicated to improving the lives of disadvantaged children and families." John Kim seems to be more detached from the Korean community than Steven Choi in terms of the target groups of services and his identity. Nevertheless, he feels very proud of his Korean identity and wants to be a role model for younger-generation Korean Americans in the future.

As summarized above, the two younger-generation Korean-American essayists developed a strong sense of social justice in their early years and prepared their education and careers to put them in positions to help disadvantaged immigrants and minorities. By contrast, Soohyun Koo, a Korean immigrant in her forties, had never thought about public service before she immigrated to the U.S. at the age of 30. Before immigrating, she had enjoyed a high-status and high-paying career as a simultaneous interpreter. Only after experiencing serious adjustment difficulties in the U.S. due to her language barrier, culture shock, and loneliness, and meeting so many other disadvantaged immigrants in need of help, did she give up her "self-centered elitism" and recognize the importance of public service. In particular, her position as Executive Director for the Washington, DC Mayor's Office on Asian and Pacific Islander Affairs gave her the opportunity to meet with many new Asian immigrants with all kinds of difficulties. Working for the Office for nearly ten years and meeting with so many new immigrants have changed her into a more mature person. She has now realized that without eliminating structural barriers, those disadvantaged immigrants cannot maintain even the minimum level of welfare, no matter how hard they work. This is the lesson that Steven Choi and John Kim learned in their college years or perhaps even earlier.

13 From Michigan to the Movement: A Korean American's Awakening

Steven Choi

Executive Director, The New York Immigrant Coalition (NYIC)*

I was born in 1976 in Taylor, Michigan. My parents had come to the United States just one year before, and they embody a typical Korean immigrant story—they arrived here in the United States as a newly married couple with a baby (my older brother), a couple of suitcases, and less than $500 to their name. My father had graduated from Yonsei Medical School and had dreams of being a doctor, as did my mother. But since no American hospital would recognize their medical degrees, they made their way across the Midwest, taking grueling resident jobs so they might eventually reach their dreams.

My earliest memories are of growing up in the Bronx and in Elmsford, NY, a blue-collar town in Westchester. We weren't very well-off, but I was close friends with a diverse group of kids—mostly black and white. I spent most of my childhood being one of the only Asian kids in my school. Even at that time during the early 1980s, none of my friends had any idea where Korea was; they only had a rough idea about Japan and China. Once they found out I was Korean, their next logical question for me was, "Are you Korean or are you American?" It was my first time trying to think of my identity, and we were all a little befuddled until one of my friends said, "Well,

* Steven Choi was the Executive Director of the MinKwon Center for Community Action when he wrote this essay.

you were born in America, right? So you must be American, just like the rest of us." That seemed to settle it for the time being.

And yet I never fully quite fit in as a Korean in Westchester, New York in the 1980s and early 1990s. And as a Korean American and Asian American, I think I always felt a little overlooked and underestimated, whether it was going to play basketball on the courts at Rumbrook Park as the only Asian kid out there, or in my classes, where I wondered whether my teachers thought I spoke English well enough, or in my social circles where my friends—both girls and boys—didn't quite know what to make of me. Looking back now, I've always had a little chip on my shoulder—a burning desire to prove myself, a drive to succeed when others don't think I can. My experience as a minority, specifically as an Asian American male growing up in isolated circumstances, has shaped my thinking quite a bit, as the overlooked underdog who succeeds in spite of doubters and long odds.

I never fully quite fit in during high school either. I played varsity sports—basketball, football, tennis, cross country—but I wasn't a jock; I was a high academic achiever but didn't hang out with the so-called 'nerds;' and I had a lot of friends who listened to "alternative" music and dressed in Goth clothes, but I wasn't one of them either. I felt like I was a part of all circles, yet I belonged to none. Compared to what I saw as the stilted, status-conscious, and rigid hierarchies of the East Coast, the possibilities of freedom, openness, and opportunity of California and the West Coast beckoned to me. I traveled all the way across the country to Northern California, and began as a freshman at Stanford University in 1994.

It was at Stanford where my political consciousness began to awaken. And as a history major who began to study and examine American history under a microscope for the first time, I realized that much of the history that I had learned and been taught in high school was simply not true—the myths that America is always a force for good, that we have always fought just wars, and that we have supported democracy and freedom.

I studied about the depths and horrors of inequality, oppression, and genocide in American history, about how much of this country's prosperity was built upon the backs of African slaves, Chinese railroad workers, and Mexican farmworkers. And as an Asian American, I realized that subtle forms of discrimination and stereotyping continue to exist, that the "model minority" myth was a destructive tool used to divide and conquer, and that our mainstream culture continued to perpetuate these myths and negative stereotypes. For the first time, the idea that I was "just an American, like the rest of us" began to ring hollow. I realized that in every social interaction I had, I was treated as an Asian American—for better, but mostly for worse, and not like my white peers.

And nowhere was this more evident than in my growing realization that I was a Korean American. After years of urging, I finally acceded to my parents' wishes and went to Korea to attend the Yonsei Language Institute in 1996, following my sophomore year in college. It was my first time being in Korea since being a child, and being there as a young adult, I hung out with Korean-American peers for the first time, discovering the country, language, and culture of my forebears. While my Korean was terrible at the time, I began to look closely at what I saw, including the contrast with both other Koreans and Americans. What kinds of privileges did I have, as an English-speaking, American-born Korean? What did I do to gain these unearned privileges? Would I use it to lord over those who were just as intelligent and motivated as I was, but who didn't speak English nor were born into a land of such plenty? And why was the U.S. Army talking about protecting "50 Years of Freedom" on AFKN while Korea had been a brutal military dictatorship for the majority of that time?

I returned to college with a different perspective and with newly-opened eyes. I resolved that I needed to begin to apply these roiling thoughts of justice, racism, and oppression in a concrete way in my life. I volunteered to tutor impoverished children in the East Palo Alto barrio, and this experience opened my eyes to injustice and inequality. Why were these Latino kids doomed to a bleak future of poor schools, drugs, and gangs, just a few miles from the lush, luxurious Stanford campus? As a college student on that campus, I believed that I needed to stand up for justice—and against injustice—wherever I saw it.

My first opportunity would come soon enough. During my junior year, my advisor, a brilliant and thoughtful woman who taught American history, was denied tenure. This wasn't an isolated incident—in fact, we realized that Stanford had been systematically rejecting women and minorities seeking tenure, even as its student body was becoming much more diverse. It was not the time to stay quiet. I got involved in a coalition of students protesting these tenure decisions, and I quickly took a lead role and helped launch a protest campaign leading to an audience with the highest levels of the university administration.

As I moved on as a graduate student at the University of Hawaii, I realized that I needed to continue and expand on this experience in student activism. In the islands, I was shocked to find that the Korean community there was extremely poor—mostly recent immigrants stuck in relative poverty as taxi drivers, restaurant workers, and hostess bar workers—yet there were virtually no advocates for them. I decided to create a Korean American Student Association from scratch that would be defined by community service. As the group swelled, I worked individually with my fellow student members—eventually numbering more than thirty—to increase their political consciousness and to get them involved in our campaigns. We did some amazing things. We drove a big Census effort in 2000 and held the first-ever Korean Community Festival in downtown Hawaii. It was a learning experience I'd never forget. I had the opportunity to see a situation that I thought needed to be resolved—to create a body for Korean-American students to come together, to come up with a vision about how we could do something about it, and then to create something from scratch and then organize and rally other people to support it. One of our student members told me, "Before I got involved in the KSA, I'd always been ashamed of being Korean, and my friends always made fun of me. But this is the first time I'm really proud to be a Korean, and it's great to be around other Koreans who feel the same way." I learned so many lessons from that experience, but beyond that, we were able to make a real difference for people like her.

I also began to start thinking about my future career. During my summer breaks, I began to take on internships with grassroots groups that sought to serve and mobilize impoverished and unheard Korean community members through internships with the Korean American Youth Leadership Project with the Koreatown Youth and Community Center (KYCC) in Los Angeles, and the National Korean American Service and Education Consortium (NAKASEC) and Young Korean American Service and Education Center (YKASEC) in New York. I began to realize that a lawyer—one who would directly serve these people, who would speak up as an advocate, and who would help shape policy—could make a tremendous contribution to these communities. Law school was the logical next step for me.

At Harvard Law School, I knew that my path was not towards a big law firm and a cushy job. I was there for one purpose only: to serve the Korean- and Asian-American communities. Having that focus was critical for me, as I focused my efforts on using my fledgling legal skills to represent indigent community members through internships at public interest legal organizations from Los Angeles to New York. As a legal intern, I worked to use this newfound tool of litigation by helping protect poor Haitian tenants in Boston threatened with eviction by predatory real estate developers, immigrant Chinese restaurant waiters exploited and underpaid in New York's Chinatown, and South Asian immigrant workers blatantly discriminated against and fired in Los Angeles. I was lucky to have some amazing litigation experiences as a student, and the lessons I learned have since helped me immensely.

As I neared the end of my law school career, my thoughts returned to the Korean immigrants I'd worked with during my internships with NAKASEC and YKASEC in New York. The people I saw did not fit into the mold of the model minority. They were poor, recent arrivals: a nail salon worker breaking out in rashes from unknown chemicals, a callused day laborer who'd been robbed of a week's pay, a waiter who received only tips while working a twelve-hour shift. These workers worked punishing hours with little time or energy left over, and all were immigrants who spoke only limited English and were unfamiliar with the legal system or their rights. They had little chance of fighting back when they were exploited, and they often were.

Through my work, I had met devoted advocates, lawyers, and organizers who had been helping workers in more-established communities, but I noticed that there was no one who had the cultural background and the language skills to reach this group of Korean immigrant workers. I believed that with the law at my side, I'd be able to help these working-class immigrants find a measure of justice. I decided to create a project, one that would provide free legal services to these immigrants, represent them, and use the full arsenal of legal tools to fight for their civil rights. After being selected to receive a Skadden Public Interest Fellowship, I launched the Korean Workers Project as a joint project with the Asian American Legal Defense and Education Fund (AALDEF) and with YKASEC upon graduating in 2004. It was also a chance to reconnect with YKASEC, an organization that had always been dear to my heart, and one that had little resources but a big corps of dedicated volunteers who were committed to social justice. I'd always kept in touch with them, but here was an opportunity to work very closely with the sunbaenim (older mentor figures) that I'd met a couple years earlier.

As I began the Korean Workers Project in 2004, I immediately threw myself into litigation. The next three years would be an amazing experience for me. Once again, I had the opportunity to take a broad vision I had and to make it into reality. Two months into my fellowship, I was suddenly in front of a Federal judge in a lawsuit for my first client, an elderly deli-store laborer who'd worked grueling twelve-hour graveyard shifts seven days a week, in a gross violation of wage and hour laws. Several weeks later, that first client received $73,000 in a settlement. I will always remember the words of the wife of that first client. With tears flowing, she told me, "I'd asked all the Korean lawyers in New York to help me, but no one would. I am so grateful that you were able to help us, and not ask for anything in return." But I was the one who was grateful. What corporate lawyer can have a job satisfaction reward like that?

My years as a civil rights attorney opened my eyes. I was able to get a ton of litigation experience. I was able to serve as lead counsel in more than twenty-five lawsuits in Federal and state court, helping nearly fifty clients win more than $700,000. I tried to be creative and aggressive as a lawyer, and I had some great cases and clients. One of my clients was a janitor who'd been paid virtually nothing because the church that employed him falsely promised to sponsor him for a green card. We used an aggressive publicity campaign, a state court lawsuit, and intensive face-to-face meetings with church stakeholders to get him a $32,000 settlement. Another of my cases involved an elderly widow who was severely underpaid as a cook at an underground nightclub. We ended up getting nearly $40,000 for her violated rights. Along the way, I served as lead counsel in three trials in Federal court, my first being *Yang v. ACBL Corp.*, where we helped a disabled jewelry worker win more than $70,000 in unpaid overtime and established a new (albeit short-lived) legal precedent for workers' rights.

The pinnacle of my litigation career was a jury trial in Federal district court in October 2007. I served as lead counsel representing a nail salon worker, a Korean immigrant who had spent seventeen years not getting any of the meal or rest breaks she was entitled to, and was summarily fired in retaliation when she complained. I thought long and hard about what kind of opening statement to give, and finally I settled on an opening statement where I said, "Ladies and gentleman of the jury, I am the plaintiff's lawyer, and the first thing I want to say is that this is my first jury trial ever, and my co-counsel's first trial, period. So I'm telling you that we will make mistakes, and we will have to be corrected by the opposing counsel, or the judge, or even by you. But I don't want you to hold that against my client. She has an important story to tell, and I want to tell that now. . ." It was a big gamble—lawyers don't usually profess their own lack of experience! But it worked to make the jury more sympathetic to us, and at the end of the trial, the jury awarded us more than double the damages (more than $200,000) that we had asked for.

So my career as a civil rights attorney was a great way for me to get litigation experience. But it also illustrated to me the difficulties of public interest lawyering. Many young lawyers (such as myself) come in ready to change the world, but you realize early on that litigation is just one of many tools to fight for social justice. After three years of continuous litigation, I'd won many cases on behalf of my clients. But did I really make their lives that much better through those cases? Did I change the underlying forces at work? No matter how well we succeeded in the courtroom, I realized and had to adapt to the reality that it wasn't as impactful as some of the other strategies—organizing, advocacy, etc—that seek to bring more fundamental change. I've come to believe that true social change and equality comes from the bottom up. It comes from basic community empowerment, from giving the people themselves a voice in social change, and in developing grassroots leaders who will carry the message. I have been lucky enough to do this work while being the head of YKASEC, which is now known as the MinKwon Center for Community Action.

I originally came to YKASEC in 2007 because I wanted to break out of the box of just being a litigation attorney. I thought about the different tools I could bring to social justice in addition to litigation. I wanted to use community building, organizing, and fundraising as additional tools to impact and effectuate social justice. I became YKASEC's Executive Director in 2008, which happened somewhat by accident, as the Executive Director at the time had become ill. I was nominated to be the Acting Director in his stead in the summer of 2008, and officially became the Executive Director in January 2009.

The roles I played as an attorney were very different from the roles I currently play as an Executive Director. In the nonprofit legal community, there is this idea that the most pure thing is to be a litigation attorney, and that lawsuits are the way to bring about social justice. But the fundraising and administrative responsibilities involved with running a nonprofit are seen as an "impure" burden—"that's not what the real lawyers do!" I also saw fundraising, administrative responsibilities and relationship building as necessary evils. But now that I have been an Executive Director for a few years, I realize that I actually enjoy some of the administrative, fundraising, and relationship building parts of the job. I enjoy thinking creatively about how we can make change happen, about what the needs in our community are, about how we can meet those needs, and then working with an incredible group of people (many of whom I've brought on board because I believed in them) to make that change happen. It has really opened my mind to a vast set of new possibilities.

Much of MinKwon's work now consists of focusing on organizing our base of constituents, advocating strongly on behalf of immigrants and other marginalized community members, providing critical social and legal services when necessary, and engaging the next generation of youth leaders. And besides community work, I believe that progressive political activism in the name of civil rights is an important part of the effort. In 2006, I helped found a progressive political action committee, Korean Americans for

Political Advancement (KAPA), which is a group that seeks to mobilize Korean Americans for an ambitious progressive agenda, including civil rights, immigrants' rights, and economic justice on behalf of the entire community.

I've been blessed to have some amazing mentors. Chung-Wha Hong, the Executive Director of the New York Immigration Coalition, is one of them. In 1999, when I had my first experience with YKASEC as an intern, Chung-Wha was running NAKASEC, and I was able to develop a strong relationship with her. She showed me how much impact an advocate could have—how someone could be a strong voice and represent the needs and concerns of the community. I still reach out to her from time to time for advice because I trust in her judgment. Also Susan Butler Plum, Director of the Skadden Fellowship Foundation, was instrumental in my receiving the Skadden Fellowship, and we have become close. With all major career decisions, I check in with her, and she has given me the perspective of working with dozens of other Skadden Fellows throughout the years with different projects. She has given me a strong foundation to do the work that I do. Ken Kimerling, the AALDEF Legal Director, has taught me all the ropes, the ins and outs of litigation and the civil rights work I was doing. Yu Soung Mun, the former Executive Director at YKASEC, has been an amazing role model as a committed and passionate activist, and played a key role in teaching me how to supervise and work with other folks who didn't care where I went to law school.

Ultimately, I believe that lasting, progressive change can occur because people seeking justice use all of the tools at their disposal: impact litigation, community mobilization and advocacy, and political activism in the electoral arena. I hope to continue to work with others in the progressive movement and use these tools to achieve social justice in the future.

Steven Choi

Steven Choi is currently the Executive Director of the New York Immigration Coalition, a coalition of nearly 200 member groups that represents New York State's immigrant communities. From 2009 to 2013, Mr. Choi was the Executive Director of the MinKwon Center for Community Action, which organizes, advocates for, educates, and serves Korean and Asian community members in New York. Prior to that, Mr. Choi was Director of the Korean Workers Project at the Asian American Legal Defense & Education Fund, the only project on the East Coast focused on providing free legal services to low-wage Korean immigrants. His previous experience includes working for the Hale and Dorr Legal Services Center in Boston, Greater Boston Legal Services, and the Asian Pacific American Legal Center of Los Angeles.

Mr. Choi received a J.D. from Harvard Law School, a M.A. from the University of Hawaii, and a B.A. from Stanford University in History with Honors. He is the recipient of the 2013 New York Law Journal's "Rising Stars" Award, the 2012 NAPABA Best Lawyers Under 40 Award, the Korean American Association's "Man of the Year" Award, the Skadden Fellowship, the Wasserstein Fellowship, the Skirnick Public Interest Fellowship, and the Harvard Law School Asian Pacific American Alumni Award.

14 From Chicago to Washington: The Story of an Immigrant Child

John Kim
Chief of Staff, The Annie E. Casey Foundation

An Immigrant Child

My earliest recollection is of a very small and dingy apartment in Chicago that my father had prepared for his family's arrival. He had immigrated to the U.S. in 1973 without his family in order to secure a better life for his pregnant wife and two young daughters. He was prompted to make this bold move after losing his life savings to a fraudulent bank that had promised high interest on the money that he and my mother had saved through years of scrimping on even the basics. I wasn't born yet when my father left for the United States, and my meeting with him at Chicago's O'Hare Airport in 1976 was the first time he laid eyes on his son. As a three-year-old, I was naturally afraid and weary of this strange man, but we drove to this small apartment in Chicago as a complete family determined to live a better life in the United States.

As a child of immigrants and as an immigrant myself (albeit a very young one), I understood that we were here in this new country for a very specific purpose. For my parents, their goal was to build a better life for their three children. For me and my sisters, our goal was to take advantage of this new land, to achieve what our parents couldn't in their own lives, all while helping our parents maneuver this strange land. The isolation and fears that my parents felt as immigrants were things that we were supposed to rise above and their struggles were supposed to end with their generation.

Shortly after we arrived in the States, my mother started working the evening shift at a Zenith TV factory welding circuit boards, and my father, who had learned how to fix watches in Korea, worked for a jewelry store in Chicago for minimum wage as a watchmaker. Life was difficult by most standards, but when my parents talk about that early chapter in their immigrant lives, they remember being full of hope and appreciation for what this great country had to offer. After all, the small and dingy apartment we lived in still had hot running water, separate bedrooms, and warm radiator heat. And although there were roaches and green stringy carpet, it was vastly superior to what my parents were used to in Korea. What my mother enjoyed most was being able to feed her children almost anything we ever wanted to eat—we have old pictures of me and my sisters in front of piles of fruit and cookies—items my parents could never afford in Korea.

Building the American Dream

Throughout the years, I would watch my parents defy the odds and continue to pursue their American Dream. Through hard work and perseverance, they eventually opened a small jewelry store and began to save for their children's education. Because of this effort, I never felt want for anything, especially for any opportunities to pursue education. If it was for school, my parents were always more than willing to invest. In fact, my mother would always say to me that money is something that you can lose easily, but education is something no one can ever take away from you.

My parents would continue to coach me and my sisters to pursue what they called "safety jobs"—jobs they perceived to be safe from economic downturn, racial discrimination, and changing industries. They insisted that I pursue medicine because doctors would always be able to find work, and in their view, an immigrant heritage would never be a detriment in medicine. In order to have their son attempt this pursuit, they worked tirelessly to make the best living they could. And when I entered as a freshman to the University of Chicago, they couldn't have been happier. Although I was never really interested in pursuing medicine, I couldn't bear to disappoint my parents. In their view, if one has an opportunity to pursue such a great endeavor that promised such a wonderful life, why wouldn't one choose to do so? So while I studied the prerequisite science courses for medical school, I also took a few classes in public policy out of interest.

My interest in public policy stemmed from a persistent conflict I had in my own mind about the vast disparities between people in our society with regard to economic opportunities and political voice. I always struggled with the fact that so many in our society are positioned to do so very well, while others stagnate in circumstances that prevent them from achieving their potential. As immigrants, it is so easy to observe these disparities. Although America provides enormous opportunities, immigrants face cultural and language barriers, institutional discrimination, and in many cases, limited access to the governmental supports that can help ease such difficulties.

Even Cows Need a Stump to Scratch their Backs On

Our societal disparities were ever-present even when my parents were doing very well. For them, doing well meant moving to neighborhoods that were predominantly white and middle to upper class. However, as immigrants, they made their living in neighborhoods of color, in stores that they themselves would never shop in. As a child who spent many days in our family store on the South Side of Chicago, but who lived a relatively comfortable existence in one of Chicago's north shore suburbs, I began to understand that our society has two norms, one for those who are protected by a shield of privilege and the other for those whose opportunities are limited by the virtue of who they are and where they live.

In my second year at the University of Chicago, I secretly decided that I would pursue public policy, because of Professor Richard Taub, who said to me, "John, medicine is good if you want to help people on a one-to-one basis, but if you want to make a big impact, find a job creating smart policies that can positively affect the lives of whole populations of people." This statement greatly influenced my thinking, mostly because it made perfect sense. Many of the societal ills that I had observed on the South Side of Chicago were the product of bad public policies—welfare rules that disincentivized work, school financing structures that created vast disparities in educational quality, and child protection rules that too often led to children being removed from their parents even though their safety was of no concern. I also met struggling families for whom one bad health or financial event, such as a devastating illness of a parent, or the loss of a job, meant that they would never again have the same life they had come to establish.

I began to believe that I could help to change policies so that they were more supportive to the people who need their protection, and felt strongly that one way to honor all the sacrifice my parents made for their children was to work on behalf of disadvantaged individuals at the policy level. After all, my mother always said to me in Korean that "even cows need a stump to be able to scratch their backs on." I understood that saying to mean that everyone needs some support in order to achieve their fullest potential, and that most people cannot make it completely on their own. This notion of a necessary "safety net" that protects hardworking individuals from that one devastating event that can set them back from all that they have accomplished, helped to form my political views. While I believe in personal responsibility and hard work, I also believe, like many Democrats, that we as a society do better when all of our citizens do better, and that government has a role in making sure that people have necessary supports when things go wrong despite one's efforts.

Public Policies to Level the Playing Field

As a child of immigrants, I understood that our lives were very vulnerable and that it would have taken only one bad event to throw our lives into turmoil. My father came to this country with one hundred dollars, my mother came with fifty. With such uncertainty and limited resources, it would have only taken a tiny bit of bad luck to put our family in an unwinnable situation. Until they were eligible for Medicare, my parents never had health insurance. While hard work and sacrifice were very important, luck was equally important if you consider that one big illness would have changed the direction of our family dramatically. In understanding this vulnerability and realizing that some in our society are protected from this vulnerability while others are not, I wanted to work on policies to level the playing field for all Americans.

Since I was still interested in our healthcare system, after graduating from college with an undergraduate degree in public policy, I took a job in Washington, DC at The Lewin Group, a healthcare policy consulting firm. At Lewin, I worked on healthcare delivery and access issues to underserved and poor communities. Thinking that I would utilize my bi-culturalism, and to take advantage of a generous educational benefit, I obtained a Master's degree in international affairs and policy from Georgetown University while working as a Lewin consultant.

After five years at Lewin, I was presented with the opportunity to work in the pro bono consulting arm of the Annie E. Casey Foundation, a three billion dollar private foundation dedicated to improving the lives of disadvantaged children and families. The Casey Foundation was established in 1948 by the founder of UPS in honor of his mother who raised three children by herself in the early 1900s.

At the Casey Foundation, I developed an interest in juvenile justice issues and the injustice of policies that overly incarcerate poor minority children because of limited options for treatment and diversion. At the Foundation, I have been involved in helping to reform many large state agencies that deal with child welfare and juvenile justice issues including state agencies in New York, New Jersey, Maine, Louisiana, Georgia, and Maryland. I have also testified in many legislative and judicial hearings on the horrible conditions of secure incarceration for children. I have also presented research findings and recommendations to various legislative commissions and judicial bodies to help improve their states' practices. A few years into my tenure at the Casey Foundation, I was promoted to Director of Grants Management, where I oversaw the Foundation's philanthropic giving of $180 million per year. Again, in order to take advantage of a very generous educational benefit at the Foundation, I entered the University of Baltimore Law School and became a member of the Illinois Bar in 2008 while working at Casey.

While I had opportunities to apply my legal training at the Casey Foundation, in April of 2010, I was asked to take an appointment in the Obama Administration as the Director of Strategic Initiatives at the Corporation for National and Community Service (CNCS), the federal agency that oversees all the domestic volunteer programs: Americorps, Senior Corps, National Civilian Conservation Corps, and VISTA. As the federal agency charged with executing the Serve American Act legislation passed in 2009, CNCS oversees the deployment of more than eighty thousand Americorps and over five hundred thousand Senior Corps volunteers annually.

In my role as the Director of Strategic Initiatives, I worked with partners to develop collaborative strategies to increase the impact of national service on the issues that plague our country, including healthcare, economic opportunity, education, disaster relief, and environmental stewardship. After working with the strategy team on a new 2011-2015 strategic plan for the agency, I was asked back to the Casey Foundation as Chief of Staff in April of 2012. In this role, I represent the Office of the President and help drive the Foundation's agenda by facilitating internal and external meetings with the President, managing relationships and engagement with the Board of Trustees, and acting as liaison between the Senior Leadership Team and the President. I also serve in an advisory role to the President, overseeing special projects and facilitating budget deliberations and briefings.

Fueling the Next Generation

As I mature in my career in the public and non-profit sector, I think about what I can contribute to the Korean American community and to Korean American youth who may be struggling with the same identity issues I faced growing up. There is no question that because of our immigrant heritage, many young Korean Americans enter into fields that are sometimes more lucrative or stable than the non-profit or government sector. However, I hope to make some impact on attracting talented Korean American youth into private philanthropy. Because of the rich resources in this field, it can be a laboratory and catalyst for innovative solutions without the worry of public funding or a return on financing. With such flexibility, private philanthropies enjoy great power and are able to secure the attention of policymakers, researchers, and academia. It is a relatively unknown field in communities of color, and I believe I am one of a very small group of Asian Americans in philanthropic leadership across the country. Increasing our presence in this field, which has predominantly been for those more mainstream, is becoming a passion that I share with many others in our community.

My Korean American identity has gone through some changes as I matured. When I was younger, I would often feel much more "American" than my experiences would suggest. After all, I had American friends and I spoke English like a native. However, I always felt that those around me looked at me differently, as if I would always be a perpetual outsider. They didn't mean harm or ill will, but there was something in our interactions which made me wonder if they viewed me as completely within their sphere or on their level. One of my favorite mentors, Norman Mineta, told a great story of when he was representing the United States as the Secretary of Commerce. While in Geneva at a meeting of his international peers, more than once, the aides assisting in the meeting directed Secretary Mineta to the seat for the Japanese official.

While I do believe that ethnic divides will diminish with younger generations, I believe firmly that society views me as Korean first, then Korean American. This is an identity that I am very proud of. I recently went to a meeting at the White House sponsored by the Council of Korean Americans and the auditorium was filled to the brim with distinguished Korean American leaders from many different sectors. It is with this pride that I aim to continue advancing in my career and I hope to one day become an engaging role model for younger generations of Korean Americans.

John Kim

John Kim represents the Office of the President as the Chief of Staff of the Annie E. Casey Foundation. In this role, he helps drive the Foundation's agenda by facilitating internal and external meetings with the President, managing relationships and engagement with the Board of Trustees, and acting as liaison between the Senior Leadership Team and the President. He also serves in an advisory role to the President, oversees special projects, and facilitates budget deliberations and briefings.

From 2010 to 2012, Kim served as the Director of Strategic Initiatives at the Corporation for National and Community Service, the federal agency that oversees Americorps, Senior Corps, and the National Civilian Conservation Corps. Previously, Kim joined the Annie E. Casey Foundation as a Program Associate in the Casey Strategic Consulting Group in 2002, working with large state agencies to promote child welfare and juvenile justice reform. He served as Director of Grants Management at the Foundation from 2005-2010, successfully implementing many new policies and procedures.

Kim holds a B.A. in Public Policy from The University of Chicago, an M.A. in International Affairs from Georgetown University, and a J.D. from The University of Baltimore. Kim lives in Bethesda, Maryland with his wife, Rachel, and two boys, Connor and Parker.

15 Becoming American

Soohyun Koo

The Executive Director of the DC Mayor's Office on Asian and Pacific Islander Affairs

America, public servant, politics, community service, and working for the disadvantaged. When I lived in Korea, I never imagined that these words would somehow become meaningful to me. Having been born and lived in Korea for 30 years, I had absolutely no idea that I would live as a public servant in the United States, a foreign country in which I didn't have even a single distant relative. Nor had I dreamt of such a career path. More than anything else, working as a public servant looked, in my youthful mind, somewhat conformist and not so creative, and I had publicly sworn that public servant was definitely off the table of my career options. Additionally, in my eyes, politics was merely a world that existed only in television and had nothing to do with my life. Since I was so preoccupied with taking care of my own business, I had absolutely no interest in community service, not even the concept of it, even though I felt some sympathy towards disadvantaged people. However, I am ashamed to confess that I didn't even intend to take the responsibility of helping the underprivileged until I turned 30. If someone had told me that I would become a public servant in the United States who was active in politics, specifically to serve the disadvantaged, I would have scoffed at it as pure nonsense.

Success and Bright Future in Korea

In terms of academics, I was never a top student, but I was always self-confident and daring. Perhaps because of that attitude, the adults around me had great expectations for me, even though my school performance was not that good. At a time when there was still severe discrimination against women in terms of employment and wages, many women aspired to become simultaneous interpreters, which was considered one of the best-paying and most-desired professions for women. My pride in belonging to the top elites in Korea reached its peak when I started my career as a simultaneous interpreter immediately after completing my graduate school studies of simultaneous translation in the Chinese language in 1996.

I became a "star" Chinese-language instructor at a private language school while I was studying at the simultaneous translation graduate school. After graduation, while teaching at a college, I built up a solid career as a simultaneous interpreter for international conferences and as a professional translator. I was busy working for diverse clients at international conferences, broadcasting stations, universities, and government agencies. I also launched a foreign-language service business. I lived a life of the so-called top elite, so rich and fulfilling that I had nothing to envy. It was, thus, absolutely inconceivable for me to imagine forsaking the fortunes and opportunities I had enjoyed and starting a new life in a foreign country.

Unplanned Immigration and Radical Turn

In September 1998, two and a half years after I graduated from the school of simultaneous translation, I arrived in the U.S., having left behind everything I had achieved and not knowing what was going to happen to me. While I was taking history courses for my undergraduate major, I became so attracted to the Chinese language that I spent about a year in

Taiwan for language training. While I was there, I met the man who would later become my ex-husband, who was a U.S. citizen. He and I came to Korea together and, against all odds, eventually got married in March 1996 after being together for four years. We settled in Seoul, but after living in Korea for two years, my husband wanted to come to the U.S. to achieve his dream of becoming a political analyst. After much thought, I decided to give up what I had in Korea and follow him to start a new life in the United States. This is how I came to the U.S. unexpectedly.

Without much preparation, I decided to immigrate to the United States. I resolved that I would do whatever it took to make it in my new surroundings—dishwashing, becoming a waitress in a restaurant, whatever it took—and I boarded the U.S.-bound airplane. I landed in the U.S. with my dog, which I had raised like my child in Korea. In fading light at the airport, I was happy to once again see my husband, who had already been in the U.S. for a little while. However, I was also overwhelmed by many ambivalent feelings, expectations, and fear of the unknown future. I also felt sad because I had left my hometown and family, regret and self-assurance because of my decision to come to the U.S., and curiosity about this foreign country. The confusion and mixed feelings still remain vivid somewhere in my heart.

Starting a New Life as an Immigrant at the Age of Thirty

This was how I started my American life. As an adult in my thirties, everything felt alien to me. But with no time for second thoughts about my decision to immigrate, I immediately started to send out resumes to find a job. After searching for one week, I found a job at a small Chinese company. Once I got the job, I was stricken with another bout of homesickness. My family was very close, and I was accustomed to the abundant love and strong bonds among my parents and siblings in Korea. But it was not here any longer. There was no one but my husband that I could rely on. Loneliness was far harder to endure than I expected. The cultural gap between my husband and me, hitherto unnoticed, now loomed large. As time passed, my regret in coming to the U.S. increased, with a corresponding decrease in my confidence in the decision.

By serving as a Chinese-language interpreter for international conferences, I had enjoyed a high level of admiration reserved for the most promising elite career women. Now I was doing a variety of tedious chores and answering phone calls as an insurance agent at a meager Chinese company. I was overwhelmed with remorse and regret. Yes, I did come here with the resolution that I would do whatever it took. But when it became a reality, it was like being trapped in a dark tunnel with no light in sight. Everything was tough and strange. Although I regretted my decision to come to the U.S., I was so ashamed of the recklessness of my decision that I could not go back to Korea. I thought my English was pretty good, but I felt insecure when I was alone. I became nervous when someone tried to talk to me. Since I sometimes found it difficult to understand people speaking English to me, I often paid wrong amounts of money at shops.

In fact, I had no "American Dream" at all. I felt that I had squandered the opportunity to formulate an "American Dream" by impulsively immigrating to the United States. However, completely giving up was not an option. Day after day passed, and I continued looking for a better opportunity. After six months, I applied for a job at a relatively large American company. Thanks to my bilingual ability, I managed to get the job. But the new company was completely different from my previous one. At my old job, I had no difficulty in communicating because I could speak Chinese as if it had been my mother tongue. From day one at my new job, I had to attend several meetings and I could not understand more than half of the conversations. Even common jokes were over my head, and merely mimicking my colleagues, I pretended that I thought the jokes were funny.

Making mistakes based upon half-understood English, I felt like I became a fool. The old confident me seemed to be gone. Becoming very timid, I found myself avoiding eye-contact and conversation at meetings.

From Regret to Opportunity

Another month passed. I felt that I was on the verge of crisis. I sensed that, with this attitude, my immigration to the U.S. would end in failure. Alarmed by my gradual change from a confident person to a timid one, I felt deep in my heart that in order to survive I needed to change myself before my circumstances changed me. Even though I chose to come here, I stuck to my glorious past days and regretted the miserable present. I came to the realization that, like a drug, the memory of the past dragged my heels, preventing me from moving forward.

I realized that I needed to change my attitude. I came back to the firm resolution that I should become a type of person that this society needed. In order to do so, I had to work harder than those who were born and raised here. I had to get over the barriers of language and culture and to take full advantage of my strengths. I began to study the SAT prep books like high-school students and watched the most popular TV shows for my "survival" as a Korean American. I began to make great efforts to overcome my shortcomings that were most likely to hurt me in the U.S. labor market. In early 2001, after two years of hard work, I applied for a new staff position at the Washington, DC Mayor's Office on Asian and Pacific Islander Affairs (OAPIA). Considering it as a good opportunity for me, I worked hard to prepare for the interview. My preparation for the interview even included checking ten-year old newspaper articles. Thanks to such an effort, I was selected as a staff member of the DC Mayor's Office on Asian and Pacific Islander Affairs, winning the 40 to 1 competition. I took the first step of my public servant career as an assistant of the Washington, DC Mayor's Office on Asian and Pacific Islander Affairs. A career as a public servant was never part of my original plan. However, I accepted the position, considering it as a stepping stone to the next more desirable career.

An Important Lesson from the "Unexpected" Career as a Public Servant

No less unexpected than my immigration to the U.S. was my public servant career in Washington, DC, the center of the U.S. politics. I was a new immigrant who came here only two years before and who was still learning about America, American politics, and the Asian and Pacific Islander community. Yet more unexpected was that this "unexpected" career of public service turned out to be such a crucial turning point in my life, which brought a radical change to my value system and made me a more mature person.

The work of a Mayoral assistant for Asian and Pacific Islander Affairs was not easy. From the evening of the first day at the job, I had to visit, accompanied by a police officer, every small business owner in the area where robberies occurred frequently. Passing dark streets, the policeman pointed to the place where a Korean immigrant from China was robbed and killed. It was scary. I still cannot forget the fearful eyes of merchants looking at me and the policeman through the tight grid of those bullet-proof glass windows, which I had never before seen.

As they were not familiar with English, I politely greeted them in the Korean language, which alleviated their fear. As I translated advice about frequent robberies from the Police Department in the Korean language, they looked more comfortable and started to speak spontaneously about their troubles, which they had kept hidden in their hearts. One Korean small business owner, who barely spoke English, told me the following story: He had reported a theft, which had occurred at his variety store, to the Police Department. But because of his language barrier, the police listened only to the guy who attempted to steal, and arrested the owner. Another Korean immigrant merchant captured a young petty thief and tried to give him a moral lesson, as he would have done in Korea in such a situation, not knowing that it was against the law in the United States. He was arrested by the police. He lamented about his troubled American life as an immigrant.

In this way, my "unexpected" career as a public servant provided me with the opportunity to vividly see the tough lives of diverse immigrants who, like me, came here as grown adults. Most of them were married couples who worked more than 14 hours a day in tiny little spaces enclosed by bullet-proof glass to make a living and to support their children's education. They were immigrant workers who washed dishes or worked as servers at two or more restaurants to make ends meet; or, in some cases, they were 1.5- and second-generation adolescents who had to bear the burden as de facto heads of households for their parents who spoke no English. It was not the case that these people could not get out of the vicious cycle of poverty because they did not work hard enough. Under the structural constraints of linguistic and cultural barriers, they could maintain only the subsistence-level of their living, regardless of how hard they worked. I too suffered from linguistic and cultural barriers, and I learned from my own experience that poverty and troubles were not the results of a lack of an effort, but a trap from which no amount of hard work could help to escape. To put it another way, the Mayor's Office on Asian and Pacific Islander Affairs, where I have worked for ten years or so, has become the best teacher in my life in terms of helping me give up my elitist, self-centered, and narrow-minded attitudes in Korea.

Becoming a Cane for Immigrants

Starting a new life from scratch as an immigrant is much more difficult than we can imagine. I did not need to start from scratch because I could speak a little English. However, as a first-generation immigrant, I could really sympathize with the difficulties, disadvantages, and discrimination that other immigrants encountered. I had never before imagined that I would help disadvantaged people. But I came to help and serve those disadvantaged immigrants who suffered from discrimination due to their language barrier and unfamiliarity with the system. My efforts to help and serve these disadvantaged immigrants have helped me to become a more mature person and given me precious lessons that I could never buy with money.

Working for the Mayor's Office on Asian and Pacific Islanders has provided me with more and more opportunities to witness these immigrants' difficulties. The longer I observe the realities of Korean immigrants' lives, the more confident I become about what I should do at my position. I want to help all immigrants to enjoy equal opportunities. I have become keenly aware that without eliminating structural barriers, they cannot maintain even the minimum level of welfare, no matter how hard they work. As a Korean American, I now feel proud of the U.S. government for understanding immigrants' hardships and offering support to them. I also feel grateful to and happy about my job, which helps immigrants secure the most basic rights to happiness and equal opportunities. When I started my job, I did not feel very connected to the Mayor's Office on Asian and Pacific Islander Affairs. Now it has become an inseparable part of me to serve Asian and Pacific Islander immigrants and to work for the development of their communities.

Ceaseless Efforts for a Leap Forward

In fact, I was lucky to land an appointed public office position not long after I came to the United States. I believe that, as a native Korean, it took far greater effort on my part to survive as a public office holder in a foreign country. As a Korean immigrant, I needed to make extra efforts to learn about America and to maintain my position as a public servant. Since I did not grow up and get an education in the U.S., I had to learn about America from my day-to-day experiences and self-study. I tried to compensate for my weaknesses by preparing more than others. Rather than begging for my colleagues' sympathy about my weaknesses as a first-generation immigrant, I made every effort to get myself recognized as a Korean American with unique strengths.

After I was appointed as the OAPIA Executive Director, I was met with even greater challenges. One of them was having to deliver speeches and lectures. Every time I was invited to give a talk, I wrote a draft of my speech, read it repeatedly until I could memorize it, recorded myself reading it, and tried my best to correct my accent as I replayed the recording, in order not to lag behind the native-born Americans. I still cannot forget the first lecture/speech that I delivered on multicultural leadership at the U.S. Department of Agriculture in May 2007, in celebration of Asian and Pacific Islander Heritage Month. In fact, I initially considered declining the invitation, but I eventually accepted it, taking it as an opportunity to train myself and to make another leap. I diligently prepared for the lecture. More than a thousand people, including the U.S. Secretary of Agriculture, attended my talk. Additionally, I knew that Department of Agriculture officers of all levels throughout the nation would be watching my hour-long lecture, which was being broadcast live. In spite of my water-tight preparation, I was terribly nervous about my first big-time lecture in English. Fortunately, I completed the lecture successfully. This kind of self-discipline helped me overcome my language barrier as a first-generation Korean immigrant; it also helped me become a person who could confidently give an effective lecture to any audience.

From a Korean to a Korean American

Since I made the decision to not regret my immigration to the U.S., taking it as an opportunity for a meaningful life, I have maintained a very active and positive life every day. By virtue of this change in my attitudes, I have been able to meet more and more friends and mentors who have helped or encouraged me. With their help and advice, I have been able to overcome my shortcomings and adjust quickly to life in America, as if I had obtained a diploma through a fast-track degree program.

I was born in Korea and I lived the first 30 years of my life there. In 2004, I was naturalized as a U.S. citizen, and since then, I have lived as a Korean American. In the past, being Korean was so obvious that I didn't even have to question it. However, now I call myself a Korean American. It took several years for me to get accustomed to the label, even after I had become a U.S. citizen. After switching my nationality, I thought a lot about the concepts of "nationality" and "identity." Now I define myself as a U.S. citizen with the corresponding duties, responsibilities, and privileges that come with being a worthy member of this country; however, I am still proud to call myself a Korean and at the same time a cosmopolitan woman of the world. In addition to my official duties within American mainstream politics, I envision another role for myself as a first-generation Korean immigrant in narrowing the communication gap and building a bridge between the first- and the second-/third- generation Koreans within the Korean-American community.

My experiences of meeting and interacting with thousands of people from such diverse cultural backgrounds over the course of a decade have made me a masterful communicator. I have learned an invaluable lesson about how crucial it is to create a win-win relationship and maintain effective communication in this interdependent world. I look forward to the opportunities to give back this lesson to the Korean-American community.

I am also proud of the Mayor's Office on Asian and Pacific Islander Affairs, where I have worked for more than ten years, and helped establish it as a "window of communication," always accessible to the city's residents. By virtue of our accurate, prompt and friendly services, our Office has been recognized as one of the most effective and important offices in the Washington, DC city government. Having worked for three different mayors in Washington, DC, the city of politics, I have become a so-called "political veteran." Thus, many people have asked me for consultations on politics and constituency affairs.

Opportunities and Lessons from the Land of Opportunities

I came to the United States as a Korean, was naturalized into an American, and now live as a global citizen. I knew how to live in Korea only for myself, but I have now learned to live for and with others. My positive attitudes and relentless efforts have helped me change into a completely new person in the span of a relatively short time here. In my not-so-short career as a public servant, I have been able to help immigrants grow into mature human beings and learned genuine lessons about life. No matter where and what job I hold in the future, it will be my main mission to speak for and to help those immigrants who suffer from language barriers.

Soohyun Koo

Ms. Soohyun Koo is the Executive Director of the DC Mayor's Office on Asian and Pacific Islander Affairs (OAPIA), and has served in that position since 2007. At OAPIA, Ms. Koo works with the community and other government agencies at all levels in order to increase community access to city services and civic participation. Throughout her career, Ms. Koo has used her tri-lingual language fluency in Korean, Chinese, and English to aid other Asian immigrants adjust to living in America. She holds a Master of Arts degree in Interpretation and Translation from the Graduate School of Hankuk University of Foreign Studies and a Bachelor of Arts degree in History from Hallym University in South Korea. Ms. Koo immigrated to the U.S. in 1998 and currently lives in Washington, DC.

VI

Younger-Generation Korean Women Political Appointees

Grace Chung Becker

Pearl Kim

Michelle Park Steel

This final part includes three essays written by two U.S.-born Korean-American women and another woman who can be considered as 1.5-generation Korean (she came to the U.S. at the age of 19). In addition to gender and younger-generational background, they also share two important things. One is their positions as political appointees. Grace Chung Becker was former Acting Assistant Attorney General for the U.S. Department of Justice Civil Rights Division. She has also served in all three branches of the federal government. Pearl Kim works as an Assistant District Attorney in the Office of the District Attorney, Delaware County, Pennsylvania. Michelle Park Steel was elected as the Vice Chair of the Board of Equalization in California in 2006 and re-elected in 2010. However, before she was elected to the Board of Equalization, she had several different appointed positions for Los Angeles City, Los Angeles County, and the federal government. The other thing they share that also separates them from the five female younger-generation Korean-American essayists in Part IV is their strong Korean identity and close linkage to the Korean community.

Commenting on their stronger Korean identity and linkages to the Korean community, after her high school graduation, Grace Chung Becker spent the summer in Korea for ethnic education in 1987 and served as an interpreter for the Seoul Olympic Games in 1988. She said that many Korean-American community members sent letters in support of her nomination when her nomination to an Acting Assistant Attorney General for the U.S. Justice Department Civil Rights Division was announced. She gives credit to her parents' risks and sacrifices for her high academic success and career achievements and intends to pass on the same achievement orientation to her own children.

Michelle Park Steel came to Los Angeles at 19 and worked in her mother's store after school. So she knows Korean immigrants' struggles very well. Her involvement in politics seems to have been motivated partly by her intention to help her mother and other Korean business owners. As a conservative politician, she indicates that younger-generation Koreans should be interested first of all in "the future of this country and in preserving its tradition of freedom." But, she also emphasizes, "the second part is to make sure that members of the second and third generations hold on to their Korean heritage, traditions, and values, while blending them with the best of the American spirit." It is interesting to find that although both Grace Chung Becker and Michelle Park Steel are intermarried, they not only retain much of Korean cultural traditions, but also emphasize the importance of retaining ethnic culture.

Pearl Kim seems to hold the weakest Korean American ethnic identity among the three essayists in this part. Her weaker ethnic identity is partly due to her professional concern with protection of girls and women from sexual abuse, marital rape and human trafficking, issues of more universal social justice rather than issues of ethnic interest. Nevertheless, she encountered many embarrassing racial rejections during her college years, which must have enhanced her Korean and Asian American identity.

Korean American Democrats outnumber Republicans by a large margin, about 2.5 to 1. Almost all younger-generation Korean essayists included in Parts 4 and 5 are affiliated with the Democratic Party. But two of the three authors of the essays included in this part support the Republican Party's conservative political agendas. As a vocal Republican Party supporter, Michelle Park Steel worked for the Republican mayoral candidate, Richard Riordan, in 1993. After Riordan was elected, she was appointed to the Los Angeles Fire and Airport Commissions. In 2000, she also participated in the George Bush presidential campaign. As a result, she was appointed to the President's Commission on Asian and Pacific Affairs and the White House Conference on Aging. She was partly motivated to run for a seat in the California State Board of Equalization in 2006 to fight for hard-working taxpayers, like many Korean small business owners. Elected to the Board of Equalization, she said she had fought mainly to "protect taxpayers from an overly aggressive tax agency." Michelle Park Steel considers herself ideologically as a Libertarian Conservative who "strongly believes in the power of free people to work together to achieve success without government involvement." Grace Chung Becker said she had never engaged in political activities, but remarked: "I always considered myself to be a Republican."

16 The Road Less Traveled

Grace Chung Becker
Former Acting Assistant Attorney General, United States Department of Justice Civil Rights Division

Like many Korean Americans, I come from a family of immigrants. My parents and my three siblings were all born in South Korea, immigrated to the United States, and became naturalized American citizens. My story is a simple one, one that echoes the lives of so many other Korean Americans I meet. In fact, many who read this will probably have life stories that are more compelling than mine.

My parents epitomize the American dream. They came to the U.S. in the 1960s. My father attended graduate school and studied political science. When I was an infant, he worked at Chase Manhattan Bank. My mother was an English major in college. One of her early jobs was as an Executive Assistant at Uniroyal Tires. I was born at Lenox Hill Hospital in New York City on October 6, 1969.

Discovering My Korean-American Identity

I spent my early years in Woodside, Queens and attended P.S. 12. When I was in kindergarten, my parents opened the family business. It started out small but evolved into Cici Department Store. It was one of the first businesses that catered primarily to Korean customers and sold high-end cosmetics, electronics, and other gifts. They were the pioneers of 32nd Street, a block that is affectionately known today as "K-town" or Korea Town.

During my elementary school years, while my friends participated in sports or girl scouts, I let myself into the house, finished my homework, and watched too much television. On the weekends, I went to work with my parents. I would play in the back and, when I was older, I worked as a cashier and salesperson. Communicating with Korean customers was always a challenge for me. I could speak some Korean, but struggled with Korean grammar and pronunciation. The customers were often amused by my childhood efforts—much to my chagrin.

In hindsight, I was very fortunate that my family worked in the Korean-American community. The weekend immersion in Korean language and culture enhanced my appreciation for my heritage and helped to shape my Korean-American identity. My parents were active in various Korean-American community groups and started one of the first Korean-American television stations in New York.

When I attended Stuyvesant High School, a Korean-American classmate of mine said that he was applying to be an interpreter at the 1988 Summer Olympic Games. Like me, his Korean was imperfect, but I was impressed by his initiative...and inspired. I, too, wanted to be an interpreter.

With my parents' support, I spent the summer after high school graduation in 1987 studying Korean at Ewha Women's University and spending time with relatives to study the Korean language, Korean literature, and Korean culture. As a freshman at the University of Pennsylvania, I took Korean language classes, conversed weekly with a Korean exchange student, improved my reading and writing skills, and started to learn Chinese characters.

I was fortunate to be selected as an Olympic interpreter. Unexpectedly, the summer games were not going to be held in the summer. Because of Korea's rainy season, the games were going to be held in September—after school started. I took a semester off of school and flew to Korea in August for orientation and training. While there, I met Koreans from all over the world. It was a novel experience for me to meet a Korean woman who spoke English with a German accent or who spoke Spanish like a native. I was assigned to the delegation of Suriname—a small country in South America. They had only a few athletes competing that year. One was a swimmer named Anthony Nesty who won their country's first gold medal ever in the 100-meter butterfly. It made the front page of every American newspaper because he beat Matt Biondi by mere hundredths of a second. To this day, I remember the delegation sitting around a table and passing the gold medal around so we could all hold it in our hands and admire it.

An Attorney is Born

Returning to New York in October 1988, I worked as a Congressional Aide for Congressman Bill Green. After finishing in the Congressman's office at 5:00 p.m., I walked a couple of blocks and started a seven-hour shift as a paralegal in the legal department of Pfizer Pharmaceuticals, where I would work until midnight. Although the hours were long, the two jobs gave me early exposure to law and politics.

By 1991, I had earned two undergraduate degrees magna cum laude: a Bachelor of Science in Economics from the Wharton School of Finance, and a Bachelor of Arts from the University of Pennsylvania. Three years later, I graduated from Georgetown University Law Center, also magna cum laude, married my college sweetheart, purchased our first home, and started my first job. 1994 was a busy year.

During my childhood and college years, I always assumed that I would move back to New York City. While attending law school in Washington, DC, however, I listened to local distinguished speakers, including U.S. Supreme Court justices, federal judges, and professors. During my third and final year of law school, I argued my first case before a three-judge panel in the U.S. District Court for the District of Columbia. I was allotted fifteen minutes. Once questioning began, however, the judges and I had a lively discussion that lasted quite a bit longer—roughly forty-five minutes. Even though I ultimately lost the case, the judges were very kind and unanimously complimented my oral argument in their written opinion. After that, I was hooked. I couldn't wait to get back into the courtroom.

One way to get into the courtroom is to work for a judge. I worked for judges at both the trial level (Judge Thomas Penfield Jackson, U.S. District Court) and appellate level (Judge James L. Buckley, U.S. Court of Appeals for the DC Circuit). It gave me a valuable perspective on how best to appeal to a judge and a jury, and how to litigate your case to avoid unnecessary reversal on appeal.

In later years, I worked in private practice at the law firm of Williams and Connolly and as a criminal prosecutor and appellate attorney at the U.S. Department of Justice, Narcotics and Dangerous Drug Section. In my first weeks as a criminal prosecutor, my daughter was born. The early years were quite challenging as I juggled full-time work with parental responsibilities.

In 1999, I decided that leaving the house at 7:00 am and returning at 10:00 pm was not sustainable if I wanted to spend any time with my two-year-old. I decided to switch to a part-time position at the U.S. Sentencing Commission, a government agency that writes guidelines for federal judges on criminal penalties.

An Opportunity to Work on Korean-American Issues

Within weeks of starting my new job, I received a call from the Pentagon. The Associated Press ran a Pulitzer Prize-winning story that hit the front page of major U.S. newspapers. It alleged that American forces strafed and shot at Korean civilians during the Korean War, underneath a railroad bridge at No Gun Ri, South Korea. Although the article included accounts by former American soldiers, the Army had no written records. The U.S. Army immediately initiated an investigation, working cooperatively with their South Korean counterparts. My role was as an advisor to the Assistant Secretary of the Army, Manpower and Reserve Affairs. My plans to work part-time went on hold.

I never anticipated that I would work for the military, but when the opportunity arose, I did not hesitate and I have never regretted it. I found it deeply gratifying to be able to bring both my legal and my cultural experience to help the U.S. Government on an important task.

During that time, I reached out to Korean-American veterans and community groups to listen to their views. I recall listening to the histories of individuals in my parents' generation. These individuals, whom I had just met, were willing to share personal and compelling memories of wartime tragedies even though I instinctively knew that they had never shared similar memories with their children. I was truly humbled. Shortly thereafter, I reached out to my own parents and asked them to share their wartime experiences. I knew so little about their childhood in Korea. I am glad I took the initiative because it gave me a deeper appreciation of the life challenges they had to overcome.

Ultimately, the Army Inspector General's Office concluded its one-year investigation and determined that civilian lives were tragically lost at No Gun Ri, but it was not a deliberate massacre like My Lai, Vietnam.

As the investigation was ending, my son was born. After the investigation, I returned to the U.S. Sentencing Commission and was able to focus on criminal policy on a part-time basis. I have many fond memories of those years where I kept up my professional skills while fulfilling many family responsibilities.

Politics, Anyone?

In 2003, a friend of mine called and asked if I would be interested in working for Chairman Orrin Hatch (R-Utah) on the Senate Judiciary Committee. While I always considered myself to be a Republican, I never thought of myself as political. I was a little uncertain about whether I should take on a full-time job with two young children. After speaking with some former colleagues who also worked on Capitol Hill, I agreed to go and help advise the Senator on criminal legislation and oversight of the FBI and U.S. Department of Justice. Although I initially planned to work part-time, the demands of the job and my workaholic tendencies regularly resulted in fifty+ hour work weeks.

Politics is a different world. Although I had been practicing law for almost a decade, working on the Hill broadened my understanding of how the federal government works. The experience is often written about in books, but learning how to perform well on the Hill cannot be learned from a book. It requires real-life, on-the-job training, interacting with different personalities, negotiating within your own political party as well as the opposing party, and engaging regularly with the media.

In the United States, the top leaders at federal government agencies are political appointees. In order to obtain these top legal positions, it is not enough to be a competent, or even an exceptional attorney. Because Congressional oversight plays a significant role for every agency, it is very valuable to understand Congressional priorities and the views and interactions between Republicans and Democrats.

When Senator Hatch finished his term as Chairman, I went to the Department of Defense's General Counsel Office, and later returned to the Department of Justice. For years, I was acquainted with a Korean-American attorney named Wan Kim. Although we had not previously worked in the same office at the same time, our career paths were quite similar. He clerked for the same appellate judge I did; he too was a prosecutor at the Justice Department; and he also worked at the Senate Judiciary Committee shortly before I arrived. When he became the Assistant Attorney General of the Civil Rights Division at the Justice Department, he invited me to join him and fill the spot he previously held. Eventually, when Wan returned to private practice, I took over his position as the leader of the Division, managing over 650 employees with a budget of over $100 million.

One of the nicest surprises of my tenure was the support that I received from the Korean-American community. When my nomination was announced, the Korean media published a story and many Korean-American community members, both Republicans and Democrats, wrote letters in support of my nomination. Some had never written to their Senators before. I was particularly humbled that they would choose to do so on my behalf.

The Civil Rights Division enforces approximately thirty statutes that protect against discrimination in housing, employment, voting, education, and other areas. While I was there, the Division enforced federal laws that help voters who did not speak or understand English well, including the first case ever filed under Section 203 of the Voting Rights Act on behalf of Korean-American voters in the City of Walnut, California. Pursuant to a court order, the city must now translate election materials, including registration and voting notices and ballots.

The Division also brought cases on behalf of Korean-American victims of human trafficking. Human trafficking is a crime that uses force, fraud, or coercion to compel labor (such as domestic servants, factory machinists, and farm workers) or sexual services. For example, in 2006, the Division prosecuted individuals who smuggled Korean women into Dallas, Texas and forced them to work as hostesses in their nightclub. The lead defendant was sentenced to ten years of imprisonment and the victims were awarded $37,000 in restitution.

Epilogue

Since 2009, after leaving the Justice Department, I shifted my focus to the non-profit sector. I have been the President of a local organization that advocates on education issues in the public schools. It is an issue that has personal significance to me as my children enter middle and high school. I cherish these remaining few years before they become young adults.

As I sit before my computer and see the sun shining through my window, I reflect on what I have experienced over the last forty-three years. The opportunities I have been given are a direct result of the risks and sacrifices quietly made by my parents for over four decades. I am eternally grateful for all their love and support. Their simple but sage advice to study hard and get good grades has served me well over the years and is one that I try to pass on to my own children.

I look forward to writing the next chapter of my life as it continues to unfold.

Grace Chung Becker

Grace Chung Becker has served in all three branches of the federal government and currently works in the non-profit arena. Ms. Becker was the Acting Assistant Attorney General, Civil Rights Division, U.S. Department of Justice, in the Bush Administration. She was the recipient of the "Outstanding Civilian Service Medal" for her performance in the U.S. Army's Inspector General's review of allegations that American soldiers killed hundreds of South Korean civilians during the Korean War. Earlier in her career, she clerked for Judge James L. Buckley on the U.S. Court of Appeals for the District of Columbia and Judge Thomas Penfield Jackson on the U.S. District Court for the District of Columbia. She also served as a prosecutor in the Criminal Division of the Justice Department, as Criminal Counsel for the U.S. Senate Judiciary Committee, as an Assistant General Counsel at the U.S. Sentencing Commission, and as an associate at the law firm of Williams and Connolly.

Ms. Becker obtained a Bachelor of Science in Economics, magna cum laude, from the Wharton School of Finance and a Bachelor of Arts, magna cum laude, from the University of Pennsylvania. She graduated magna cum laude from the Georgetown University Law Center, where she was selected into the Order of the Coif, and was an associate editor for *The Georgetown Law Journal*.

Ms. Becker currently works with several non-profit organizations on education policy issues and continues to serve the Korean-American community, including serving on the Advisory Council for the Network of Korean American Leaders (NetKAL) at the University of Southern California's Center for Asian-Pacific Leadership and with the Council of Korean Americans.

17 Korean Crime Fighter: Special Victims Unit ADA Kim

Pearl Kim

Assistant District Attorney, Chief of the Human Trafficking Unit,
Office of the District Attorney, Delaware County, PA

Look around you. Conservative estimates report that one out of every eight women will be raped in their lifetime; the FBI reports the reality of rape is much closer to one in three. These numbers are not inclusive of the sexual violence where women are coerced, forced, or manipulated into other forms of unwanted sexual activity. And what may be more unsettling than these figures is that the majority of rapists are not deviant sexual offenders, but our friends, family members, coworkers, and members of our church congregations. The myth that rapists are strangers waiting in bushes to attack is purely a societal ploy to deflect responsibility of these heinous crimes to "others" rather than the more numerous perpetrators who surround us.

The Department of Justice reports that "Asians were the least likely to experience serious violence," but we all know that can't be true. It appears that their sources of data are not correctly reflecting the harm committed upon Asians within our own community.

The Asian & Pacific Islander Institute on Domestic Violence published literature to counter the notion that violence does not exist within the Asian community: A 1986 study involving face-to-face interviews of a convenience sample of 150 Korean women living in Chicago found that 60% reported having experienced physical abuse by an intimate partner at some point in their lives, while 22% reported sexual violence by an intimate partner at some point in their lives.

The Asian Task Force Study found that 29% of Korean respondents said a woman who is being abused should not tell anyone about the abuse, as opposed to 22% of Cambodians, 18% of Chinese, 5% of South Asians, and 9% of Vietnamese. The proportion of respondents who were hit regularly by their parents as children varied slightly across ethnic groups: Cambodian (70%), Chinese (61%), Koreans (80%), South Asians (79%), and Vietnamese (72%).

Why do I mention all this? Because these are just some of the reasons why I decided to become a special victims prosecutor, knowing the dark reality of how many victims suffer in silence. I also recognize that our system is a work in progress that needs work in better assisting victims of violent crimes, particularly victims of Asian descent. So, it was certainly an unconventional career path for a second-generation Korean American to opt to enter the world of criminal prosecution rather than corporate law, but it was a social responsibility that I felt "called" to pursue.

Crime Fighter Origin Story: School Days

I recognize that my parents truly attained the "American Dream" when they emigrated here from Korea, and they placed my brother and me in a position where we had the luxury to pursue our dreams. Through my parents' relentless hard work, my family was able to grow up in an upper-middle class suburban neighborhood. I insisted on remaining in the public school system, but my brother opted for a private school education. And so my brother and I, only two years apart, did not attend the same high school. The demographics for our area meant we both primarily had more Caucasian friends than Korean-American friends. And other than having Korean food for dinner every night, our exposure to Korean culture, customs, and friends were primarily limited to Sundays at church.

Upon starting at Bryn Mawr College, where I eventually earned a

B.A., I really began to embrace the "Korean" part of my Korean-American heritage. It was then that I began to realize that my ethnicity was relevant to my identity. Growing up, I was known as "the all-American girl," but after entering college, I suddenly felt like a foreigner in some ways—students commenting on how my "English was good" shocked them and shocked me.

I slowly came to terms with the reality that I had, in some senses, rejected my heritage during my youth. Looking back, I had refused to learn Korean as a child, and my parents never forced it. They tried to teach us the language, and they even sent us to Korean School, but my brother and I refused to embrace it. I eventually enrolled in a Korean class in college, but regrettably, I still lack proficiency in the language.

Fortunately, I had a diverse group of friends in college and certainly embraced having more Asian-American friends than I did in high school. Surrounding myself with diversity, whether it was racial or socioeconomic, domestic versus international, etc., the student body at Bryn Mawr and the tri-college community (which also includes Haverford and Swarthmore College) was an incredible learning experience in and of itself. I was exposed to racial injustice and gender inequality through both circumstances and stories. By my senior year in college, I decided to run for President of the Asian Students Association, and I won. It was also during that final year in college that I deviated from my initial career track of the arts and decided to set my sights on law school. I attended Villanova University School of Law, where I obtained my J.D., and I was the recipient of the Villanova Achievement Scholarship.

The Next Step: Social Justice and Pearl S. Buck

Perhaps it was the childhood rebellion of not wanting to become another

Korean doctor? Or my incredible experiences, education, and friends that I gained while attending an all women's college? Or how my Christian faith played a huge influence in my life? Or maybe it was a combination of them all that set me on a path towards government, but I feel honored to be able to serve in this capacity. Again, my immigrant parents' hard work and dedication put me and my brother in a good position to make choices and to pursue our dreams. Lastly, I was fortunate enough to have family and friends who were so supportive of my passions and appreciated the importance of public service. Now, rather than my mother wishing and waiting to hear the words "Dr. Kim," she now awaits the day she may one day hear the words "Judge Kim."

The roots of my social justice desires go back even farther, since my mother named me after Pearl S. Buck, the renowned author of *The Good Earth*. Pearl Buck grew up in China but was also active in the Civil Rights movement in the United States, helped advance women's rights globally, and essentially helped bridge the East and the West. She stood up against oppression and founded the first international adoption agency to help biracial children that were considered unadoptable. I suspect that all of these inspirations and influences in my life are what led me to do what I was meant to do—to seek justice on behalf of the oppressed.

Fighting Crime is a Full Time Job

I am now the Chief of the Human Trafficking Unit and currently work as an Assistant District Attorney in the Office of the District Attorney, Delaware County, Pennsylvania, in the Special Victims and Domestic Violence Division. As a special victims unit prosecutor, my responsibilities are to handle Protection From Abuse matters, child physical and sexual abuse, domestic violence, rape, human trafficking, and Internet Crimes

Against Children cases. In an effort to more effectively reach out to under-represented communities, I was designated the Asian Outreach Liaison and have been cross deputized as a Special Assistant District Attorney in Montgomery County, Pennsylvania.

In 2010, I was appointed to serve on the Joint State Government Commission's Advisory Committee on Human Trafficking and to report back to the Pennsylvania Senate any recommendations for changes in state law, policies, and procedures. And I currently serve as a liaison from the National District Attorneys Association and the Pennsylvania District Attorneys Association to the American Bar Association's Task Force on Human Trafficking. Fortunately, I was able to secure the first trafficking of persons conviction under Pennsylvania's trafficking statute and was a faculty member for the 2012 Institute on the Prosecution of Human Trafficking. I have spoken at several national conferences on issues relating to human trafficking and sexual violence.

In 2012, Governor Corbett appointed me to the Governor's Advisory Commission on Asian American Affairs. That same year, I was profiled on AngryAsianMan.com, a nationally recognized blog, as a result of my advocacy efforts in combating criminal activity specifically targeting Asians in the Philadelphia area, and was profiled on KonnectMagazine.com for my advocacy efforts surrounding domestic violence in the Asian-American community.

Among my various other activities outside of my primary job at the Office of the District Attorney, I also serve on the Executive Committee of the Asian Pacific American Bar Association of Pennsylvania, the Board of Directors for Pearl S. Buck International, and was on the leadership board for the Villanova Law Minority Alumni Society. The Legal Intelligencer has recognized me as one of the 2011 Lawyers on the Fast Track, as one of the 2011 Diverse Attorneys of the Year, and as one of the 2012 Women of the Year.

Closing Remarks

My career at the District Attorney's Office has opened my eyes to the importance of a voice. I hope to see more Korean Americans getting involved in the public sphere, whether it's in politics or public service, in order to enhance the lives of our fellow Korean Americans within the community. I have been extremely fortunate to have mentors in my Office. One mentor in particular, Sheldon Kovach, Senior Deputy District Attorney, has been instrumental in my career development. And I am proud to say that the elected District Attorney, Jack Whelan, is the first DA to ever promote an Asian American to a supervisory position in the history of the Office. Although I have those incredibly important individuals in my life, I still struggle to find mentors outside of my Office, especially Asian-American mentors. I have leaned on the support of the Asian Pacific American Bar Association of Pennsylvania to carry me through thus far, and I hope that my fellow colleagues and I can pave the way for younger Asian-American lawyers to aspire to careers in government, the judiciary, and beyond.

And lastly, my involvement as a Board Director at Pearl S. Buck International has shown me the living legacy of Pearl S. Buck and the ways that one person can still make a difference in the lives of children around the world. Please spread the word about Pearl S. Buck International and consider sponsoring a child today at http://www.psbi.org !

Pearl Kim

Pearl Kim currently works as an Assistant District Attorney in the Office of the District Attorney, Delaware County, Pennsylvania, in the Special Victims and Domestic Violence Division. As a special victims unit prosecutor, Ms. Kim handles Protection From Abuse matters, child physical and sexual abuse, domestic violence, rape, and Internet Crimes Against Children cases. In an effort to more effectively reach out to underrepresented communities, she was designated the Asian Outreach Liaison.

Ms. Kim was appointed to serve on the Joint State Government Commission's Advisory Committee on Human Trafficking and to report back to the Pennsylvania Senate any recommendations for changes in state law, policies, and procedures. She is a member of the Asian Pacific American Bar Association of Pennsylvania and the American Bar Association. Ms. Kim serves on the Governor's Advisory Commission on Asian American Affairs, the Board of Directors for Pearl S. Buck International, and is on the leadership board for the Villanova Law Minority Alumni Society.

Pearl Kim obtained her J.D. from Villanova University School of Law, where she was the recipient of the Villanova Achievement Scholarship, and received her B.A. from Bryn Mawr College. Ms. Kim has recently been recognized as one of the 2012 Women of the year, the 2011 Diverse Attorneys of the Year, and the 2011 Lawyer on the Fast Track by the Legal Intelligencer.

18 Raising My Voice

Michelle Park Steel
Vice Chair, California State Board of Equalization

I was born in Seoul, Korea, where I was raised with my two younger sisters until the age of 14. Both of my parents were teachers. When I was 14, my parents received government appointments in Japan and we moved to a town called Shinjuku, in Tokyo. In Japan, I went to a Korean high school and then attended my first year of college at Nippon Women's college, where I majored in English. After one year of college, I moved to Los Angeles, California, at the age of 19. I was the first member of my immediate family to move to the United States. I was followed by my middle sister, who moved here a few months after I did. My youngest sister and my mother joined us two years later.

Early Life in Korea, Japan, and the United States

During my youth in Korea, I rarely remember seeing any people other than Koreans. In Japan, aside from the Koreans who I knew and went to school with, it was rare to see non-Japanese, much less non-Asians. There was a great deal of discrimination against Koreans in those days, but I rarely felt it, because my parents were diplomats. Moving to the United States was a completely new world for me.

In America, I saw people of all different colors and backgrounds everywhere. All of my friends were Japanese at first, because I had become more comfortable with the Japanese language, but I saw people of all backgrounds throughout the day. In Los Angeles, I enrolled at Glendale City College, and then transferred to Palomar College, while also working at a clothing shop owned by one of my parent's friends. I eventually transferred to Pepperdine University, where I majored in business.

After my mother arrived in America, I began working with her in a clothing shop that she opened, and later in her sandwich shop, after school. That is when I had my first experience with a California tax agency. When my mother closed her clothing shop, her inventory dropped, so she paid less in sales taxes than she had in the past. But the State Board of Equalization sent her a letter saying that she owed more, and they charged her penalties on top. She did not owe these taxes, but when the tax agency came after my mother, she spoke no English and she didn't know where to go for help. I was in business school, and I had never dealt with the government before. I didn't know how to tell them they were wrong. So my mother was forced to pay money that the agency had no right to take from her. I never forgot that experience.

In 1981, I married my husband, Shawn Steel. After my marriage, I left Pepperdine with only one semester left, so that I could focus on raising my family. Shawn and I had two daughters.

The Beginning of My Career in Politics

Shawn had been involved in politics since he was in high school, and many of his friends had become politicians and elected officials by the time we were married. That's how I became interested in politics and public service. At first, I used to bring a book to read to political gatherings and would ignore the conversations, but after a while, I became interested in the issues Shawn and his political friends were discussing. I started getting involved by organizing fundraisers, but after the Los Angeles riots, I began to raise my voice.

Through the close ties that I had built with elected officials in Los Angeles, and my roots in the Korean community, I learned that I was in a unique position to become a bridge between Korean Americans and the mainstream American population. The Korean-American community was victimized by the riots and then by the media. I helped the political leaders speak with the community, and I helped Korean Americans answer back.

I found mentors who helped me on my way to public service. These include my husband Shawn, Congressman Dana Rohrabacher, who was the best man at our wedding, former U.S. Labor Secretary Elaine Chao, and the late Dr. John Tsu, who gave me advice and encouragement.

After the riots, I worked on Richard Riordan's 1993 mayoral race. After he was elected, he appointed me to the Los Angeles Fire Commission, and later to the Airport Commission. Upon receiving my first appointment, I knew that I had to go back to Pepperdine to finish my last semester of college. I thought that a commissioner should have a college degree, so I went back and finished my last semester of school at that time.

On the Fire Commission, I fought against racial discrimination in the hiring of firefighters, and created controversy because of my belief that all applicants should be considered equally, regardless of the color of their skin. On the Airport Commission, I helped to get contracts for businesses to build concession stands in Los Angeles airports. Later, I was appointed by Los Angeles County Supervisor Michael Antonovich to serve on the county's Children and Family Services Commission. After that, Assembly Speaker Curt Pringle appointed me to the California World Trade Commission.

In 2000, I worked to help the George W. Bush campaign, and afterward, I received an appointment to the President's Commission on Asians and Pacific Islanders. I was later appointed to the White House Conference on

Aging. It was a great honor to be appointed by the President to each of these commissions, but my next step was to run for public office myself.

My husband tells people, "Never make an Asian woman mad, or she'll be your boss one day."And that's exactly what happened. In 2003, my husband received a phone call from a friend who asked if he would run for a seat on the Board of Equalization in 2006. Shawn said he didn't know what the agency was, and didn't know what they did. When I heard about this, I told him, "I know what they do." I remembered the way the Board of Equalization harassed my mother, and I said that I would run for the position and fight for the taxpayers of California.

I had a passion to help the Korean-American community, since 35 percent of Koreans own small businesses in California. I couldn't let people be treated the way my mother was. I had to get out there and make sure taxpayers would be considered innocent before proven guilty and not get robbed by the government of the income they had worked so hard to earn.

I fought a tough race to win my seat on the Board of Equalization. When I got there, I knew a lot about small business, but I felt that I needed to learn more about how large businesses and corporations work, so I went to the University of Southern California for an Executive Masters in Business Administration. I completed my degree in 2010.

On the Board of Equalization, I fight to protect taxpayers from an overly aggressive tax agency, and to oppose new and higher taxes that hurt business owners, especially new immigrants working as hard as they can to achieve the American Dream. I have been successful in stopping a $500 million tax on Internet downloads, and passing a law that protects taxpayers by allowing them to pay only one day of interest when they accidentally pay their taxes one day late. In 2007, I found that the agency was illegally holding the security deposits of thousands of business owners long past the three-year deadline when they should have been returned. I changed the policies at the board to require monthly reviews of security deposits, and right away was able to return $42 million to over 5,000 business owners. Since then, over $200 million have been returned on time to taxpayers. I continue to work to streamline the agency, use new technology, and make tax administration easier and fairer for the taxpayers of California.

My Political Beliefs

I have always been a Republican, and ideologically, I consider myself a Libertarian-Conservative. I believe strongly in the power of free people to work together to achieve success without the government involvement that too regularly leads to punitive taxation, overregulation, dependency, and a loss of the individual spirit to strive and achieve great things.

I am in public service to protect the right of free people to work hard, do their best, be creative, take risks, and succeed or fail based on their own work and merits. I believe that when government begins making rules that choose some groups over others, and starts taking the hard-earned income of some to spend on favored groups, the system of free exchange falls apart, reducing the mobility and creativity of individuals and making it less worthwhile to take risks for a chance at success.

The reason that I and so many of my fellow immigrants have come to America is because we know that in America if you work hard you can succeed. However, high taxes and burdensome regulations make it increasingly difficult for individuals, especially new immigrants, to find the success that previous generations of Americans have made famous around the world. Individuals starting out with a small shop or restaurant now find that they must pay thousands of dollars to comply with dozens of codes and regulations before they ever get a business off the ground—and that is if it is even legal for their business to operate in the first place.

High taxes, which make it more difficult for Americans to save and to invest their savings in business growth, personal consumption, charity, or anything else, sap economic power from individuals, and increase the power of government to decide how the wealth earned by individuals will be spent.

I believe that this perspective is important for all Americans, but especially for young immigrant communities such as my own. Korean Americans first came to the United States in 1903, but only started arriving in large numbers in the late 1970s. We came here for opportunity, and in many ways, it is still available. We have many important freedoms that are nearly impossible to find anywhere else in the world. We must preserve these freedoms in order to succeed. The best way for immigrant communities to succeed in America is to have the freedom to make their own choices, to invest in the future, and to compete with others in a free economy. This can be done only as long as government stays within its proper bounds, while leaving us the opportunity to live our lives and work with our fellow citizens as we see fit to create strong and thriving communities.

Keeping Korean Cultural Traditions Alive

I see myself as one of the first Korean Americans of my generation to join mainstream public life, at first as a volunteer in community service and then in government, and acting both as a public servant to all of my constituents and as an ambassador to the Korean-American community. I work every day to increase political involvement in the Korean-American community. I believe this is a two-part process. The first part is to get first- and 1.5-generation Korean Americans interested in the future of this country and in preserving its tradition of freedom. To thrive in America, we must focus on America. The second part is to make sure that members of the second and third generations hold on to their Korean heritage, traditions, and values, while blending them with the best of the American spirit. I believe that by keeping both the Korean heritage that makes us who we are, and the American tradition of freedom and entrepreneurship alive, the Korean-American community will continue to thrive in the United States for many years to come.

Michelle Park Steel

Board of Equalization Vice Chair Michelle Park Steel was elected in 2006 and re-elected in 2010 to represent over 9 million Californians in the Third Equalization District, which includes Los Angeles, San Bernardino, Orange, Riverside, San Diego, and Imperial Counties. Her commitment to taxpayers began three decades ago when she watched her mother fight an unwarranted Board of Equalization tax bill. As an immigrant small-business owner, Michelle's mother lacked the resources to successfully fight a massive state agency and reluctantly gave in to the Board's demands. Michelle has never forgotten that experience. In just her first year on the job, Michelle quickly distinguished herself as the state's leading tax fighter. In December 2007, Steel discovered that the Board of Equalization had delayed the return of millions of dollars in security deposits owed to California businesses. Thanks to Steel's decisive leadership, procedures were changed. To date, the Board has returned over $100 million in security deposits to California businesses. In 2008, Steel successfully led the fight against a new iTax, a $500 million tax on digital downloads. Steel's experience includes service on the President's Advisory Commission on Asian Americans and Pacific Islanders, the White House Conference on Aging, and California's World Trade Commission. Michelle, a Pepperdine University business graduate, has an Executive MBA from the University of Southern California and lives in Surfside, Orange County with her husband, Shawn.

Editors and Translator Introduction

Editor Pyong Gap Min

Pyong Gap Min is Distinguished Professor of Sociology at Queens College and the Graduate Center of the City University of New York. He also serves as Director or the Research Center for Korean Community at Queens College. He is the author of five English-language books, all focusing on Korean immigrant or Korean American experiences. They include *Caught in the Middle: Korean Communities in New York and Los Angeles* (1996), the winner of two national book awards, and *Preserving Ethnicity through Religion in America: Korean Protestants and Indian Hindus across Generations* (2010), the winner of three national book awards. He has published nine edited or co-edited books. They include *Mass Migration to the United States: Classical and Contemporary Periods* (2002), *Encyclopedia of Racism in the United States* (3 volumes) (2005), and *Koreans in North America: Their Twenty-First Century Experiences* (2013). He received the Career Distinguished Award from the International Migration Section of the American Sociological Association in 2012. He has also received several awards from the Korean community and academic organizations in New York City for providing services to the Korean community with research and data.

Editor Thomas Chung

Thomas Chung is an editor, writer, and web manager for the Research Center for Korean Community at Queens College. He studied English, African-American Studies, and French at Oberlin College and Georgia State University, and received his B.A. in English from Georgia State University. He is co-editor (with Pyong Gap Min) of *Younger-Generation Korean Experiences in the United States* (Lexington Books 2014). He has written various kinds of essays, fiction, and non-fiction, and he has a blog (ishouldtakeyouthere.wordpress.com), where he writes about race, identity, and art from a sociological perspective. He is pursuing a Ph.D. in Sociology at the Graduate Center of the City University of New York. Thomas lives in Brooklyn, New York.

Editor Young Oak Kim

Young Oak Kim graduated from Hong-Ik University in Korea, majoring in English literature. She also received two master's degrees, one in art history and the other in sociology, both from Queens College of the City University of New York. She worked as a research assistant for Queens College's Department of Sociology between 2005 and 2008. She has worked as a research associate for the Research Center for Korean Community since 2009. She is a co-author of a few journal articles/book chapters.

Translator Dongho Cho

Dongho Cho is currently teaching sociology of religion and sociology of mass media at Queens College of the City University of New York. He studied sociological interpretation of the Christian scripture at Hankook Theological Seminary and Yale Divinity School, and earned Ph.D. with the study of critical theory of religious culture at the Graduate Center of the City University of New York.